張和洙교수 · 呑虛큰스님 · 한국예언 變症論

후천세상(後天世相)의
전개와 [한반도의 미래]

대예언(大豫言)·대사상(大思想)

이 책을 읽기 전에 ☞ 《머 릿 말》

이 책에서 말하는 (1) 탄허스님의 원죄(原罪)론은 곧 바로 지구(地球)가 "23도7분" 원래 태초부터 삐뚤어 졌던 것이, 정역8괘(正易八卦)의 "2천(天)7지(地)" 라는 근본원리에 의해서 땅속의 불(火)덩어리가 북극(北極)으로 치솟아 북빙하가 녹아내리고, 그것이 지구의 자전(自轉) 때문에 뿔덕 서서, 동시에 밀물에 쏟아져 밀려 내려와 아류산 열도를 덮친다. 따라서 "일본열도"는 3분의2가 물에 잠기며, 반면 한반도는 서해(西海) 바다가 전부 육지가 되고, 동시에 만주봉천(奉天)과 만주계룡산이 우리나라 땅으로 넓혀진다는 대예언이다. 이때 지구는 윤도수(閏度數)가 없어지기 때문에 정확히 360일로 정역(=주역) 시대 달력이 이미 나와 있고, 기후는 극한(極寒) 극서(極暑)가 없어져 온난화하며, 인간성은 다 같이 성인군자(聖人君子)가 되며 동시에 권능(權能)의 도의적인 지도자가 나와서 그야말로 이상향(理想鄕)이 온다는 결론이다.

탄허스님의 대예언은 2가지 대전제를 던져주고 있는데 첫째는, 지구가 삐뚤어 진 것이 원죄로서, 가까운 21세기 중에 360도로 똑바로 세워지기 때문에 인류는 평화로운 삶을 얻는 후천개벽이 온다는 거시적인 대전제가 그 하나이다. 그런데 이것이 성립하기 위해서는 둘째로, 극동=동극으로서 세계의 중심이 되어야 하는 '한반도'에서 전제조건으로 갖추어야할 '완전한 통일문제' 가 비록 미시적인 관점이지만 필연적으로 뒤따라야 한다. 그런데 통일(統一,Unification)이란 뜻은 탄허스님이 지적하기를 완전통일을 말한다 단순히 남북이 대화를 통한다든가 교류를 한다던가 한민족이 2개의 국가나 2개의 정부나 2개의 체제를 갖는 통일은 아니다. 즉 1민족, 1국가, 1정부, 1체제의 통일만이 완전한 통일이라는 뜻이고, 그런 한반도 통일은 그 후에 올 지구의 대변동을 예고해주는 결정적인 징조(徵兆)라는 점이 대예언의 본질이다.

그러면 두 번째로 지적한 "한반도의 완전통일"은 무엇이 도데체 어떻게 된다는 것인가. 한말로 말해서 "캄캄한 전체주의가 석달 열흘 또는 최소한 사흘 동안 이라도 남북한을 엄습 한다"라는 대예언이 그의 징조로서 거론되고 있다. 그때는 6·6 7·7에 해방이 되었으니까, 3·3 4·4에 이상적인 『완전통일』이 한반도에 온다는 것이다. 그것은 전쟁도 아니고 꼭 군사적으로나 정치적으로 비상사태는 절대 아니고, 우리가 쉽사리 상상하기 어려운 오묘한 사태가 엄습한다는 논리이다. 다만 두려움 공포 불안 초조 등을 야기 시켜 사람들은 한 치 앞을 내다 볼 수 없는 '캄캄한 상황'이 벌어지겠지만 이때 죄안지은 선량한 사람들은 평안하나, 악한 사람들은 남북한 공히 청산되는 상황을 말한다고 지적하고 있다. 그리고 권능의 지도자가 나타나서 도의적인 요순정치를 구현하게 되고, 오직 "하나로 통일" 되는 형태를 말한다. 그래야만 지금까지의 숱한 가식적인 허상(虛像)통일이 아니라, 오직 '한반도의 완전통일(完全統一)'이 앞으로 닥아 올 지구대변동의 전제조건이라는 필수요건을 제시하고 있다.

지구대변동은 윤도수(閏度數)가 없어지기 때문에 사철이 따로 없는 온화한 기후에다가 선량한 인간들만 살아남아서 도의적인 권능의 후덕한 지도자에 통치되어 넓은 영토를 가진 동극의 '한반도'가 지구의 중심이 된다. 완전통일을 갖춘 '한반도'는 북빙하가 녹아서 동방으로 밀려 올 때, 물론 일본열도는 3분 2가 침몰하지만 한반도는 서해바다 대륙붕이 온통 우리 영토가 되며, 서해안 시대는 북으로 연장해서 만주의 계룡산과 봉천(심양)등 요동일대가 우리 땅이 되어 강대국의 세력을 가지고 중국에 쐐기를 밖아 그야말로 한반도가 세계의 중심이 된다는 탄허스님의 예언이 대전제로 대두된다. 이것은 신령스런 종교적 예언이나, 혹불혹중의 점쟁이 이야기처럼 황당한 소리로 들어서는 결코 안 될 3차원의 과학적인 예측이란 사실이다.

그래서 "한반도의 완전통일"은 흔히 지금까지 있어 온 '남북한 교류 협력' 같은 단순한 대화형태도 아니고, 70여년 그동안 무수히 있어 온 공동성명이나 다방면적인 교류를 비롯한 불가침 협정 따위의 선전적 차원의 남북한 접촉이나 관계개선 및 신뢰구축 등등은 전혀 쓸모없이 해당되지 않는다. 더구나 비핵화나 1민족 2국가 통일을 마치 남북 통일인양 또는 대화차원의 북쪽의 선심 공세를 통일인양 호도하고 마음의 통일이니 곧 통일로 가는 양 떠드는 경향이 많은데, 탄허큰스님의 말씀은 한민족국가의 하나된 통일만이 참된 "한반도 완전통일"이라고 갈파 하셨다. 이를 집약하면 "캄캄한 전체주의는 한반도 완전통일"의 징조이고, "한반도의 완전통일은 지구 대변동의 징조"이며 결국 한반도는 그때 세계의 중심국가로 부상한다는 대예언이요, 대사상이다.

또한 위에서 지적한 원죄(原罪)사상 이외에 (2) "기독교에서 말하는 아담과 이브가 에덴동산에서 쫓겨나는 원죄"가 있다. 그리고 (3) 사회사상에서 "마르크스가 사회주의를 주장하는 원죄의 근거로서 이른바 사유재산(私有財産)제도"를 들수 있다. 인류는 이들 원죄로부터 해방되려 안간힘을 다하여 노력해 왔고, 한편 이들 최후 심판(審判)으로 부터 부활(復活)과 완전한 구원(救援)을 받기 위해서 무진 애를 다 써왔다. 여기 (1)에서 지적한 탄허(呑虛) 대선사님의 3차원 세상이 펼쳐저 있다. 지구가「23도 7분」경사(傾斜)되어 삐뚤어져(傾斜) 있던 것이 이제 똑바로 세워지고 있다고 예견하는 후천개벽의 새로운 세상이 도래하고 있노라고 탄허큰스님은 당당히 설파하고 있다. 바로 역학(易學 ↔2天7地)으로 북극이 녹는 지구 대변화 이론에 의한 대발견이다.

탄허스님의 대예언은 "한반도의 완전통일이 무엇 보다 제1단계 첫째요, 그 다음에 오는 지구대변동이 둘째단계"이다. 이는 탄허스님의 "대사상"을 통해서 3차원 세계의 이론 정연한 논리를 설파한 것이다. 따라서 '세례 요한이 밀레니엄(천년지복설)으로 최후심판이나 메시아가 나와서 구원을 한다'는 요한계시록하고도 다르다. 또한 '노스트라다무스가 문명세계의 종말과 동방의 빛이 온다'라는 전(全)예언과도 전혀 다르다. 정감록 비결에서 '궁궁을을이나 십승지지'를 말하는 참설과는 비할바 못된다. 결국 탄허큰스님의「대예언·대사상」만이 유일한 독자적 차원 높은 경지에 존재할 뿐이다.

동양에서 6천년전 주역(周易)이 나타나서 복희씨8괘(伏羲氏八掛)가 세상 돌아가는 이치를 처음 밝혔고, 3천년전 문왕8괘(文王八掛), 그리고 120년전 현대 정역8괘(正易八掛)로 천지 대변혁을 이어온바, 이 책은 지구와 한국의 미래를 관찰하고, 이에『대예언·대사상』을 기록해 두기로 한다. 큰스님의 눈에는 지구 대변혁이 일어 날 때에 1년은 360일로 고정되고, 윤년이 없어지고, 극한, 극서가 없어지고, 기후는 온화하고, 세계 인류는 평안하고, 국제전쟁은 없어지고, 인간은 성현군자같이 된다고 새 세상을 거듭 말씀하셨다. 특히 한국은 지금은 동쪽 끝(極東)이지만 동극(東極)이 되어, 앞으로 세계의 중심축이 되고 동해는 일본의 침몰과 더불어 약간 침몰되지만, 황해는 몽땅 광활한 육지가 되며, 만주계룡산과 봉천(奉天=瀋陽)이 우리 영토가 된다고 지적 하셨다. 한국의 완전한 통일은 캄캄한 전체주의가 한반도를 석달열흘간 지낸후에 이루어 진다라고 설파 하셨다. 상세한 내용은 이 책의 본문을 읽고 의론 하는 것이 옳겠지요.

탄허스님의 예언은 서양의 합리주의(合理主義-Rationalism)도 아니고, 비합리주의도 불합리주의도 아닌, 새로운 A-합리주의(컬럼비아대학 학설=老子)로서 쉽게 말하면, 동양의 조리주의(條理主義)이다. 서양의 "노스트라다무스"의 대예언이나 "요한계시록" 과도 결과가 일치한다. 이미 서구에서 경제학의 아버지라 불리우는 「아담스미스」도 그의 저서 국부론(國富論)에서 경제학의 이론으로 "자연적 자유"를 강조하면서 자유로운 시장원리를 이른바 「보이지 않는 손」이 경제를 지배한다는 애매모호한 논리로 귀결지우고 있다. 「코페르닉스」한 큰 사고(思考)의 변환, 즉 "지구가 둥글다"고 말한 진리도 마찬 가지이다. 불교에서 말하는 '색즉시공 공즉시색' 과도 같은 상대성 원리가 "아인슈타인"의 「상대성 원리」와 2500년 만에 일치하듯이, 여기에 적용되는 탄허스님의 3차원적인 우주관, 즉 제3의 과학을 근거로 삼는 『대예언・대사상』을 염탐하여, 오늘의 현 세계에 비추어 보자는 뜻에서 이 책을 엮어 보았다.

장화수(張和洙)교수가 전적으로 대담과 집필을 책임 있게 담당하였고, 고려대의 한승조 교수, 미국의 이만우 교수에게서 영문집필을 감사드린다. 이 분야 학문에 많은 발전을 기대하면서, 아울러 강호제현의 기탄없는 질책을 환영하는 바 입니다.

2018무술(戊戌)년 5월22일 석탄일
강동(江洞), 장산박(掌山泊)에서
오 양(五洋)　장화수(張和洙)

차 례

이책을 읽기전에☞《머리말》/1

1편》 대예언(大豫言) - 한국에서 일어난 통일. /7

2편》 대사상(大思想) - 탄허큰스님의 한국미래. /27

3편》 장(張)교수의 "탄허큰스님" 회고록. /137

4편》 탄허큰스님의 일생, 언행, 학문세계. /153

5편》 「탄허큰스님」의 사상, 예언의 빛과 열매.
    ↔「노스트라다무스」 전(全)예언과 비교. /243

6편》 영어편Ⅰ, 「탄허큰스님의 예언과 사상.」
    ⇨번역,집필 : 한승조(고려대교수). /271

7편》 영어편Ⅱ, 집필/대담, 「장화수교수」 프로필. /285

8편》 한반도, 미국, 일본, 3국의 국운(國運) 비교. /287

9편》 3가지 원죄(原罪), 순환(循環)의 변증론 /323

10편》 지구경사(傾斜)=원죄(原罪)에서 한국중심. /353

11편》 후기 ☞ 후천개벽은 한국의 이상향. /365→
                    판 권/379*

張和洙　　　吞虛　　　辨證
『장화수교수와 탄허큰스님의 변증세계관』

대예언·대사상

편집자안내: 『東아시아의도전』 물결사, <원문-대원암>, 1975.2.11~242쪽인용.;: [1996(병자)년 『21세기 대사상』 382쪽, <원문 -장산박> 완결판임]: [2018(무술)년 『대예언·대사상』 468쪽, <증보개정판-혜화랑> : 각주와 해설을 붙치고, 「탄허스님」(대종사, 대선사, 성인, 철인, 대학승, 유불선회통, 예언을 초탈한 도인 등) 생전의 비장된 초능력 우주관을 최초로 집필함)

1편) 대 예 언 (大豫言)
－한국에서 일어난 통일

장(張) 교수 : "남북통일"이 어떻게 올 것인지, 언제 일어날 것인지 예측해 주시지요. 평소에 탄허(呑虛) 큰스님께서는 대종사, 대선사, 성현(聖賢), 철인, 대학승, 유불선을 회통한 부처, 예언을 초탈한 도인(道人), 우주관 및 세계관을 멀리 내다보는 초능력, 예컨대 일반 관상(觀相)이나 주역(周易)을 한국적인 '마의

태자 관상법'이나 '지리상학적 정역(正易)'으로 통달하신 유일한 성인(聖人)으로서 카리스마를 가지고 계십니다. 어리석은 중생들이 신비주의(神秘主義)라던지, 혹은 미신(迷信)까지 들먹이면서 맹목적인 비방을 일삼고 모함하는 자들도 있지만, 그자들은 편견이나 무지의 소치로 일소해 버리고, 오늘 최초로 옛날 같으면 역적(逆賊)모의가 된다고 쉬쉬하시던 큰스님의 그동안 비장해 감춰놓고 홀로 미래세계를 내다보시던 미래우주관-세계관을 가능하신 범위내에서 핵심을 찔러 말씀해 주실수 있을까요.

그동안 사이비 종교가들이나 돌팔이 점쟁이들이 판치는 세상이 되어 자칫 잘못 말하면 중상(中傷)을 받을 소지가 다분히 많습니다. 일반적으로 앞일을 모르는 우매한 인걸들은 혹세무민에 울고 사기당하고 인생을 망칩니다.

그래서 동서고금을 통하여 미래를 알아보겠다고 학문(學問)을 통하여 수많은 예측들이 사회과학을 통한 분석이나, 국제정치학적 측면에서 보는 견해, 심지어는 인류생태학(人類生態學)을 동원하거나, 지정학(地政學)적 현상분석을 통한 대륙세력이냐 해양세력이냐, 생태학(生態學)이나 인류학(人類學)에 이르기까지, 그리고 역사성을 고려한 우연성이나 필연성을 가미한 판단에 이르기 까지 각양각색의 문제제기를 비롯한 입바른 의론(議論)들이 무수히 제기되고 있지만 일찍이 50년 전부터 한국의 미래를 예측해 주신 '탄허큰스님'의 그동안 못 다한 감춰진 '통일론'을 더 이상 사장시켜 묻어 둘 수 없어서 본질적으로 핵심을 찾아서 진지하게 듣고 싶나이다. 지금 21세기 중반으로 들어서서 제4세대혁명이니 초자연적 지구촌까지 떠들지만 진리(眞理)는 오로지 운명적으로 또한 과학적으로 귀결됩니다. 이른바 때로는 초자연적 또는 초능력적 소위 '팔자'로도 운명 탓을 합니다.

탄허(吞虛) 큰스님 : 내가보기에 "통일"이 올 때에는 순식간에 변하는데 『캄캄한 전체주의(全體主義)가 한반도를 석 달 열흘간 엄습해 올 것』이라고 단언(斷言)하는 것이올시다. 그것이 짧으면 3일 밤낮이 되더라도 "캄캄한 전체주의"는 틀림없이 올 것이외다. 흔한 말로 대화로 해결하게 된다. 라던가 평화로운 통일이라는 말은 궁여지책으로 그럴듯한 말이지만 힘(力)이 모자라는 대화나 전면전쟁이 어디 승리한적 있었겠소이까.

　내말을 흘려서 고래로 내려오는 참설(讖說)이나 단순한 정감록 같은 비결(秘訣) 정도로는 생각지 말아 주었으면 좋겠다고 부탁하고 싶네요. 혹세무민이 되어서 세상을 망칠 것인가요. 누구나 고관이나 서민에 이르기 까지 자기인생 또는 시운이나 국운이 궁금하지 않겠습니까. 한꺼번에 요동치는 것이 세상 이치가 되어서 청천벽력 같은 변란은 먼저오거나 천천히 나중에 오는 일도 없습니다. 그래서 정감록 비결에서는 그럴듯하게 선(先) 입자는 회(回) 되돌아오고, 중(中) 입자는 득(得) 얻게되고, 말(末) 입자는 사(死), 죽는다라고 애매모호하게 피하라는 말로 얼버무리기도 하네요.

　"캄캄한 전체주의시대"가 홍역처럼 앓고 지내가야만 진정한 "통일"이 올 것이란 그 뜻은 좋게 말해서 평화가 깨지고 섬뜩한 공포가 엄습한다는 것이지, 결코 큰 전쟁이 난다는 사태도 아닙니다. 통일의 징조로서 홍역을 치루는 것처럼 혹독한 비상계엄사태와 같은 형국이 북풍의 충격으로 올 것이란 개념이올시다. 6-25전쟁때도 3일만에 서울이 점령당했고, 3개월 후에는 UN군이 압록강까지 밀었지요. 세력 균형이 빠듯하니까 38도선으로 되돌아 와서 현재 휴전선이 그려졌지요. 더 이상 관계개선도 진전되지 못한 채로 항상 챗바퀴 돌듯 남북이 빠듯하게 지낸지 벌써 80년이 다 되어가고 있네요.

그래서 이런 "캄캄한 징조(徵兆)"가 나타나면 "통일이 임박했구나"라고 판단해야 됩니다. 물론 통일이 온다 쳐도 첫 숟갈에 배불러지겠어요. 절대로 완전한 것은 아니고 통일사업이 열리어가는 시초라고 보는 것이 옳은 판단일 것이올시다. 1년이 365일을 초과하지요 물론 일찍이 전국시대 묵자(墨子 - BC 479)가 '하늘의 천체렌스 학설(=天境說)'을 말하면서 뚜렸이 밝혀 놓았듯이, 지구가 비트러지게 경사(傾斜)가 되어져서, 23°7″ 즉 이십삼도 칠분이 기울어져 있기 때문에 달력이 음력이든 양력이든 다같이 윤도수(閏度數)가 생기고 윤년 윤달 윤초등이 인간 속에 끼어있기 마련입습지요.

그 때문에 인간세계가 형이상학적으로는 신선같이 생각하면서도, 형이하학적으로는 짐승만도 못하게 불완전하게 살면서, '주문왕' 이래로 성현군자(聖賢君子)가 없는 것 아니겠습니까. 앞으로 지구가 이미 사춘기에 왔으니까 '후천개벽=미래세계'가 닥쳐왔으니까, 지구도 360일로 뿔덕 서서 똑바로 될 것이올시다. 후천미래개벽(後天未來開闢)시대가 임박하여 있는데, 그때가면 한반도가 극동 = 동극(東極)이니까 세계가 밀물처럼 한반도로 몰려와서 한국은 세계의 중심이 되지요. 그러려면 편안하게 앉아서 '평화스럽게' 쉽게 오지는 않습니다. 남북통일은 운명적으로 꼭 오기 마련인데, 그럴려면 '남북통일'은 애기 낳는 산고를 겪어야 될 것이고, 더구나 대륙으로 해양으로 뻗어 나가는 새벽이 올려면 '캄캄한 전체주의' 즉 무서운 진통(陣痛)이 한반도를 휩쓸고 한번 거처가야 한다는 말씀입지요.

張 교수 : 북한은 공산주의(共産主義) 그것도 편파적인 '소련식-볼쉐비키'로 주체사상만 찾고 있습니다. 원래 1848년 "막스-엥겔스 : 공산당선언"에서 나오는 정통공산주의 즉 과학적·창조적사회주의도 그런 유토피아 이상주의(理想主義)도 없어졌습니다. 지금 북한은 150여년 동안 변질되어버린 도그마틱한 소위 '일국사회주의(一國社會主義)'를 표방한 쏘비엩공산주의독제체제=백두혈통 주체사상의 이데오로기를 가지고, 오늘날에도 무력적화통일을 하겠다고 대륙간 탄도탄 열핵무기를 개발해서 공갈 협박으로 위협하고 있지요. 과연 그런 저돌적인 무력통일이 어느 정도나 먹혀들겠습니까. 큰스님은 어떻게 예측 하시 나이까.

吞虛 큰스님 : 나는 통반장도 지내지 못해서 그런 말은 모르겠소이다. 다른 곳에 묻는 것이 좋겠소이다. 옛날 같으면 잘못해서 역적모의라고 참언(讖言=유언비어)이라고 주리틀려 참살당할 소리라고 쉬쉬하는 말이겠지요. 다만 나는 '주역=정역'에 비추어서 미래를 내다본 내 견해를 간단히 말을 나누어 볼까 합니다. 내가 보기에 북한은 북방수(水)인데 항상 남한을 상극(相剋)하는 형세이지요. 남한은 남방화(火)이니까 음양오행법칙에 따라서 물은 불을 극하는 이른바 수극화(水剋火)원리에 따라서 남한을 수시로 크던 적던 상극(相剋)하기 마련이지요.

실제로 6-25 전쟁 때에도 북(北)에서 화기가 충천한 한여름에 남침해 왔고, 결국 3개월 동안이나 남한을 점령하면서 커다란 피해를 주었지만, 저들도 망했지요. 그때가 화왕절(火旺節)에 처들어 왔으니까 도리어 '수극화'로 그들이 자승자박 자멸을 자초하였지요. 주역=정역도 모르는 맹목적 유물론자들은 '음력도 모르는 똥개'들이 복(伏)날 잡혀가서 사람한테 식용으로 먹히는 것처럼 자멸하는 것이

올시다. 지도자를 놓고 보아도 북한은 수(水)니까 '금생수' 해서 김씨, 최씨가 판치고, 반면 남한은 화(火)니까 이씨나 박씨가 주를 이루고 있었지요. 남북한 간에는 지역성으로나, 계절적으로나, 지도자층으로나 북(北)이 남을 성가시게 피해를 주고 항상 상극하는 처지에 놓여 있는데, 이런 상황에서 한반도의 통일도 북쪽에서 먼저 남쪽에 충격을 주고 위협하는 행동을 취하는 반면, 남쪽은 유화적으로 소극적으로 뒤따라가는 형태가 전개되어 왔습니다.

    남한은 북쪽에 공세를 취해 본 적이 없었습니다. 그래서 내가 말하는 "캄캄한 전체주의"란 뜻이 '전면전쟁'을 뜻하는 것은 아니고, 다만 북쪽의 충격에 의해서 다시 말하면 원인제공에 의해서 "비상계엄(非常戒嚴)사태" 같은 것이 통일의 징조로서 많게는 석달열흘까지도 한반도를 휩쓸고 무서운 공포를 준 뒤에 통일의 길이 열릴 것이란 확신을 가지고 있소이다. 그 이유를 뒤에 차차 알게될 것이 올시다.

    張 교수 : 이번에는 "통일의 시기(時機)에 관해서 예견을 듣고 싶은 데요. 큰스님께서는 고래로 비결(秘訣) 또는 참설(讖說)을 많이 연구 하셔가지고 "66-77에 해방되고, 33-44에 통일된다"라는 말씀을 늘상 하셨습니다. 아마도 정감록 비결이나, '김일부 선생'이 창안하신 주역 중에서도 땅에관한 소위 정역(正易)의 심오한 이론을 통해서 계룡산(연산)에서 나왔던 것으로 여러번 들어 왔습니다. 해방이 '6×6 = 36'이라 해서 일제 36년만에 갑자기 해방(解放)이 왔고, 그것도 음력 7월7석날(=양력 8월15일)에 해방이 되었으니 이는 깃동차게 맞힌 것입니다.

그런데 "3·3 ~ 4·4에 통일된다"라는 참설은 황당한 면까지 있어서 큰스님께서 좀더 상세한 설명을 해주신다면 어떻게 해석을 해야 할지 그것의 깊은 뜻을 알아 들을 수가 있겠나이다. 물론 해석방법은 일반인문사회과학이나, 서양철학으로는 전혀 접근이 어렵겠고요, 오직 한국의 전통사상이나 『정역(正易-땅의역)의 우주관 및 세계관』으로만이 유추해 볼 수 있지 않겠는가 생각됩니다.

<u>吞虛</u> 큰스님 : 이것도 뒤에 상세한 설명이 있겠소이다 만은 여기에서 간단히 지적한다면 묵자학설 즉 지구경사론은 과학이고 진리이니까 두말할 나위 없는 일이고, '33·44 통일 이야기는 어디까지나 참설(비결)이니까 과학적인 해석과는 조리(條理=論理)가 전혀 다른 차원이 올시다. ' 장르가 서로 다른 것으로 그렇다고 미신(迷信)은 있을 수가 없고, 황당무계한 이야기는 절대 아니니까 안심 놓고 들어 보이소.

한말로 지적한다면 동양의 전통사상에서 경우를 따져 밝게 말하라고 하듯이 좀 어려운 뜻이 있지만, "조리주의"(=條理主義)에 입각해서 우선 음양5행(陰陽五行)이나 땅에 토대를 둔 토방55성(土方五五星)이 중심이 되겠고, 근본적으로는 주역8괘(周易八卦=64괘)를 종합체계적으로 포괄한 수리학(數理學=象數學)등을 총동원해서 3위일체의 연관관계를 풀이해 놓은 것으로 볼 수는 있습지요 만은 이쯤되면 이해하기 어려운 원리가 얽혀 있어 심봉사 귀밝은 척 해야 할것인가요.

역학=주역(易學)에서는 64괘(卦)가 있고, 60갑자(甲子=음양오행)가 있지요. 수리(數理)로 풀어서 설명해 보면 홀수 1, 3, 5, 7, 9,가 있고 짝수로 2, 4, 6, 8, 10,이 있어서 이를 상수학(象數學)이라 부르는데 홀수+짝수=합계 55가되어 결국 주역 64괘(8×8=)와 음양5행 60갑자(10간12지)와 55토방수(土方數-홀수+짝수)는 3대 '기본조리수' 가 됩니다. 그래서 "3·3과 4·4"는 음양으로 목(木)·목(木)과 금(金)·금(金)이 되어 쉽게 말한다면 목은 양(陽)의 수 갑인수(甲寅·乙卯數)와 같고, 금은 경신수(庚申·辛酉數)와 같아서 음(陰)의 수 을묘(乙卯)나 신유(辛酉)등 수리와도 상통됩니다.

따라서 통일이 터질 연대는 한마디로 지적할 수는 없습지요. 여러 가지를 종합해서 추정해 본다면, 갑신(甲申=2004)년~신유(辛酉=2041)년 사이로 물경 37년 사이의 어느 때 갑자기 터져 오게 되거나, 갑오(甲午=2014)~경자(庚子=2020)년 6년간이 "캄캄한 전체주의 비상사태"를 거쳐서 한반도 통일의 시기로 주목해 볼 수는 있을 것이요. 그러나 후천개벽의 한반도 변란을 인간은 함부로 지껄일수도 없고, 한다면 천기누설로 천벌을 맞을 수도 있겠고, 더는 황당무계한 사기성이 농후할 뿐이 겠지요.

일찍이 시기난판(時機難辦)이라고 "김일부 정역창시자"가 갈파했듯이 천기(天機)누설에 속하는『통일의 시기도 난판』일 수밖에 없지요. 다만 가까운 시기에 올 것이란 예측과 오직 우리가 살아있는 세대에 어느날 갑자기 터져 올수 있다는 강박관념이 만연되어 있어서, 불안 초조 또는 희망사항만이 신빙성있는 답변이 되리라고 예단해 볼 뿐일 겁니다.

　　張 교수 : 어떻게 어리석은 인간들이 쉽게 천기를 누설하고, 알아보려고 하는 것 자체가 주제 넘는 일이 되지 않겠습니까. 허나 민심은 천심이고 뭔가 알아

보려는 욕망도 많은 것이 사실이겠지요. 왜냐하면 통일은 우리 민족의 지상명령이고, 벌써 80여년이 다되는 기나긴 세월동안 산천(山川)이 80번이나 바뀌는 이때에 행여나 하고 어찌 기대가 없겠습니까. 억울하고 원통한 마음도 극한에 달해 있는데 큰스님 께서는 초자연적으로 초능력적으로 내다보시는 예견이 많으실 줄로 짐작이 갑니다. 앞에서 막연하게 「통일은 전체주의적 환난을 겪어야 한다」라거나, 「통일의 시기는 3·3, 4·4에 온다」라고 언급하셨지만 전혀 시원치도 않고 궁금증은 더욱 커질 뿐이네요. 그러면 꼭 운명적으로 '북쪽'에서 원인제공을 하고, 그의 충격을 '남쪽'에 주는 방법 밖에 다른 국면은 없을 가요.

吞虛 큰스님 : 또 어려운 설명이 되겠습니다 만은 역학(易學)을 근본원리로 해설해 본다면 여러 가지 변수가 있소이다. 전혀 다른 예견을 집어 본다면, 미국은 서쪽 태방(西=兌方=소녀(小女) 즉 소녀 올시다. 물론 한반도는 동쪽에 있는 동북(東北)에 위치한 간방(艮方=소남(小男) 즉 소남이 올시다. 그런데 미국 태방(兌方)은 젊은 여자 이니까, 현재 3천 년 만에『정역8괘(正易八卦)』에 비추어 보면 "소녀는 소남과 짝"을 짖게 됩니다.

결국 미국이 자기 이익을 쫓아서 자기식으로 내 감촉 먹는 다해도, 결과는 한반도 남편(男便=少男)에게로 되돌아 오게 되어 있으니까, 이래 저래 한반도는 끝판에는 좋게 되기 마련이고 우리는 안심해도 됩니다. 문제는 북한(北韓)이 북방수(水) 이니까, 때로는 「서방 금(金)에 속하는 미국(美國) 젊은 여자=소녀」가 비록 위력은 미미하다고 보지만, 「북방수(水)=북한」의 꼬리치기에 살짝 넘어가서 『대화(對話)』로 해결한답시고 잠간 외도에 속을 수도 있습지요. 큰 문제는 아니지만 물론 사필귀정 "한국중심"으로 수습되겠지만, 화근을 일으킬 가능성은 십분 내재해 있습지요. 중심축은 모든 세력이 한국에 있으니까, 그리고 한국은 북한보다 수십배 경제대국이 되어 있으니까, 전혀 불안해 할 것도 염려할 것도 없지만 신경은 써질겁니다.

《 註一 》 : **장(張) 교수의 해설** : 위에서 지금까지 큰스님과 장교수의 대담(對談)은 큰스님이 열반 하시기 전에 "한반도의 미래관, 세계관 및 우주관"에 관해서 단둘이 숱하게 논의 되었던 사실들을 장교수가 그대로 사장시키기에 아까운 비밀사료들이라 아까운대로 최소한만을 추려서 이에 엮어 보았습니다. 큰스님의 감춰 둔 크나큰 포부들을— 무릇 3차원의 초능력적이고 초자연적인 세계로 집대성해서 이를 기록으로 남겨 두고저 최대공약수를 재구성하여 엮어 보았지요. 이를 가볍게 넘겨 단순한 예언이나 참설 따위로 폄하하는 일이 없기를 먼저 지적해둡니다.

많은 사람들은 궁금증을 일으켜 고래로 고금동서를 통해서 수많은 참설(讖說)이나 비결(秘訣)이 횡행해 왔습니다. 예컨대 서양에서 유명한 '노스트라다무스'의 지구멸망에 관한 5백년전의 예언(豫言)이나, 우리나라에서 고려때 부터 전래되는 '정감록 비결(秘訣)'은 가장 대표적인 사례들이 되겠지요. 그러나 탄허 큰스님(대선사, 대종사)께서 3차원의 차원에서 부차적으로 표명하신 "예언과 사상"은 마치 송나라때 유명한 학승, 소강절(邵康節)에 비견할만한 대학승의 성현으로 받들어서 손색이 없습니다.

위에서 장교수와 대담하신 「한반도중심후천미래세계(東極)」-『대예언』과 아래 나오는-『대사상』의 내용 즉 지금 비뚫어져 기울어져 있는 「지구축의 360도 정상궤도(軌道) 회복」이라는 명제는 가장 과학적인 대사상(思想)일뿐더러, 동시에 한반도를 내다 본 대예견(豫見)이 아닐수 없습니다.

《 註 二 》 "**장(張) 교수**"가 수집한 아래 자료들은 "탄허 큰스님"의 「대예언과 대사상」에 관한 몇 가지 유념해 볼만한 증언(證言)으로서 참고로 이에 소개해 봅니다 : —**「탄허 10대 증언」**

【인용자료】 : 〔탄허 대종사 탄생 100주년 기념 증언집〕… 『方山窟의 無影樹』‥
오대산월정사, 2013년2월24일발행; 김광식(동국대불교대교수) 엮음.

《증언1》 : 최옥화 스님 ; 고려대졸업. 대원암에서 출가.
2011년7월29일. 장소, 대전대덕 네이커피숍

→ 최옥화스님 : 저는 스님이 예언자로 인식되는 것이 아쉽고 그것은 잘못되었다고 봅니다. 스님은 미래와 정치에 관심이 많으셨어요. 그것은 스님이 처음에 유학부터 공부를 하신 것에서 나온 것입니다. 유학에서는 수신제가치국평천하라고 하지 않았습니까. 또 박정희 대통령의 서거 직전에 스님께서 그런 대화(예언)를 하시는 것을 제가 잠시 들은 적은 있습니다.

《증언2》 : 원행스님 ; 월정사부주지. 자광사, 삼화사,
구룡사 주지역임. 2012년11월5일. 장소, 월정사.

→ 원행스님 : 저의 생각은 이렇습니다. 탄허스님은 불교만을 위해서 고민한 분이 아니고, 한반도만을 내다본 분이 아닙니다.…우주와 세계를 통섭하시면서 새로운 방향, 세계를 제시한 어른이십니다. 이런 것으로 볼 때에 스님은 철인, 도인, 대학승으로 말할수 있어요.……이런 것이 시대를 내다보는 예지로서 젊은이를 키워야 한다고 주력하였습니다. 스님은, 한반도 세계를 내다 보시면서 추후, 4~50년 후에는 계룡산이 이 땅의 중심이 된다고 보셨습니다. 그래서 지금의 청남대, 육해공군의 3본부가 들어간 신도안, 지금의 행정복합도시인 세종시등이 다 계룡산 근처입니다.

이야기를 바꾸어서 하겠습니다.…나는 20대에 세상이 싫어서 세상 종교를 방황 하다가 '탄허큰스님'을 대원암으로 찾아 뵈었습니다. 제 관상을 흘깃 보시더니 '멍청이' 라고 소리쳤어요. 제 법명(法名)을 너는 떠돌아다녀야 되니 "원행(遠行)이라 불러라. 그런데 1979년 박정희 대통령이 돌아가시던 해, 기미(己未)년 이지요. 봄부터 '기미가 있다. 기미가 보인다.—즉 금년' 기미년 '에 큰일 난다고

예언을 하셨어요. 그런 일(박정희 시해)이 났네요.

《증언3》 진관스님 : 진관사 회주. 전국비구니회 수석부회장. 2011년6월6일 장소 ; 진관사

→ 진관스님 : 탄허 스님은, 우리나라는 평화통일은 안된다고 그러셨어요(p.363). 북한의 변동을 말씀하시면서, 애들이 성냥갑 갖고 놀면서 불장난을 하다가 성냥갑 안에 불이 번져서 확 타버리는 듯한 그런 증세는 있을 것이라고 했어요. 또 이북에 나이 젊은 사람이 무슨 장(長-김정은)이 돼서 변화는 있을 것이라고 그러셨어요. 그리고 천안까지는 조금 위험하고, 천안 아래로는 괜찮다는 말도 하셨어요.

※《註≡》 : 필자 장(張)교수는 일찍이 탄허큰스님과 수년전부터 통금시간 가까이 단둘이 있을 때, 특히 정치변란- 박정희대통령 시해(弑害)에 관한 수상한 얘기를 극비로 많이 들었습니다. 여기에 몇 가지 소개합니다.

《증언4》 : 탄허큰스님은 필자가 객원교수로 일본국명치대학으로, 그뒤 미국 버어클리대학으로 떠나기 직전 인사차 찾아 뵈었더니, 단둘이 있는 좌석에서 손을 살짝 붙잡고 "박정희 암살예언"을 말씀해 주셨습니다(이대목은 본문 '사상편'에서 상세히 수록되어 있음-1978년2월).

☞ 이보게 며칠 전 늙은 남자무당 하나가 찾아와서 큰절을 4배 하고는 다음과 같은 귀신들린 방언(放言)을 하지 않았겠나. 보기에 큰 귀신이 들린 신통한 남자무당(90%는 여자 무당임)이기에 이런 때는 "할(갈=喝-스님들이 귀신 잡는 방법)"을 일갈했지. "너 66·77에 해방되고, 33·44에 통일

되는 것 알아!" 그랬더니 이 사람이 제정신이 아닌 듯 미쳐버리더니 "큰스님 어떻게 그걸 아십니까? 맞습니다. 김(金)가예요. 보입니다. 태극기 속에서 권총을 꺼내 쏩니다. 박대통령이 죽습니다."라고 모골이 송연한 말을 내뱉지 않았겠나. 그런데 그해 10월 26일 똑같은 시해사건이 서울 궁정동에서 일어났네. 이런 일을 체험해 보면 이 세상은 상식으로나 학술로만 통하지는 않는 일도 있구나 라고 여러 가지 의문을 지울수가 없다네.

《증언5》: 큰스님은 마의(태자)관상법에 능통하셨습니다. 박대통령의 관상(1978년)을 보시면서 "금(金)왕지절에 총맞을 가능성이 있다. 왜냐하면 눈밑이 푹 패어서 허약하기 때문이래요. (해설 : 얼굴이 관상인데 코가 중앙토로 중심이고, 눈이 운세의 절반을 점한다고 하시면서, 예컨대 이마=목, 턱=화, 코=토(인중-人中), 왼쪽 눈밑=금, 우측 눈밑=수, 라고함). 결국 눈밑이 푹 패였기 때문에 "금왕지절=음력8월(양력10월26일)에 총(금) 맞을 기미(증조)가 보인다 라고 귓소리로 말했어요. 아마 극비니까 나혼자 들었겠지요. 불행하게도 적중했습니다.

그때 필자는 1978년2월 야밤에 그런 예언을 듣고, 즉시 미국 버클리 대학으로 유학을 떠났기 때문에 잊고 있었지요. 그런데 뜬금 없이 1979년 10월25일(미국시간) 그 암살 소식은 그날 정오에 NBC TV 뉴스를 통해서 확인되면서 큰스님의 영험에 탄복했습니다. 뉴스는 '한국서울 궁정레스토랑'에서 새벽에 프레스던트' 박 '이 암살(어세시네이트-assassinate)된 것 같다는 충격적 뉴스 였습니다. 그리고 실제로 격변을 초래했습니다.

《증언6》 : 큰스님을 공양하던 대원암에 신통하기 이름난 서석보살(여자 고급무당-당시 군고급장교들은 많이 알고 있었음)이 큰스님께 속삭이기를, 1974년 8·15 해방기념일에 대통령께 위험이 닦친 다고 암시를 주었어요. 그것도 서울역에서 청량리역까지 지하철을 뚫기 때문에 땅기운(地氣)이 경련을 일으켜서 청와대에 해(害)가 온다는 문제였어요. 그런 다음 직언은 못하고 애만 태우다가 겨우 신도로 늘 찾아오는 서울지구 보안사령관에게 뱅이를 해보라고 했지요.

깜짝 놀라 어쩔줄을 모르면서도, 일개 대령 지위로 국난을 막을 도리는 불가능한 일이지요. 제일 쉬운 방법으로 제시된 것이 보살 왈 '굵은 미국소금 한되박을 준비해서 서울역 앞에서 청량리 역앞까지 조금씩 뿌리라고' 하니까 찝차 타고 그리했습니다. 청량리 역 지하철 개통(開通)하던 그날 청량리역 지하철 개통하고 자리를 옮겨서 국립극장에 가서 대통령 연설도중 문세광의 총격으로 "육여사"께서 서거하셨습니다. 하늘에는 보라색 노을이 졌어요. 이건 소설 같은 이야기 이지만 이런 일화도 있었습니다.

《증언7》 : 이건 또 풍수(風水)에 얽힌 야담 같은 미신이지만 대통령을 놓고 그럴듯한 풍설이 돌았어요. 큰스님께서 몇 번 하신 말씀인데, 한양(서울)의 땅기운(地氣)이 대 변화를 맞고 있다는 지적이었어요. 무엇 보다도 땅굴터널)이 서울의 안산(案山)인 남산(南山-목멱산)을 동서남북으로 관통하고 있으니 균형을 잃고 안정을 해친다는 말씀이었어요. 거기에 지하철이 땅속을 뒤집고, 또한 청계천이 서쪽 인왕산에서 출발해서 동쪽으로 압구정동에 가서 한강과 합류하고 있지요. 그런데 엄청난 한강은 멀리 동쪽에서 서쪽으로 황해바다를 향해 흐릅니다.

지금 현재 강북문제는 협소하고 장풍득수가 서울의 지기(地氣)를 해칠바도 전혀 없을뿐더러 한강 남쪽 중심으로 남산 이남의 거대한 면적에 '수도권' 이라는 '메가로폴리스'까지 형성되어 자연결정론적인 풍수(掌風得水)는 힘을 잃고 있지만, 박대통령시절에는 크고 작은 환란이 많았지요. 남산에 있는 국립극장에서 육여사의 서거나, 청와대 옆 궁정동에서 있은 대통령시해 사건에 관해서 강북중심의 풍수가 참설로 유비통신으로 횡행한 적이 있었습니다.

《증언8》 : 큰스님은 늘상 '한반도'가 세계중심이 된다고 말씀 하시면서, 그 때 되면 국제적인 권능(權能)의 지도자(指導者)가 이 땅에서 출현한다고 말씀 하셨습니다. 한말로 요순(堯舜)시대에나 나왔던 "요임금이나 순임금"이 한반도에 나타나고, 한국은 그때에 만주(滿洲)까지 우리 땅이 되어 영토가 늘어나며, '만주 계룡산'〈흥안령산맥=봉천(奉天)〉이 중심이 될 꺼라고 말씀하셨습니다. 한반도는 보통 극동(極東)=원동(遠東)이라고 중국 사람들이 부르지만 실은 「극동(極東)=동극(東極)」 즉 북극과 같은 동극(東極)이 되고 해는 동방에서 한국을 향해 뜬다는 말씀이었습니다.

그래서 청(淸)나라 황제가 되었던 "누루하치"가 너의 조상은 어디냐고 물었더니 곧바로 백두산(장백산)을 가리키며 바로 '이곳이다'라고 소리치면서「봉천(奉天)-하늘을 받든다는 뜻 -지금의 심양」을 지적했다고 합니다. 사실 조선족과 여진(만주)족은 가장 가까운 사촌관계 종족이라는 뜻이래요. 실제로 청나라와 조선은 백두산(白頭山)을 양국이 공유하였고, 지금도 북한과 중국이 국경선(國境線)을 백두산 천지 한가운데로 경계 짖고 있지요.

큰스님은 일찍이 한국에는 "권능(權能)의 지도자"가 나와서 앞으로 '남북통일을 이끌 것이다'라고 말씀하셨지요. 지금 때는 임박했는데 천시와 지리와 인화가 미처 합치되지 않아서 무극(無極)과 같은 안개 속의 혼란이 계속되고 있다고 피력하셨어요. 지난 박대통령 시해 후에 '기미・경신년'에 12・12사태가 나고, 사회정의를 실현한다 라고 큰 변란의 신군부(전두환・노태우)가 출몰했지만, 큰스님은 전혀 『권능의 지도자는 아니 나온다, 참된 인물은 이땅에 통일(統一)이 되면서 출현한다』라고 단언하셨습니다. 신군부 이것은 통일을 위한 진통(鎭痛)에 불과한 허상(虛想)일 뿐이라고 간단히 설명했지요.

《증언9》 : 탄허 큰스님은 한반도 중심의 통일이 올 때, 전지전능 할만한 '권능의 지도자가 나온다고 일갈을 하셨습니다. 항상 말씀하시길 『엉뚱한 지도자가 나온다』라고 표현 했습니다. 엉뚱한 이라는 표현이 오해를 불러 살만큼 해석이 구구한 각가지 뜻을 내포하고 있지만, 우리가 예상 밖의 일을 저지른다는 뜻은 결코 아니고, 가장 이상적이고 초능력적인 힘을 발휘할 수 있는 인물(人物)

이라고 생각하면 합당하지 않을까 사료될 뿐입니다. 가장 좋은 의미에서 우리가 열망하는 구세주나 메시아에 비견하는 인물이 되겠지요.

필자가 직접 체험한 일화를 소개 하고저 합니다. 1979년 한국이 박대통령 시해후 변란이 혹심한 그 한해동안 필자는 미국 버클리대학에 연구(남북한 경제교류-박사논문)중에 있었습니다. 강연을 두 번 담당했었는데, 봄철은 교양강좌로 "탄허스님의 사상과 미래한국" 이란 제목으로, '사상과 예언을' 강의하면서 색다른 관심과 크로스문화에 젖어있는 300여 학생 청중들이 많은 감동을 받았다고 평가를 받았습니다.

그런데 겨울철이 오면서 12·12사태가 난 직후에 유명한 "스칼라피노" 교수와 같이 두번째 강연을 하게 되었을 때, 통역 놓고 한국말로 현 사태를 분석하면서 당면한 정치상황이 본국에서 어떻게 전개 될지에 관해서 평가를 부탁 받았습니다. 나는 그때 '탄허 큰스님'의 평소 예언을 떠올리면서 즉석에서 『지금 한국에는 엉뚱한 인물이 누군지는 몰라도 새 지도자로 나타날 것입니다.』라고 설파했습니다, 순간 장내는 큰 소리로 술렁이고 '그게 누구냐' 라고 소란했습니다. 사실 나도 모르는 소리를 지른 것이고 내가 생각하는 엉뚱한 지도자는 탄허스님 말씀하시던 권능의 지도자이었을 뿐, 과연 그런 것이 나올까 믿기지 않고 막연한 말이었지요.

그때 장내에는 비지팅 스칼라(방문교수)로 와있던 서울대학 여러 교수들을 비롯해서 유학생들 현지 정치인들 미국망명중인 정치인들 및 미국 학계인들이 있었지요. 군부정권의 결과는 후에 보니까 생각지도 못한 "엉뚱한" 방향으로 급전직하 빠졌지만 그래도 일말의 희망은 「이성적으로 합리적인 권위가」 부여되기를 바랐을 뿐입니다. 한국정치가 아이덴티티(주체성), 레지티머시(정당성), 콘센서스(합의성)을 최소한 이라도 갖추기를 바랐으나, 겉좋은 사회정의만 나왔을 뿐 혼돈의 도가니로 빠지고 딕테이터쉽(권위주의독재)으로 횡행했을 뿐이었지요.

그때 필자 강연의 본뜻을 파악 하엿는지는 모르지만, 스칼라피노 교수는 호의적인 칭찬을 해주었고, 비지팅스칼라 들도 좋은 반응을 보여주었어요. 사실(결과) 큰스님 말씀과는 정반대 현실로 나타났을 뿐이었지만요. 5공화국으로 나타난 군부(軍府) 지도자 인물들은 권능의 지도자는 커녕 정상적인 보통 지도자도 아니고 국가의 주체성이나 정치의 정당성이나 국민의 합의성이나 그 어느것도 없었지요. 그리고 우리가 바라는 "유토피아(이상향)"는 그렇게 쉽사리 오지 않는 다는 체험을 뼈저리게 느끼게 보여 주었지요.

《증언10》 : 한때 조선일보(朝鮮日報) 컬럼(조용헌)에 '탄허 큰스님의 예언'이라고 다음과 같은 글이 실려 있었기에 여기에 그대로 전재하는 바입니다.…

『월악산(月岳山)의 통일예언』<조용헌 살롱 [971]> : "월악산 영봉위로 달이 뜨고, 이 달빛이 물에 비치고 나면 30년쯤 후에 여자 임금이 나타난다. 여자 임금이 나타나고 3~4년 있다가 통일이 된다. 월악산(月岳山)이라 하면 충북의 제천과 충주에 걸쳐 있는 산이다. 월악산 일대 장년 식자층 사이에서는 통일을 예언하는 이 풍수도참(風水圖讖)이 진작부터 전해지고 있었다. 이 예언의 출처를 추적해보니 불교계 고승이었던 탄허(呑虛·1913~1983)가 그 발원지 였다.

대개 불교 고승들은 주역(周易)이나 풍수도참, 정감록 같은 비결서를 가까이 하지 않는 경향이 있다. 점쟁이나 술사(術士)로 보일 수 있기 때문이다. 그러나 탄허스님은 유년시절부터 도교적 성향이 강했던 정읍의 보천교(普天敎-강증산교)에서 자랐기 때문에 풍수, 도참과 예언을 피하지 않는 기질이 있었다.

탄허스님이 1975년 무렵 월악산 자락인 제천시 한수면 송계리에 있는 덕주사(德周寺)에 들렀다고 한다. 덕주사는 신라 마지막 임금이었던 경순왕의 딸인 덕주(德周)공주가 머물렀던 절이다. 마애불을 덕주공주가 세운 것이라고 전해질 만큼, 덕주사는 망국공주의 한(恨)이 서려있는 절이다. 탄허가 왔을 때 덕주사 주지를 맡고 있었던 월남(月南)스님과 이런저런 이야기를 나누던 중에 이 풍수도

참에 기반을 둔 예언이 나왔다는 것이다. 당시 이 이야기를 접한 사람들은 황당한 이야기로 여겼음은 물론이다.

　예나 지금이나 상식이 있는 사람들은 황당한 이야기를 천시 한다. 70년대 중반만 하더라도 월악산 봉우리 위에 뜬 달이 물에 비친다는 이야기는 납득이 않됐다. 주변에 큰 호수가 없었기 때문이다. 여자임금 이야기도 받아들일 수 없었다. 그런데 이상하게도 70년대 후반 땜 공사가 시작돼 1983년경에 충주땜이 완성되는게 아닌가!! 충주땜에 물이차기 시작하니까, 월악산 달(月)이 드디어 물에 비치게 되는 것 아닌가.!! 1983년부터 30년을 계산하면 2013년이다. 이때 여성인 박근혜대통령의 임기가 시작되었다. 2015년은 집권3년차에 해당하는 해이다. 월악산 예언대로 라면 통일을 향한 어떤 조짐이 나타나야 옳다. 과연 이 예언은 어느 정도 실현될수 있을까?

2편》 대사상(大思想)
－탄허큰스님의 한국미래

▌ 현재 한국세상은 어찌될까? 탄허(呑虛)큰스님의
　　신비스런 "통일예언" 과 대사상?

장(張) 교수 :　　[한반도]가 세계정세를 놓고 지정학(地政學)적으로 볼 때에는, [구소련](현 러시아)을 위시로 [일본]과 [미국] 및 [중국]

등 4대 강대국들을 국경선으로 인접하고 있는 유일무이한 나라로 존재해 내려오면서, 이들 외세(外勢)에 의하여 근대 역사적으로는 국제적인 혼돈속에 너무나도 험난하게 작용되어 왔습니다.

70년대 이후, 냉전체제가 붕괴되면서 남북분단도 해소되려는 통일의 과정에서, 또다시 남한+북한=2자회담이 이미 성사되고 있습니다. 이른바 [4자 회담=현재 중국+러시아를 포함=6자회담]을 들고 나왔다가, 한동안 시들하더니 이번에는 극적인 『판문점 남북회담』을 성사시켰습니다. 아마도 [1민족, 2(1)국가, 2정부, 2체제]로서 첫째는 「북핵완전폐기」를 대전제조건으로 결정되면, 둘째로 2개의 [국가연합]형태가 점진적으로 [통일과업]과 [동북아공동체]라는 목표를 단계적으로 풀어 나아가고 있는 상황이 왔습니다.[1)]

더구나 [한반도]의 지정학(地政學)적 위치는 북위 38도선(휴전선)을 위아래로 걸쳐 있는바, 이는 뒤에 필연적인 국운의 진통지역으로서 가령, 서쪽으로 그대로 지구를 반대편에 돌려보면, 곧바로 '팔레스타인' 즉 중동지역과 맥락을 같이하고 있어서 항상 세계적인 긴장의 진원지가 되고 있지요. 아시다시피 지구상에 이 넓은 땅덩이에서, 특히 '아시아 주'는 얼마나 방대한 곳입니까.

해설 1) : <탄허(呑虛) 큰 스님과 직접 '대담(對談) 및 집필(執筆)'>을 최초에 담당했던 <장화수(張和洙) 교수>가 이 글의 "원문(原文)"을 1974(甲寅)년에 처음으로 탄생시켰다. 한편 본문에 나오는 모든 동서양의 학술적 사상적 및 이론적 해설에 관해서, 그리고 특히 '역학(易學)' 즉, '주역(周易)'이나 '정역(正易)'을 위시로 동양의 사상과 문화 및 역사를 비롯하여 유(儒)-불(佛)-선(仙) 종교와 '음양5행살'등에 관해서 책임지고 일체의 설명을 다하고 있다. 동시에 서양의 철학, 인문·사회과학을 비롯한 정치경제학과 과학적사회주의에 이르기까지 이 책이 처음부터 지닌 동서의 경륜과 모든 '장르'가 전혀 다른 모든 특성, 예컨대 서양의 '합리주의'나 '이성'에 입각한 사고회로' 부터 동양의 '조리주의'나 '천문(天文),지리(地理), 역학(易學)과 명리학(命理學)' 및 음양5행(陰陽五行)'에 이르는 "전통사상"에 관한 일체의 모든 사상을 논리적으로 조리있게 조화시켜 이들의 본론과 모든 서술에 관한 변증(辨證)에 대해서 책임있게 색 다른 문제제기를 여러 독자층에게 제공하고 있다.

그런데 중앙아시아를 중심으로 "한국"은 동아시아-극동(極東=동극)에 북위 30~40°선상에 위치하고 있는데, 반면 "파레스타인-이스라엘"은 중동(中東)에 자리 잡고 있는데 역시 북위 30~40°선상에 놓여 있다는 말씀입지요. 따라서 인물도 똑똑하고 기후도 온화하고 종교도 '인류 구원(救援)의 최후심판과 후천개벽'을 다 같이 예측하고 있지 않겠습니까.

또한 지리상학적으로 보는 위상, 즉 풍수지리로는 중국의 천산에 있는 곤륜산을 주산으로 가운데 중원이 "중국"이 되고, 왼쪽의 '좌청룡'은 [이태리] 반도가 자리 잡게 되어 교황이 있어서, [유로·코뮤니즘] 사상이 독자적으로 혼합해서 세계의 중심을 이루었다. 반면 오른 쪽의 '우백호'도 역시 [한반도]가 자리 잡게 되어, 좌우익의 각각 사상(思想=이데올로기]의 극심한 대립과 남북분단에 의한 체제갈등과 [6·25전쟁]의 비극 그리고 2004,5년부터 현재 민족통일과 더불어 [왕도정치]와 [권능의 지도자]가 '후천개벽' 속에 출현하게 되는 동북간방(東北-艮方)의 새 시대, 새 천지가 왔고, 동시에 [동방의 황금 빛]이 '한반도'를 세계의 중심으로 만들게 되겠지요.

옛날부터 우리나라는 정치를 논하는 최고 국정기구로서 의정부(議政府)란 조직이 있어 이들을 3정승이라고 불렀었는데, 영의정[領議政]이 최고 윗자리이고, 우의정[右議政] 보다 항상 좌의정이 더 높으니까, 오늘날 21세기에 세계의 중심 역할에 임해서도, 우백호(右白虎)쪽의 [이태리 반도] 보다는 좌청룡(左靑龍)쪽의 [한반도]가 더욱 높은 위상을 가지고 동극(동극=극동)으로서의 세계의 중심이 틀림없이 될 것이라 생각됩니다.

현재, 이와 같은 상황에 비추어 보아 이들 4대 강국들 서로간의 상관관계는 곧바로 한반도의 미래세계와 당장의 정책적 이해관계에도 운명적으로 잭결된다고 생각되는데, 이 같은 시련이 앞으로 얼마나 계속될 것인지, 아니면 밝은 국운이 순조롭게 열려 있는지, 또한 '한반도의 빛과 그림자'에 관해서 큰스님의 '유-불-선'을 회통한 태극(太極) 자리는 과연 무엇인지, 그리고 동양의 역학(易學)이론을 통달하신 조리주의(條理主義)의 이치에 입각한 '후천개벽과 미래세계'는 어떻게 [한반도의 운명]을 점치고 있는지, 큰 스님의 '제3차원'에 입각한 '장르'를 달리한 높은 견해를 말씀해 주시기 바랍니다.

인간(人間)의 신기(神機)작용과 동물들의 예지본능(叡智本能)은 무엇인가

탄허 스님: 그런 것은 오히려 질문하지 않을 사람에게 질문한 것 같습니다. 그런 내용은 오히려 나와 같이 통반장도 못해본 사람으로서 구식(舊式) 학문만 안다고 흔히 평가받는 이 사람 보다는 사회에서 그쪽의 연구분야에 업적을 쌓고 있는 분들이 정치사회적인 안목의 논리성으로 더 잘 파악하고 있는 줄로 압니다.

그러나 나는, 나와 같이 산중에서 수도에 전념하고 있는 입장에서, 세상 사람들의 관심밖에 있는 것들 예컨대 서양에서 들어온 학문들로 사회정치학적 또는 과학적인 논리성보다는, 좀 더 다른 차원의 세계에 관하여 이치를 밝혀서 조리있게 전통사상으로 이야기 할 수는 있습니다.

예를 들면 금방 닥쳐오고 있는 21세기에 우리의 '문명사회'는 어떤 운명을 맞이할 것인가. 또는 100년 후에 한국을 중심으로 본 인류의 장래가 어떻게 변화될 것이며, 지구의 미래는 또한 어떤 '후천세계'를 이루면서 살고 있을 것인가를 관측할 수는 있겠습지요. 그렇다고 해서 나의 그와 같은 추리적적 관측이 100% 다 같이 들어맞느냐 안 맞느냐 하는 사실여부는 지내보아야 알 수 있겠지만, 여기에서 내가 한국전쟁때, 직접 겪은 내 개인의 경험담 이야기를 몇 가지소개 함으로서 여러분들에게 어느 정도나마 이해를 돕고자 합니다.

6.25동란이 일어나기 1년 전인, 1949년에 나는 '오대산 월정사'에서 구한말 이래로 가장 존경받아 오던 고승(高僧)인 '방한암 대선사'[方漢岩大禪師,-당시 우리나라 선종(禪宗)의 종통(宗統)을 잇고 계시던 종정(宗正)이었음. 오대산 선맥(禪脈)임] 큰스님을 20년 동안 모시면서, 수도생활을 하고 있었습니다. 그 동안 너무나 계율이나 경전이나 특히 참선(參禪)의 경지에서 하도 까다로웠기 때문에, 실은 '방한암 대선사'는 득법한 제자도 거의 없어 적을 뿐만 아니라, 이분을 10년 이상 모신 상좌도 없었지요. 저는 그때까지 22년이나 그분을 모시고 배우면서 그분에 대한 존경이 날로 더해 갔습니다.

그해 기축(己丑)년 1949년에, 갑자기 나는 '한암 큰스님'에게 '오대산'을 떠나서 남행할 것을 말씀드렸습니다. 어떤 정확한 예시가 있었던 것은 아니지만, 그 동안의 공부를 통하여 얻어온 '역학원리' [易學原理-사서삼경(四書三經)] 책들 중에서 철학책인 주역(周易)을 말함]에 의한 해석이 '예감'으로 머리속을 사로잡아 곧 발생될 '난리(-6.25전쟁을 말함)'를 피하려는 의도를 나타냈습니다.

'한암대선사'께서는 30년 이상을 지내온 '오대산'을 떠날 수 없다고, 완강히 거절했습니다. 당시 34살이었던 나의 왕성한 혈기는 내 주장을 관철하려고 남행의 결심을 비쳤고, 더욱이 대개 스물서너 살 먹은 상좌(上座)들의 장래를 위해서라도 앞으로 올 이 난리를 피하여 '오대산'을 떠나기로 결심을 굳혔습니다.

내 결의가 이렇게 강하게 굳혀진 것을 '한암(월정사 최고 큰스님) 대선사'께서 아시고, 나에게 남행할 것을 허락해 주셨고, 양산 통도사의 백련암으로 가서 먼저 자리를 잡고 연락해 달라고 하셨습니다. 그때 '한암 큰스님'의 연세는 80세 고령이셨고, 30년 이상을 '오대산'에서 수도하며 머무르셨으니 움직이지 않겠다던 그분의 결의도 대단했지만, 그분이 보여준 불자로서의 용기도 또한 지금까지 잊을 수 없는 위대한 대종사, 대선사의 자태이었습니다.

'오대산'의 '중대암'에 있다가 3일만에 짐을 챙겨 몇몇 상좌들과 함께 남행길에 올랐습니다. 경인(庚寅)년 봄철 '통도사'의 '백년암'에서 '암자'를 내줄 수 없다는 '통도사'의 주지스님에게 '한암 대종사' [註:당시 방한암(方漢岩-大宗師)께서는 우리나라 최대 정통 불교(佛敎)인 조계종(曹溪宗)의 최고 지위인 종정(宗正)으로 계셨음] 큰스님이 곧 이곳으로 오실 것이라는 말로 가까스로 '암자(庵子)'를 맡을 수 있게 되었습니다.

그러나 '한암 큰스님'은 끝내 '백년암'에 오시지 않고 '오대산'에서 '6.25 동란'을 맞아 말할 수 없는 고난의 역경을 치렀습니다. 그 후 두번째 1.4후퇴 때 또다시 '오대산'을 떠나 남행길 천리의 고생은 이루 헤아릴 수 없이 고난의 역경을 치렀습니다.

물론 공산군(인민군)이 오대산의 '월정사'에 점령해 들어왔을 때에도 희한한 일이 있었다고 들었습니다. 중(스님)들 밥 먹는 것이나 먹물들인 검소한 승복(僧服)을 입고 있는 것을 보고, 인민군들은 '아니 종교는 아편이라고 했는데 이건 바로 우리와 같은 공산주의(共産主義) 방식이 아닌가'라고 이상하게 여기면서 전혀 해코지는 안했다는 이야기를 후일 들었습니다.

실제로 중(僧)들은 각자 밥그릇을 지참하고 다니며, 수도(修道)와 고행(苦行)을 천직으로 삼고 있는 까닭에 지극히 검소하고 욕심이 없는 것은 말할 나위도 없으려니와, 똑같이 밥 먹고 수행하고 오고 가는데 전혀 인사말이 없으며, 득도(得道)를 못하면 나이가 늙었던 젊었던 관계없이 업보(業報)를 떨쳐버리지 못했기 때문에 늙거나 젊거나 완전히 서로 평등(平等)할 뿐이지요.

한 가지 예언했던 실사례(實事例)를 더 들어보면, 수년전 동해안을 통하여 '울진, 삼척' 지방에 공비(共匪-북쪽 게릴라) 약 120여명이 침투한 사실이 있었습니다. 이때 저는 '월정사'의 한 암자(庵子)에서 '신화엄경(新華嚴經)'을 한글로 번역하고 있었는데, 공비 침투가 있기 1개월 전에 나의 장서(藏書)와 번역(飜譯) 원고(原稿)들을 모두 '삼척'에 있는 '영은사'로 옮기게 되었습니다. 갑자기 주지(住持) 직책(職責)을 맡고 있는 내가 짐을 옮기자 산(山)에서는 웬일이냐고 소동이 났습니다. 그래서 나는 내가 몸은 떠나지만 마음은 여기 있으니 안심하라고 타이르면서 '아버지는 아버지 일을 하고 자식은 자식 일을 해야만 한다'라고 말하면서 그곳을 떠났습니다.

내가 '신화엄경' 번역원고들을 모두 옮기고 난 직후, 15일 만에 '울진, 삼척'의 공비침투 사태가 발생하게 되었습죠. 그 당시 모든 공비들이 몽땅 소탕되었지만, 일부 잔류공비들은 험준하기 이를 데 없는 '오대산'으로 도주를 했습니다. 그래서 '월정사'를 중심으로 '오대산' 일대에 대대적인 소탕작전이 벌어졌습니다.

그 당시에 이들 공비들을 소탕하기 위해서 동원된 군대가 얼마였는지 잘 알 수는 없지만 '월정사'에는 군단사령부(軍團司令部)가 소탕작전 본부(本部)를 설치했습니다. 그 동안 나는 '강릉'에 한달가량 있다가 이 공비사태가 끝난 뒤 '월정사'의 내가 기거하던 '별당(別堂)' 뒤로 가보니 그 주위에 사방으로 참호(塹壕)를 파놓았고 '별당'은 완전히 폐허가 되어 있었습니다.

만일 그때 내가 내 필생의 노력을 기울이고 만들었던 '신화엄경' 번역원고들을 옮겨놓지 않았더라면 오늘까지 '신화엄경'의 번역은 빛을 보지 못했을 것입니다. 당시 강원도 지방의 여러 유지들은 말하기를 내가 어떤 이해 못할 선견지명(先見之明)이 있는 것 같다고 대단한 예언가라도 되는 듯이 말했습지요.

일반적으로 사회지식이나 '매스컴' 등의 영향이나 또는 학문적 지혜를 비롯해서 그리고 생활의 경험이나 인생의 예지를 통하여 어떤 예감 같은 것이 인간에게 작용할 수는 있지만, 나의 이러한 예측은 그러한 것들과는 아무런 상관이 없으며, 아주 차원 단순한 미신과는 거리가 먼 조리와 이치에 근거를 두고 있는 겁니다.

자! 한번 생각해 보십시다. "하늘을 나는 새(鳥類)나 땅에 구멍을 파고 사는 미물(微物)같은 동물들도 비가 오고 바람 불 것을 미리 예지본능으로 알고 있듯이, 개미가 높은 곳으로 올라가면 장마비(雨)가 올 것이란 것을 예고해 주고 개미가 낮은 곳으로 가면 심한 가뭄(旱魃)이 들 것을 그걸 보고 우리는 알 수 있습니다".

또한 "까치가 집을 지을 때 남쪽으로 입구를 내면 북풍이 강하게 불 것이고, 북쪽으로 입구를 내면 남풍이 강하게 불 것"이라고 합니다. 이렇게 하찮은 날짐승이나 동물들도 '예지본능(叡智本能)'을 가지고 있는데, 하물며 사람에게도 만물의 영장(靈長)으로서 그보다 더한 신기작용(愼機作用)이 왜 없겠습니까. 다만 속세에 지친 나머지 한 순간 생각조차도 각성 못하고 잊고 살겠지요.

원래 불경에서 말하는 한 순간 즉 [한 찰라(刹那)]는 [75분의 1초]를 가리키는데, 정신이 맑고 깨끗한 사람, 즉 도력이 높거나 수도에 정진한 사람은 한 찰나(瞬間)에 900가지 생각(豫感)을 떠올린다고 합니다. 그러니까 자연 속에 살면서 맑은 정신만 가진다면 우리 인간도 짐승들이 일반적으로 가지고 있는 '예지본능'은 말할 나위도 없으려니와 '신의 정신기운'도 솟아나서 온갖 생사고락(生死苦樂)을 미리 충분히 예측(豫測)할 수 있는 정도는 어렵지 않게 느껴지겠지요.

그런데 요즈음처럼 험악한 산업사회 속에서는 단 한 순간도 제 정신은 커녕 자기의 실존의식(實存意識)이 있는지 제 혼백(魂魄)이나, 제 영혼(靈魂)이 있다고 느끼기나 하는지, 전혀 모르고 새벽부터 밤중까지 정신없이 살아가고 있습지요. 그러자니 사람노릇도 제대로 하기 어려운 말세(末世)가 임박해 있다는 증거이며, 곧 후천개벽[後天開闢=최후심판]이 닦아 와 있다고 생각하면 큰 과오가 없을 겁니다.

자연계의 섭리는 이토록 모든 생명체에게 생존을 위해서 '예시'라든가 '예감(豫感)' 등의 본능을 부여하고 있는데 그 중에서도 하물며 '만물의 영장(靈長)'인 인간에게는 원래 '신기작용'까지 주어져 있지만, 특별히 도를 깨우친 도인들에게서도 극소수인들 만이 '신기'를 가질 수 있을 뿐이겠지요. 미래 세상의 천기를 알기가 그리 쉽겠습니까.

내 이야기가 너무 길어졌으나, 혼백이 다 빠져버린 인간들인지라, 벌서 얼(=魂) 빠지고, 넋(=魄)을 잃어 버린지 오래되는 이러한 인간의 '신기작용'은 말할 나위도 없으려니와 동물들도 다 같이 가지고 있는 자연계의 '예지본능'을 최대한으로 되살려서 새로운 산업사회 또한 첨단과학에도 사람답게 그리고 새 시대에 맞게 대자연과 더불어 환경에 맞는 생태계를 살아 나아가야 인간답지 않을까 생각됩니다.

이런 상황을 안 이상 지금이라도 늦지 않았으니까, 새로운 시대 여건에 맞는 환경과 인류가 인간답게 살아갈 수 있는 생태계를 하루 속히 복원시켜서 인간의 초자연적 능력을 죄다 되살려 내어야 할 것입니다. 그래야만 인간이 비로소 인간답게 살 수 있는 세상이 되지 않겠습니까. 그런데 그 중에는 억지로 [환경론]이니 [생태론]이니 떠들어 대면서 사회주의식으로 사회보장문제를 주장하면서도, 사회 안전은 뒷전에 버려두고 자금도 없이 애꿎은 세금만 축내면서, 사회복지를 한답시고 국가 빚만 재정불균형으로 악화시키면서 실은 국민들에게 아무런 혜택도 못주면서 생떼를 쓰고 다니는 무리들이 많습니다.

과연 서양식 학술이 진짜로 인간생존을 완전하게 위해줄 수 있는지, 오히려 "서양정신" 보다는 동양의 [몸과 마음]이 더 중요하지 않는지, 그리고 사회 안전에 관한 문제가 사회복지문제 보다는 더욱 우선 해결되어야 할 것이며, 동시에 사회보장이 중요한 것은 아닌지 한번 깊이 생각해보기를 바랄뿐입니다. 서양정신 보다는 우리 민족에게는 오랜 수천 년의 전통 속에서, 오로지 감성적인인 "마음" 은 하나의 소우주로서 가장 인류의 중요한 덕목이 아닌지 한번 생각해 볼 일입니다.

그래서 나로서는 산중에 수도하는 도학정신과 역학 원리에 맞추어 이로서 '우주의 섭리'를 꿰뚫어 학술적 원리로 집대성해보고, 한편 인류가 되살아나서 온통 우리들 사회공동체 전체를 지켜 주도록, 산학 또는 상수학에 기초를 둔 역학을 통하여 나라의 국제적 운세는 물론이요, 한국의 미래에 관해서 나에게 질문한 내용들을 추리하고 답변할 수 있으리라고 생각합니다. 대충 답변이 되었는지 모르겠네요.

6·25 전쟁을 예지(豫知)한 것처럼, [3·3과 4·4]에 통일된다. - 참설에 주목하다.

張 교수: 그러나 인간세상은 '천(天)-지(地)-인(人)'의 기운이 어느 한 순간에 모이고 권능의 지도자들이 나와서 이끌 때 여기에 믿고 따라주는 밝은 운명이라도 있으면 태평성대를 누릴 수도 있었지만, 대개는 우매하기 짝이 없고 오히려 죽을 곳으로 찾아가는 경향도 역사적으로는 너무나 많이 보아 왔습니다.

큰 스님처럼 차원이 다른 선견지명을 내다보시는 분은 혼자라도 슬기롭게 위기를 이겨낼 수 있겠습니다 마는, 만백성이 다 같이 살아남아야 되는 오늘의 한국과 같은 사회에서는 물질적으로나 정신적으로나 좀 더 풍요로운 생활이 필요하고, 특히 '민족통일'을 하루 속히 이룩하는 일도 더욱 중요한데, 천기누설이 안 되는 범위 내에서 예견이든 또는 암시라도 말씀해 주시지요. 우리 우직한 범부들은 [마치 음력도 모르는 개(犬)들이 복(伏)날 보신탕으로 끌려가 죽듯이 영문도 모르고 죽어갈 수 있습니다]. 우매한 우리 인걸들에게 참된 인생을 가르쳐 주십시오. 그리고 혼백을 되찾게 해주십시오.

呑盧 스님: 실제로 '인간의 신기작용'만이라도 초자연적으로 계발하기만 하면, 무한대로 초능력을 발휘할 수는 있는 것입니다. 지구상의 도처에서 수없이 크고 작은 지진이 일어나고 있지만 짐승들은 일찍이 '예지본능' 때문에 피난 가버리고, 물정도 모르는 인간들만 짐승만도 못하게 희생당하는 일은 얼마든지 비일비재하지 않습니까.

한반도의 '남북분단' 문제도 마치 옛날에 일본이 한국에 대한 '식민지 통치'가 36년이라는 일시적 현상으로 끝났듯이 일시적일 수밖에 없다고 봅니다. 하늘이 정해준 천륜법칙에 따라서 아무도 예측하지 못하는 순간에, 어느 날 갑자기 남북한은 통일될 것입니다.

마치 일제 식민지시대가 추억 속에 역사적 기록에만 남고 멀리 희미하게 잊혀져 가버리듯이, 이제 곧 남북분단도 살아지면서 이미 통일의 그날은 정해져 있습니다. 물론 통일의 형태나 통일의 정도는 많은 차이를 나타낼 수 있겠으나 서로 합해지기 시작하면 통일은 된 거나 진배없지요.

언필칭 위정자들이나 학자들이 민족의 분단을 극복하여 민주적인 통일 열망을 성취해 보겠다고 끊임없이 노력하고 있는 사실을 부정하고 싶지는 않습니다. 그러한 노력은 설사 통일 후에도 완전히 응어리가 가실 때까지는 앞으로도 꾸준히 계속되어야 할 것입니다.

그러나 인간이 아무리 노력을 계속해 보아도 '천륜'의 법칙을 거역할 수는 없습니다. '노스트라다무스'도 [대예언]에서 분명히 말했듯이 '신(神)'이 정해 놓은 큰 테두리의 법칙은 정해져 있고, 다만 인간은 적은 부분에서 '운명'을 변화시킬 수 있다고 말했지요. 인간들은 타고난 숙명을 바꿀 수는 없어도, 가능한 범위 내에서 '명(命)을 운전'할 수 있을 뿐이지요. 그러나 하늘이 내린 천명(天命) 즉 '천륜의 법칙'은 거역할 수가 없다는 이치올시다.

그래서 일제(日帝)시대부터 일찍이 해방과 남북통일에 관해서 '김일부'선생의 정역8괘를 믿는 사람들에게 미신과도 같은 도참설(圖讖說)이 있었습니다. 즉 "6·6-7·7에 해방되고, 3·3-4·4에 통일된다"라고 몰래들 말해 왔습니다. 실제로 "6·6은 36년 만인 음력으로 7월7석날(七月七夕-견우와 직녀가 만난다는 전설의 날)에 실제로 해방"되었으니 적중하게 맞췄지요.

그런데 "남북통일에 관한 3·3-4·4"만은 짚이는 데가 있지만, 여기서는 함부로 말할 수가 없습니다. 미국의 서쪽 금풍(金風)이 불고, 빨간 색의 남방화운(南方火運)이 충천하면 그때 통일은 임박한 것이올시다. 대개 역학의 수리로 계산해 볼 것 같으면, 갑(甲)-을(乙)은 3·8 목(木)이고, 또한 신(申)-유(酉)는 4·9 금(金)임으로, 결국 갑신(甲申,2004년)과 을유(乙酉,2005년)가 바로 [3·3-4·4]가되고, 다시 음양을 포함해서 계산 해 본다면 60년 뒤, '갑신-을유'가 [3·3과 4·4]가 될 것으로 보고, 완전한 통일(統一)은 이 만큼 오랜 기간 동안에 장기적으로 성취되지 않겠는가 라고 짐작해 볼 수는 있지만 어찌 천기를 함부로 누설해서 점칠 수야 있겠습니까요.

張 교수 : '큰 스님'께서 앞에 말씀하신 '역학(易學)'의 원리들을 통하여 '북동아시아' 제국을 형성하는 주된 민족인 한국, 중국, 일본, 민족들에게는 중요한 동양사상의 요체(要諦)를 이룬다고 볼 수 있는데, 그와 같은 견지에 비추어 볼 때, 우선 이들 3대 민족들의 특성을 비교해 보는 일도 흥미롭지 않겠습니까.

또한 역사적으로 보아서 이들 민족들의 장점·단점을 들어 '동양사상'의 형성과정이나 '동아시아'의 정신적 문화(文化)와 물질적 문명에 어떻게 기능해 왔는가를 살펴보고, 특히 '한반도'의 미래에 대하여 희망적이고 밝은 것인지 아니면 구제 받기 어려운 버림받은 민족인지 한 말씀해 주셨으면 합니다.

인간이든 국가이든 한 치 앞날을 모르기 때문에 '개인운명'이든 '국가운명'이든 앞날이 어떻게 될 건지, 위대한 과학자나 정치가나 사업가들이 더욱 종교에 귀의하고 미지의 '하늘의 뜻'에 관해서 '예언'이라도 듣고 싶어 하고 각 개인의 '운명'이라도 알고 싶은 것이 인지상정이 아니겠습니까.

'동양사상'을 통해 본 한국의 현실과 희망 찬 우리 한국민족의 미래상

탄허 스님 : '불교'에는 인과응보라는 원리가 있는데, 이는 선조들이 지은 죄과는 후대의 자손들이 떠맡게 된다는 원리입니다. 또한 이것은 '유교(儒敎)'에서 말하는 권선징악(勸善懲惡)의 원리와도 일맥상통한 것입니다. 즉 착한 자는 복을 받고, 악한 자는 천벌을 받는다는 일종의 원죄(原罪)사상 이지요. '동양사상'에 있어서의 대표적인 3가지 사상인 '유교, 불교, 그리고 우리 나라의 선교나 또는 중국의 도교(道敎)'는 이러한 점에서 공통성을 가지고 이른바 [유불선]이라고 부르고 있습니다.

나는 역사발전을 '유-불-선'의 동양사상을 중심으로 파악하고 있으며, 그렇기 때문에 일반 역사학자들과는 달리 과거의 역사보다는 앞으로 전개될 한반도의 미래에 대하여 더 많은 관심을 가지고 있습니다. 우선 여기에서 역사학자들에 의하여 정사(正史)로 밝혀진 대로 이야기하자면, 동아시아의 문화와 문명은 그것의 원래 발생이 중국으로부터 한국으로 전파되어 왔었고, 한국에서 다시 일본으로 전달되었던 것으로 생각합니다. '일본'이 그런 면에서는 제일 늦게 동양의 전통문화권에 들어가긴 했지만 현실적으로는 동양문화의 세계성을 실현할 수 있는 기능을 가장 잘 발휘할 수 있는 융통성을 가진 처지에 놓여 있다고 평할 수는 있겠습니다.

그러나 미래의 역사에 관한 한 일본은 가장 불행한 나라임에 틀림없습니다. 왜냐하면 일본의 선조들이 저지른 죄악에 대해서 미래의 '업보(業報)'가 분명히 작용할 것이기 때문입니다. 일본과 우리나라의 관계를 역사적으로 보더라도 지난 5백년 동안 무려 49차례에 달하는 침략행위를 일삼아 왔습니다. '임진왜란'때만 하더라도 '천운(天運)'이 우리를 도운 것이지 세력으로 보아서는 열 번도 더 빼앗겼을 것입니다. 삼남지방은 쑥대밭이요, 함경도까지 먹혔는데 나라를 완전히 빼앗기지 않았던 것은 당시 우리나라의 '국운(國運)'이었습니다.

반면, 우리의 조상들은 두들겨 맞고만 살았지 남을 헤칠 줄을 모르고 동양의 전통적 가치관을 그대로 지키면서, 살아 왔다는 것은 우리나라의 장래를 밝게 만들어 주는 중요한 관건이 된다고 말할 수 있겠습니다. 이것이 바로 '동양사상'의 근본원리인 '인과(因果)의 법칙'이요, '우주법칙'이라고 아니할 수 없습니다.

이것을 한번 역학(易學=正易)의 기본원리로 풀어 보기로 합시다.2)

〈주역8괘(周易八卦)의 성질과 상징내용〉

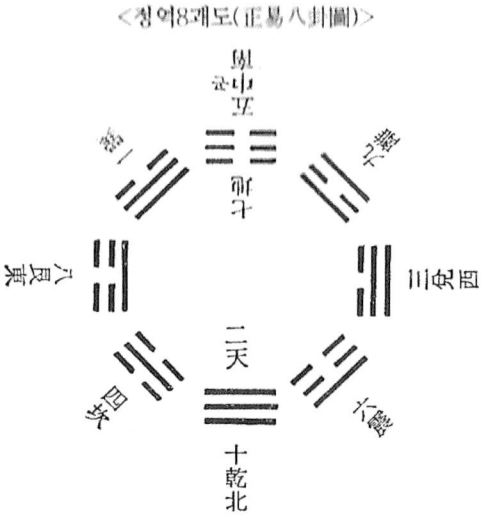

〈정역8괘도(正易八卦圖)〉

해설 2) : 〈필자주 : 여기에서 제시하고 있는 '역학(易學)'이란, 일반적으로 '주역(周易)'을 지칭하지만, 실은 '탄허(呑虛) 큰스님'은 '하늘(天)의 역(易)'인 복희씨8괘(伏羲氏八卦)와 '사람(人)의 역(易)'인 문왕8괘(文王八卦)만 알려져 있는 '주역' 이외에, 최근 100년전에 조선에서 탄생된 이른바 '정역8괘(正易八卦)'를 더욱 중시하고 있다. 즉 구한말(舊韓末), '김일부(金一夫, 1826-96) 선생이 특히 1881(辛巳)년에 오랫동안 하늘의 계시를 받아서 만든 '정역8괘도(正易八卦圖)' 즉, 땅(地)의 역(易)을 말하는바, 이것은 바로 지리상학(地理象學)의 원리(原理)를 동시에 포함하고 있음. 물론 '주역(周易)'이란 사서삼경(四書三經)중에서 시경(詩經-文學)과 서경(書經-歷史) 및 역경(易經-哲學)등을 일컫고 있지만, 원래 주역(周易)이라고 부르는 '역경(易經)'에서는 '지(地)' 즉, 땅의 역(易)이 빠져 있었기 때문에, 이번에 '탄허 큰스님'께서는 '김일부(金一夫)의 정역(正易)'을 포함시켜서 '역학(易學) 풀이'를 하고 있음.

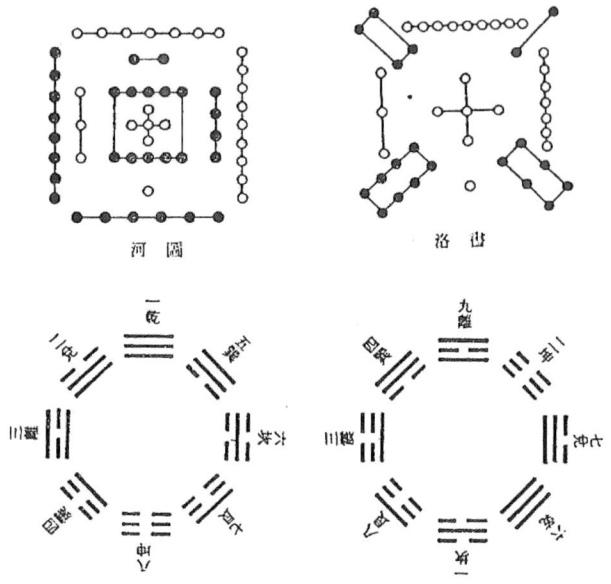

<하도(河圖),복희8괘(伏羲八卦)>:<낙서(駱書),문왕8괘(文王八卦圖)>

괘형	괘이름	의미하는 것—상징하는 내용						비고
		자연	인간	성질	방향	신체	동물	
☰	건(乾)괘	하늘	부(父)	강건	西北	머리	말	노양(老陽) 양(陽) 태극(太極)
☱	태(兌)괘	못(澤)	소녀(少女)	즐거움	西	입	양	
☲	이(離)괘	불	중녀(中女)	불음	南	눈	꿩	소음(少陰)
☳	진(震)괘	우뢰	장남(長男)	움직임	東	발	용	
☴	손(巽)괘	바람	장녀(長女)	들어감	東南	다리	닭	소양(少陽) 음(陰)
☵	감(坎)괘	물	중남(中男)	빠짐	北	귀	돼지	
☶	간(艮)괘	산	소남(少男)	정지	東北	손	개	노음(老陰)
☷	곤(坤)괘	땅	모(母)	유순	西南	배	소	

그래서 '역학(易學)'의 8괘(八卦)를 놓고 볼 때, 우리나라 한국은, '간방'[*艮(간)]-동북방향이며, 소남(少男)의 뜻을 가졌고, 수리(數理)로는 3, 또는 8 이며, 한반도를 지칭하며, 지(智)와 도덕(道德)을 뜻하는바, 주역8괘중에서 하나의 '심볼(象徵),'이며, 즉 상(象)을 표시한 기호를 일컫습니다. 이것이 곧 닥쳐오는 천지개벽에서는 '정역8괘'에 의해서 방향이 '정동(正東)'쪽으로 이동[(註): 이 뜻은 지구가 23도7분 기울어서 지금까지 윤도수(閏度數)가 존재하고 양력이든 음력이든 윤년, 윤달이 있으며, 1년이 300일 아닌 365일…등 인간이 비뚤어진 사실을 말함.]하게 됨으로, 반대편 '정서(正西)'쪽에는 미국 즉, 소녀가 자리 잡고 있는바, 한반도는 소남(少男)임으로 "소녀와 소남"은 완전한 부부관계와 같은 결혼이 성립 된다는 후천미래세계의 원리를 말하고 있습니다.

이 분야의 설명은 상당히 난해하고, 한편 고도의 주역지역을 통달하고 있어야 해명이 가능한 학설이지만, 우선 쉽게 설명한다면, 동양철학에서 6천년전 [복희씨 8괘=천(하늘)]는 그 뒤 3천년 후에, [문왕 8괘=인(사람)]의 원리로 바뀌어 오늘에 이르고 있고, 다시 이후 후천세계는 [정역 8괘=지(땅)]의 원리로 현재 바뀌는 순간에 놓여 있어서, 말하자면 이것이 [최후심판]이요, [후천개벽]이라고 부르는 원리를 말한다.

그런데 중요한 사실은 바로 "한국"만이 미래세계의 중심이란 이치가 이미 제시되어 있으며 동시에 [극동=동극]이란 사실이 다름 아닌 끝이요, 곧 시작이란 뜻이며, 수리로는 3·8 목(木)이고, 도덕이며, 또한 지(智)를 상징하고, 바로 "3·8도선"상에서 남북이 나뉘고 아울러 이념과 사상의 대립이 일찍이 왔으며, 지금 유일하게 통일을 기다리면서 이른바 [3·3과 4·4]에 온다는 참설을 말하고 있다.

'역학' 이론을 처음 대하는 분들은 전혀 감도 잡을 수 없을 정도로 어렵게 보이지만, 실은 '천-지-인'의 원리를 동양의 전통사상에 입각해서 '하늘의 뜻' 즉 천도사상으로 풀이해 놓았다고 생각해 보면 쉽게 알 수 있지요. 해설된 부분을 보면서 포괄적으로 이해해 주기 바람]. 한말로 동양의 근본우주관(宇宙觀)'[역자주 : 위쪽의 3가지 역(易) 8괘도(八卦圖)'를 '참조하시고, 각주(脚註)로 해설된 부분을 보면서, 포괄적으로 이해해 주기바람해 주기 바람]. 로 동양의 우주관이기 때문에 믿는 자들에게는 절대적인 [4서3경] 중에서 바로 [역경]의 철학이론 입지요.

'역학'에서 '한반도'는 동북 간방(艮方)에 있는 소남(小男)으로 되어 있지만, 이제 21세기 초부터 닥쳐오는 '후천개벽'의 새로운 시대에는 지구의 변혁, 즉 지리상학적 변화가 몰고 오는 인간세상의 근본적인 '윤도수(閏度數)'의 소멸에 의해서 한반도는 정동(正東)쪽으로 이동하게 되고, '천-지-인'은 똑바로 자리 잡지요.

그래서 '간방(艮方)'이란 나무 목(木)이요, 푸른 색깔을 띤 산(山)이니까 '청구(靑丘)'라고도 부르며, 수리(數理) 즉 상수학(象數學)으로는 '양(陽)의 3과 음(陰)의 8'이며, 이로서 도덕(道德)의 뜻을 지녔음으로 예컨대 '3·8 도덕선(道德線)'도 공산주의와 자본주의를 가르는 '이데올로기'의 대립선으로 '38도선'이 생긴 것이 지요. 한편 중동의 '이스라엘'과 '팔레스타인' 지역에도 기막히게도 동시에 '38도선'이 통과하고 있지 않겠어요.

따라서, 서쪽에 있는 미국의 태방(兌方) 즉 소녀(少女)와 이제부터는 지구가 정도수로 왔기 때문에 한국의 간방(艮方) 즉 소남(少男)이 완전히 동서로 마주보면서 얽혀서 결혼하고, 과거 늙은 장남인 진방(震方)인 중국과는 회롱만 당하던 '파트너' 관계는 청산하게 되지요. 결국 새로운 '파트너'인 한국의 소남(少男)과는 마치 '신혼 부부관계'처럼 됨으로, 명실상부하게 '한반도'가 미국의 도움을 받아서 서방의 금풍(金風)이 불어 닥치는 동시에 남방(南方)의 '화운(火運)'이 오면 '후천세계'의 중심이 된다는 원리가 됩니다.

그래서 좀 더 자세히 말한다면, 주역(周易)에서 간(艮)이라 함은 사람에 비하면 소남(少男)입니다. 이것을 다시 '나무(木)'에 비하면 '열매(果實)' 입니다. [열매]는 '시종(始終)'을 가지고 있습니다. 소남(小男)을 풀이하면 소년(少年)인데 여기서 말하는 '소년'이란 곧 바로 '처음이요 끝이 되는 始終'을 가리키고 있습니다. 왜냐하면 소년을 청산하는 과정임으로 사춘기를 넘는 시기이며, 「아버지(父)」로서의 '결실(結實)'을 맺는 동시에 '소년'으로서 다시 새로이 출발하여 또 다시 '아버지'라는 결실로 열매를 맺으면서 바뀌진다는 뜻이올시다. 결국 한국은 시작과 끝(결실)을 맺는 간방=소남 임으로 세계의 중심이 되고, 시종이 된다는 뜻입니다.

'열매'는 결실이 되기 전에 [뿌리]에 [거름]을 주어야 효과가 있고, '열매'가 결실이 되려면 또다시 뿌리(根)에 거름(肥料)을 주어야 효과가 있는데, 그 반대로 '열매'가 결실되려면 자기(自己)를 처음에 시작(시작)시켜 준, 다시 말해서 [열매]를 만들어 준 '뿌리'와 '가지(技)'의 말은 잘 듣지 않기 마련입지요. 이재는 자기도 다 컸다 이거예요. 오히려 '열매(果實)'는 '뿌리(根)'를 향하여 자기의 말을 들으라고 명령합니다.

이것이 바로 [역학(易學)]에서 심오하게 해석하고 있는 〈한국〉이 지닌 [간(艮=艮方=한국)]의 기본원리이며, [소남(少男)]의 올바른 기본해석이 되기도 하고, 동시에 또한 [시종(始終)]의 근본원리이기도 합니다. 결국 [간] = [소남]= [한국] 의 의미는 첫째 [태방=소녀=미국]이 한국과 동반자로서 [간방=소남]과 짝지어 중심 노릇한다는 뜻과, 둘째 [소남]은 돌고 돌아 [시종]을 뜻한다는 2가지

의미가 동시에 작용한다는 근본원리를 지니고 있단 말씀입니다.

동양의 전통사상 중에서 '한반도(韓國島)'만이 '미래세계'의 중심이란 근거는 '정역 8괘'이다

張 교수: '역(易)'을 "지리상학"(地理象學)으로 풀이해 보면, 그러니까 종래 '하늘과 사람에 관한 주역'에서는 규명할 수 없었던 새로운 '땅(地)의 역(易)' 즉 '김일부(金一夫)' 선생(先生)의 [正易8괘(正易八卦)]가 발표되면서, 오늘의 21세기 '후천개벽'의 주역으로서의 변화원리가 명백해 졌지요. 동시에 '한반도'가 왜 '후천세계'의 중심이 될 수밖에 없는가 하는 비밀을 조리 있게 밝혀주고 있는 학설인 동시에 모든 이치를 조리 있게 찾아낼 수 있는 근거가 되었겠지요.

지구는 지금 겨우 사춘기(思春期)에 들어와서 온난화(溫暖化)를 겪기 시작하였고, 이로 인하여 비로소 북빙하(北氷河)가 녹기 시작해서 그 동안 "23도 7분"이나 삐뚤어진 지구가 똑바로 서는 작업이 서서히 시작되었다고, '묵자(墨子)'학설을 들어서, 즉 '하늘의 거울'이라고 말하는 [천경설(天鏡設)]을 누군이 말씀하셨습니다.

최근에 21세기에 들어 와서 동남아시아에 거대한 "쓰나미(根波)"라는 일본 말로 해일현상이 덮쳐서 결국 엄청난 인명과 재산피해가 난 사건은 익히 잘 알려진 사실이지만, 문제는 그 뒤 미국의 "나사(NASA)"에서 발표한 바에 따르면 세상에 믿기 어려운 지구의 지축(地軸)이 드디어 변해서 "0·2도"나 일어서 버렸다고 발표가 나왔습니다. 이런 현실을 감안하시면서 좀 더 자세히 '역학의 원리'를 설명해 주시기 바라겠습니다.

더구나 동양사상(東洋思想)을 잘 모르는 현대 지식인들로서는 서양의 첨단과학은 알아도 또한 '합리주의(合理主義)'는 알아도 동양의 '조리주의(條理主義)'는 전혀 모를 뿐만 아니라, '사서삼경(四書三經)'책 중에서도 가장 으뜸이 되는 철학책 인 주역(周易)은 말할 것도 없으려니와, 주역의 천(天),지(地),인(人) 중에서 지(地) 즉 땅의 역(易)인 정역(正易) 8괘와 같은, 우리나라에서 나온 오묘한 이치 즉 지리상학적 '역학'에 대해서는 어려운 주역(周易)이긴 하겠지만 실은 '미신'처럼 금기시 하는 경향도 없지 않으니까요.

동양사상은 서양의 이성(理性-reason)에 기초한 합리주의와는 전혀 가치관이 다른 것으로, 즉 '합리(rationality)와 비합리(irrationality)'와는 전혀 '장르'가 다른 동양식의 '조리(條理)'일 뿐이며, 서양식으로도 '불합리(unrationality)'의 세계가 가장 근접한 개념이 될는지는 모르나, 어떻든 동양 나름의 독특한 원리로 풀어 볼 수밖에 없겠지요. 그것을 미국의 학계에서는 전혀 다른 3차원의 세계로 노자(老子)연구를 통해서 [A-Rationalism] 즉 개벽합리주의(開闢合理主義) 라고 말한답니다.

그래서 시경(詩經)이 문학책 이고, 서경(書經)이 역사책 이라면, 바로 주역(周易)은 '사서삼경' 중에서도 천지자연(天地自然)의 천리(天理)를 가르쳐 주는 철학 책으로서 인정되는 근본이론이 되겠습니다 다만, 좀 더 알아듣기 쉽게 풀이해서 '후천개벽'이라든가 '최후심판'과 그 뒤의 청사진이 벌써 백여 년 전에 나와 있다고 말씀하시는데, 바로 신천지(新天地)를 우리 중생들에게 가르쳐 주셨으면 합니다.

吞盧 스님: 원래 세상의 근본원리는 '하늘(天)과, 땅(地)과, 사람(人)이' 다 같이 한데 합쳐서 있어야 우주(宇宙)의 형상을 입체적으로 그리고 종합체계적으로 완전히 해석하기 마련입니다. 앞에서 몇 번이나 알아들을 만큼 설명한 바와 같이, '공자(孔子)'님이 가죽 끈이 3번 떨어질 정도, 즉 위편3절(韋片三切)이나 연구해서도 완성시키지 못하고, 오히려 "아침에 도를 깨우치면 저녁에 죽어도 여한이 없다(早聞道夕死)"라고 한탄했다고 알려져 있는 지금까지의 '역경'이란 것, 다시 말해서 '주역'이란 것은 이상스럽게도 '하늘과 사람'에 관한 것 즉 천도(天道)와 인도(人道)등 두개밖에는 없고는, 땅(地道)의 역이 없소이다.

'주역(周易)(天=人)'의 본문은 간단하지만 공자(孔子)님께서 일생을 바쳐서 연구한 결과이기 때문에 주석(註釋)이 10편의 논문으로 엮어져 해설을 부쳐 놓고 있습지요. 첫째, [계사전(繋辭傳)]이 있고, 둘째, [세계전(說卦傳)]이 있는데, 이들 2가지 큰 논문은 주역의 줄기 해석을 이루며, 셋째, [서괘전(序卦傳)]과 넷째, [잡괘전(雜卦傳)]이 있는데, 이들을 다 같이 합해도 천과 인은 철학적원리가 설명되지만, 그런데도 당연히 있어야 할 '땅(地)에 관한 원리' 즉 지도가 빠져 있어 공자님도 통곡했다는 말씀입지요.

소위 첫 번째 주역(周易)은 복희씨8괘〈伏羲氏八卦-약 6천년전〉로서 즉 천〈㊀·天=하늘〉에 관한 이치가 있고, 이어서 또 하나의 두 번째 주역(周易)은 문왕8괘〈문왕팔괘-약3천년전〉로서 인〈㊁·人=사람〉에 관한 이치가 있었을 뿐이었던 것이올시다. 그런데 드디어 한국에서 100년전에 정역8괘(正易八卦)가 출현된 것이지요.

위에서 본 주역(周易) 2개는 지(地), 즉 땅에 관한 역(易)이 없는 절름발이 같이 굴절되고 또한 왜곡된 "우주변화의 원리"에 불과 했습지요. 이로 인하여, 그 다음에 가장 중요한 지〈㊂·地-땅〉

에 관한 이치가 어쩐 일인지 '공자(孔子)'님도 전혀 몰라서 지금까지 '땅(地)에 관한 주역(周易)' 즉 정역8괘(正易八卦)를 전혀 인식하지 못하고 있었습지요. 그 때문에 그 자체가 '역경(易經)'에는 빠져 있는 채로, 모든 '우주의 신비' 또한 '일월(日月)의 기영(氣靈)'도 이를 올바르게 조리정연한 설명조차 할 수가 없게 되어 있었습지요. 바로 완성된 주역(周易)이 곧 정역8괘(正易八卦)랍니다.

바로 이 같은 취약점 때문에, '공자'님도 그 많은 서책 중에서 꼭 한 가지 책만은 '가죽 끈이 3번 끊어지도록 읽었다. 즉 위편3절(韋篇三折)'이라고 하지만, 도저히 알 수가 없어서 절망에 빠져 버린 일이 생겨났지요. 그 후 송나라 때 "주자(朱子)"는 아예 주역(周易)을 4서 3경속에서 4서경2경으로 빼 버렸지요.

이 때문에 늙어서 더 이상 '땅에 관한 진리'를 찾을 길 없는 '공자'님께서는 '아침에 도를 깨우치면 저녁에 죽어도 여한이 없다(朝聞道夕死)'라고 한탄하신 것이올시다. 그러나 나의 생각으로는 '공자'님이 '땅에 관한 역(易)'을 찾았다고 해도 '아침에 도를 깨우치면 아침에 죽어도 좋다(朝聞道朝死)'라고 말씀하셨어야 옳은 일로 짐작되는 것이올시다. 다만 '성현'께서도 오죽이나 답답하시면 통곡하고 그렇게 말씀 하셨겠는가 생각하면 그렇게 아침 저녁 가릴 것 없이 목숨을 바쳐서라도 진리를 깨우치고 싶은 염원이었던 것이올시다.

과거 수천년 동안 수많은 학자나 선비들이 '주역'을 연구하는 데 몰두해서 일생 동안 공부를 하고서도 세상 이치를 완전히 도통(道通)하지를 못하고 미쳐버린 사례가 너무나도 많았습지요. 그래서 오죽하면, 송나라 때 가장 유명한 '주자(朱子)'께서도 '정주학(程朱學)'을 완성시켰지만, '주역'에 관해서는 '땅의 이치를 전혀 알 수가 없었을 뿐만 아니라 학자들이 쓸데없이 이로 인하여 미치고 혹자(或者)는 죽어간다' 라고 지적하면서, 그러니까 주역'을 아예 빼버려서 '4서 3경(三經) 중에서 '4경 2경(二經(이경)'만을 습득하자고 설파한 적이 있습지요.

이 글에서 비로소 최근세에 '정역 8괘(正易八卦)'가 우리나라 한국에서 출현해서, 세계적인 '지(地-땅)'의 이치를 확연하게 밝혀 놓게 되었는바, 바로 이 같은 원리는 '땅에 관한 원리'이기 때문에 종래의 선천(先天)에 해당되는 '하늘(天)'이나 '사람(인)'에 관한 '역(易)'과 달리 지리상학<地理象學=정역(正易)>이라고 부르게 되었습니다.

이상스럽게도 "땅 즉 지구(地球)의 이치"를 최초로 찾아 낸 분이 바로 계룡산국사봉(鷄龍山國師峯)에 수도하며 사시던 '김일부(金一夫)' 선생이시지요. 미친 듯이 하늘로부터 밤낮 할 것 없이 근 3년 동안을 '신야자묘만물이위언자야(神也者妙萬物而爲言者也)'란 계시가 눈앞을 뒤덮더니, 바로 '주역/'의 '세괘전(挩卦傳)'에 나오는 말씀이 허공에서 영화처럼 보이면서, 천지가 낯모르는 '정역8괘'의 그림으로 온통 뒤덮어 보여서 이를 그대로 받아 눈물을 흘리면서 감격하여 명호(嗚呼!)라고 소리쳐 울면서 계속 받아 쓰고 8괘(八卦)를 그렸다고 합니다.

물론 '정역8괘'는 "땅(地)의 후천개벽(後天開闢)"을 연산(連山) 사람 '김일부' 선생에게 3년 동안 미친듯이 계시를 내린 경서(經書)이지요. 원래 '주역(周易)'의 최초 명칭은 '연산'이라 하였고, 또한 '귀장'이라 했는데 지금 전해오는 것은 유교식 '공자' 이론만 '주역'으로 남아 있을 뿐, 다른 역(易=바뀐다는 뜻-변증법을 말함)은 깡그리 없어졌다.

원래 공자의 주역은 첫째, 6천년전 하늘의 역=복희씨8괘=천의 역(天易)이라 해서 하늘의 이치를 나타내어 있고, 둘째, 3천년전 사람(人易)의 역이라 해서 "문왕8괘=부,모,장남,중남, 소남, 장녀,중녀,소녀, 등" 8인 사람의 이치를 나타내고 있지요. 그러나 안타깝게도 지금까지 3천년 동안 땅(지(地))의 역이 없었습니다. 2천년전 공자가 '주역'을 쓰면서 "괘사전+세괘전 등"〈십익(十翼)〉이란 논문 10개를 써서 붙쳐서 오늘날의 주역(周易)은 '하늘과 땅의 역' 단2가지만 존재해 있습지요.

그래서 공자님이 가죽 끈이 3번 떨어질 정도로 연구를 했으나 생전에 오직 "땅의 역"이 없어서 크게 한탄을 했지요. 「조문도(朝聞道)면 석사(夕死)」라!! 그러면서 "아침에 도(道-땅의 역)를 깨우치면 저녁에 죽어도 여한이 없다"라고 한탄을 했습지요. 그런데 그 중 하나 미완의 "땅역(地易=正易)"인 바로 "정역8괘(正易八卦)"가 나타났다는 말씀이지요.

그런데 이 [8卦]에는 다름 아닌 "지구의 변동"이 21세기부터 예시되어 있고, 특히 쉽게 한 말씀 드린다면, [2천7지-북극이 녹는다는 것]이라는 경천동지 할 진리(진리)가 숨겨져 있어요. 이는 천기(天機)에 해당되는 것이지만, "2·7=화(火)"이니까, 태평양 바다 속의 [불덩어리]가 북극(北極)으로 치솟아 "지구"는 똑바로 스게 되고, 새 세상은 '문왕8괘' 이래로 열악한 세상에서 지금 비로서 '윤도수'가 없어지는 동시에 360도로 똑바로 서고, 후천개벽이 한국 중심으로 온다는 겁니다.

다시 말하면 당연히 윤도수(閏度數)는 없어지면서 1년은 360일이 되며 인간(人間)도 지금까지 '지구가 삐뚤어지고, 기울어져서 윤도수' 때문에 굴절되고 왜곡되어 물경 3천년 동안이나 성현군자가는 없는 열악한 세상을 살았지요.

지금까지는 "천지인"의 기운이 삐뚤어 졌으나, 이제부터는 구원(救援)의 3천년이 시작되니까, "후천개벽"과 "최후심판"때문에 4철이 온난하여 극한 극서가 없어지며, 인구밀도가 적어 신선(神仙)처럼 인간들이 살게 되겠지요. 왜냐하면 북극이 녹고 지구가 요동칠 때 지금의 인구는 70억에서 30억명이 겨우 살아나게 되고, 이 때 한반도는 지축의 중심=동극에 있음으로 제일 적게 흔들리며 동시에 공기는 4시간 동안 남아 있어서 지구 대변혁에도 제일 많이 살아 남게 됩니다. 무론 선량한 사람들이 이 틈에 살아 남게 되겠지요.

따라서 요즈음 '지구온난화'를 비롯한 질병, 해일, 화산폭발, 각종 재난이 끊임없이 터져 다 없어지고 새 세상이 온다는 대예언이 탄허 큰스님으로부터 나온 것입지요. 특히 '한반도=동극' 중심으로 지구가 뿔떡 일어서는 '지상낙원'과 '유토피아', '이상향(理想鄕)', '무릉도원', '에덴동산=극락정토'가 오며 인간은 '천국'에서 살면서 '미륵부처'가 되는 동시에 최후심판을 받아서 '천당'에 온다는 겁니다. 허황된 것 같지만, 우리 수도하는 종교인의 안목으로는 3차원의 "서방정토=천당"이 보이는 겁니다.

물론 이리 되면 우리가 쓰는 '달력=칼렌다' 역시 360일로 된 정확한 책력이 이미 나와 있으며(역주 : 김일부(金一夫)저서, "정역(正易)"책을 참조하기 바람) 이 때 정월 초하루인 "설날"은 지금의 음력 2월달 묘월(卯月)달이 됩니다. 실제로 정월 설날은 원래 '3천년 주기로 지구가 후천개벽 변하기 때문에 과거 '6천년전 복희씨(伏羲氏) 8괘' 때는 "동지(冬至) 날"이, 그 후 '3천년전 문왕 8괘'때부터는 현재 사용하고 있는 "입춘(立春)"부터 '설날'로 쇠고 있지만, 앞으로 정역의 설날은 "2월(묘월=토끼 달)"이 '설날'이고, "후천개벽"이 된다는 말씀이 올시다.

＊〈필자 주〉: 최초로 「김일부」의 "정역 8괘도"가 나타난 때가 1881년 신사(辛巳-순조1년)인데, 이 '그림'을 실제로 받아 그린 뒤에야 '홀연 공자(孔子)님의 영상이 이 비치더니 "내가 일찍이 하고자 하였으나 이루지 못한 것(땅의 역)을 그대가 이뤘으니 이런 장할 데가 어디 있겠나!"라고 들려주었다지요. 이때 '김일부(金一夫)' 선생님은 그저 감복하고 땅에 엎드려 눈물만 흘리셨다는 일화가 남아 있습니다〈이정호(李正浩) 지음, "正易硏究" 국제대학인문사회과학연구소. 203쪽, 1976. 참조〉.

반고(班固-동양에서 최초로 우주의 삼라만상이 생겨난 시원을 일컬음) 즉 태초(太初)에 '역학'에 관해서는 천지자연의 철학적인 근본이치를 따라 맞춰서 '역(易)'이 학문으로 성립되었는데, 요사이 서양식 언어로 치면 철학적 근원을 말하는 것이며, '변증법(辨證法)'이 나타난 셈이 되겠지요.

원래 "주역(周易)"은 공자(孔子)' 이전에 이미 천도(天道) 즉 하늘의 이치를 쫓아서 최초의 이름은 '연산(連山)'이라고도 부르고, '귀장(歸藏)'이라고도 불렸다고 전해지고 있으나, 주(周-3천년전)나라 때 문왕8괘(文王八卦)가 나타나면서 지금의 주역이란 이름이 확정된 것이 올시다. 그 뒤에 '공자'가 이를 십익(十翼-열 개의 논문을 부쳐 주석함]으로 풀이해서 오늘날 '유교(儒敎)'의 삼경 사서 중의 첫 번째 철학 경전(經典)이 된 뒤로, 그 이전 태초의 것은 영원히 알길 없이 그의 유산도 산산히 살아져 버렸습지요.

다만 공교롭게도 한국에서 '정역 8괘'가 '김일부 선생을 통하여 '땅(地)의 이치' 즉 지도(地道)를 밝히면서 탄생 되었지요. 원래 '주역'의 별칭 그대로 '연산' 또는 '귀장'이라고 부른 그대로, 바로 한국의 충청도와 경상도의 경계선인 '연산(連山)' 땅에서 "김일부 선생"이 태어 낳으신 때문에 더욱 태초의 '신비'를 부활시킨 것이 아닌가 생각되며, 예삿일로 보이지는 않는 현상이라고 말씀

드릴 수 있겠지요. 그런데 미안한 말씀이지만, 아직도 '정역 8괘'는 정통파를 자처하는 '주역학자'들이나 철저한 훈고학에 따르는 유도인(儒道人)들은 믿지 않는 분들이 많고, 아직도 인정하지 않는 사람이 많은 학설이기도 합니다.

그러나 '주역'에서 "천인(天人)"만 있고, 천지인 중에서 '땅의 이치'를 무시할 수가 있겠습니까? "땅의 이치를 비롯해서 '후천세계'를 밝힌 점에서는 워낙 무시 못 할 이론인 것만은 틀림없으므로, '정역8괘도'에 나타나는 '2천7지(二天七地))'와 같은 조리 있는 이론이나 신비스런 형상에 근거해 볼 때는, 즉 '불[火 : 2와 7이란 숫자는 화(火)로 불을 나타냄]이 북극으로 치솟고 북빙하를 녹여서 지구가 바로 서면, '한반도'와 지구의 축=동극의 불원한 장래도 한번 미루어 예언해 볼 수는 있겠지요.

어떻든 '정역 8괘'에 대해서 설명이 너무 말이 길어 졌지만, '한국이 후천세계의 중심'이라고 말하는 이론이니까, 우리나라로서는 '구세주(救世主)'를 만난 셈이 되었지요. 따라서 앞으로 [정역 8괘도]의 그림〈역주 : 앞쪽 정역8괘도를 참조〉에 근거해서 풀이해 보면, 우리나라 한반도는 정동쪽의 간방(艮方)으로 바뀌져 있습니다. 결국 동북쪽에서 정동쪽으로 이동하면서 서방 미국과 서로 마주보는 '파트너'가 되어 소년은 소녀와 결혼하게 되니, 그 덕을 보게 되어 곧 한국은 통일되고 세계의 중심이 되는 것입지요.

지금 우주(宇宙)의 순환원리에서 '역(易)'의 진행과정에 비추어 보면, 이 같은 '한반도'의 위치-간방(艮方)은, 이제 '동북쪽에서 정동 쪽으로' 변동해서 드디어 후천개벽으로 들어가는 '간도수(艮度數)'가 이미 비치고 있다고 말할 것입니다. 그것은 땅속의 불(火)기운이 북극(北極)으로 치솟아서 북빙양의 어름(빙하)을 녹이고, 이 때문에 지구가 23도7분 삐뚤어진 형상도 이제 사춘기(思春

期)로 성숙해서 과거의 '윤도수(閏度數)'가 완전히 없어지게 되며, 결국 [달력]도 지구의 공전주기가 똑바로 서기 때문에 360일로 바로 서며, 태양 '에너지'의 굴절이나 땅(지구)의 기울어진 경사가 없어지기 때문에 비로소 '사람-人'도 성현군자와 같은 권능의 인간만이 사는 세상으로 변한다는 결론입니다.

인류역사의 구원(救援)은 [동극(東極)=극동(極東)]이며, 동북아의 한반도, [간(艮)방=소남(小男)=청소년)]이다.

張 교수 : 큰스님께서는 '주역(周易)'에 비추어서 한반도가 바로 청년학도(소남)들의 운기를 대변해 주고 있다는 얘기를 설명해 주시면서, 한편 일반 사람들이 잘 알지 못하는 '정역(正易)'에 근거해서 극동=동극이란 원리에 맞추어 '한국'이 세계의 중심이란 설명을 하고 계신 것으로 이해됩니다. 이와 같은 이론을 전혀 반대하거나, 전혀 모르는 분들을 위해서 '후천세계와 한국 국운의 미래'에 관해서 좀 더 자세히 말씀해 주시지요.

呑虛 스님 : 다시 처음 이야기로 돌아가 봅시다. '4·19 학생혁명'이란 청년학도(소남)의 궐기로 1960년에 지독한 자유당 독재(獨裁)와 투쟁하여, 이승만(李承晩) 정권을 타도하게 되었지요. 이렇게 청년학도의 힘으로 정권(政權)이 붕괴된 일은 세계 역사상 그의 유례를 찾아 볼 수 없을뿐더러, '4·19 혁명'이후 세계도처에서 학생들의 봉기현상은 유행병처럼 번져나가게 되었다는 겁니다. 예컨대 미국에서는 '스튜던트·파우어' 즉 베트남 전쟁반대 데모가 전국적으로 일어나서 국가가 흔들렸지요? 그 결과로 선진국들 특히 미국

을 중심으로 '스튜던트 파워' 즉 청년 학생들의 힘(학생운동 : 미국에서 60년대 초 한창 격렬했던 '베트남' 전쟁의 반대운동을 말함)를 형성하기에까지 이르러 전세계로 퍼져 나아가게 되었습니다.

이런 까닭에 '역학'에서 말하는 '간방(艮方)'에 이른바 '간도수(艮度數)'가 들어 왔고, 지금이 바로 그때이며, 이들 '간방(艮方)'을 '소남(少男)'으로 푼다면, 바로 이 '소남'인 우리 나라 한국의 청년학도들이 '자유당 독제정권'을 타도할 수 있었다는 것은 새로운 역사의 시작이라 아니할 수 없습니다. 이상과 같은 '이치'로 입증해 볼 때에, 또한 '소남(少男)'은 '시종(始終)' 즉 [처음 시작과 끝을 내포]하고 있음으로 '간방(艮方)'에 '간도수(艮度數)'가 접합됨으로서, 이제 한국에 어두운 역사는 끝맺게 되고, 지금부터는 새로운 밝은 역사가 시작될 수밖에 없다는 사실입니다.

또한 '인류역사의 시종(始終)'이 다 같이 전세계의 '동쪽 끝'인 [*이 땅 한반도에서 처음으로 시작되고 끝을 맺게 되었다는 뜻] 이올시다. 여기에서 '인류역사의 종결'이라고 말함은 다름 아닌 새로운 인류사(人類史)의 시작을 그 속에 내포하고 있다고 선언하는 뜻이 그 속에 포함되어 있는 것이 물론입니다.

이러한 현상으로 미루어 보더라도 이미 100년 전부터 하나의 결실시대(結實時代)가 시작되었으며, '역학의 원리'는 이미 오래 전부터 이것을 증명하고 있는 것입니다. '시종(始終)'을 함께 하고 있는 '간방(艮方)'의 소남(少男)인 우리나라 '한국'에서 이미 '간도수(艮度數)'가 와 있기 때문에 모든 세계의 문제가 '한반도'를 초점으로 맞추어 처음 시작하고, 끝맺음으로 종결하는 것이올시다.

그런 뜻에서 해명해 본다면, 한국의 '남북분단(南北分斷)' 문제와 '민족통일(民族統一)' 문제가 전체 인류의 차원에서 보면 아주 작은 문제 같지만, 이와 같은 문제야말로 오늘날 국제정치의 가장 큰 쟁점으로 나타나고 있습지요. 이제 '한반도 문제'의 해결은 곧 세계문제의 해결과 직결되어 있기 때문에 어느 날 세계정세가 급변하면서 우리나라의 문제도 동시에 풀린다고 나는 보고 있습니다.

'남(南)과 북(北)'으로 분단(分斷)되어 있는 현상에 관하여 말하자면, 이는 곧 지구(地球)라는 이들 신비한 우주의 어딘지 모르는 한구석에서, 남극(南極)이나 북극(北極)의 상대적인 현상을 표상(表象)으로 나타내어 준다고 말할 수 있겠습니다. 그러니까 미국에도 남북전쟁이 있었고, 어느 나라나 동서간의 관계보다는 남북간의 대립이나 갈등이 새로운 탈출구를 열었지요.

'지구'라는 물체에는 '남극과 북극'은 있지만, '서극(西極)과 동극(東極)'은 없지 않습니까. 그렇기 때문에 '동서'의 대립현상은 점차로 적어져 없어지고 있는데 반하여, '남북'의 대립관계는 더욱 심하게 변화해 가고 있지 않습니까. 쉬운 사례가 바로 [동서독 문제]가 한반도의 [남북한 문제] 보다 먼저 통일되었다는 사실일 것입니다.

이는 지난 세기에 있었던 동서의 문제가 바로 '역사의 결실기'를 맞아 '남북의 문제' 즉, 지구의 표상(表象)인 남극과 북극의 상대현상으로 닮아가고 있음을 뜻합니다. '동서문제'의 조리(條理) 있는 결실, 예컨대 동서독의 통일과 '구소련연방'의 붕괴 및 동구공산권(東歐共産圈)의 개방과 민주화의 독자노선(獨自路線)과 같은 무엇이 있다는 말씀이지요.

다음에 오는 것은 '남북문제' 즉 통일로 인한 부조리한 진통이 앞으로 '후천개벽'이 있을 때까지 연장되면서 세계의 관심을 끌고, 나중에는 여기서부터 새로운 탈출구를 찾아서, 끝맺고 시작함이 결실된다는 뜻이올시다. 실제로 지상에서 마지막까지 남아있는 유일한 분단국(분단국)이었던 한반도와 독일 등 2나라 중에서, 가장 통일이 어려울 것 같이 보이는 '동서독'은 1990년에 일찍이 통일을 끝맺었고, 지금도 이미 서독이 독일의 통일과업을 압도하고 있기는 합니다.

아직도 완전한 통일로 동독 측을 흡수하고, 합류하기 까지는 앞으로도 몇 십 년은 더 걸릴 것은 말할 나위도 없으려니와 그동안 들어간 통일비용(統一費用)만 해도 맨 처음 예상했던 2조 달러를 훨씬 넘어서 5조 달러도 더 들것 같으며, 이미 모든 경제적 기반을 비롯해서 정치, 사회, 문화, 특히 출신 지역이나 사람 갈등은 너무나도 심각한 것 같습니다.

그러나 '한반도'의 경우는 쉽게 약한 쪽이 기울면서 한국 주도로 큰 비용 안들이고 남북통일이 될 것은 서방(西方) 미국(美國)의 금풍(金風)이 불어오면서, 어느 날 갑자기 쉽게 풀어지게 될 것이 예상되며, 동시에 동북 간방(간방=소남(少男) 한국의 세계 중심역할이 미국 태방(兌方)=소녀(少女)의 도움으로 이룩되겠지요.

반면 '구소련' 공산주의는 북방수(北方=水)가 되어서 '역학'에서는 '중남(中男)' 즉 중년 남자에 비유되지만, 실은 '물은 검은 흑색' 임으로 북극 곰 같은 '러시아'로 음흉하게 성격도 변하고 멍청해져서 차차 전 세계적으로 북방세력이 약화되는 추세에 따라 한반도에 미치는 힘도 약해지기 마련입니다[주: 이 같은 예언은 오늘날 6자 회담에서도 '러시아'가 겨우 참가하게 됨].

또한 '남북한'은 계속해서 세계의 관심을 모으면서, 한편으로는 거대한 중국 등 북방대륙을 향하여 남한이 선진국 노릇을 하고 있고, 또한 따로 따로 북쪽을 흡수통일은 못하면서도 21세기를 향해서 '후천개벽(後天開闢)'이 올 때까지 기다리면서 국운의 변화가 잇기를 꾸준히 고대하고 있는 셈이지요.

'간방(艮方)'인 우리 한반도에, '간방'의 구실을 할 수 있는 간도수(艮度數)가 와서 소남인 청년학도들의 역사적인 출발점이 열렸던 '4·19 혁명' 때부터 한국에도 새로운 기운이 열리고 있습니다. 세계는 전세기의 유산(遺産)들이 서서히 청산되어 가고 있는가 하면, 우리가 미처 생각지도 않은 새로운 문제들 즉 한국이 부정부패 속에서도 경제발전이나 청년의 기개가 세계로 힘차게 뻗치고 있다는 현실들은 무언가 생명력이 돋아나는 것을 우리에게 암시해 주는 것입니다.

이렇게 볼 때 한국은 서광과 희망의 밝은 미래를 약속 받았다고 말할 수 있을 것입니다. 물론 나는 여기에서 '한국'이 가지고 있는 어려운 현실들, 남북분단, 경제발전과 사회보장, 특히 세대간의 갈등, 및 가치관의 충돌 등 수많은 문제들이 있음을 부인하지 않습니다. 그러나 나는 분명히 말해서 5천년 동안 고난과 역경 속에서 살아온 우리 민족의 불행한 역사는 '천륜의 법칙'에 따라 머지않아 종결될 것이고, '희망과 서광'에 찬 새로운 민족사가 펼쳐질 것이란 '시작'을 확신합니다.

'일본'이 우리에게 못된 짓을 한 것을, '역학'의 원리를 통해서 보면 오늘날 우리가 당면하고 있는 여러 가지 어려운 문제들은 일시적이라 할 수 있습니다. 36년 동안 '일본'이 식민지통치를 하면서 자기네 황궁(皇宮)을 우리 한반도로 옮기려고 궁터까지 마련했고, 영구히 자기네의 본토로 만들려고 우리 민족의 대부분을 만주(滿洲)등으로 소개시켰으며, 이전시킬 계획까지 가지고 있었던 사실만 보아도 '일본'의 만행은 상종 못할 인간들로 미루어 개전의 여지도 없이 짐작이 가고 남음이 있습니다.

그러나 36년 이라는 일시적 시대는 뜻하지 않은 2차 세계대전의 종말과 더불어 '일본제국'의 패망으로 끝이 났습니다. 한말로 말해서 '대한제국'의 합병과 '대일본제국'의 멸망은 긴 역사적 관점에서 볼 때에는 불과 36년의 차이밖에 없다는 뜻이며, '대청제국'은 1911년 '신해혁명(辛亥革命)'으로 망했으니, 이 역시 불과 1년 차이밖에 없습지요. 결국 역사적으로 비추어 보면, 모든 것은 거의 통일시대에 다 같이 멸망한 거지요.

▌ 미국(兌방=소녀)의 서방금풍(金風)이 불어오면,
   '한반도' 정세는 어떻게 끝과 시작이 오는가.

張 교수: 큰스님의 '역학(易學)'에 근거한 말씀대로라면 앞으로 '한반도'의 운명은 미국이 결정적으로 영향을 끼칠 것으로 보이는데, 실제로 지금도 미국의 '별(星)'들의 전쟁기술(하이테크 군대)이 우주의 군사력을 동원해서 우리를 지켜 주고 있고, 미국의 새로운 정책도 태평양시대라고 하면서 '동북아세아' 쪽에 중심을 이동해 오고, 날로 비중이 커지고 있는 것이 틀림없는데 그런 면에서 보는 새로운 관계는 어떻게 보시는지요.

呑虛 스님: 그러면 이제 '미국'과 우리나라 '한국'과의 관계에 대하여 역사상 가장 큰 제2차 세계대전과 연결해서 말해 보기로 합시다. 우리나라의 해방(解放)은 미국의 힘이 크게 작용했지요. 이것은 일본이 미국 '하와이'의 진주만을 공격했기 때문에 큰 전쟁은 필

연적으로 터졌고 일본은 자승자박으로 패망 했습죠. 원래 제1차 세계대전 때에도 전쟁은 안하고 전쟁물자만 팔아서 크게 돈벌이만 했던 나라이었지만, 이때 미국은 제2차 세계대전에는 영국, 프랑스, 및 소련과 더불어 연합군을 주도하면서 인류 6천년 역사상 가장 큰 전쟁에 열렬히 참전하게 되지요.

미국의 세계대전 참가에 관해서는 여러 가지 각도에서 여러 분석이 되겠지만, 무엇보다도 '미국'이 '한반도'를 해방시킨 것은 세계를 다스리다 보니까 처음에는 곁다리로 낀 것에 불과한 일이지, 결코 우리 한국만을 위해서 한 것은 아니지 않느냐하는 의견이올시다. 이를 '역학'3)으로 풀이해 보면, '미국'이 '일본'을 항복시키고 한반도를 남북으로 나누어 소련과 분할해서 점령했던 사실과 3년 반 동안 점령통치를 해온 뒤에 '대한민국'의 독립을 도왔다는 사실은 '역학'의 이치에 너무도 당연한 결과일 뿐더러 우주의 필연적인 원리이기 때문이기도 합니다.

'역학(易學)'에서 특히 '문왕 8괘문왕(文王八卦)'라고 부르는 '사람의 역 인역(人易)'에서는, 하늘과 땅인 부모를 위시로 소남(少男)과 소녀(少女), 및 장남(長男)과 장녀(長女) 그리고 중남(中男)과 중녀(中女)가 서로 서로 음양이 배합되게 되어 있습니다. 여기에서는 "미국=소녀와 중국=장남"이 서로 동서로 맞상대하고 있

해설 3) : <필자주 ; 여기에서 해석하고 있는 '역학(易學)'의 이론적 근거는 '문왕8괘(文王八卦)'를 지칭하는 원리로, 3천년 전에 지구의 변혁이므로 '복희씨8괘(伏羲氏八卦-天易)'가 완전히 바뀌진 이래로 현재까지 적용되고 있는 '사람의 역(人易)'인바, 팔괘(八卦)가 부(父), 모(母), 장남(長男), 장녀(長女), 중남(中男), 중녀(中女), 소남(小男), 소녀(小女),등 8가지 괘상(八卦象)으로 규정되어 있다. 이것이 '땅의 역(地易)'인 '정역8괘(正易八卦)'로 바뀌고 있는 현재는 '미국=소녀(小女-兌方)'에 대하여 과거에는 그의 상대가 '중국=장남(長男-震方)'이란 '문왕8괘(文王八卦)'에서, 후천개벽(後天開闢)이 옴으로 다시 '미국(美國=小女=兌方)'에 대하여 그 상대편 동쪽 자리에 이번에는 '중국' 대신에 '한반도(韓半島=小男=艮方)'이란 공식으로 바꿔진다는 원리이다. 이제야 우주(宇宙)의 후천원리가 제대로 잡히는 '소녀(小女) 대 소남(小男)'이 제자리를 잡게 되는바, 결국 그 뜻은 "젊은 여자(女子=美國)가 종래에는 늙은 남자(男子=中國)를 희롱하는 형상"으로 비정상적이었지만, 이제부터는 "젊은 여자(女子=美國)가 자기 중심으로 이익을 취해도 결실(結實)은 남편(男便)인 젊은 남자(男子=韓半島)에게 유리하게 되돌아간다는 귀결임.

지요.

 그러나 이미 윤도수가 바뀌고 지축이 바로 서며, 동시에 후천개
= 최후심판기에 들어선 21세기에 와서는, '미국=(少女=美國=兌
方)'는 '한국=(少男)=(韓國)=(艮方)'과 서로 동서로 맞상대하고
있으니까, 정동쪽의 위치에서 서로 가까워질 수밖에 없고, 그러기
때문에 해방이후 정통적인 합법정부를 세운 '대한민국'이란 우리
나라가 '미국'의 절대적인 힘에 의해서 발전된 것은 말할 것도 없
겠지만, '한국'은 '미국'을 제일 첫째가는 우방으로 삼게 되었다
는 말씀이올시다. 또한 미국 역시 자기네들의 필요에 의해서 움직이
지만 결과는 한반도=한국에 이롭도록 유리하게 돕게 된다는 원리입
니다.

 '미국'은 한국을 해방시켜 주었을 뿐만 아니라, 우리의 건국(建
國)을 도와주었고, '6·25동란'에는 우리와 함께 '공산군(共産
軍)'들의 남침 때에 미군들이 숱한 피를 흘리며 공산군과 싸워준
맹방이 되었지요. 전쟁 후에는 수많은 원조(援助)를 아끼지 않았지
만 결과적으로 한국이 받은 그와 같은 도움 속에는 미국의 국가이
익도 포함되지 않았다고 볼 수는 없습니다. '소녀(少女)'인 미국은
한국이란 '남편' 또는 한국의 부인(婦人)으로 풀 수밖에 없는데, 이
런 점에서 '미국'의 우리나라에 대한 도움은 마치 아내(妻)가 남편
(男便)을 내조하는 것과 같아서, 그 결과는 '남편'의 성공을 만들
어 내게 되는 것이올시다.

 말이 좀 빗나갔지만, 그렇기 때문에 위에서 말한 한반도의 '남북
분단' 문제도, 마치 옛날에 일본의 한국에 대한 '식민지통치'가
36년이라는 일시적인 현상으로 끝났듯이, 긴 역사적 관점에서 볼
때는 일시적인 현상에 지나지 않다고 볼 수 있습니다. 그것은 한국
만이 미국이 만들어 준 유일한 정통성을 가진 유엔(UN)의 '합법정

부(合法政府)'이기 때문이올시다. 물론 위정자(爲政者)들이나 학자들이 우리의 분단을 극복하여 민주적인 통일의 열망을 성취하려고 노력하고 있다는 것을 부정하고 싶지는 않습니다. 그러한 노력은 앞으로도 계속되어야 할 것입니다.

결국 인간이 아무리 노력을 기울여 보아도 하늘이 정해준 '천륜(天倫)'의 법칙에 당할 수는 없습니다. 인간의 자연에 대한 도전이 아무리 강력하고, 서양의 과학문명이 아무리 만능이라 해도, 결코 모든 우주와 자연을 완전히 정복할 수 없다는 한계에 도달하고 있는 것이 오늘날의 추세가 아니겠느냐 하는 것이올시다. 오히려 '천륜'을 거역하다가 천벌을 받을 수도 있고, 인간을 속박할 수도 있지요.

그래서 유명한 '서양의 몰락'[(西洋)의 (沒落)]이란 저서가 20세기 최대의 철학자라고 불리는 '슈펜글라'에 의해서 1917년 "세계사 형태학의 몰락"이란 부제를 부쳐 출간해서 바로 20세기를 판가름시킨 결정적인 혁명적 예언이 되었던 사실은 다 아는 바이며, 이 책이 '운명과 행복'이란 원리를 사회과학적으로 '유럽'의 그 당시 현실과 미래에 적용시켜 예언했던 것이 제1차 세계대전 직후부터 폭발적인 위기의식을 불러일으켜 와서, 그 후 제2차 세계대전까지 겪은 뒤, '유럽사회'를 허무주의(虛無主義)속에서 방황하게 만들고, 이 때문에 한때는 실존철학(實存主義)도 나왔지요.

결국은 오늘의 '유럽연방(EU연방聯邦)' 즉, EU가 성립되는 계기가 되지 않았겠습니까. 이처럼 엄청난 책을 써서 그들 '서구문명'의 한계를 스스로 들어 내 놓게 되었지요. 그러면서 서구의 몰락을 극복하기위한 새로운 희망을 찾아서 '동양사상(東洋思想)'과 '동양문화(東洋文化)'에 대한 관심이 날로 높아가고 있었지요. 더욱이 경제적 번영도 동양으로 이동해서, 오늘날 석유자원은 중동에

서 또한 신흥공업국은 동양아시아에서 결국 일본은 일찍이 유색인
종으로 최초의 선진국이 되었고, 중국은 세계를 주도하는 승룡이요
동시에 공룡으로 올라섰지 않았겠습니까. 이렇게 되니까 이제는 다
투어 전 세계가 동양의 신비한 정신문명과 창조적인 생명과학을 배
워 가려는 필요성까지 역설하고 있지 않습니까.

이런 사실들은 남북으로 분단되어 민족통일을 염원하면서, 한편
지구상의 맨 동쪽 끝에 위치하여, 동북아시아의 중심이며 동시에 세
계의 중심이 되고 있는 '한반도'에 사는 우리 자신들로서는 오직
하늘의 섭리 즉 '천륜'만이 닥쳐오는 '후천세계'에 필연적으로
역할해 줄 것이란 진리를 조리 있게 설명해 주는 사실이올시다. 다
시 말하자면 하늘이 정해준 이른바 '천명(天命)'이랄까 또는 하늘
이 내린 '이치'로서 '천도(天道)'를 거역할 수는 없다는 사실이올
시다. 그것이 바로 천륜(天綸)인란 이 세상 창조주의 명령인 동시에
인간세상 그 속에 작용하는 소위 '인륜(湮淪)'이란 인간의 힘이 크
게 미칠 뿐이지요.

┃┃ '역학(易學)'으로 본 동(東)아시아의 '국제관계'는
미국과 옛 소련이 개입된 과거 '월남' 전쟁과 같다.

張 교수: 우리나라 '한국'과 '중국'의 관계 또는 '동남아시아'의
현실과 장래에 관해서도 즉 국제관계를 고려해서 이를 '역학'의
원리에 따라 풀이해 주셨으면 합니다. 특히 그렇게도 고질적인인
'베트남' 전쟁도 일찍이 때가 무르익으니까 한순간에 끝났지요. 새

로운 세계질서 속에서 한국도 때가 무르익으면 한순간에 끝날 것으로 쉽게 볼 수도 있는데, 그 런 경우 뒤처리를 차원 높게 설정할 수 있도록 미리 여러 가지 대처를 해야 할 것 같습니다. 문제는 지구의 변혁이든, 통일의 시기든 때를 만나면 지혜롭게 처리하도록 많은 연구가 필요하지 않겠습니까?

吞虛 스님 : '**역학**으로 보면, 중국은 '진방(辰方)'이오 장남(長男)입니다. '장남'이란 늙은 노총각을 말하는데, 그래서 '소녀'인 미국과 '장남'인 '중국'과는 지금까지는 서로 동과 서에서 맞상대로서 어울리며 지내왔지만, 이제부터 '정역'에서는 그 자리가 '한국'으로 자리바꿈이 일어나서, 말하자면 동북에서 정동(正東)으로 이동하게 되어, 동방(東方)에 '한국'이 바꿔들어 오니까 '후천(後天)'의 원리에 의해서 미국은 얼마동안 밖에 중국과의 관계가 더 오래 지속되지는 못할 것입니다. 그 대신 그 자리에 '한국'이 제대로 들어 앉자서 '미국'과 서로 '한국'은 '파트너' 관계 즉 결혼이 성립되는 겁니다.

'역학'에 의한 추리로 보면, '중(中)·소(蘇-러시아)' 전쟁의 발생가능성은 상당히 높았습니다. '후천'의 변화원리는 동서대결은 쉽사리 조화가 있겠지만 남북대결은 극과 극이니까 대결이 오래가고 근본문제가 해결되어야 할 것입니다.(역주 : 이 글이 쓰여 질 때가 1974(甲寅)년 봄철이었음으로 당시는 소련의 위력이 대단하였고, 지금처럼 마오할 줄도 몰랐으며, 반면 당시 중국은 모택동이 살아 있어서 자력갱생(自力更生)으로 피폐한 때라, 지금처럼 개방경제(開放經濟)로 흥청거릴 줄은 전혀 모를 때의 상황이란 점을 상기해 볼 것임).

왜냐하면 '소련'은 북쪽의 '감방(坎方-水)'이고 중남(中男)인데, '장남'인 중국과 중남인 소련이 같은 양(陽)의 기운이기 때문에 서로 조화할 수는 없고 ,대립되기 마련입니다. 이러한 원리는 소련과 '월남'과의 관계에서도 잘 적용되어 있습니다. '월남'이 남북분단(南北分斷)으로 공산화된 '월맹'[역주: 越盟-당시 胡志明이 지도한 공산국]과 미국이 지원하던 '월남'등이 모두 중공 보다는 소련에 더 우호적인 관계를 유지하고 있었는데, 이유는 '베트남(越南+越盟)'이 '중녀(中女)'로서 '중남(中男)'인 '소련'과 음양이 잘 조화되었기 때문이올시다. 이러한 원리를 미루어 짐작해서 '미국과 월남과의 전쟁'에 대하여 '미국'이 희롱당해 참패하는 관계도 한번 알아봅시다.

나는 이미 15년 전에 '미국'이 월남전쟁에 개입을 확대해 나아가기 시작할 때에, '미국'은 결과적으로 '월남전'에서 망신만 당하고 물러나게 될 것이라는 말을 한 적이 있습니다.

지금은 미국에 가 있는 '행원 스님'이 그때 찾아뵌다고 왔다가 그게 무슨 말씀이냐고 하면서 전후사정을 몰라 하며 물었지요. 그러면서 '미국이 핵폭탄 하나면 월남을 꼼짝 못하게 만들 터인데 무슨 말씀이십니까?' 하고 물어왔지요. 3년전 에 일본에 갔다가 그곳에서 다시 '행원 스님'을 만났더니 그때 내 예언이 어떻게 그렇게 적중될 수 있었느냐고 다시 한 번 놀라는 것을 보았습니다. 미국이 졌으니까 놀랄 일이지요.

그러나 '역학'의 원리로 보면 '음양(陰陽)과 오행(五行)'을 통해서 분석해 볼 수 있는데, 미국의 월남전쟁 개입은 실패할 수밖에 없었지요. 그 이유는 '소녀(소녀(少女)'인 미국과 '중녀(中女)'인 월(越南)이 같은 음(陰)으로서 서로 조화될 수가 없는 상극관계인 때문입니다.

또한 '오행설(五行說)'로 해석해 보더라도 '월남'은 '이방(离方)'인 남(南)쪽인데 이는 곧 '화(火)'로 풉니다. 반면 미국은 '금(金)'인데 이는 '월남전쟁'에서 '금(金)'이 불(火)' 속으로 들어가는 셈이며, 결국 녹아 해체될 수밖에 없겠지요.

이것을 '역학'에서는 음양오행설(陰陽五行說)에 의거해서 '화극금(火克金)'이라고 말합니다. 이러한 원리에 의해서 나는 미국의 국력(國力)이 아무리 크더라도 망신만 당하고 월남전쟁에서 실패할 것이라고 말한 겁니다. 다만 '월남'은 '작은 음(陰)의 화(火)'이고, 반면에 '미국'은 '커다란 양(陽)의 금(金)'임으로 이런 경우에는 미국이 망하지는 않지만 망신만은 톡톡히 당하면서 희롱당한다고 해석됩니다.

한국은 간방(艮方)으로서 '목(木)'인데, 지혜와 도덕을 가지고 있습니다. 수리(數理)로 보면, 3 또는 8이며, 푸른색(青色)을 나타내게 됩니다. 그래서 '3·8선' 즉, '도덕선(道德線)'도 생기고, 또한 '주역'에서는 '간=산(艮=山)'이라고 해서 '간방'은 산(山)임으로 곧 우리나라는 '청구(青丘)'-푸른 언덕, 산이라는 별명도 생겨나 있습니다.

어떻든 지금 21세기를 넘긴 이 시점은 '결실의 시대'라고 위에서 지적했지만, 결실 즉 '열매'를 맺으려면 '꽃잎'이어져야 하고, '꽃잎'이 질려면, 무엇보다도 서방 미국의 '금풍(金風)'이 불어와야 하겠지요. 그 '금풍'이란 서방바람을 말하는데, 이 바람은 곧 30년(註:해방될 때를 가리킴-이 글을 쓸 당시가 1974년이었음) 이전부터 우리나라에 불어오기 시작한 소위 '미국 바람'이라고 말할 수 있겠습니다.

이렇게 우리나라는 '금풍(金風)'인 미국 바람이 불어 꽃잎이 떨어지고, '열매'가 맺는 가을(秋)철, 다시 말해서 결실시대를 맞이하고 있는 중이올시다. 이것은 우리나라가 미국의 도움으로 인류역사의 '열매'를 맺고, 세계사의 시작을 한반도에서 출발시킨다는 천기(天機)를 보여주는 증좌(證左))라고 말할 수 있겠소이다.

그렇다고 해서 우리는 이러한 '역학'에만 단순히 매달려서, 우리나라 세계문제는 저절로 해결해 줄 것이라고 믿지는 말고, 오히려 우리 스스로의 노력을 더욱 철저히 계속해야함은 말할 나위도 없으려니와 더 나아가서 우리의 정신무장을 더욱더 강화해야 할 것입니다. 세상사나 인간사나 막론하고 사람 사는 곳에는 언제든지 타고난 영문도 모르는 기이한 일들이 일어나기 마련이올시다. 그래서 인력으로는 어찌하지 못하는 숙명(宿命)이란 것이 있고, 그런가 하면 '하느님(天主)'은 항상 사람이 살아나갈 구멍을 만들어 생명을 이어주는 것이올시다.

그런가 하면 인간이 스스로 살길을 찾아서, 운대(타이밍)에 맞추어 노력해서 살아 나갈 길을 열어 놓는 것이 바로 운명(運命)이란 것입니다. 이런 때에 혼백이 없는 얼빠진 사람, 또는 넋이 빠진 사람에게는 '운명의 개척'이 될 수가 없지 않겠습니까. 그래서 정신차리라고 말하는 거지요. 그래서 우주변화의 이치는 무수히 많은 크고 작은 법칙이 있는 법이며, '천운'이 있으면 '천명'도 있고, 한편 개인에 대해서도 '숙명(宿命)'이 있으면 '운명(運命)'도 있어서 주관적으로 할 수 있는 일이 있는가 하면, 객관적으로 할 수 없는 일이 있기도 합니다. 이런 논리는 서양의 '노스트라다무스'와도 일치하고 있습니다.

張 교수 : 지금까지 큰스님께서 말씀하신 결실시대란 '간방(艮方)'인

우리나라에서 간도수(艮度數)가 이제 와서 '열매'를 맺고, 그의 '열매'는 새로운 '씨앗'으로 되는 '끝나는 종(終)과 처음을 여는 시(始)'를 의미한다는 말씀이신데, 그렇다면 이런 중대한 전환기에 서서, 새로운 시작, 즉 새로운 인류사의 출발에 관해서 흔히 현대 구미(歐美)의 학계에서는 이를 '미래학(未來學)'이라고 설명하고 있지요. 이런 학문을 우리 동양의 '역학(易學)'으로 살펴보면서, '후천세계(後天世界)'의 원리를 특히 '지리상학(地理象學)'으로 풀이해 주시고, 아울러서 '동극(東極)'인 한국에서 세계의 중심사상으로 나온 '정역8괘'를 적용하여 이를 자세하게 설명해 주시지요.

후천세계(後天世界)와 '일본열도'의 침몰

吞虛 스님: 우주변화의 법칙은 생소하고, 상당히 어려운 대목이 많아서 이를 이해하기도 쉽지 않지만 특히 '역학'이론을 모르는 사람들에게 설명하기도 쉽지가 않습니다. 그러나 엄연히 '천륜'에 따른 큰 법칙 또는 작은 법칙이 있는 것이 사실입니다.

'후천'의 세계가 오는 것을 '후천도수(後天度數)'라고 말하는데 '문왕팔괘(文王八卦)'가 '후천'이면, '복희씨팔괘(伏羲氏八卦)'가 '선천(先天)'이 되지만4) 그 뒤에 '정역(正易8괘)'의 시대가

해실 4) : <필자주 ; 원래 '주역(周易)'에서는 '천도(天道)와 인도(人道)' 밖에 없었다는 '공자(孔子)'님의 연구는 이미 앞에서 설명한 바 있으며, '역학(易學)'은 여기에다가 한국에서 '지도(地道)로서 출현한 '정역 8괘(正易-地의 易)'까지 포함시켜 해석하고 있는 점을 유념해 주기 바람. 인간의 기억 속에 남아 있는 인류역사가 불과 6천년밖에 안되는바, 그 동안 처음 3천년은 '복희씨 8괘(伏羲氏八卦=天의 易)'에 의해서 우주가 지배되어 왔고, 이론적 근거로는 '황하(黃河)에서 나온

다시 오면 '정역팔괘'가 후천이고, '문왕8괘'는 선천(先天)이 됩니다.

그래서 '정역(正易)'의 원리로 보면, 21세기에 들어와서 '간도수(艮度數)'가 이미 와있기 때문에 후천도수(後天度數)는 벌써 시작이 되고 있고, 반면 윤도수(閏度數)는 점차 21세기 초에 약 60여년간에 걸쳐서 '후천개벽'으로 살아지게 되어 있지요. 그러나 모든 '역학(易學)의 원리'가 그러하듯이 '후천도수(後天度數)'가 오는 것도 인간의 '눈'으로 쉽게 확인할 수 있는 것은 결코 아닙니다.

'낮' 12시가 지나면, 이미 '밤'이 온 것인데, 사람들은 문밖이 밝은 '낮'이라고 착각하여 알고 있듯이, 이미 오래 전부터 '간도수'는 시작되었고, '후천의 세계'가 눈앞에 와있는 데에도 사람들은 이를 미처 알지 못합니다. 더구나 현대 산업사회 속에서 쫓기면서 살다 보니까 짐승도 가지고 있는 '예지본능'이나 인간만이 가진 '신기작용(神機作用)'은 까맣게 사라졌습니다.

그래서 '개벽(開闢)'이란 뜻은, 끊임없이 변하고 있는 '1개 1벽(일(一開一闢)' 또는 '1음1양(일(一陰 一陽)'이 수천년을 내려오다가 어느 한 순간에 천지가 뒤바뀌고 순간적이지만 세상이 둔갑하게 되지요. 지진이 날 때 이미 짐승들은 쥐부터 시작해서 맨 먼저

하도(河圖)'에 의해서 운행된 원리를 '선천세계(先天世界)'라고 말하였다. 그후 오늘의 중국(中國)을 점유하고 있는 '한족(漢族)'들이 서역(西域)에서 세력을 뻗쳐 점차 동진(東進)하여 세운 나라, 이른바 '주(周)나라'의 문왕(文王)이 새로운 후천세계의 변혁과 더불어 이론적 근거로서 '말(馬) 등에서 발견한 낙서(洛書)'라는 새로운 이치를 통하여 정리한 것이 '문왕8괘(文王八卦)'인바, 이것이 오늘날 20세기 현재까지 천하(天下)를 지배하는 '문왕8괘(文王 八卦=人의 易)'로 지구와 인간이 삐뚤어진 형태로 윤도수(閏度數)를 간직한 법칙으로 지배되어 왔다. 이제 21세기를 맞이하여 새로운 '후천세계(後天 世界)'와 '정역8괘(正易八卦=地의 易)'으로서 또한 번의 '천지개벽(天地 開闢)'의 시대에 '땅(地)의 역(易)', 즉 후천세계의 지배원리가 등장해서 이미 '문왕8괘(文王 八卦)'는 선천(先天)이 되어 버렸고 새로운 '정역8괘(正易八卦)'라는 후천(後天)세계가 열리고 있다는 원리를 제시하고 있음.

피신해 버리고 온통 짐승들이 떠나가 버렸는데에도, 오히려 만물의 영장인 인간들은 아무것도 모르고 있다가 몰살당하는 것과도 똑같은 이치라고 말할 수 있겠지요.

지금 21세기부터 시작해서 앞으로 펼쳐질 '후천세계'에서 우리 '한반도'에 발생될 몇 가지 현상을 알아보면 다음과 같습니다. 즉, 첫째로 현재는 중국의 영토로 되어 있는 만주와 요동반도의 일부와 만주에 있는 '계룡산'을 중심으로 장차 우리의 영토로 다시 복귀(復歸)-고구려 시대까지는 우리의 영토이었음)하게 될 것이 틀림없습니다.

또한 둘째로는, 현재 '일본열도(日本列島)'의 3분의 2가량이 바다 속에 빠져서 침몰할 것이라는 결과입니다. 북빙하(北氷河)가 이미 녹고 있지만, 어느 날 일시에 터져서 커다란 해일로 변하여 지구의 자전과 더불어 '아류산열도'를 휩쓸고, 처절하게도 '일본열도(日本列島)'를 덮치기 때문입지요.

그런 연유로 일본인들이 대거 해외로 이민 가버리고 세계 각국으로 흩어지는 현상도 마치 지진(地震)을 앞두고 짐승들이 먼저 달아나는 피신하는 현상과 마찬가지로 관찰하면 틀림없습니다. 그런 경우 '독도(讀圖)' 문제는 저리가고, 약간 남은 '일본'의 땅덩이는 우리의 영향권 내로 들어오게 된다는 천지개벽(天地開闢)하는 사실을 말하는 것입니다.

왜냐하면, '역학'을 통해서 해석해 보는 '일본'은 '손방(巽方)'이라고 표현하는데, '주역(周易)'에서 '손(巽)'의 상징은 '입야(入也)'라든지, '함야(陷也)'라고 풀이합니다. 이와 같은 '들 입(入) 글자'는 바로 일본영토가 바다 밑으로 빠져서 침몰하게 될 것을 의미하게 되는 겁니다. 그래서 옛날에 1970년대 초

'다나까 정권'은 유명한 그의 정책공약으로 이른바 '일본열도(日本列島) 개조론'을 내세운 적도 있지 않습니까.

물론 이렇게 되면 한반도의 동해안도 해일과 지진으로 일부가 바다 밑에 침몰하게 되지만, 반면 서해안은 거의 황해 바다의 대부분이 육지로 솟아나게 됩니다. 지구의 가장 근접한 지축(地軸)에서 이러할 때, 세계각처에서도 동쪽이 가라 앉고, 서쪽은 크게 올라오는 현상이 일어날 것입니다. 우리나라 서해안을 간척하는데 물경 15년이 걸리고 미래 앞날을 모르는 어설픈 환경론자들이 말로는 환경파괴라고 열렬히 반대하다가 겨우 세계에서 가장 긴 방조제가 되고 있는데, 이런 것들도 일종 황해 바다가 융기(隆起)되는 사퇴 미리 알려주는 징조라 할 수 있겠지요.

21세기에 와서 동남아세아를 비롯한 인도양 연안 섬들에 엄청난 해일이 들이 닥쳐 수만명의 사람들이 휩쓸려 죽었고, 그 뒤 미국의 우주연구소 나사(NASA)에서 즉시 지축(地軸)이 0·2도(度)가 치솟았다고 발표했을 때, 비로소 사람들은 말로만 듣던 경천동지(驚天動地)라는 땅덩이가 움직인다는 사실을 알게 되었으며 동시에 '알라스카' 북극(北極)) 땅이 지구 온난화로 녹아내리고, 곳곳에 이상기후가 왔다는 사실도 알게 되었지요.

> '동(東)아시아'에 대한 '토인비 교수(教授)'의 견해,
> 자본주의가 사회주의로 성공한다는 슘페터교수와 맑스의 비관론.

張 教授 : 이번에는 2가지 미래학적 예언으로, 역사학자 "토인비 교

수"의 말씀과 하바드대학 경제학 대가 "슘페터교수"의 자본주의 성공론 또한 "칼 맑스"의 자본주의 몰락 론 등의 상반되는 미래예언에 관해서 몇 말씀 드리 고저 합니다.

먼저 첫 번째로 큰스님의 견해를 듣고 싶은 것은 우선 우리가 살고 있는 자본주의 체제의 종말이 어떻게 될 것인가에 대한 의문입니다. 현대 경제학의 중시조가 되는 미국 하버드 대학「슘페터 교수」는 한말로 "자본주의가 고도로 발전되면 사유재산 자체가 무의미하게 되고 공룡같은 재벌(財閥) 몇 개가 전 세계를 지배하게 되니까 그것이 '사회주의 세계'가 된다"라고 미래예측을 피력했습니다. 다시 말해서 세계적 재벌 몇 개가 남게 되면 재벌 소유주도 자기재산이 얼만지 알 수가 없게 되고, 회사는 수없는 전문경영인들이 맡아서 기업을 경영하게 되니까 그자체가 주인 없는 공동체 '사회주의'가 세계를 지배하게 된다는 주장입니다.

이에 반해서 공산주의를 만들어 낸「칼 맑스」는 고도 자본주의가 되면, 빈부격차가 극과 극으로 나누어져서 결국 빈곤한 무산자계급(프로레타리아트)이 자본을 독점한 자본가계급(브르죠아지)을 무력혁명으로 때려 엎어 버리고, '능력에 따라 일하고 능력껏 먹는다는 사회주의'가 오고, 그 다음 최고의 사회자본주의가 되면 그때는 '능력껏 일하고 욕망껏 먹고사는 공산주의'가 온다는 결론 이지요.

그런데 지금 현대자본주의는 제4차 산업혁명을 향해서 무진장 자본력을 확대하고 있고, 반면 사회는 사회보장제도 또한 사회복지가 만연해서 옛날 착취한다는 자본주의는 살아지고, 오히려 1920년대부터 사회주의에서 주장하던 사회주의를 능가하는 사회주의국가로 완전히 변해가고, 자본주의는 본래의 모습을 거의 잃어가는 형편입니다. 그렇다면 "자본주의가 최고로 성공해서 '창조적 파괴' 와 '인노베이션(혁신)' 이 누적적으로 일어나서 결국 주인이 따로 없는 사회주의가 온다" 라는 「슘페터 교수」의 미래예언이 더욱 신뢰성을 가진 것 아닌가 싶네요. 이런 견해에 대해서 큰스님의 판단은 어떠하신지요.

呑虛 큰스님 : 나는 그런 분들에 대해서 별로 아는 바는 없소이다. 그러나 부처의 도(道)를 크게 깨우쳐서 부처가 되려면, "부처를 때려 죽여라!" 하는 불법이 있습니다. 그런 정도 되면 이율배반적이지만 더 이상 도(道)닦을 일이 없다는 말씀이외다. 창조를 하려면 기존 부조리를 모조리 청산해 버리고 새 술은 새 푸대에 담아야 새 술이 되지 않겠소이까. 자본주의도 최고로 융성하면 전체 사회가 주인이 되는 참된 '사회주의' 가 오히려 성립할 수 있겠소이다. '창조적 파괴' 라는 말도 일리가 있네요.

이세상이 하도 혼란스러우니까 무슨 주의니 이념이니 사상이 다르다고 서로 상대끼리 극한 대립을 하지만, 앞으로 지구 대 변동이 닥쳐오고, 온난한 기후가 펼쳐지고, 성인군자들이 사는 세상 낙원이 와 봐요 지금 혼란은 까마득한 옛이야기가 될 겁니다. 무엇보다도 중요한 것은 권능의 지도자가 나와야 합니다. 세종대왕이 나와서 성덕이 높으니 태평성대가 오고, 동시에 후세가 평안하게 됩니다. 옛날에도 임금이 부덕하면 민란이 나고, 폭동이 났어요. 어진 지도자가 나오면 치하백성들이 후덕하게 살겠지요.

張 교수 : 두 번째로 말씀 듣고 싶은 점은, 이미 70년대 초에 작고(作故)한 영국의 유명한 역사학자 '토인비'교수는 말하기를, 앞으로의 세계는「동(東)아시아」가 주역이 되어 새로운 세계사를 주도할 것이란 이유를 들면서 다음과 같이 열거한바 있습니다.

(1) 전 세계적인 세계국가의 지역적으로 축소된 모델을 보여준 중국민족의 경험을 들 수 있다는 것이지요. (2) 중국역사의 장구한 흐름 속에서 중국민족이 몸에 지녀온 세계정신[필자 주: 세계정신-지금의 'UN 총회'와 같은 중국의 전통적 체제를 말함]. 따라서 변방의 55개 소수민족들도 중국의 한 역사이며, 중원(中原)을 중심으로 몽고족(蒙古族)이든 만주족(滿洲族)이든 누구나 중국을 통치할 수 있고, 황제(皇帝))가 될 수 있다는 점을 지적합니다.

실제로 통계를 보면 이민족(異民族)이 중국을 지배한 황제국가는 전체의 절반을 넘는 53%에 달한다. 예컨대 청(淸=金)은 만주족(여진족(女眞族) 및 원(元)나라는 '징기스칸'의 몽고족(蒙古族)인 것처럼 이른바 대국주의(大國主義)가 중국임을 유념해볼 일입니다. (3) 유교문화권이 보여주는 세계관을 비롯하여 '휴머니즘'(人道主義), '펄벅'이 쓴 '마른 잎은 굴러도 대지는 살아 있다'처럼 중국인의 은근과 끈기)을 높이 평가해야 한다는 거지요. (4) 유교(儒敎)와 불교(佛敎)가 지닌 합리주의(合理主義)-동양적(東洋的)인 의미에서는 조리주의(條理主義)란 표현이 더욱 적절하다)를 찾아볼 수 있습니다.

(5) '동아시아'의 사람들이 우주의 신비성에 대해서 독특한 감수성을 가지고 있고, 인간이 우주를 지배하려면 자기좌절(自己挫折)만을 초래하게 된다는 직관이 있다는 점이며, (6) 인간과 자연과의 조화를 바탕으로 삼고 살아가는 중국철학(中國哲學)의 근본뿌리

가 있지요. (7) '동(東)아시아'의 여러 민족들은 이제까지 서양인들이 자랑으로 삼아왔던 군사 및 비군사의 양면에서 또한 과학기술(科學技術)을 응용하는 첨단산업(尖端産業) 경쟁에서도 충분히 서양 사람들을 따라잡을 수 있다는 사실들이 입증되었다는 사실입니다. 마지막으로는, (8) '동(東)아시아' 여러 나라의 새로운 의욕과 용기 등을 들면서, 이제는 '동(東)아시아 시대'가 지구를 누비면서 세계를 움직이게 된다고 주장한바 있지요.5)

吞虛 큰스님 : '토인비' 교수는 최근에만 그렇게 이야기한 것이 아니고 이미 오래 전부터 그와 같은 얘기들을 발표해 왔을 줄로 알고 있습니다. 중국(中國=中共)이 '동(東)아시아'의 미래를 좌우할 것이고 세계를 주도해 나아갈 것이라는 그의 예견은 어디까지나 현실을 바탕으로 한 서양식의 역사적이며 철학적인 논거에 의한 견해들에 지나지 않습니다. 그러나 '한국' 역시 강소국이 되어 중국의 대국주의나 팽창주의를 빗장 지를 수 있는 여력, 즉 쐐기를 박을 수 있는 충분한 국가라는 사실을 인지해야 될 줄로 믿습니다.

그러니까 '토인비' 교수의 견해는 현실적으로 볼 때 서양학문식의 객관성도 있고, 정당한 것으로 받아들일 수는 있겠지만, 우리 동양의 심오한 '역학'에 입각해서 현실을 초월하여 '우주의 섭리'를 파악하려고 공부하고 있는 나의 견해와는 조리(條理)면에서나, 차원(次元)문제에서 커다란 차이가 많이 있다고 봅니다. 나의 견해는 지구의 대 변동이 동극 중심으로 오고 있으며, 또한 한국이 세계

해설 5) : 〈필자주 ; 이 글의 최초 골격이 이 1974(甲寅)년에 작성되었고, '토인비' 교수의 역사관(歷史觀)은 이미 수십 년 전부터 '동양(東洋)이 장차 세계의 주역(主役)이 된다'고 역설한바, 지금에 와서 이를 음미해 보면 비록 서양(西洋)의 인문과학(人文科學)에 의해서 분석되고 예측한 결론이지만, '동(東)아시아'에서 특히 '한국'의 획기적 발전과 앞으로 북한과의 통일을 발판으로 '중국'과 '일본'과 '몽고' 및 '러시아'의 연해주(沿海州)를 위시로 한 '북동아경제권(北東亞 經濟圈)'의 형성은 급속히 확대, 심화되면서 세계의 중심권(中心圈)으로 발돋움하고 있는 사실들이 이를 입증해 주고 있다.

의 중심으로 우선 위도나 경도부터 38도선이 0도로 바뀌고, 영국의 그린이치 천문대가 한국에서 출발할 것이란 견해올시다.

張 교수: 그러니까 '큰 스님'의 말씀은 '동(東)아시아'의 미래에 관해서 중국이 주도적 역할을 한다는 '토인비'나 여타 서양 사람들 이야기 보다는 한국의 '역학(易學-정역8괘)'에 입각하여 볼 때에 '한국의 중심적 역할'을 더욱 강조하시는 견해가 아닌가 짐작됩니다. 허지만 '토인비'교수의 견해에 관해서는 다른 근거를 알지 못하는 우리나라의 대다수 지시인들이 단순한 서양식 사고에 따라서 널리 긍정적으로 받아들여지고 있는 것 같습니다.

특히 젊은 사람들에게 '역학'은 지식이 전무 하여, 한말로 무사상과 무철학으로 '우주관'도 없이 단순논리로 일관하고 있는 것도 한편에서 슬픈 현실인 것 같습니다. '큰 스님'께서는 '토인비'교수가 아직 미치지 못한 어떤 다른 차원의 역학원리(易學原理)에 따른 관점에서, 우리나라의 좁은 지식인들을 깨우쳐 주시고, 그의 차이점을 설명해 주실까요.

예를 들면 고대 동양에서 춘추전국시대가 지금부터 3천년전 그러니까 '주(周)'나라 말엽에 이르러 나타났습니다. 그때부터는 본격적인 철기시대(鐵器時代)를 맞이하면서 엄청난 생산력(生産力)이 쏟아져 나와 완전히 정착된 농경(農耕)시대로 접어들었을 때 이었지요. 지금부터 약 3천여 년 전 청동기시대로 부터 '춘추전국'시대가 갑자기 '천지개벽'으로 나타나기 시작하니까, 인간성들도 고약하게 되었지요. 이때 인간들이 사고(思考) 할 수 있는 모든 생각이나 사상들은 이른바 '제자백가(諸子百家)'라는 이름으로 지금까지 위대한 사상과 학술들로서 잘 나타나 있지요.

우리가 다 같이 잘 알고 있는 노자(老子)나 장자(莊子)를 위시로 한 도교(道敎)사상이나, 유명한 공자(孔子)나 맹자(孟子)를 비롯한 유교(儒敎)사상과 한비자(韓非子)나 법가(法家)등의 사상이 나왔고, 또한 지구가 23도7분 경사되어 기울어 졌기 때문에 인간성들이 천,지,인에서 굴절되고 삐뚤어져 있다는 동양의 물리학으로서 당시에 공장을 경영하고 있었던 장인 출신 묵자(墨子) 사상도 이때에 과학(科學)으로서 나타났지요.

그리고 오늘날까지도 점술(占術)의 시조로 알려진 귀곡자(鬼谷子)등에 이르기까지 너무나도 많은 지식인들과 새롭고 독특한 학파(學派)들의 창시자들이 한꺼번에 쏟아져 나타났지요. 마치 서양의 희랍시대에 '헬레니즘'과 '히브리즘'이 한데 모이고, "소크라테스"가 '너 자신을 알라! 나는 나 자신이 무식하다 즉 모른다는 사실을 아는데, 너는 그것도 모르지 않는가!"를 비롯하여 처음으로 윤리학(倫理學)에 의한 '인간답게 사는 가치관'이 확립되어 지금까지도 생로병사(生老病死)는 모른 채로 사는 것처럼 말입니다.

그래서 그때 모르는 것들 즉 사람의 생로병사와 천지만물의 생성과 소멸에 대해서는 지금도 영원히 모를 것이지만, 그리고 지금처럼 초현대적 아들딸을 초음파로 판별도 하고, 또는 심장이식 수술도 함에 따라 곧 두뇌이식도 가능할지 모르지만, 반면 '에이즈'를 위시로 조류독감이다 광우병이다 및 '알츠하이머'병 이다 하는 이른바 신(神)의 노여움을 사는 괴질(怪疾)도 얼마나 무섭게 말세징조를 나타내고 있습니까.

수많은 철학 사상가들 속에서도 특히 '묵자(墨子)'의 학설을 들어 오늘날 '동양의 물리학(物理學)'이라고 부르는데, 그분의 '천경(天鏡)설'(천경설-하늘의 렌즈)은 지구(地球)가 바로 『23도 7

분』이 지금까지 삐뚤어져 있어서 윤도수(閏度數)가 생겨나 있고, 동시에 하늘의 기운이 굴절(屈折)되어 땅의 기운과 접합해서 사람이 태어났으니까 '인간'도 '천, 지, 인'에서 다들 삐뚤어져 있으며, '인간세상'도 '문왕8괘'이래로 성현군자(聖賢君子)가 본시 없다고 주장하고 있습니다. 그래서 지구의 자전도 음력(陰曆)이든 양력(陽曆)이든 간에 360일(日)로 끝나지 않고, 365일에 '윤도수(閏度數)'가 생겨나 있고, 윤년(閏年)이나 윤달(閏月) 및 윤시 時)나 윤초(閏秒)까지 생기고, 바로 이 같은 '윤도수'를 받고 타고난 '인간도 처음부터 성현군자가 삐뚤어져 살고 있다는 설명이지요.

이제 또다시 3천년이 지나서 합계 6천년이 지난 오늘날 21세기에는 드디어 '윤도수(閏度數)'가 없어지니까 360일(日)로 정확하게 달력도 고쳐지게 될 것이고, 인간성도 올바로 잡혀서 짐승과는 다른 성현군자나, 권능(權能)의 사람이 될 것이고, 결국은 '천, 지, 인'의 기운도 바로잡히는 '후천개벽(後天開闢)'이 온다는 근거가 되고 있지요.6)

해설 6) : <필자주 ; 고대 중국에서 3천년 전에 제자백가(諸子百家)의 사상(思想)들이 나오고, 그 속에서 유일하게 '물리학(物理學)'을 설파한 철학자는 '묵자(墨子)'로 되어 있다. '묵자'와 그의 제자들의 신분(身分)이 제일 천(賤)한 계층이었던 것으로 알려져 아마도 장인(匠人)들 즉 오늘날의 상공인(商工人)들에 속한 것 같고, 따라서 천체물리학(天體物理學)을 비롯해서 '광선(光線)의 작용'을 위시로 '천체(天體) 렌즈' 즉 '천경설(天鏡說)'을 발견해 냈다. 하늘의 '에너지'가 굴절(屈折)됨으로써 인간세상(人間世上)에 '윤도수(閏度數)'가 생겨났다고 주장하게 된다. 이는 150년 전에 김일부(金一夫) 선생이 '땅에 관한 정역(正易=地)'의 이치(理致)를 '운(運)'로서 설명한 '정역8괘(正易八卦)'와 연결해 볼 때 '땅속(地球)'에서 북쪽으로 치솟은 불(火)이 북빙하(北氷河)를 녹이면, 23도7분이 기울어진 지구(地球)를 바로 세우는 원동력이 될 것'이며, 그때 갑자기 '천지개벽(天地開闢)'이 일어나고, 그럴 시기(時機)는 21세기 초부터 시작해서 몇십 년간이라고 말한다. 실은 천기누설(天機漏泄)을 피하기 위한 표현인바, 상세한 것은 '상수학(象數學)'을 찾아서 측정해 볼 때 대충 2004(甲申)년부터 약 60여년으로 추산되는데, 이는 마치 서양에서 유명한 예언가 '노스트라다무스'가 1999(己卯)년7(壬申)월29(癸亥)일로 문명세계의 멸망이 임박했고, 그 뒤는 2026(丙午)년에 '동방에서 빛'이 나서 권능의 지도자와 '천국' 즉 '유토피아'가 온다고 예언한 것과도 일치한다. 원래 천지개벽(天地開闢)의 뜻은 '1음1양(一陰一陽)'을 가리키고, 동시에 '1개1벽(一開一闢)'을 말하는바, 마치 '맑스'의 변증법(辨證法)에서 '운동(運動)하는 가운데 사물은 존재양식(存在樣式)'을 발견한다는 '유물론(唯物論)'과도 상통하는 '움직임'이다. 이로서 소강절(召康節)=중국의 중세 송(宋)나라 때 '유·불·도(儒, 佛, 道)에 통달했던 대선사가 일찍이 예언했던 것처럼, '원회운세(元會運世)의 법칙'을 밝히면서 '우주(宇宙)의 개벽(開闢)은 129,600년'에 한번 일어난다고 상수학으로 계산하고 있다. 그리고 '미륵불(彌勒佛)'이 그때 가서는 '현세에서 극락을 누리는 부처님'으로서 출현할 때와도 무관하지 않다. 그때는 '극락정토(極樂淨土)가 피안(彼岸)에서 차안

그 동안 '큰 스님'께서 말씀하신 사방 십리에 사람 하나 꼴로 편히 살게 되고, 지구는 '초조' 생리를 만난 소녀처럼 북빙하가 녹고, '정역8괘'에서 나타난 "2천 7지"의 원리에 의해서 태평양 바다 깊숙이 지구 속의 불(火) 기운이 '수극생화(水極生火)'가 되어 북극으로 치솟아 그때 지렛대 형태로 지구가 뿔덕 서게 되면서, 태양의 햇빛을 정면으로 받으니까, 지구의 자전은 360일로 딱 들어맞고, 결국 춥고 더운 기후가 극한이나 극서가 없이 항상 온화하게 살기 좋은 땅이 된다는 '천지개벽(天地開闢)'론을 '토인비'교수와 비교해 볼 때, 전혀 딴 세상 얘기같이 다른 차원의 예견이 아니겠습니까.

■ '지구'의 소멸은 새로운 인류사의 시작이며, 한국은 후천세계(後天世界)의 새로운 주역이다

<u>吞虛 스님</u> : 미래를 보는 눈은 '토인비'교수와 같이 철학적, 논리적으로 그리고 수리적(數理的) 및 지리적으로 서양식 분석방법에 의해서 현실을 분석해서도 가능하겠지만, 또 그렇기 때문에 그의 견해가 역사적 현실로 보면 틀리는 것은 아닐지라도, 나의 '역학'을 근거로 하여 미래를 보는 눈〈안목(眼目)〉은 그보다 훨씬 포괄적이며 나아가서 인류사회의 미래까지도 우주적인 차원에서 볼 수 있다는 큰 장점을 가지고 있습니다.

얼마 전에 '프랑스'의 옛날 '예언가'인 '노스트라다무스'의 '대예언(大豫言)'이 책으로 나와 세계적으로 커다란 반향을 불러

(此岸)으로 옮겨지고', 결국 현세 부처가 나온다고 말해서 동서양이 일치한다.

일으키고 있다고 알고 있습니다. 380년 이전에 만들어진 그의 예언은 과거에 98%의 적중률을 보여주고 있다고 하는데, 그의 '예언'에 따르면 지구는 파멸적인 전쟁을 비롯해서 홍수 그리고 큰 지진 등으로 '1999년 7월29일'에 문명세계가 멸망할 것이라고 되어 있었습니다.

그러나 21세기가 무서운 공포 속에 벌서 넘어 왔지만, 마치 1천년 전 '밀레니엄'이 11세기에 십자군전쟁(十字軍戰爭)으로 끝나고, 그의 후유증은 결국 '르네쌍스'로 혁명이 난 것처럼 21세기도 첨단기술(하이테크) 시대로 일대 전환이 되었을 뿐 아직은 멸망의 징조는 없습니다. 다만 내가 말하는 '역학'에서의 '후천개벽'은 1년이 정확하게 360일 되고, 육지가 바다 보다 크게 팽창하고, 인간다운 성인군자가 사방십리에 하나 꼴로 넓게 살며, 세상에 재앙이 없이 천국처럼 이승에서 극락정토가 온다는 뜻입니다.

이러한 최후심판이나 후천개벽에 대한 이야기는 처음 있는 것이 아닙니다. 특히 '기독교의 말세론'도 2000년 전 부터 있어 왔습니다. 다만 다른 '말세론(末世論)'들이 한결같이 아쉬운 이론적 결함을 보여주는 것은 무조건 멸망과 '최후심판'이 있다고 겁을 주고는, 그 다음에 무엇이 전개되는가를 소상하게 말하지 못하고 있는 것이 안타까울 뿐입니다. 그래서 이와 같은 미래에 대한 예견은 특히 서양종교에서 막연하게 그의 기원을 찾아볼 수 있습니다.

그러나 동양의 역학원리에 따르면 이미 6000년 전에 복희씨 8괘로 '하늘(천)'의 이치를 밝혔고, 또한 3000년 전에는 문왕8괘로 지상생활에서의 인간절의(人間絶義)의 이치를 밝혀 오늘에 이르고 있으며, 지금부터 120년(실은1881년임)에 '미래역(未來易)'으로 밝혀진 '정역(正易)'은 김일부(金一夫) 선생이 땅에 관한 지리상학(地理象學)을 밝힌 한국에서 계시(啓示)된 역학(易學)의 이치로서, 처음으로 21세기 후천(後天)에 와서 벌어질 자연계 인간 의 지상낙원을 미래 앞날로서 소상히 예견해 주고 있습니다.7)

그래서 서양종교의 예언은 인류의 종말만을 말해주고 '구세주(救世主-메시아)'의 재림으로 이어지지만, '정역'의 원리는 '후천세계'의 지구와 자연계가 어떻게 운행(運行) 될 것인가. 인류는 어떻게 심판 받고 '부조리(不條理)'가 없는 세계에서 얼마만한 땅에, 얼마만큼의 인구가 살 것인가를 풀어주고 있습니다.

그 때문에 성현(聖賢)께서는 일찍이 말하기를, "又曰易有三(우왈역유삼), 一曰天易(일왈천역), 二曰竹易(이왈죽역), 三曰人易(삼왈인역),"[역주: 즉 성현께서 말씀하시기를 3개의 '역'이 있는데, 하나는 천역-하늘의 역이고, 둘은 죽역(竹易=地)-땅의 역이고, 셋은 인역(人易)-인(人)-사람의 역(易)이다]라고 지적하고 있습니다.

여기서 말하는 죽역(竹易=땅)에 관해서는 본래 '공자(孔子)'께서도 득도(得道)를 못 얻은 학설로서, 드디어 '후천세계'가 가까이 오니까 한국에서 김일부(金一夫)) 선생이 몇 년간 계시를 받아서 완성된 새로운 진리라고 한편에서는 높이 평가하고 있으나, 다른 한편

해설 7) : <필자주 ; 여기서 말하는 '역학(易學)'이란 '주역(周易)+ 정역(正易)'을 지칭하는바, 원래 인류의 최초 역사가 시작되는 6천년 전에 '천(天)의 역(易)'=복희씨팔괘(伏羲氏八卦)와 3천년 전에 '인(人)의 역(易)'=문왕팔괘(文王八卦) 그리고 100년 전에 나온 '지(地)의 역(易)'=정역팔괘(正易八卦)등 3가지의 '역(易)'을 말하고 있는 바, 상세한 이해는 이 방면에 최소한의 기초지식이 필요함. '팔괘(八卦)'란 대자연이 '태음(太陰)과 태양(太陽)'으로 생성되어, 다시 '사괘(四卦)'로 이어서 '팔괘(八卦)'라는 기본이 형성되는 바, '건(乾)-하늘, 아버지; 태(兌)-못(澤), 소녀; 이(離)-불(火), 중녀; 진(震)-우뢰, 장남; 손(巽)-바람,장녀; 감(坎)-물, 중남; 간(艮)-산, 소남; 곤(坤)-어머니, 땅' 등을 상징하고 있다. 다시 '팔괘(八卦)'는 '육십사괘(六十四卦)'로 나누어져 끊임없이 천지만물이 '순환(循環)=역(易)' 즉, 바꾸어지는 바, 이들의 수리는 양(陽)의 수(數)인 1, 3, 5, 7, 9,와 음(陰)의 수(數)인 2, 4, 6, 8, 10,이 합하면 55가 되어 1, 6=수(水); 2, 7=화(火); 3, 8=목(木); 4, 9=금(金); 5, 10=토(土)인바, 이들 수리(數理)는 결국, 만물의 수(數)가 11, 540에 달하게 된다. 또한 십간(十干)[갑, 을, 병, 정, 무, 기, 경, 신, 임, 계(甲, 乙, 丙, 丁, 戊, 己, 庚, 辛, 壬, 癸)] 등과 십이지(十二支)[자, 축, 인, 묘, 진, 사, 오, 미, 신, 유,술, 해(子, 丑, 寅, 卯, 辰, 巳, 午, 未, 申, 酉, 戌, 亥)] 등은 이들이 결합하여 '갑자(甲子)', 을축(乙丑) 등등‥‥‥‥ ' 이들이 전부 합하면, '육십갑자(六十甲子)'가 되어 환갑(還甲)으로 순환(循環)한다. 따라서 3가지 순환법칙(循環法則)이 된다.

에서는 찬반 양론이 엇갈리고 있기도 하지요.

　　작년에 어떤 미국의 과학자는 25년 내에 '북빙하'가 완전히 녹을 것이라고 이야기한 적도 있습니다. 요즈음 갈수록 지진과 해일 그리고 '오존층의 파괴'는 날로 혹심해지고, 북극을 위시로 남극의 빙하(氷河)가 녹아내리고 있는 현상들이 다 같이 이를 증명해 주는 징조라고 말하겠지요. 실제로 '알라스카' 대륙은 요즈음 매년 1센티미터씩 녹고 있어서 거대한 초원지대가 해마다 늘어나고 있다지요. 그런가 하면 한국에서도 동해는 장차 일본열도와 같이 침강하겠지만, 서남해안은 반대로 융기하기 때문에, 이른바 '모세의 기적'이 서해안에서 원래 진도 섬 근처의 1개소에 불과했지만, 요즈음 10여개가 넘게 자꾸만 생겨나고 있지 않습니까.

　　항상 성인(聖人)들은 말하기를 '징조'가 있으면, '상(象)'이 있고, '상'이 있으면 '형(形)'이 있는바, 이를 가리켜 '형상(形象)'이라고 하였나이다. 거대한 '북빙하'의 해빙으로부터 시작되는 '정역(正易)시대'에는 어려운 원어를 써서 구체적으로 지적해 본다면 "2천칠지(二天七地)"라는 이치 때문입니다.8)

　　성경(聖經)에 나오는 '요한 묵시록(黙示錄)'을 보면, 말세(末世)의 세계에서 '불(火)'로 심판을 받을 것이라고 되어 있고, 그때는 '아이 가진 여자'가 위험하니 집밖에 나가 있으라고 쓰여 있습

해설 8) : <필자주 ; 이천칠지(2天7地)라는 뜻은 정역의 핵심이론이다. '正易八卦'는 전문적인 지식이 필요하지만, '그림(圖)'을 뒤에서 참조해 보면 한말로 현재의 '문왕 8괘'와는 전혀 다르게 순리(順理)로 순환(循環)되고 있고, 여기에서 상세한 설명은 어려워서 설명하기 곤란함으로 쉽게 요점만 말한다면, 즉 앞의 각주에서 약간 참고가 되겠지만, 수리(數理)에서 '이(二)=양(陽)의 화(火)'이고, '칠(七)=음(陰)의 화(火)'임으로 이것이 각각 '하늘(天)과 땅(地) 속으로 바뀌어 들어감으로서 地球는 개벽(開闢)이 일어나고 대변동(大變動)이 일어나며, '북빙하(北氷河)'는 불(火)로 인하여 녹을 수밖에 없는 이치(理致)를 말하고 있다. 이때 '正易'에서는 '한국(韓國)=간방(艮方)=소남(小男)'이 동북(東北)으로부터 정동(정東)으로 즉 이전에 '진방(震方)=중국(中國)'이 있던 자리로 교체됨으로, 지렛대의 지렛목에 가장 가까운 지점에 있어 4시간 동안 공기(空氣)가 없이 땅이 흔들려도 가장 안전하게 살아 남을 수 있는 동극(東極)이란 뜻이며, 이때 상대편은 '태방(兌方)=미국(美國)=소녀(小女)'와 올바로 결합하게 된다는 학설이다.

니다. 이는 곧 지진에 의해서 집이 무너진다는 말이라고 하겠습니다. 위에 열거한 이런 여러 가지 사례들은 '지구의 종말(終末)'에 대하여 어떤 일치점을 가지고 있는 것 같습니다.

그렇다면 북빙하의 빙산(氷山)이 완전히 녹아서 한반도의 미래나 지구의 후천세계는 어떤 일이 일어나겠는가. 첫째로 '대양(大洋)의 물'이 불어서 하루에 440리의 속도로 흘러내려, '일본'과 '아시아 국가'들을 휩쓸고, 특히 동쪽 해안지방이 수면 밑으로 잠기게 됩니다. 들리는 이야기로는 미국의 서부해안도 점차로 가라앉고 있으며, 바다(海洋)물이 강(江)으로 역류하는 현상이 점차 관찰되고 있는데, 이것은 '북빙하'의 빙산이 녹아서 해수 물이 불어나고 있다는 증거이기도 합니다.

과학자들의 보고에 의하면 1890년 이래로 지구의 기온은 상승하고 있다고 합니다. 요즈음 이들은 단순 '지구' 위를 덮고 있는 공기층의 맨 꼭대기에 둘러쳐진 '오존층'이란 것에 큰 '구멍'들이 생겨서 이른바 '온실현상' 때문이라고들 말하기도 하지요. 그것이 온갖 생태계를 파괴시켜서 인간생태까지 파멸시킬 것이라고들 무서워하고 있는데, 나의 생각은 '역학'에 의해서 분명히 밝혀지고 있지만, 더욱 근본적인인 원인에 의해서 '지구' 생태계의 변화와 곧 다가오는 천지개벽(天地開闢)이 결말을 낼 것이라는 차원이 다른 말이올시다.

이런 뜻에 비추어 본다면, 아까 지적해 준 '지구축(地球軸)'의 경사(傾斜)가 처음부터 원인제공이 된 것이겠지만, 방금도 말씀드린 바로 '정역8괘'에서 '후천개벽'이 가까이 오니까, '2천7지(二天七地)'라는 원리 때문이올시다. 지구(地球)속의 '불기운'이 태평양 바다 속 깊숙이 복판 속에서부터 바로 이 '불기운'이 지구의 북극(北極)으로 치솟아서 '북극'의 표면에 수십 만 년 동안, 빙하시대 이래로 쌓여서 녹지 못하고 있던 빙산(氷山)을 실제로 녹이고 있다고 합니다.

　이러한 현상은 북빙하에서 일찍부터 눈에 띠게 나타나고 있는데, 이미 1950년대에 세계 최초로 제작된, 미국의 '노티라스'호라는 원자력잠수함(原子力潛水艦)이 북빙하의 얼음 밑이 상당히 녹아 있어서, 마음 놓고 통과하여 단숨에 '아이슬랜드'를 통과해서 '러시아'의 백해로 빠져나가고 있다는 사실이 이들 '얼음' 밑의 해빙을 증명하고 있지 않았습니까.

　또 어떤 사람들은 '지구'의 기온이 점차로 하강하고 있으며, 새로운 빙하시대(氷河時代)가 올 것이라고도 말하는데, 이들이 다 같이 지구가 성숙해서 사춘기(思春期)로 커다란 변화를 마지할 것이란 사실을 입증해 주고 있다고 예시해줄 수 있습니다. 지구는 지금 사춘기를 넘기면서 성인(成人)으로 성숙하면서 가장 완숙한 지구(地球)로 성장하면서, 완성되고 있다는 말씀입니다.

　둘째로, 지구상에는 소규모의 국지전쟁(局地戰爭)들이 끊임없이 일어나게 될 것입니다. 그러나 인류를 파멸시킬 수 있는 '세계대전쟁'은 일어나지 않고, 지진에 의한 자동적인 '핵폭발'이 있게 되는데, 이때에는 '핵보유국'들이 거꾸로 말할 수 없는 피해를 받게 됩니다. 자승자박(自繩自縛)이란 말이 이때에 적용되는 말입지요.

　실제로 '핵(核原子力) 발전소'들이 터져서, 자주 방사능이 유출하는 사고를 내고 있어서 앞으로 지구변동시대에 가장 큰 골칫거리가 될 것입니다. 속담에 남을 죽이려고 하는 자는 먼저 죽고, 남을 살리려고 하면, 자기도 살고 남도 사는 법이라고 말합니다.

　인간 중심의 역사발전 단계에서 인간의 권능적인 힘은 민주적인 인간 그 자체입니다. 예를 들면 '수소탄(水素彈)'을 막을 수 있는 것은 '민중'들의 '맨주먹 즉 토(土)'뿐입니다. 왜냐 하면 '음양오행(陰陽五行)'의 원리에서 민중의 맨주먹이 '토극수(土剋水)'함으로서 '민중의 시대'가 수소탄(水素彈) 핵무기(核武器)를 대치해서, 이를 제압하고 다시 민중시대가 올 것이 아니겠습니까.9)

셋째로, 비극적인 인류의 운명인데, 이는 전 세계 인구의 60% 내지 70%가 소멸된다는 뜻이며, 이중 수많은 사람들이 놀라서 죽게 되는데, '정역(正易=지리상학(地理象學)'의 이론에 따르면 이때에 지혜로운 사람은 놀라지 말라는 교훈이 있습니다. 그리고 지구가 동쪽으로 자전하니까, 북극 빙하가 한꺼번에 녹아내려서 '아류산 열도'로 쏟아져 내려와 바로 "일본열도"를 덮쳐서 3분의2 육지를 침몰시킨다는 결론입니다.

위에서도 말했듯이 이때에는 일본영토(日本領土=巽方:손=함)는 주역에서 함(咸)야라, 즉 바다 속에 빠진다는 뜻으로 주역에서 "택산함(澤山咸) 괘(卦)로 나타납니다. 그래서 일본영토의 3분의 2가 바다 밑으로 침몰할 것이고, 중국본토와 극동의 몇 나라들이 적은 피해를 입게 되는데, 동쪽은 가라 앉고 서쪽은 올라오는 현상으로

해설 9) : <필자주 ; 음양오행설(陰陽五行說)에서 '상극관계(相剋關係)'란 5가지 법칙 중의 가장 기초적인 작용에 불과하지만, 이를 인류 6000년 역사시대 이래로 무기체계(武器體系)나 생산력(經濟力)의 변천과정과 더불어 풀이해 보면, 한층 흥미롭고 충분한 설명이 된다. 예컨대, 맨 처음 원시시대(元始時代)는 주먹으로 먹고사는 때이므로 '토(土)=맨주먹'이지만, 둘째의 고대사회(古代社會)는 '목(木)=활과 창'이 '목극토(木剋土)'로서 토(土)을 제압하는 바, 다시 중세사회(中世社會)는 '금(金)=총(銃)과 칼(刀)'이 '금극목(金剋木)'으로서 나무(木)를 제압하고, 또 다시 '화(火)=원자탄(原子彈)[이는 핵분열(核分裂)]'이 '화극금(火剋金)'으로서 재래전쟁(在來戰爭)의 수단인 금(金)을 제압하며, 그 다음은 '수(水)=수소탄(水素彈)[이는 핵융합반응(核融合反應)]'이 '수극화(水剋火)'로서 화(火)를 제압하게 된다. 결국 그 다음은 되돌아 와서 '토(土)=이번엔 민중(民衆)'이 '토극수(土剋水)'로서 드디어 '수소탄(水素彈)'을 제압하고 현대 개벽운동(開闢運動)의 주력이 된다는 논리임. 원래 '木, 火, 土, 金, 水,'란 음양오행(陰陽五行)에서 '상극작용(相剋作用)'이란 '목극토(木剋土)', '금극목(金剋木)', '화극금(火剋金)', '목극화(水剋火)', 그리고 다시 되돌아 와서 '토극수(土剋水)'가 되는 바, 이미 6000년이 지나는 동안 생산력(生産力)은 첨단 과학기술을 받아들여 이제는 원시의 맨주먹이 아니라 인민 또는 민중이란 사람중심의 인도주의(人道主義)나 민주주의(民主主義), 즉 이상향(理想鄕)의 시대가 온다는 뜻이다.

바다가 변합니다. 이런 조짐은 이미 사방에서 나타나 있고 앞으로 날이 갈수록, 예컨대 우리나라의 서해안도 대륙붕이 점차 융기되어 한국의 영토는 2배로 확장됩니다. 그러지만 한국을 제외하고는 세계적인 규모로는 막대한 피해가 늘어날 것이 틀림없으며, 이른바 '최후심판이 인류를 몰살시킬 겁니다.

지난 1974년 2월에 당시 우리나라의 홍성지역과 서산반도에 지진강도 1도에서 2도 가량의 지진(地震)이 요 근래 최초로 있었는데, 지금은 한반도 전역에 걸쳐서 특히 동남해안 지방에 많은 지진이 생기고 있습니다. 그때 7월에는 중국대륙(中國大陸)에의 화북성 '당산(當山)'이란 곳에서, 진도가 7도에서 8도 가량의 큰 지진(地震)이 있었다는 것이올시다.

그 전해 10월에는 대만으로 쫓겨간 '장개석(蔣介石)'이 사망하고, 이듬해의 1월에 주은래(主恩來)가 5월에는 '주덕'이 죽고, 8월에는 모택동(毛澤東)이 사망하는 사건이 있었다는 것이올시다. 중공당국의 공식적인 발표가 없었기 때문에 그의 피해상황의 정도는 확인할 길이 없지만, 북한의 김일성(金日成) - 1994년7월 18년후에 사망함]이 위로전문을 칠 정도로 극심한 피해가 있었음에는 틀림없습니다.

이것은 경천동지(驚天動地)가 아닐 수 없습니다. 이상스런 이야기 같지만, 당시 중국의 '당산'대지진'이 일어나서 당시 약 80여만 명의 사상자가 발생한 뒤에, 곧이어 다음해 2월에 주은래(主恩來) 수상(首相)과 10월에 모택동(毛澤東) 주석(主席)이 사망하게 되었고, 이로서 10년 동안 중국을 암흑의 지옥으로 몰아넣었던 이른바 문화대혁명(文化大革命)도 시들어 가더니, 9월에 드디어 모택동(毛澤東)주석(主席)이 사망함으로서 대규모적인 '천안문사태'가 발발하고, 문화대혁명(文化大革命)'을 주도한 '강청(모택동의 처)'을 비롯한 '4인방'들이 체포되고, 중국의 '개방과 개혁'이 3번째로 중국천하를 장악한 등소평(鄧小平)에 의해서 급속히 추진되게 되었습니다.

또한 미국의 지질학자(地質學者)가 관측(觀測)한 바에 의하면, 동남아세아 지역에도 지질변동이 극심할 것이라고도 말합니다. 그 뒤 21세기에 들어 와서 엄청난 "쓰나미"가 덥쳐서 인도양(印度洋)과 '스리랑카' 연안까지 휩쓸고, 지축이 변했단 말씀입니다. 실제로 징조가 심상치 않아서 비록 가장 정도가 낮지만, 우리나라도 염려되는 바가 큽니다. 어차피 지구의 대변혁이 '후천개벽'으로 갑자기 터져 나오게 되면, 우리나라는 동남해안 쪽의 사방 100리에 이르는 땅이 피해를 입을 것인데, 그러나 우리나라의 영토는 서부해안 황해바다 쪽으로 약 2배 이상이 융기(隆起)해서 늘어날 것입니다.10)

넷째로, 이러한 파멸의 시기에 우리나라 한반도는 가장 적은 피해를 입게 되는데, 그의 이유는 '한반도(韓半島)'가 지구의 동극(=極東)인 주축(主軸)부분에 위치하기 때문입니다. 즉 지금 흔히 한반도를 극동(極東)이라고 부르지만 사실은 '동극(東極)'을 말하고 있는 셈이며, 더구나 '정역시대(正易時代)'가 다가오면 '한반도(韓半島)'는 지구의 중심에 있게 되고, 동북(東北)의 '간방(艮方)'에서 '정동(正東)쪽'으로 이동합니다.

해설 10) : <필자주 :.지금 '吞虛 스님'의 예언(豫言)은 가장 핵심적인 근거와 미래를 말하고 있는바, 한반도 국운이 개벽(開闢)된 후 융성(隆盛)해 지고, 세계의 주역으로 등장된다는 조리(條理)와 일본열도(日本列島)의 침몰 그리고 중국을 제치고 한반도가 중심이 된다고 지적하고 있다. 그의 논리적 근거는 '정역(正易)'에 입각해서 해석하고 있는 바, 실제로 이때 이후 여러 가지 예언이 맞아 왔고 앞으로도 맞아갈 것이나, 때로는 발설이 어렵거나 천기누설(天機漏泄) 때문에 다 같이 알리지 못하였음. 필자는 이 책에서 많은 것을 숨김없이 펼쳐 보이려고 하는 바 혹시 비과학적(非科學的)이라던가 예언으로 무조건 몰아 붙이지 말고 한번쯤 '장르'가 다른 문제제기(問題提起)로서 이해를 구함. 예컨대 "캄캄한 암흑의 전체주의(全體主義)와 같은 정치체제(政治體制)가 우리 나라에서 지나가야 통일과 편안한 사회가 서서히 오고, 동북아 공동체도 될 것이며, 세계의 중심이 된다고 스님께서 알아라"라고 말한 바있습니다.

이때 간방=태방(간방(艮方)=태방(兌方)이 일직선상의 동서축(東西軸)으로 조화를 이루게 되는 때문입지요. 그래서 일제새대(日帝時代)에도 일본의 '유키자와(行澤)' 박사는 우리나라의 '계룡산'〈계룡산(鷄龍山)-오늘날 육해공군(陸海空軍) 3군의 본부(本部)가 자리 잡고 행정수도(行政首都)가 이전함〉이 수륙 2천리를 뻗어 내린 지구의 축이라고 밝힌 적이 있습니다.

결론적으로 다시 말하면, 한반도(韓半島)의 미래국운은 매우 밝다고 하겠습니다. 과거에 우리 민족은 수많은 외국의 침략과 압제 속에서 살아 왔으며, 역사적으로 볼 때에도 빈곤과 역경 속에서 살아 왔습니다. 그러나 여기에서 분명히 말하거니와 우리가 이와 같은 '정역시대(正易時代)'에 태어났음을 감사해야 합니다. 오래지 않아 우리나라 '한반도(韓半島)'에는 국운(國運)이 융성해질 뿐만 아니라, 위대한 인물(人物)들이 나타나서 조국(祖國)을 통일하고, 평화로운 국가를 건설할 것이며, 모든 국내외에 얽히고 산적한 문제들을 해결하고 우리의 국위를 선양할 것이 틀림없습니다.

우리의 새로운 문화는 다른 모든 국가들의 귀감이 될 것입니다. 그 동안 '중국(中國)과 소련(蘇聯) 이데올로기 분쟁'이 있었던 사실과 앞으로 중국 본토의 균열(소수민족(少數民族)의 자치와 티베트, 신강-위글, 내몽고, 대만, 등의 독립)로 인해서, 만주와 요동의 일부가 우리의 영토로 귀속될 것이 틀림없고, 후천개벽이 온 뒤에는 일본은 너무 작은 영토밖에 남지 않기 때문에, 결과적으로 '한반도(韓半島)'의 영향권 내로 들어오게 되며, 앞으로 갈수록 '한·미' 간의 관계는 새로운 차원에서 더욱더 밀접해 질 것입니다.

그렇다고 해서, 이런 시기를 세계의 멸망기라고 말할 수는 없습니다. 오히려 지구의 멸망이 아니고, 성숙기(成熟期)가 되는 것입니다. 인류는 소멸되는 것이 아니라 착한 인간사회(人間社會)가 나타나서 지상평화(地上平和)가 오는 것이올시다.

　　결국, 6천년전, 복희씨(伏羲氏8卦)는 '천도(天道)'를 밝혔고, 3천년전 문왕8괘(文王八卦)는 '인도(人道)'를 밝혔으며, 이제 정역8괘(正易八卦)는 '지도(地圖))'를 밝힌 셈이 되는데, 이와 같은 '정역8괘'는 '후천(後天)) 8괘'로서 미래역(未來易)이니까, 이에 따르면 지구의 멸망이 아니라, 지구는 새로운 성숙기(成熟期)를 맞이하게 되며, 이는 곧 사춘기(思春期)의 처녀가 '초경(初經)'을 맞이하는 것과 같다고 말할 것입니다.

　　이미 150년 전후부터 '북빙하(北氷河)'가 녹고, 지구가 23도 7분 가량 기울어진 지축이 바로 서고, 땅속의 '불기운'에 의한 '북극'의 얼음 빙하물이 녹아내리는 '최후심판'이 있게 되는 현상은 지구가 마치 초경 이후의 처녀처럼 성숙해 간다는 형상을 의미하게 됩니다. 여기에 한 가지 덧붙여 말한다면, 이때에 지구 표면에는 일대 커다란 변화가 오게 되어 있습니다.

　　지금 현재는 지구 표면에 '물(水)'이 4분의 3이고 '육지-땅'이 4분의 1밖에 안되지만, 이 같은 큰 변화가 휩쓸고 가 버리면 그 때는 바다(大洋)가 4분의 1밖에 안되고 반대로 육지가 4분의 3으로 뒤바뀌어 집니다. 더구나 지금 60억명을 헤아리는 전 세계의 인구는 아마 60-70%가 소멸될 것이고, 육지의 면적이 3배나 늘어나게 될 터인데 어찌 세계의 '평화'가 오지 않겠습니까.

　　張 교수 : 이제까지 큰스님께서 말씀해 주신 것과 결부시켜 알고 싶은 것이 있는데, '후천개벽'에 관해서 가장 뜻 깊은 천기(天機)를 예언하고 있는 부분이 있지요. 그때가 언제쯤 되는지 심히 궁금합니

다. 큰스님께서 짐작 가는 말씀이라도 들려주실 수 있으신지요.

또한 '정역(正易)'의 원본(原本)책을 읽어보면, "一夫能言兮^{일부능언혜}여, 水潮南天^{수조남천}에 水汐北地^{수석북지}"리라,[김일부(金一夫) 선생께서 감히 말하건데 "남극지역(南極地域)에 밀물이 차고, 북극(北極)지역(地域)에 썰물이 빠져나가리라"]라고 적어서, 이른바 '천지개벽(天地開闢)'의 시기를 분명하게 예시하고 있지요. 이어서 "시기(時機)는 난판(難辦)이라." 그래서 대충 짐작들은 합니다. 천기(天機)를 누설할 수가 없어서 아무도 모를 것이라고 말하고 있지 않습니까. 그러나 '개벽(開闢)'이 가까이 임박한 것만은 사실이겠지요.

특히 북쪽의 밀물과 남극의 썰물은 결국 지렛대 모양으로 '지구' 덩어리를 23도7분 경사진 형태로부터 어느 순간 똑바로 세워놓는 것을 의미합니다. 이런 경우 '지구자전(地球自轉)'은 360일로 똑바로 세워 놓게 되는 거지요. 그 순간 온통 해일과 지진과 인류의 "최후심판"이 옵니다. 바로 동극 '한반도'에서 시작된 "천지개벽(天地開闢)"이 중심작용을 한다는 원리를 말하고 있는 겁니다.

이 때문에 '지렛대'의 목에 해당되는 '한반도'는 그 순간 약간의 공기가 몇 시간 남아 있어서 겨우 호흡을 할 수 있고, 동시에 가장 적게 흔들려서 피해가 가장 적을뿐더러 안전하다는, 우리의 도참설(圖讖說)에서 흔히 말하는 소위 '십승지(十勝地)'이며, '길지(吉地)'요, "궁궁을을"[弓弓乙乙^{궁궁을을}=亞^아(弓弓)글자+卍^만(乙乙)글자]은 여기에 근거하는 겁니다.

대개는 1983년 계해(癸亥)년부터 이미 시작되었고, 2002년 임오(壬午)년에 일단 한 단계 높아져서 본격적으로 변혁이 시작될 것입니다. 그 뒤 2004(甲申)년부터 40여년 내지는 60여년 동안에 결정적인 '후천개벽'이 온다고 보는데, 결론은 같으나 시기적으로 2가지 주장이 나오고 있어 이를 자세히 설명하려면 복잡합니다. 현세 '미륵 부처'가 나오는 시기를 12만9천6백40년 설과 12만9천6백60년 설이 계산상으로 대립되고 있습지요.

한편, 대충 말해서 '노스트라다무스'도 약 5백 여 년 차이가 나지만, 결과는 거의 '정역8괘'와 일치하는 공포의 '예언'을 하고 있지요. 1999기묘(己卯)년 7월 임신(壬申) 29계해(癸亥)일로 '문명세계의 멸망'을 일찍이 480년 전에 '예언'해 놓고 있으며, 2026 병오(丙午)년에는 '동방에서 나올 황금시대(黃金時代)'를 후천개벽으로 보고 '동방의 빛'이라고 말해서 서양의 멸망과 동양의 새로운 세계를 열어 놓고 있지요.

그런가 하면 성경(聖經)에서도 '예수'님은 '마태 복음(福音) 24장'에서 '세계의 종말'을 말씀해 놓았고, 한편 '요한 계시록 2장 8절'에서도 '최후의 심판과 새 천지의 창조과정'을 마치 '역학(易學)'과 비유해서 설명 할 수 있도록 기록해 놓고 있습니다. 또한 앞에서도 지적한 바 있지만, 또한 1917년 철학자 '슈펜글라'도 "서양의 멸망"을 논리적으로 써서 서양 사람들이 공포의 세계대전(世界大戰)을 치르고 놀랐습니다.

그 뒤에 최근에 이르러서는 1979년에 '월러스틴'이라는 역사학자(歷史學者)가 "세계시스템 이론"을 써서 21세기가 가기 전에 "세계는 하나로"된다는 논리를 펴놓았고, 결국 오늘날 WTO세계무역기구(世界貿易機構)로 발전되어 있는 세계적인 체제들이 다 같이 지구가 하나로 귀일 하고 있는 것 같습니다.

그런가 하면, 중국에서 '송(宋)'나라 때, 유명한 '소강절' 대선사의 상수학(象數學)에 근거해서 계산해 볼 때, 대략 '지구변혁'의 오차를 40년 내지 60년 차이를 잡고 있음으로, 거의 둔갑을 기준으로 추정해 보면, 약 2004(갑신(甲申)과 2005년 을유(乙酉)년부터 시작해서 약 60년간을 상정해 놓게 되는데, 그러면 2064년경까지의 기간에 '천지개벽(天地開闢)' 또는 '후천세계'는 온다고 예측해 볼 수 있지 않겠습니까요.

비록 지금의 속세인 사바세상은 어지럽고 인간들은 비뚤어져 있지만 이제 '후천시대(後天時代)'에 이미 들어와 있으니 '지구'가 정확하게 똑바로 서고, '세상'도 올바로 잡히면, '사람'들도 어진 인격자들이 나올 법도 한데, 이에 관해서 어리석은 중생들을 제도하시는 넓은 도량으로 '큰스님'께서 자세한 가르침을 주시지요. 말하자면 언제쯤 성현군자(聖賢君子)의 시대 즉 권능의 지도자시대가 오겠습니까.

세계평화 시대의 도래(到來)와 도의적(道義的) 인물(人物)지도자(指導者)-의 필요성(必要性)

呑虛 스님: '주역'에서 우리나라를 가리키는 '간(艮)'은 '덕야(德也)'라 하고, '지야(止也)'라고 풉니다. 이는 곧 우리나라가 도덕적으로 세계 제일 가는 나라이며, 종시(終始) 즉 "끝나고 새로 시작하는 방향"에 있음을 말해 주고 있습지요. '그치는 방향'이란 곧 세계적인 지진이 있어도 이곳에서 그친다 지야(止也)라는 것을 말합니다.

그래서 위대한 인물이 나온다 하여도 그 과정에서 우리는 '인재

(人才)'의 부족을 심각하게 느끼게 됩니다. 인재가 부족하다는 뜻은 '학사(學士), 석사(碩士), 박사(博士)'가 없다는 것이 아니고, 또한 전문적인 인재가 없다는 것도 아니라 바로 "도의(道義)적인 인재(人才)"가 없다는 말씀이올시다.

"도의적(道義的)인 인물"이란 정치가나 경제인이나 종교인이나 사회적(社會的)인 인물 등이 인간의 양심(良心)에 따라 행동함을 말하는데, 이제 우리는 미래의 문제를 걱정하기에 앞서서 어떻게 하면 도덕적으로 인격을 함양하여 도의적 인간이 되느냐 하는 걱정을 더 필요로 하는 시점에다가 왔다는 사실을 명심해야 되겠습니다.

그러면 이제부터, '후천(後天)의 미래세계(未來世界)'에 관해서 말해 보기로 합시다. 이 '후천세계(後天世界)'는 마치 처녀가 초경(初經) 이후에는 인간적으로 성숙하여 극단적인 자기감정(自己感情)이 완화 되듯이 '지구'도 초조(初潮)가 처음 생기는 후천개벽(後天開闢)이 오면, 완전히 성숙하니까 몹시 추운 '극한(極寒)'이나, 몹시 더운 극서(極暑)'가 없어지고, 지금까지처럼 덥고 추운 한서(寒暑)가 불균형하게 더운 쪽에 치중되어 가을에도 늦더위가 오거나, 봄철에도 영하의 추위가 오는 일은 없어진다는 뜻입니다. 1년 중 반반씩 예를 들어 180일씩 약간 서늘하고 약간 더워진다는 뜻이고, 말하자면 한서(寒暑)가 균형 잡히게 된다는 뜻이 됩니다.

'정역원리(正易原理)'에서도 지적하고 있듯이, '수극생화(水極生火)하니 고로 천하상극지무(天下相剋之無)'라, 즉 [물이 극도에 달해서 불을 생하니 그 결과로 천하의 서로 상극하는 관계가 없어진다]라고 밝히고 있는데, 이는 "불이 물속에서 나오니 천하에 상극(相剋)-서로 적대함)하는 이치가 없다"는 말입니다.

보통 '역학원리(易學原理)'와 '음양5행'에서 대표적인 법칙은

"상생(相生)과 상극(相剋)"을 주로 들먹이는데, '정역원리'에서는 5가지 법칙이 서로 상관작용을 행하고 있지요. 즉 앞서 지적한 2가지 이외에 "상모관계(相母關係)와 또 다른 상모(相侮)관계 및 상극생관계(相極生關係)"란 5가지 원리가 적용된다는 말씀이올시다.

특히 "상극생(相極生)"법칙은 오늘날 지구온난화나, '후천개벽' 및 '최후심판'을 추론할 수 있는 가장 결정적인 논리이며 이론이 됩니다. 이것을 다시 풀이하면 '주역'에서 말했듯이 세계는 전쟁이 없는 평화시대가 온다는 뜻이 됩니다. 즉 정역에서 "일월광화혜(日月光華兮)여, 유리세계(琉璃世界)"로다, 라는 말이지요.

우리가 지금까지도 사용하고 있는 음력(陰曆)은 이미 6,000년 전 '복희씨(伏羲氏)' 시대에 만들어졌는데, 이 '음력'에는 윤날(윤일(閏日)과 윤월(閏月), 윤초(閏秒)까지 있습니다. '윤달'이 생기는 이치는 물론 음력 뿐만 아니라, 양력 까지도 다같이 지구가 23도 7분 가량이 경사져서 기울어져 있기 때문인데, 닥아오는 후천시대(後天時代)에는 '지구'의 축이 바로 세워져 '윤달'과 '윤날'및 '윤초'가 다 같이 없어지는 겁니다.

그렇게 되면 자연히 '자오선(子午線)'과 위도(緯度)와 경도(經度)가 한반도 중심으로 뒤바뀌어 집니다. 지구를 측정하는 자오선(子午線)이, 동극인 '한반도'를 기점으로 재편성 되어야하고, 영국의 '그린이지' 천문대를 기준으로 정해진 모든 지도(地圖)나 자오선(子午線)들이 새로이 '한반도' 중심으로 조직되어야 합니다. 지구는 장성해서 거듭 태어나는 겁니다.

윤(閏)달과 윤(閏)날이 없어지면 '인간'이 지닌 삐뚫어진 속성으로서의 윤도수(閏度數)가 없어지게 됨으로, 결국 짐승만도 못한

잔인성이나 신선같은 인간성이 따로 구별될 것 없이 후천개벽에서 살아남은 선량한 인간들은 성현군자와도 같은 사람들이 살아남게 됩니다. 다시 말해서, 윤달과 윤날이 생기는 이치를 '윤도수'라고 말하는데, 이는 중간매체 즉, 과도기의 세상 속성을 말하며, 이와 같은 중간매체야말로 오늘날까지도 지속되는 '부정부패'의 원인이며 동시에 부조리(不條理)의 근본이올시다.

지금은 생존이라던가 생활수단 등 살기위한 투쟁 때문에 세계도처에서 전쟁이나 분쟁을 비롯하여 부정부패가 만연되고, 한편 성인군자(聖人君子)인양 거짓으로 위장된 비인격(非人格)적인 '선비'들이 활개를 쳐 왔지요. 흔히 권선징악(勸善懲惡)이라고 하지만 지금까지는 오히려 '악인(惡人)'들이 활개치고 버젓이 잘사는 세상이 최고조에 달해 있었지요. 그러나 이제 '후천시대'에는 사람다운 사람들을 걸러내야 함으로, 인재(人才) 문제로 다툼이 있을 겁니다.

과거 조선(朝鮮)시대 5백년동안, 봉건시대에 존속되어 온 사람차별이나 신분계급에 따른 혹심한 차별도 오랜 세월이 흐르면서 민중을 괴롭혀 왔지만, 이제 다 없어지게 되겠지요. 조선시대에 처음에는 훈구파(勳舊派)와 사림파(士林派)들이 초기에 피투성이 싸움을 했지만, 중기에 오면 누가 왕비(王妃)를 보냈느냐 가지고 붕당 싸움을 하고, 17세기부터는 양반들이 양산되어서 매관매직(賣官賣職)으로 신분계급이 뒤집혀 졌으며, 근대화(近代化)되는 1876년 이후에는 새로운 외국문물을 먼저 받아들인 사람들이 재력과 권력을 잡고 지배계급이 되는 사회변동이 급속히 이루어 진겁니다.

식민지(植民地)시대 이후로는 일제(日帝)에 빌붙어서 친일(親日)하고, 오히려 상놈이 더 분발해서 공부하고 돈 벌어서 잘살고 자손 번창하는 새시대로 바뀌졌습니다. 시대에 뒤떨어진 양반들이 다 몰락했고 특히 애국(愛國)했던 지사(志士)들의 후손들은 다 같이 어렵게 살거나 몰락해 버렸습니다.

　　이것은 바로 지구가 대변혁을 맞이하기 직전의 '한반도'의 양태(樣態)이고, 지극히 과도적인 혼란현상이 아닐 수 없었습지요. 한 말로 말한다면 '후천시대'의 징조가 벌서 100년 전부터 극동(極東)3국에 찾아 왔지요. 그래서 시련을 한참 겪어야 했던 '한국'은 완전한 식민지(植民地)로, 또한 잠자는 사자(獅子)라고 무서워했던 '중국'은 반식민지(半植民地)로 전락한 대신, 그 당시 '쪽바리'라고 섬나라 기질만 가지고 살아남기에 바빴던 '일본'은 오히려 잽싸게 서양의 자본주의(資本主義) 흉내를 내서 전화위복(轉禍爲福)으로 완전한 선진국이 되었단 말씀입니다.

'인간의 육체(肉體)'는 지구와 우주의 표상(表象)이다

張 교수: 말을 바꾸어서 확인된 이야기는 아니지만, 들리는 말로는 미국의 우주인이 '달(月) 나라'에 가서 '지구'를 보니까, 지구가 마치 '연꽃' 위에 놓여 있는 것 같이 보이더랍니다. 그는 귀환 후에 '연꽃'의 내용을 알아보다가 '연꽃'과 '불교'의 관계를 심오한 원리로 깨닫고, 불교에 귀의했다는 말을 들은바 있습니다.

　　그런데 약 6,000년전 '복희씨(伏羲氏)' 때에 '지구'가 풍대(風臺)위에 떠 있다는 이치를 중심으로 우리의 '단군(檀君)'한테서 역관(歷官)을 모셔다가 체계적으로 만들었다는 음력이 지금까지 양력보다도 더욱 정확하게 사용되고 있다는 사실은, 서양의 과학문명이 아직도 미치지 못하는 범위에 무엇인가 천지자연의 특별한 이치가 있다는 것을 말해 주는 것이라고 하겠습니다.

물론 지구가 '풍대(風臺-바람대)' 위에 떠 있다는 그때의 '음력'은 마치 '지구'가 둥글다는 원리와, 지구를 통해서 해(太陽)를 공전한다는 원리를 따른 셈이 되었고, 동시에 지구가 해를 돈다는 이치를 받아들였기 때문에 정확할 수밖에 없었다고 생각됩니다.

그 후 3,000년전 문왕시대에 '지구'에도 한번 추위가 몰려와서, 커다란 변동이 있었기 때문에, 최초의 음력에서 정월 초하루는 동짓날(冬至)이었지만, 오늘날 우리가 사용하는 달력에서 1년의 첫날은 호랑이 달, 인월(寅月)에 입춘부터 정월(正月) '초하루'로 치는 음력을 사용하고 있지 않습니까. 물론 곧 이어서 후천세계가 오면 토끼 달인 2월 즉 묘월(卯月)이 '설날'이 되겠지만, 그리고 1년은 360일로 자전하면서 동시에 태양에 대한 공전도 질서정연 하겠지요.

곧 이어서 지금 21세기의 새로운 개벽시대 즉 '정역시대'가 와 있는데 '지구'도 올바로 서고, '음력'도 달라져서, 정월 초하루가 앞으로 '후천개벽' 이후에는 현재까지 입춘으로부터, 지금의 2월달인 묘월의 경칩이후로 될 것이 아니겠습니까. 또한 완전한 '360일(일)'로서 1년이 태양을 공전할 것이며, 동시에 윤도수(閏度數)도 완전히 없어지게 되니까, 지구는 스스로 몹시 춥고 몹시 더운 극한이나 극서가 없이 살기 좋게 자전하겠지요.

그때는 '인간'도 삐뚤어진 윤인간이 없어지니까, 짐승과 '인간'과의 이중성격이 없어지기 마련이겠지요. 이때부터는 완전한 '선비'요, 다같이 '성현군자'가 나오게 되겠지요. 큰스님께서는 앞에서 '정역8괘'의 이치로 풀어서 말씀하셨는데, 이제 "도의로운 인간" 또는 "권능의 지도자"가 출현할 것에 대한 설명을 듣고 싶습니다.

吞虛 스님 : 모든 '역학'의 원리는 '산학(算學)'으로부터 출발하게 되는데, 이 '산학'의 숫자풀이는 무궁무진(無窮無盡)하여 거의 알아보기가 몹시 어렵습니다. 예를 들면 여자는 '음체'를 가지고 있기 때문에 이를 '7수'로 말하고 이는 또한 '소양수(小陽數)'라고 말하며, 반면 인간은 원래 남녀가 결합하여 완전한 인간을 형성함으로, 당연히 '남자'는 '양체'를 가지고 있기 마련이며, 이를 '8수'로 풀이하고, 이는 또한 '소음수'로 풀어 해석하게 되나이다.

이들의 이치를 천천히 풀어 보면 다음과 같습지요. 그러니까 '여자'는 수리(數理)로 치면 7 이 됩니다. 그러므로 2 곱하기 7은 14(2×7=14)세에 사춘기, 즉 초조가 오게 되고, 5곱하기 7은 35(5×7=35)세에 월경이 줄기 시작해서 7 곱하기 7은 49(7×7=49)세에 이르면 폐경이 되지요. 그러나 요즈음은 영양이나 의료 및 위생상태가 워낙 좋아져서 10여년 늦어집니다.

반면에 '남자'는 수리(數理)로 볼 때 8 이 됩니다. 그러므로 2 곱하기 8은 16(2×8=16)세에 여자 보다 늦게 이성을 알게 되고, 원래 5 곱하기 8은 40(5×8=40)세에 머리가 하야케 세어지고 정력이 쇠퇴하기 시작하며, 8 곱하기 8은 64(8×8=64)세에 가서 정력이 끊어지는 법인데 사람에 따라서는 정도의 차이가 있기는 합니다만, 요즈음 평균수명이 84까지 연장되고, 영양상태가 워낙 좋아져서 10여년 늦어질 뿐만 아니라, 남녀 다 같이 건강장수로 수명이 20년 이상 연장되어 있습니다.

그와 똑같은 이치로, '지구'도 사춘기(思春期)에 접어들어서,

'지구' 속에 잠재해 있던 불덩어리가 '북빙하'로 향하여 '빙산'을 녹이고 있다는 것은 마치 음양을 모르는 즉, 다시 말해서 이성을 모르는 '처녀'가 이제 규문을 열고 성숙한 처녀로 변하여 가는 과정과도 똑같습니다.

그래서 소우주인 '인간'의 육체는 '지구'의 표상이며, 마찬가지로 우주의 표상이기도 한데, 이는 마치 사람의 몸속에 있는 오장육부는 하늘=천(天))과 땅=지(地)를 나타낸 것과 같습니다. 또한 '오대양 육대주'가 사람 몸속의 '오장육부'와도 같은 것처럼 말입니다. 이렇게 하여 '여자의 성숙기'는 곧 '지구의 성숙기'와도 같다는 원'리가 됩니다.

최근 세계적인 풍조를 보면, 지구가 어떻게 될 것인지 이상한 징조를 찾아 볼 수 있습지요. 한말로 말해서 '미니스커트'와 같은 짧은치마를 입은 젊은 여자들이 몸을 들어내는 의상을 부끄러움 없이 입고 다니는데, 이것이 곧 '지구'가 적나라하게 드러날 조짐을 단적으로 나타내는 상(象)이라고 말할 것입니다.

> 지구의 축(軸)은 23도7분 기울어져 있는데, 동남아 0.3도 및 일본 '쓰나미'는 0.2° 섰고, 현재 23도 4분이라고 NASA가 발표함.

張 교수: '역학(易學)'의 원리로 보면, 지구가 항상 "23도7분"이 기울어져 있기 때문에 윤도수(閏度數)를 가지고 있기 마련이고, 결국 그 때문에 1년은 360일이 아니라 365일하고 약간 '윤달' 또는

'윤년'과 '윤시'가 음력이던 양력이던 다 같이 나타나기 마련이라는 뜻입니다. 이를 '5운6기'론으로 풀이하면, "인신상화"가 지구의 경사로 인하여, 봄철의 인(인(寅)-1월달)이나 가을철의 신(신(申)-7월달)이 서로 '상화'[相火=여름철 역할을 함]가 마치 영상대감과도 같은 남쪽 여름의 뜨거운 불(火)과 같은 역할을 한다는 이치를 '지구'상에 그대로 나타내면서 동시에 불볕더위 노릇을 함으로서, 이는 1년이 200일은 덥고 극한이고, 반면 165일은 춥고 극서가 되고, 하는 불균형이 태초에 시작되었다고 말합니다.

더구나 21세기에 들어서면 북극이 녹아내리기 때문에, 즉 '정역'에서 "2천7지(二天七地)"로 인하여, '지구'의 삐뚤어 기울어진 경사가 뿔떡 일어서서 '사춘기'를 마지하게 된다는 깊은 동양철학의 근본원리 때문입지요. 〈참고 : 하늘의 주역8괘(=항상 거꾸로 해석함)에서 땅의 역(易)인 정역(正易)은 그의 8괘에서 다시 양(陽)의 '2천(天)'이 곤(坤-땅)에 가붙고, 반면 음(陰)의 '7지(地)'는 하늘에 가 붙어서, 결국 땅의 불기운이 북극으로 치솟고 얼음이 녹아서, 지구가 바로 서고, 밀물이 일본열도를 침몰시킴.→한반도는 동극임으로 지구의 중심이 된다는 원리 임.〉

결국 여름 쪽의 뜨거운 기운을 봄철이나 가을철에도 갖게 된다는 원리가 윤도수로 귀결되며, 동시에 덥고 추운 '한서'간의 불균형도 크고, 이와 같은 굴절된 기운을 타고난 인간도 부조리해지며, 이 때문에 윤 인간 노릇을 함으로서 본래 타고난 인간성도 "성현군자와 짐승 이하의 본능"과의 2중 인격을 갖게 되었다고 말하지 않습니까.11)

12) '인신상화(寅申相火)'의 논리는 아주 생소한 음양학(陰陽學)의 이론으로, 이를 파고들면 '5운6기(五運六氣)'의 논리로 해명해야만 된다. 다시 말하면 '인(寅=正月)'달로서 원래 겨울이지만 더운 기가 이미 나오고, 반면 '신(申=七月)'달로서 가을철이지만 오히려 가장 무더운 기운이 남아 있어서, 이 같은 더운 쪽에 치우친 현상 즉 '사(巳)'나 '오(午)'처럼 극렬한 '화기(火氣)'쪽에 준용된다는 뜻에서, '상화(相火)'=영상대감(領議政)과 같은 노릇을 하는 것으로 현상(現象)이 나타나고 있다는 개념 때문에 이상과 같이 부른다. 원래 '복희씨8괘(伏羲氏八卦)'에서 달력(月曆)은 동지(冬至) 날이 일년이 시작되는 '설날'이었으나 '지구(地球)'의 변혁이 일찍이 한차례 3천년 전에 '천지개벽(天地開闢)'으로 나타나서 이를 '선천(先天)'이라고 부른다. 현재는 '후천(後天)'이 끝나가는 '문왕8괘(文王八卦)'의 시대로 '선천'에서 '동짓달(子月)'이나, '설달(丑月)'을 넘겨서 지구변혁

즉 '지구'가 삐뚤게 기울은 채로 태양 열 '에너지'를 굴절해서 받기 때문에 지구와 태양 사이에 마치 '묵자(墨子)'가 일찍이 말한 '렌즈' 즉 '하늘의 거울'이라고 말하는 천경이 끼어 있게 되고, 이로서 어려운 원리로 이해가 잘 안되겠지만, '인신상화'의 가상이 온통 인간 그 자체와 이 세상을 삐뚤어져 지배할 수밖에 없다는 설명이 나오지요.

이와 같은 나쁜 '하늘과 땅'의 기운을 인간이 받았기 때문에 '천지와 인간'의 사이에서 우주와 소우주인 인간이 부조리하게 될 뿐만 아니라, 불합리하게 되어 있다고 일찍이 '묵자'가 말한바 있습니다. 말하자면 과학적인 근거를 들어서 조리있게 이치를 따져, 지적해 주었다고 하겠습니다.

그러므로 '지구'가 똑바로 서서 모든 '인간'의 부조리가 근본적으로 살아지게 되면, 왕도정치와 권능의 종교가 인간사회를 행복하게 만들어 주는 세계적 지도자가 한반도에서부터 천지개벽(天地開闢)으로 나타나게 되겠지요. 바로 큰 스님이 말씀하시는 '도의적 인간'의 출현이 아니겠습니까.

이 2개월을 넘긴 '1월달(寅月)'의 첫날이 이른바 '설날'로 시작되고 있지만, 실은 정확히 말해서 '입춘날(立春日)'부터 일년이 시작되는 '설날'로 되어 있다. 예컨대 '사주8자'를 풀이할 때에도 만일 '입춘' 시각 이전에 생일이 들어 있으면 '천세력'이란 달력에서 '띠(太歲)'나 '달(月建)' 및 난 날인 '일진(日辰)'이라고 부르는 즉 '네 기둥(四柱)'의 운수(運數)는 분명히 전해의 '띠와 달과 날과 시'로 완전히 뒤바뀐다. '앞으로 '지구(地球)의 변혁'은 또한 번의 '천지개벽(天地開闢)'이 현재 진행 중에 있는데, 이런 경우, 현재의 '달력'은 다시 '선천'이 되고, 앞으로 미래 달력으로 '정역8괘'에 의한 새로운 세계가 이른바 '후천'이 되기 마련이다. 곧 21세기초에는 아마도 '정역8괘(正易八卦)'의 달력(月曆)으로, 일년의 시작은 현재의 2월달 즉, '묘월(卯月)=설날'로 될 것이다. 동시에 '지구(地球)'도 이때에 똑바로 서서 '일년(1年)'이 틀림없는 360일(日)로 끝나며 '윤도수(閏度數)'가 완전히 없어지니까 양력(陽曆)이든 또는 음력(陰曆)이든 우리가 지금 현재 사용하고 있는 '윤년'이나, '윤달(공달)'과 같은 오차는 전혀 없어진다는 뜻이다. 이 때문에 '덥고 추운' 극한, 극서의 한서(寒暑) 차이도 거의 없어져서 기후는 차이 없이 살기 좋은 땅이 되고, 일년 중 덥고 추운 기간도, 180일(日)로 균등(均等)하게 된다는 결과를 새로운 '후천개벽' 이후의 현상이론(現象理論)으로 제시하고 있다. 전체적인 논리성에 관해서는 '장르'가 다른 색다른 이치(理致)로서 받아들일 수밖에 없으며, 그와 같은 의미에서만이, 이 글의 참된 뜻을 이해할 수 있을 것이다.(註: 韓東錫 著,'宇宙變化의 原理' 杏林書院 1966. 참조).

'마르크스주의'를 극복할 수 있는
학술로서의 화엄(華嚴學)과 역학(易學)

呑虛 스님: 그 말도 맞는 말입니다. 앞으로 극한(極寒)이나 극서(極暑)가 없어져서, 지독하게 무덥고 또한 극심한 추위가 없어지면, 그러한 인간의 부조리(不條理)도 없어지게 된다는 사실은 위에서 말한 바 가 있습니다. 그러기에 우리는 철학을 가지고 역사에 임해야 합니다.

왜냐 하면, 역사적으로 보더라도 영국은 세계지도의 대부분을 지배할 때까지 '다윈'의 진화론(進化論)을 그들의 지배철학으로 삼고 있었는데, 이들 '진화론'은 약육강식(弱肉强食)을 적자생존(適者生存)의 원리와 우승열패(優勝劣敗)의 원리로 내세워서 말하자면 '힘(력(力))만이 정의(正義)'라는 것 이었습니다

그러나 그 이후 '마르크스'의 사회주의평등이론(社會主義平等理論)이 나와서 그 뒤 적자생존(適者生存))의 진화론(進化論)은 패배한 것이나 다름없게 되었습니다. 이와 같은 '마르크스'의 이론을 바탕으로 공산주의(共産主義)는, 한때 전 세계인구의 3분의1과, 전 세계 땅의 2분의1 이상을 붉게 물들이고 있었던 것이 엊그제 현실인데, '탈이데오로기'로 다 없어지게 되었지요. 그러나 아직도 우리나라 한반도(韓半島)의 북쪽에는 반 조각을 차지하고 있고, 그의 이론은 소멸되지 않고 있습니다.[필자註:이 글을 쓸 때가 1974년도이니까 한창 소련이 번창하고 있을 때이었음]

그러나 나는 이것을 극복하고 소멸시킬 수 있는 학술로서 '동양학'의 정수인 역학 원리를 들 수 있다고 단정하며, 이에 곁들여

서 동양사상(東洋思想)의 근거를 형성하는 '불경'의 '화엄학(華嚴學)'이야 말로 공산중의 사상을 극복할 수 있는 요체라고 보고 있습니다. 그래서 우리는 이제 이러한 동양사상(東洋思想)을 중심으로 정신무장(精神武裝)을 갖추어야 하겠습니다. 그리고 이제 시작되는 21세기의 후천개벽의 살기 좋은 세상을 기다려야 하겠습니다. 이를 위해서 동서양이 다 같이 지닌 일체의 '부조리'를 타파해야 하며, 그러기 위해서는 '역학' 입각한 권능(權能)적인 정치철학(政治哲學)이 필요한 것입니다.

서양 기독교의 원리가 태초에 '에덴동산(東山)'에서 "아담과 이브"가 원죄(原罪)를 져서 버림받고, 최후에 심판을 받는다고 되어 있어서 '마르크스'는 종교를 아편이라고 했다지요. 그런데 '마르크스'가 동양의 '역학'에 관해서는 전혀 몰라서 그렇지, 만일 '천(天),지(地),인(人),'에 관한 우주변화의 법칙, 즉 '하늘과 땅과 사람에 관한 역학원리'를 알게 되었다면, 아마도 그의 학설은 크게 달라지지 않았겠는가 생각되기도 합니다.

더구나 서양의 '카톨릭'이나 기독교에서 "에덴"이 동쪽산(동산(東山)이란 뜻이나, 동방박사(東方博士)가 3인이나 '예수' 탄생을 축하해서 왔었다는 사실은 '한반도'와 같은 동극(東極)=극동(極東) 서 '최후심판'이나, 또는 '후천개벽'이 온다는 실증이며, 이는 곧바로 불교에서 "달마대사(達磨大師)가 동녘으로 가는 뜻" 즉 인도양을 3개월간 배를 타고, 중국의 '마카오'에 상륙해서 오늘날까지 선불교 사상이 한국까지 전파되어 세계 최고로 꽃을 피우고 성지(聖地)가 되어있지 않겠습니까.

'불교'에는 3보(三寶)라고 해서 법보(=海印寺), 불보(佛寶) 통도사(=通道寺), 승보(僧寶) 송광사(=松廣寺)가 있습죠. 또한 선사(禪師)=도(道), 법사(法師)=경(經), '율사(律師)=계(戒)'라고 3

가지 스님들이 3가지 득도(得道)를 함께하고, 수도(修道)생활도 다 함께 수행(修行)하고 있지요

'역학원리(易學原理)'의 시초는 고조선 -단군(檀君)의 천부경(天符經)이다

張 교수: 공자(孔子)가 '위편3절' 즉, 가죽 끈이 3번이나 떨어지도록 읽은 책이 바로 '주역' 책이고, 일생연구를 통해서 괘사전(卦辭傳) 및 세괘전(說卦傳) 등 '10익(十翼)'이라고 부르는 논문 10개를 써서 발표하여 유교(儒敎) 경전의 바탕을 이루었지요.

또한 '소강절(邵康節)' 선생이 '주역'에 통달하시고 화엄경(華嚴經)을 엮었듯이, '탄허큰스님'께서도 우리나라의 '유-불-선'(儒), 불(佛), 선(仙) 3종교에 회통하시고, 이를 바탕으로 아무도 손대지 못했던 '화엄경(華嚴經)'을 현대 한국학으로 국역(國譯) 하셨다고 알고 있습니다.

그런데 여기에는 신라 때 최치원(崔致遠) 선생이 한자로 번역하여 오늘날까지 전해 오고 있다는 '천부경(天符經)'이, 이미 5천년전 '단군' 때부터 만들어진 것으로 알려지고 있지요. '단군' 이래로 전통적인인 우리나라의 선가(仙家)사상이 여기에서 연원하는 것으로 말하여지고 있습니다.

천부경(天符經)은, "일시무시(一始無始), 일절삼극(一折三極)"(1시무시, 1절삼극) 등등 81글자로 되어 있는 그렇게도 난해한 이

'천부경'이 우리나라 신선(神仙)사상, 불로장수(不老長壽) 및 기복(祈福)신앙과 한데 어울려서, 결국 '역학'의 원리와 공통된다고 연구하는 사람들이 많이 있습니다.

결국, 우리나라의 "선(仙)" 즉 '사람이 산(山)에서 신선(神仙)'처럼 산다는 뜻이 숨어 있지만 그렇다고 중국의 노자(老子)나 도교(道敎)와는 근본적으로 큰 장점이 있는 원리인바, '유, 불(儒,佛)'을 통해서 세계에서도 '건강장수(健康長壽)'를 바라는 풍요한 인간 삶의 중심사상을 제시하고 있는 것이 아니겠습니까.

원래 '부여'의 영고나, '고구려'의 동맹을 비롯하여, 신라 때 '화랑'과 그 뒤 '김유신(金庾信) 장군'의 직손자 '김암(金巖)'이 시조가 되어 있는 한국의 선교(仙敎)는 토속신앙(土俗信仰)과 더불어 지금도 엄청난 위력을 발휘하고 있는 듯한데, '도선대사(道詵大師)의 도참설(圖讖說)을 비롯해서 무학(舞鶴)대사, 남사고(南師古), 이토정(李土亭) 그리고 최근 년의 강증산(姜甑山)에 이르기 까지 맥락을 이어 오고 있는 것 같습니다.

그런데 일본 학자들이 '환단고기(桓檀古記)'는 지금은 멸실되어 원본은 없습니다. 허나 단군시대 이전의 단군의 아버지 환웅(桓雄)이나, 할아버지 환인(桓因)시대에 이른바 중앙아시아 지역에까지 통틀어서 고대에 커다란 제국(帝國)을 건설했다는 환단고기〈桓檀古記-환국(桓國)과 단국(檀國)=고조선(古朝鮮)에 관한 기록인바, 지금은 멸실되어 없음〉를 고대역사를 기록한 여러 문헌들 및 중국의 제후국들이나 한국의 고대 문헌 그리고 일본의 고문헌등에서 발견되고 있습니다.

최근 년에 "북한사회과학 아카데미 역사연구실에서 36권"을 발견하였다고 알려져 있습니다. 북한에서 환단고기(桓檀古記)는 황해도 해주에서 1960년대에 발견한 책자인데, 이미 숙종 때에 '필사

본'으로 제작된 것으로, 발견자의 조카되는 출판자가 6권을 추가해서 총 36권으로 발견되었다고 알려져 있으나, 진위는 알 수 없는 일이지요.

이로서 한국의 역사는 6천년 이전으로 확실히 거슬러 올라가고 있으며 적어도 중국의 한족 보다는 훨씬 이전에 찬란한 문명을 갖었다는 것이 입증된 셈이지요〈필자 주: 북한사회과학원 김형석, 초기조일관계사.1969 그 외 남한에서 1979년에 고대 '환단고기' 원본을 발견했다고 하나 역사학계의 인정은 받지 못하고 있음〉.

그런데 일본은 이미 조선강점시대에 예컨대 6천년전의 '환국'까지 국(國)글자를 인(因)자로 혼합시켜서 마치 단군 할아버지시대와 동일시하는 조작을 감행하여, '환인(桓因)'으로 날조해서 없에고, '환웅(桓雄)'과 '단군(檀君)'까지 부정하고 있지 않습니까. 더더구나 요즈음은 중국에서 이른바, 동북공정(東北工程)이라는 의도적인 작업을 통해서 한반도에 통일이 한국 주도로 온 뒤에는 필시 만주(滿洲)와 요동(遼東) 땅을 찾겠다고 나올 것 같으니까 미리 제압하느라고, '고구려(高句麗)'는 한국역사가 아니라고, 저희들의 변방국가라고 억지 학설을 날조하고 있는데, 염려되는 점이 많군요.

<u>呑虛 스님</u>: 내가 알기에도 앞서 말한 남사고(南師古)의 "격암유록(格庵遺錄)"이나 지금 말하는 "환단고기(桓檀古記)"가 다같이 최근년에 새로 나온 것들인데 진본은 찾아 볼수 없고, 위작 아니면 역사성이 전혀 없는 것들로 생각됩니다. 다만 '천부경(天符經)'은 몇 자 안되는 내용이지만, 매우 난해하면서도 '역학'의 원리와 공통되는 점이 많습니다. 물론 유교의 원리는 그의 깊이가 방대하기 때문에 포함되지 않는 것이 없지만 '천부경(天符經)'은 그 내용만으로 살펴보아서는 책자의 진위는 차치하고서라도, 비교적 '역학(易

學)'의 축소판(縮小版)이고 동양철학의 정수라고 말할 수 있겠습니다.

'천부경'의 첫 문구(文句)는 "1(一)은 시무시(始無始)의 1(一)이요"라고 되어 있고, 그의 끝은 "1(一)은 종무종(終無終)의 1(一)이다"라고 하였습니다. 이 말은 1(一)은 시작인데, 시작하지 않는 1(一)이요, 또한 1(一)은 끝냄인데 끝남이 없는 1(一)이라는 말이올시다. 하늘을 가리키는 '천(天)'은 양(陽) 일임으로 1(一)이며, 땅을 가리키는 '지(地)'는 2(二)이며, 사람을 가리키는 '인(人)'은 3(三)으로 되어 있지요.

다시 말하면 태극(太極)에서 시작된 수(數)는 3극(三極)인바, 즉 무극(無極)과 태극(太極) 및 황극(皇極)을 거쳐 1(一)로 되돌아간다 귀일(歸一)하는 것인데, 이로서 하나란 뜻의 '1(一)'이란 사상은 불교의 원리와도 부합되며, 당연히 역학(易學)의 원리와도 부합됩니다. 또한 1(一)에다가 1(一)을 더하면 2(二)가 되고, 다시 2(二)에다가 1(일)을 더하면 3(三)이 되니까 인는 "천, 지, 인," 3절이 되며, 결국 복희, 문왕, 정역, 3가지 주역과도 일치하는 것입지요. 삼극(三極)과 삼절(三絶)이지요.

<u>張 교수</u>: 그렇다면 천부경(天符經)은 '역학'의 단초적인 시원을 이루고 있다고 볼 수 있는데, 따라서 단군민족의 근본원리를 밝힌 우리 민족의 고유사상이 고대 중국의 본래 근본사상을 이룬다고 보아지지 않습니까. 다시 말하자면 황하문명이 처음 나오고 지금부터 6년천여 년 전에 최초의 국가형성은 아시아의 '9이족(九夷族=고아시아족)'이었지요.

그 때 지금의 중국족(中國族)인 한족(漢族)은 있지도 않았고, 약

3천년전 주(周)나라 때 황하연안을 따라 '서주'에서 '동주'로 이동해서 춘추전국(春秋戰國)시대를 맞게 된 것이지요. 지금은 중국대국의 90%를 차지하는 중화민족(中華民族)의 주류를 이루고 있지만, 상고시대(上古時代)에는 역사에 끼지도 못하는 서융(서쪽 오랑캐족) 족속이었지요. 그래서 우리민족은 지금이라도 족보(族譜)를 잘 간수하고, 후세에 부끄럼 없도록 물려주어야 할 것입니다.

지금부터 3천년 이전 "고(古)아시아 족(族)"들 그중에서도 가장 우수한 종족이 우리 조선족이며 특히 태양족이 첫째요, 다음에 '단군신화(檀君神話)'에 나오는 곰족이 호랑이족을 물리치고 단군(檀君)을 탄생시키지 않았습니까. 이런 연유로 결국 '환국(桓國)'과 '단군의 고조선국(古朝鮮國)'을 이루면서 살아오다가, 동쪽으로 계속 한반도로 이동해서 오늘의 일본에까지 건너가고, 일본 천황(天皇)의 가계(家系)를 이루게 되었으며, 일본의 지배계급(支配階級)을 이룬 셈이지요. 그때에 지금의 중국 한족(漢族)은 중원(中原)에는 없었고, 겨우 3천 년 전 '주(周)'때에 서쪽의 서역에서 황하따라 중원으로 들어온 것이 아닙니까.

세계 최초의 갑골문자(甲骨文字)가 상형문자(象形文字)이면서, 동시에 점(占)을 치는 철학으로 시작되었지요. 갑골문자(甲骨文字)는 중국 하남성(河南省)의 주구점(周口店)에서 기원전 19세기 전설(傳說)의 시대에 이미 문자와 천기(日氣)를 관찰하는 '거북껍데기 태우는 점괘(占卦)'를 치면서, 정치(政治)와 제사(祭祀)를 동시에 지내는 제정일치(祭政一致) 생활을 해온 실제 증거입지요.

갑골(甲骨)이 그 당시를 상세히 기록한 채로 약 4000글자가 발견되어서, 그중 현재 약 3000자 정도가 해독되어 있는데, 지금부터 3900여 년 전에 황하에는 세계 최고의 은허문명(殷墟文明)이 '고(古)아시아족(族)'에 의해서 존재하였고, 이 때문에 '은(殷)=

상(商) 국가'[(商)=(殷)은 지역 이름임] 는 물론이고, 그 이전의 '하(夏)'[하(夏)-삼황오제(三皇五帝) 시절로 '황제'란 말이 처음 생김] 나라의 존재도 전설 아닌 실존임이 입증되었지요.

다만 그때 황하를 건너 동쪽, 즉 지금의 '북경' 근처 산해관이나 산동과 요동 땅에 이른바 '동이족'이 살았는데, 바로 단군의 고조선(古朝鮮)과 은나라의 후예인 '기자조선' 및 '위만조선'이라고 부르고 있는 우리민족 입니다. 여기서 말하는 '이(夷)'를 보통은 '오랑캐 이(夷)'라고 부르고 마치 '큰 활을 쏘면서 큰 바지를 입은 기마(騎馬)민족'이라고 해석하는데, 실제로는 "겨레 이(夷=한겨레)"자로 알려져 있습니다.

실제로 중공정부(中共政府)에서는, 1984년 최근년에 이르러 '고조선(古朝鮮)'의 수도를 1993년에 발굴함으로서 큰 국가(國家)가 당시 이미 존재해 있었다는 증거가 확실해 졌지요. 바로 "북경(北京)" 근처 즉 옛날의 난하(灤河); 지금의 요하(謠河)=북경(北京)근처가 바다와 인접한 지역으로 알려져 있습니다. 그 뒤 "고구려(高句麗)"는 지금의 길림성 집안과 통화(오녀(五女)산성)에 '주본성'을 세웠다가, 그 뒤 압록강 연안에 있는 '집안(集安)'[한울타리=한 집안을 말함]으로 옮겼고, 그 뒤 반도로 들어와 지금의 "평양"에서 '한반도'를 끝까지 지켜낸 것이 아니겠습니까.

그래서 그 뒤를 이은 "고려(高麗)"도 항상 '고구려(高句麗)' 옛 땅을 되찾겠다고 무진 애를 썼지요. 물론 평양도 원래는 지금의 '북경' 근처에 잇는 '요동(遼東)'에 있었던 지명이 그대로 '반도(半島)'에 옮겨 온 것이 아니겠습니까. 최근 21세기에 들어, "한국)"이 통일 되고 옛 땅, 즉 '만주'와 '요동' 땅을 찾으려는 기운이 감돌게 되자, 중국은 뒤늦게 자기네 역사라고 왜곡하고 있으니 참으로 가소로운 일입지요. "한국"의 경제력과 '한류(韓流)' 열풍에 크게 위협을 느낀 중국은 잘 아시다시피 이른바, "동북"을 만들어 고구려는 자기네 중국의 변방역사라고 조작하고 있는 사실은 다 아는 일입니다.

적어도 지금부터 3천년전, 중국의 '한족'들의 최초의 봉건국가(封建國家)인 '주(周)'나라가 주(周)족들이 은(殷)나라 말기에 낙양에서 건국을 하였지요. 겨우 '황하'를 따라, '서주(西周)'에서 지금의 하남지방인 '동주'로 이동하였고, 그때 '황하'의 관개시설을 하다가 처음으로 '지구'의 표상(表象)을 깨우쳐서, '주역'은 '문왕8괘'의 시대로 새로운 지구변혁을 나타내게 되었지요. 드디어 '주(周) 열왕' 13대째부터 '춘추전국(春秋戰國)' 시대로 들어가게 되었는데 그 이전의 청동기(青銅器) 시대로부터 철기(鐵器)시대로 생산력이 비약적으로 증대되면서, 우리 민족은 반도(半島)로 해 뜨는 나라를 찾아서 계속 이동한 것으로 알려져 있습니다.

그러니까 복희씨8괘는 하도(河圖)에서 이루어 졌지만, 황하따라 은(殷)나라 소속으로 한족(漢族)이 이동할 때를 말함이고, 지금은 은허(殷墟)로 알려진 '주구점'에서 자리잡은 고아시아족 이었지요. 하도(河圖)에서 이루어 졌지만 황하따라 이동할 때이고, 중국의 한족이 정권을 잡고 정식으로 국가체제를 갖춘 것은 지금의 하북성 낙양(洛陽)이 수도로 정해진 다음이며, 이때부터 중국(中國)이란 용어가 처음으로 나타난 것 아니겠습니까.

그런가 하면 다른 한편 일본에서 정한론(征韓論)을 앞세워 한국을 침략할 때, 소위 "임나(任那)=가야(伽耶)-〈일본식으로는 미마나 미야게〉"가 일본의 고대 식민지 였다고 온통 역사적 증거를 인멸시키면서 조작하여 왔지만, 실제로는 정반대로 우리 삼한시대 '진한을 필두로 변한, 마한에서부터 이들이 서서히 소멸한 것이 기원전 2-3세기 초 서일본 구주쪽으로 이주(移住)민들 이었다는 것 증명

되고 있지요.

또한 그뒤 삼국시대 주로 백제(百濟)가 AD. 기원후 6-7세기까지 일본을 점령하였고, 일본토착민들이 "대화(大和)정부"를 수립한 뒤에도 신라, 고구려까지 가세해서 수많은 이주민들이 일본으로 건너가서 합작했다는 사실이 이본의 고대 문헌으로 확인되 있지 않겠습니까(북한 사회과학원, 김석형; 초기조일관계사 1969).

결국 '천부경(天符經)'은 이미 '고(古)아시아족'들이 우리 민족과 더불어 황하문명을 이루며 살 때 만들어진 것이 고증되고 있으며, 이로서 '선교(仙敎)' 또는 우리의 '신선(神仙)사상'은 바로 '단군(檀君)의 천부경'이 모태가 되고 있지요. 그래서 중국의 노자(老子)·장자(莊子)사상에서 발원된 '도교(道敎)' 또는 '5두미교(五斗米敎)'와 같이 '한중왕'이 지금 중국 '서촉(西蜀)-운남(雲南) 및 사천(四川)땅'에서 발달된 도교(道敎)와 한국의 선교(仙敎)는 큰 차이가 많지 않습니까.

천부경(天符經)이 만들어진 시기는 6천년전 '요순(堯舜)'과 동일한 '고아시아족' 시대이다

吞虛 스님: 내가 알기에는 '천부경'이 만들어진 시기가 중국의 '요순(堯舜)' 시대와 동일한 시대이기 때문에 '천부경'이 먼저 나오고, 그 때에 '하도(河圖)'에 의한 '복희씨(伏羲氏)의 8괘(八卦)'가 나왔으며, 그 뒤 3천년이 지나서 '낙서(駱書)'에 의한 '문왕(文王)의 8괘'인 주역(周易)이 만들어진 것으로 알고 있습니다. 그래

서 [천(千)의 역(易)]과 [(人)의 (易)]이 성립된 것이올시다. 그러나 앞서도 말했듯이 땅에 관한 정역8괘(正易八卦)는 지금부터 100년 전 한국에서 발견된 것이올시다.

그리고 중원(中原)이란 곤륜산<崑崙山=천산(天山)>을 풍수지리설로 해석해서, 동아시아 대륙의 주산(主山)으로 보고, 좌청룡이 한반도이며 동시에 우백호가 '이태리반도'로 볼 때, 한가운데 혈(穴)자리를 말하는데, 마치 한족(漢族)들이 5천 년 전부터 중국이란 국가를 세운 것처럼 그리고 황제국가인양 호도하고 있는 셈입지요. 물론 중국의 황실 위주로 엮은 모든 역사책들은 한결같이 [요(堯) 임금]이 먼저인 것처럼 쓰여 있고, 여기에 부화뇌동(附和雷同)해서 또한 일부(그 반대도 있음) 많은 고서(古書) 문헌에도 우리나라 '고조선(古朝鮮)의 단군(檀君)'이 한참 뒤인 것처럼 말하고도 있지요.

그러나 중국(中國)에서 고래로부터 내려오는 수많은 제후국(諸侯國)들의 역사책에는 다같이 '고조선'과 '요순'을 동일시기로 기록하고 있으며, 실제로 엄밀하게 고증해 본다면 본래 중원을 점령하고 살던 아홉 민족들, 즉 '9이족(九夷族)'들은 한족과는 전혀 다른 한국과 다 같은 동이족(東夷族) 즉 고아시아족이 틀림없다 이말입니다.

《(註)필자 주 : 이 부분에 관해서는 중국의 요순(堯舜)시대가 약 1천여 년이나 앞서 있다고 한창 사대주의(事大主義) 역사관으로 기술한 우리나라의 '3국사기(三國史記)'에는 밝혀 놓고 있으나, 고려 후기에 나온 '삼국유사(三國遺事)'나 '제왕운기(帝王韻紀)'에는 통일시대로 기술하고 있지요. '한배검' 즉 단군왕검(檀君王儉)은 이미 그 당시 2천년 동안 '고조선'을 지배하고 있었고, 그 뒤 일부러 없에 버린 "환단고기(桓檀古記) 문헌"에도 그 당시 2천년 동안 동일시대에 존재해 있었다는 사실이 내용으로 기록되어 있으며, 따라서 '단군'이란 명칭은 요즈음 '대통령(大統領)'과 같은 직책명인 셈이지요. 실은 식민지사관(植民地史觀)의 장본인인 일본제국주의(日本帝國主義)가 "국(國)"이란 글자를

"인(因)"이란 글자로 날조하고, "환국(桓國)"을 "환인(桓因)"으로 변조하여 '환국(桓國)'과 '고조선= 단국(檀國)'과의 부자관계를 부인한 것임.》

즉 본래 '단군'보다도 더 먼저 '환인, 환웅'에 의해서 먼저 국가기원(國家起原)을 가지고 있는 '환국(桓國)' 나라의 역사성에 비추어 볼 때 "환단고기(桓檀古記)"에 기술된 연대는 '요(堯)임금이 단군(檀君)에게서 역관(歷觀)을 모셔다가 음력(陰曆)을 만들었다'는 당시 중국의 제후국(諸侯國)들의 기록이 명백히 밝혀 주고 있는 것처럼 동일시대 동이족들의 국가인 세이지요.

실제로 기원전(紀元前) 2-3천년 경에 중국 땅에는 '고(古)아시아족' 또는 9의족 구이족(九夷族)들이 주로 살았다고 합니다. 그때 현재의 중국 한족(漢族)은 독립된 국가형성이 전혀 없었으며, 그들은 지금부터 3000년 전에 서역에서부터 서서히 이동해 와서, 황하 따라 '낙양'에 처음으로 '동주(東周)'를 만들고, 뒤에 중원으로 이동해 와서 '서주(西周)'란 고대 '부족국가(部族國家)'를 최초에 나라로 세운 것입니다.

우리 고조선족(古朝鮮族)은 그 중에서 태양족(太陽族)과 곰족(雄族) 및 호랑이족 호족(虎族)들이 한데 뭉쳐 살았던 것으로 민족신화(民族神話)에 설화로 기록되어 있어요. 따라서 한족(漢族)들은 '하(夏)나라 다음에 은(殷)=상(商)' 국가시대에는 전혀 없었고, '주(周)《-서주(西周) 및 동주(東周)》' 나라가 지금부터 3천 년 전에 서역(西域)에서 이동한 뒤에, 진시황제(秦始皇帝) 이후, '차이나=지나(CHINA)'라고 중국이 확정된 것이 아니겠습니까.

그러기 때문에 '천부경(天符經)'이 단군(檀君)때 만들어진 것이라면, 오히려 우리 민족의 위대한 사상이 중국문화를 꽃피웠다고 말할 수 있겠으며, 또한 동양철학(東洋哲學)의 원조이며, 동시에 '역학(易學)'의 창시자가 되는 셈이지요. 앞으로도 이와 같은 민족 고유의 사상에 의거해서 세계가 조화를 되찾게 되리라 믿어집니다.

복희씨(伏羲氏)때 황하유역에 살았던 민족은 고조선(古朝鮮)과 동일한 '고(古)아시아 족' 즉 '9이족(九夷族)'이며, '환국(桓國)'이었다

張 교수: 최근 한국역사를 단순히 '단군(檀君)시대' 2천년을 상정하고 있지만, 그 시대 단군은 수 십명으로 간주하고 있고, 동시에 그 이전에 중앙아시아에 걸친 대제국이 고대 나약한 부족국가 시대에 존재했다고 보는 견해가 유력합니다. 그것은 환웅(桓雄)이라는 단군의 선대 할아버지가 존재했다는 첫째 가설이고, 이어서 환인(桓因)이라는 단군 아버지 시대가 존재해 있어서, 환단고기(桓檀古記)가 지금 실물은 전해지지 않고 있지만, 한민족의 거대한 고대국가를 상기시키고 있지요. 중국의 한족(漢族) 보다 이미 3천년 이전에 우리 한민족(韓民族)이 북동 아시아-중앙아시아를 지배했다는 학설이올시다. 그것이 이른바 고대국가이고, 고아시아족이며, 동시에 적게는 "동이족(東夷族)"이라 부르는 한민족이 아니겠습니까.

그래서 민족사관(民族史觀)12)을 주장하는 학자들이 제기하고 있

---

12) '민족사관(民族史觀)'이란 최근 년에 이르러 민족주체성(民族主體性)에 입각한 올바른 역사 되찾기 운동의 하나로서, 일제치하에 뿌리깊게 왜곡된 '식민지 사관(植民地史觀)'의 척결과 이미 고려(高麗) 중엽부터 김부식(金富軾)의 삼국사기(三國史記) 이래로 철저하게 굴절된 '사대주의 사관(事大主義史觀)'의 불식을 최대 과제로 삼고, 이를 사실인식(事實認識)의 기초 위에서 전개시켜 온바, 일연(一然)[고려(高麗)중엽의 승(僧)임]의 삼국유사(三國遺史)이래 일제 치하에서 신채호(申采浩) 애국지사의 조선 상고사(朝鮮上古史)등이 올바른 줄기를 이어오다가 국회 청문회(國會聽聞會)까지 열리면서 활발한 고고학(考古學)의 발굴에 의한 구석기시대(舊石器時代)의 입증과 고조선

는 '한국 고대 민족문화(民族文化)의 기원'에 관한 연구들에 의하여 밝혀진 바에 의하면, '복희씨(伏羲氏)'때 '황하'유역에 살던 민족과 우리 단군(檀君)시대의 '고조선(古朝鮮)'민족은 같은 '고(古)아시아족(族)'으로 형제지간 즉 '9(아홉) 이족(九夷族) - 오랑캐족)'이라고 합니다.

그때는 지금의 중국 한족(漢族)들은 황하강을 따라 미쳐 중원(中原)에 들어오기도 훨씬 이전일뿐더러 동시에 중국(中國)이라는 말자체도 없었지요. 오히려 기마민족(騎馬民族)이면서 큰 활을 쏜다는 '이=이(夷)'란 활=궁(弓) 자에 큰=대(大)자를 겹친 글자인 뜻의 '대동이족(大東夷族)'들이 치마같은 큰 바지를 입고 살았다고 고증되고 있습니다.

그 후 3천여 년이 지나서 지금의 한족(漢族)들이 서역(西域)에서부터 이동해 왔고, 반면 우리 민족은 동쪽으로 해 뜨는 땅 금수강산(錦繡江山)을 찾아서 한반도(韓半島)로 이동한 것이 아니겠습니까. 그러니까 실제로는 고대 중국의 '주(周)나라'때부터 한족(漢族)이 황하유역의 '고(古)아시아족(族)'을 몰아냈다고 합니다.

이와 같은 증거는 고조선(古朝鮮)의 옛 수도(首都) 서울이 이미 1983년에 '중국고고학자(中國考古學者)'들에 의해서 발견되면서 알려졌지요. 북경(北京) 근처의 산해관(山海關)과 가까운 곳으로 옛날 '난하'가 흘러내리던 요동만(遼東灣)에 있었다는 사실이 최근에 고고학(考古學)의 발굴(發掘)에 의해서 확인되었으며, 현재의 '난하(灤河) - 요하(遼河) 아님)'와 평양(平壤)이란 실제 지명은 고대(古代)의 요동(遼東) 땅에 있었다는 거의 정확한 고증(考證)이 나오고

(古朝鮮)의 상고사(上古史) 및 삼국시대(三國時代) 그리고 일본사(日本史)의 재구성 등이 크게 호응을 얻어서 민족사(民族史)의 긍지를 속속 재발견하고 있는 상황을 말함.

있습니다.

　이러한 견해에 따르면 이제까지 '역학(易學)'이 중국에서 처음으로 만들어 졌다는 종래의 일반적인 의견은 틀렸다고 말할 수 있겠습니다. '역학(易學)'의 시초는 고조선(古朝鮮) 민족의 천부경(天符經)이었고, 특히 '복희씨8괘(伏羲氏八卦)'는 우리 민족과 가까운 같은 종족인 '3황5제' 시절에 '단군왕검'이 파견한 역관(歷官)에 의해서 만들어 진 것이라고 해석해야 옳겠지요.

　그러므로 그 당시 '환국(桓國)'을 위시로, 그에 이어서 형성된 '단군조선(檀君朝鮮)'의 지배 영역은 '동북(東北)아시아'는 물론이요, 전체 '동(東)아시아' 일대와 '인도(印度)' 및 '중동(中東)아시아' 즉 지금의 '이란' '이락'과 '팔레스타인'에 이르는 광대한 지역이었다는 주장이 상당한 정당성을 가지고 있는 셈이지요.

　이 당시 빙하기를 거쳐서 온난한 기후로 인해서, 맨 처음 우리 민족의 기원은 "우랄·알타이" 산맥(山脈)이 발원이라고 추정되며, 그 후 2패거리가 각 각 하나는 동(東)쪽으로 이동해서 오늘날 '몽고리안' 새파란 반점(斑點)이 있는 사람들은 다 같은 종족(種族) DNA를 가졌다고 말하겠습니다. 여기에서 발생된 문명이 동아시아 전체로 파급된 것은 틀림없는 사실입니다.

　또한 다른 한패거리 종족(種族)은 남쪽으로 내려가 오늘날 '인도·아리안' 족(族)이 되었으며, 동시에 현재도 '유-럽'에 널리 퍼져있는 이른바 "집시족"들의 혈연관계(血緣關係)도 '인도'에서 파급되었기 때문에 '집시'들에게 어떤 문제가 발생하면, 곧 바로 '인도정부(印度政府)'가 UN(국제연합(國際聯合)에 호소하는 실상도 같은 종족개념(種族槪念)과 무관하지 않다고 보겠습니다. 그리고 "헝가리"도 서쪽 흉노가 게르만족의 대이동때 이를 몰아치면서,

동유럽에 정착한 동양민족으로 확인되고 있지요.

　이 같은 시좌(視座)에서 본다면 '토인비' 교수가 말했던 '중국 중심'의 동아시아 시대의 전개는 그의 중심이 "한국-한민족(韓民族)"으로 뒤바뀌었다고 볼 수 있을 것 같습니다. 그렇다면 한반도는 지구의 주축(主軸)이 동극(東極)에 해당된다는 전제하에서, 북극(北極)과 남극(南極) 축에서는 지렛대의 중심부분 역할을 담당하고 있다는 추정(推定)하에 속하는 거지요. 그래서 '간(艮)'의 성질은 '처음 시작(始作)과 끝(始終)'을 주도하고 있음으로 '천부경(天符經)' 사상은 새로운 세계의 근본이 된다고 단언 할 수 있으며, 세계의 중심도 바로 '한반도(韓半島)'가 될 수밖에 없겠지요.

呑盧 스님: 원래 한국은 고대 중국-중원에 뿌리를 둔 말초신경이었다고 생각됩니다. 그렇기 때문에 한국과 중국은 역사적으로 밀접한 관계에 있어 왔음에 틀림이 없습니다. 그러나 한국은 인구 13억(註:1970년대 초 기준은 8억 명임)을 가진 중국이 지금은 거대한 소수민족(少數民族)의 땅까지 침범해서, '서장'이나 '청해'와 '신강' 그리고 '내몽고' 등 중국국토의 3분의2를 점유하고 있는 땅까지 다 차지하고 있어요. 한말로 "대국주의(大國主義)"입지요. 요즘 말로 '장강대하'라고 소위 3천년 이후 중국(中國)을 지칭하지만, 원래는 황하(黃河) 이북의 북방지역에 사는 북방 고아시아족을 지칭하는 개념으로, 키가 크고 몸집이 장대하며 큰활을 잘쏘는 당시에는 최고의 무력을 가진 민족이지 않았겠어요.

　최근 년에 와서 지금 중국의 '대국주의(大國主義)'는 "동북공정을 주장하며 고구려 발해가 자기네 변방국이라고 우겨대는데, 사회주의 국가답지 않은 비폭력 호혜평등과는 당치않는 대국주의 근성을 그대로 노출시키고 있다고 평가할 수 있다고 지적할 수 있습니다.

　아울러 바로 우리 민족의 옛 터전인 "요동"과 "만주"까지 벌써 다 점거해서 최근 "연변 조선족 자치주"까지도 거의 몰락해 있는 상황이 아니겠습니까. 워낙 인구가 많으니까, 군계일학(群鷄一鶴)라고 보다 월등한 인재(人才)가 많이 나올 수밖에 없으며, 중국(中國)이란 용어는 최근 약 300년 밖에 안되었지만, 중화(中華)라는 말은 약 3000년 전부터 내려와, "대국주의(大國主義)"를 표방하면서 인구는 13억명 중에서 한족(漢族)이 약 10억명을 차지하고 있다고 보아야 하겠지요.

　요즈음 중국의 경제팽창(經濟膨脹)에 힘입어 사회주의(社會主義)도 쇠퇴하고, 오로지 대국주의(大國主義)와 패권주의(覇權主義)로 나아가 소수민족(少數民族)이 동화(同化)되는 것만으로도 자부심을 갖도록 미러 부치고 있으나, 과연 경제대국(經濟大國)만으로 55개 소수민족(少數民族)들에게 중국에의 '동화(同化)'나 '중화(中華)'라는 견인력(牽引力)을 발휘해서 합심하고 '미국'을 능가할 수 있겠는가 하는 말이올시다. 그래서 "한국"만이 '한류'를 타고 세계의 각계각층에서 중심적 역할을 주도한다는 결론이 나오게 되는 겁니다.

　실제로 우리 한민족에게는 중국의 황제국과의 전쟁에서 승리한 기록도 얼마든지 있어 왔습니다. 그러므로 천부경(天符經)에 "1적 십거무궤화"(一積十鉅無軌化)라고 했는데, 이는 복희씨(伏羲氏)가 8괘(八卦)를 요순(堯舜)시대에 만들었다는 것을 의미하는 것임에 틀림없으며, '천부경(天符經)'이 '복희8괘(伏羲八卦) 보다도 더 먼저 만들어졌다고 볼 수 있습니다.

　그렇다면 오늘의 중국 한족(漢族)들이 있기 전에도 얼마든지 '동양역학(東洋易學)'이 만들어 질 수 있었다는 사실은 충분히 타당한 말씀이 되겠습니다. 실제로 중국 한족(漢族)은 주(周)날 때 황하 따라 중원으로 왔으니까, 대략한족의 본토에 진출한 역사는 300년에 불과한 것입지요.

張 교수: 일설에 의하면 '단군(檀君)'의 '천부경(天符經)'이 나올 때, 우리 민족들은 음(陰)의 문자(文字)와 양(陽)의 문자가 함께 사용되었다고 합니다. 그리고 반도에 먼저 들어와 살고 있었던 '3한족 삼한족(三韓族)'들, 즉 '마한(馬韓)', '진한(辰韓)', '변한(弁韓)'들이 원래는 북경 근처 하북지방에서 부터 요동과 만주 땅에서 살다가 해 뜨는 동(東)쪽을 따라서 반도 속으로 맨 먼저 들어 온 것이지요.

이런 섭리(攝理)는 불교에서 "달마가 동녘으로 가는 뜻"과도 같고, 동시에 "기독교의 동방박사(東方博士) 3명"이라던가, "에덴동산(-Eastern Mauntin)"과도 다 같이 일맥상통하는 이치가 아니겠습니까. 북방 중국 즉 요동-만주 일대로부터, 서서히 동방에 한반도로 이동하면서 아리랑을 불렀고, 반도에 안착한 뒤에는 일본의 상류층을 형성하는 이른바 도래인(渡來人)들이 일본으로 건너가서 오늘날까지 원래 '가야'에서 '구주=규슈'로 뒤에는 주로 백제에서 '본주=혼슈'로 천황(天皇)이라 가계를 이어 온 것이 올시다.

지금은 '원3국(原三國)시대'라고 합니다만 이들이 주로 양(陽)의 말과 어설픈 글자를 사용 하다가 반도에는 이미 고조선(古朝鮮)이 들어오면서 사용했던 음(陰)의 문자와 겹쳐서 한자(漢字)를 받아들였기 때문에 여기에 불완전 하지만 이두(吏讀)문자를 사용하게 되니까, 마치 조선은 변방족 마냥 쫓겨난 꼴이지요.

원래 조선족은 동아시아 대륙을 지배하던 주도적인 민족이었으나 300년전부터 한족에게 밀려 '아리랑'을 부르며 동쪽 반도로 이동해 왔다는 것이지요. 그래서 이두로 해석한다면 '아리랑'은 --"아리=우리"이고 "랑=나라"라는 뜻이지요(역주:단제 신체호 저서, '조선상고사' 참조). 고조선 군집사회 모계사회에서 쓰던 "씨"라는 어원에서 지금도 우리가 쓰는 "씨방=서방"이고, "씨집=시집"이란 말이 이두로 전해져 사용되고 있지 않습니까.

　우리가 원래 사용하던 원삼국 말은 그 당시에 일본의 지배계층으로 전파되어 갔고, 일본으로 이주해 건너간 3한족들(일본에서는 도래인, 즉 이주민이라 부름)이 오늘의 일본어(日本語)를 만들게 한 효시를 이루었다는 주장도 있습니다. 중국은 양(陽)의 땅이기 때문에 음(陰)만을 흡수할 수 있어서, 음(陰)의 문자인 '한문(漢文)'만을 사용하게 되었고, 양(陽)의 말과 글은 고스란히 우리나라에만 남아 '구어(口語)'로만 전해 오다가, 세종대왕(世宗大王)때 세계적으로 가장 훌륭한 과학적 문자의 창조와 더불어 음양(陰陽)이 잘 조화된 "한글=훈민정음" 문자로 만들어 졌다고 합니다.

　그러니까, 고조선(古朝鮮)족들이 한반도에 들어오기 이전인 '3한 삼한(三韓)시대'에 사용했던 미개한 '말(言語)'들은 일본으로 우리 민족의 이주와 더불어 같이 건너가서, 오늘의 불완전한 '일본어(日本語)' 즉 자음(子音)과 모음(母音)의 음양(陰陽) 조화가 없는 세계적으로도 가장 불완전하고 문자로 성립될 수 없는 이상한 '언어(言語)'가 한자(漢子)를 본떠 만들어 져 현재 잘 사용되고 있지요. 그래도 현재 일본어(日本語)는 1억 5천만의 인구(人口)가 사용하고 있는 세계 10대 언어 중의 하나라는 학설도 있습니다.

'노자(老子)'의 도덕경(道德經)과 한국의 '선(仙-禪=道)' 사상-무위자연(無爲自然).

呑虛 스님 : 문자뿐만 아니라 생활습관 문화, 인간예절 등에 관해서도 그러한 학설을 수긍할 수 있습니다. 그 보다 더한 것은 청(淸)나라를 일으킨 '누루하치(淸太祖-愛新覺羅)'도 만주(滿洲)에서 원래 우리 민족과 같이 살던 가장 가까운 사촌간 즉 여진족으로서, 여진(女眞)=滿洲族)족의 족장이었고, 원래는 옛 금(金)나라를 물려받은 후금(역주:後金-신라 김(金씨)와 직접 관계됨)이었고 신라가 망한 뒤 "마의태자"가 김씨 일족을 끌/고 만주로 가서 세웠다고 말하고 있지요. 그래서 '누루하치=애신각라'는 그의 이름도 '신라를 사랑하고 생각하자' 즉 각라(覺羅)라는 뜻이라고도 합니다.

<자기동래(紫氣東來) 글씨와 누루와치 궁 사진>

그가 청(淸)나라의 천자(天子)에 즉위하자 신하(臣下)가 묻기를 "폐하의 계보(系譜=족보)를 어느 곳에서 찾을까요"라고 물었더니 그는 백두산을 손가락으로 가리키면서 "長劍南來基先莫止"(장검남래 기선막지)라고 대답하더랍니다. 즉 백두산에서 출발해서 '장검을 잡고 남으로 오니 그 선조는 모른다'고 써라고 말했다는 것입니다.

물론 '요순시대(堯舜時代))'에는 물관리가 중요한 시대로서 황하유역의 관계시설을 관리 하는 것이 정치의 요체이니까, 그의 민족도 '고조선(古朝鮮)족'과 같은 '고(古)아시아족'이니까 '복희'도 한(韓)민족에 가까운 사람임에 틀림없었다고 볼 것이고, 오늘의 중국역사가 지금부터 약 3천년전 '주(周)나라' 때부터 '한족(漢族=中國族)'으로 치고 있는 것으로 보아, 그 이전 즉 복희(伏羲), 신농(神農), 요순(堯舜) 등 일컬어 '3황 5제(三皇五帝)'가 있었던 '하은(夏殷)시대'는 지금부터 약 6천년전 시대임으로 그때는 중국한족은 전혀 없었고 우리와 같은 '동이족' 또는 '고(古)아시아족'이었을 것이올시다.

張 교수: 또한 일설에 의하면 '노자(老子)'가 그의 탄생과 사망이 불분명 하기는 하지만, 그가 쓴 유명한 '도덕경(道德經)'으로 말하더라도 원래 '단군(檀君)'으로부터 은밀히 전해 내려온 '비장된 책(秘冊)'을 그가 도서관장으로 있는 바로 그 도서관 사서직에서 발견하여 체계화시킨 것이라고 전해 오고 있습니다.

더구나 '노자(老子)'는 역시 원래 '공자(孔子)'도 다 같이 조선족=동이족과 가까운 사람들 이었다고 전해지고 있으며, 중국이 양(陽)의 땅임으로 '노자'는 남방 기후 좋고 살기 좋은 곳에서 '무위자연'을 즐기면서라 신선으로 살아 온 세계 최초의 가장 위대한

'무정부주의 자'가 아니겠습니까. 이른바 절대자유(絕對自有)를 주장하면서, 북쪽 추운 지방에서 '공자'가 찾아 왔을 때에도 "도를 너무 찾으면 도는 없어진다(道加道非常道)"고 그를 꾸짖었다고 알려져 있지요. 그를 추종하여 중국에서 큰 위력을 떨치고 있는 '도교(道敎)' 사상도 한국에서 고유하게 내려오고 있는 '신선(神仙)' 즉 선교(仙敎) 사상과는 달리, '무위자연(無爲自然)' 쪽으로만 발전시켜 음(陰)의 교리(敎理)만을 중국식으로 체계화 했다고도 말하여 지고 있지요.

오늘날과 같이 고밀도 공업사회 속에서 인간이 소외(疏外) 당하고 사회의 부분품처럼 자기 영혼도 잊어 먹고사는 공해 투성이의 현대 사회 속에서 '노자'와 같은 한국의 '신선(神仙=선교)' 사상을 찾아 여유있게 차원높게 살아가야 할 거입니다. 아니면, 중국에서도 '도연명'의 '귀거래사(歸去來辭)'처럼 좀 더 자연스럽게 삶의 질을 높이면서 지성인들이 살아가야 할 측면을 어떻게 보시는 지요.

呑虛 스님: '노자(老子)'는 그의 생사가 분명치 않고 80여년 동안 모태(母胎)에 있다가 태어났다고 하며, 태어나자마자 머리가 백발(白髮)이 되어 '노자'라고 불렀다고 합니다. 그가 지금으로 말하면 도서관장직에 있었는데, 그때 어떤 비책(秘冊)의 자료를 발견하고, 그것을 발전시켜 '도덕경'을 만들었다고 합니다.

이 도덕경의 첫머리는 "도가도비상도(道加道非常道)'라하여 '도를 너무 찾으면 도가 없어진다'는 뜻이며, '명가명비상명(名加名非常名)'이란 '이름을 너무 찾으면 결국 이름도 없어진다'는 뜻으로 지적하고 있지요. 다시 말하면 이는 도(道)를 너무 찾으면

도(道)가 없어져 버리고, '이름'을 너무 찾으면 '이름'이 없어져 버린다는, 즉 개념(概念)이 달라진다는 진리를 깨우쳐 주는 말이올시다.

'노자'보다 나이가 연하이면서도 유명한 '공자(孔子)'가 찾아와서 도(道)를 물었을 때에도 무위자연(無爲自然)을 내세워, "뭐가 잘났다고 공자 왈 가라사데 하느냐! 조용히 잠자코 지내라"고 꾸짖었다는 일화를 남기고 있다. '노자'가 살던 당시 '주(周)나라'가 '춘추전국시대'로 천하가 전쟁판에 쇠퇴해 지면서 세상이 어두워지는 것을 보고는, 푸른 소〈우(牛)〉를 타고 '신선'처럼 행적을 감추었다고 전해지는데 험악한 속세를 멀리하고 죽은날도 모르게 사라진 사실이 신선처럼 일리가 있다고 봅니다.

張 교수 : 이제 마지막으로 한 말씀 드린다면, 우리나라에서도 '임진왜란'이 일어난 '선조'임금 때, '대국란(大國亂)'이 닥쳐 올 것을 예견한 선각자(先覺者)들이 많이 있었습니다. 그 당시 조선과 일본의 정세는 우선 '문(文)과 무(武)' 양면에서 서로 다른 형세를 갖추고 서로 대립하고 싸웠다고 생각됩니다. 그 당시 조선은 문화가 너무 발달해서 오히려 지식계급도 너무 많이 생산되었고, 선비의 나라이었지요. 그러나 전국 어느 구석에도 식읍(食邑)이나 전답을 관록으로 받을 땅이 턱없이 모자라고, 토지가 고갈 되니까 결국양반끼리 '뺏어 먹기'식의 당파(黨派) 싸움이 심각했겠지요.

반면 일본(日本)은 이때에 비로소 조선(백제)에서 일찍이 건너온 '천황(天皇)' 중심의 지배계급을 몰락시키고, 일본 토착민에서 급히 부상한 '사무라이 무식한 쌈꾼들' 즉 무사계급(武士階級)들이 한참 전쟁을 치루고는 이른 바 하나가 통일을 한것이 '막부(幕府)'라는 이름 아래 소위 '장군(將軍)'이라는 자가 대권(大權)을 잡고 천하(天下)를 호령하게 되었지요. 그것이 임진왜란때 한국을 쳐 들어

온 "도요도미 히데요시"라는 무지막지한 사무라이 였지요.

그러니까 이들 일본식 전국시대를 통해서 이른바 "막부"라는 정권은 정식으로 3개가 있었는데 "히데요시"는 그 세중간에 잠간 천하를 장악한뒤 조선(한국)을 처들어 왔던 것이지요. 제대로 된 "막부"는 첫째는 '무르마찌' 막부요, 둘째는 '가마구라' 막부요, 셋째가 '독꾸가와' 막부인데, 이사이에 인진왜란이 일어난 것이지요. 이들은 당시 살기 위해 왜구(倭寇)로서 한국 중국을 노략질하고 지냈지요.

그러나 다른 한편 섬(島)나라에서 해양으로 진출하여 '필리핀'의 '루손'도(道)를 비롯하여 '인도네시아' 섬(島)의 '자카르타'로 그리고 유럽의 '화란'에 이르는 해상무역을 대대적으로 전개하여, 예컨대 화승총(火繩銃)과 같은 신식무기를 도입해서 전쟁양상을 크게 바꿔 놓았고, 해양무역으로 돈을 벌어들여, 강력한 전쟁무기를 확보하게 되었지요. 그것을 가지고 조선(한국)으로 쳐들어 온 것이 아니겠습니까.

일본(日本)의 근대역사를 보면 그때 해양세력을 중심으로 잠간동안 이지만, '사무라이' 무사계급(武士階級)들을 이끌던 영웅으로, 지금도 그네들이 추앙하고 있는 예를 들면 '오다 노부나가, 라든가, 그를 계승한 '도요도미 히데요시(豊臣秀吉)'가 천하를 평정한 직후에 지금의 오오사카(大板) 그 당시 '사카이'를 근거지로 삼아, 조선을 침범하게 되었고, 그 뒤 전쟁 후에는 유명한 '도꾸가와 이에야스(德川家康)'가 다시 천하통일에 성공하여, 막부(幕府)를 만들어 정권을 휘어잡고, 그 후 일본은 '명치유신(明治維新)'으로 오늘의 현대화가 올 때까지 약 250여 년을 이어 오게 되었지요.

결국 임진왜란은 조선(朝鮮)의 문(文)과 일본(日本)의 무(武)가 전쟁으로 겨룬 것이 '인진왜란' 7년 전쟁이라고 생각되는데, 승자도 패자도 다 같이 양측은 무수한 국력만 낭비하였지만, 결과는 문화가 높은 한국은 유지되고, 무식한 '사무라이' 일본은 그때 망했지요. 문제는 조선에서 어찌하여 그렇게도 훌륭한 인재들과 학덕 높은 기라성 같은 학자들을 가지고도 국토는 초토되고, 명(明)나라의 힘까지 빌려가면서 백성들만 수없이 죽어 가는 엄청난 국운의 재앙(災殃)을 방지하지 못했는가 하는 의문을 분석해 보고 싶습니다.

예를 들면 대표적으로 '이토정(李土亭)' 선생이나 '남사고(南師古)' 선생과 같은 철학자들은 말할 것도 없겠지만, '정치가'로서 '이율곡(李栗谷)' 선생 같은 분들이 얼마든지 많이 있었고, 뻔히 전쟁 날것도 내다보고 있었던 것 같은데, 어찌하여 국란을 미리 막지 못했으며, 그 당시 지도자들의 대응책은 어떻게 평가할 수 있었겠는가를 분석해서 말씀해 주시지요.

또한 승병(僧兵)을 일으켜 싸운 '서산국사'를 비롯하여 일본에까지 외교사절로 건너가서 그들을 제압하여 이름을 널리 떨치고 돌아 온 '송월국사'이신 '사명당(四溟堂)' 대사(大師)님의 활약을 어떻게 보시는지요. 오늘날 현실에 비추어서 생각나시는 것이 있으면 한번 몇 말씀 결론을 내려 주시지요.

당시 궁중(宮中)에서 전쟁이 날지 기후가 변할지 또는 물가가 오를지 등을 "풍수지리, 음양오행"에 맞추어 연구하고 거기에 맞는 정책을 개발해 내는 거대한 '소격서(昭格署-오늘날 서울의 소격동 자리)'도 있어서 미리 전쟁이 날것을 예측하고 있었고, 대응책도 건의했다는데, 예를 들면 '장수는 무슨 성씨를 가진 몇 살짜리가 나가야 승리한다던지'까지 요사이 말로 '시뮤레이숀'을 통해서 여러 음양관(陰陽官)들이 정밀한 분석을 했다지요. 그때 국운(國運)의 소치인지, 결국 나라가 완전히 망하지는 안했지만 참담한 희생의 대가를 치렀지요.

'국란(國亂)'을 극복하려던 조상들의
예지(叡智)와 교훈(敎訓)

<u>呑虛</u> 스님: '임진왜란'이 일어나기 이전에도 우리나라에는 인재(人才)들이 무수히 많았으며, 그들은 자신들의 높은 "식견"으로 미리 닥쳐 올 국난(國難)에 대하여 예견(豫見)하고 지도층 일부는 그의 대책에 부심 했던 사례들도 상당히 많이 있었습니다.

그러나 당시 잘 알다시피 조정에는 당파(黨派) 싸움에 급급하여 일본의 침략이 임박했는데도 주전파(主前派)와 화의파(和議派)가 갈라져서 국론(國論)이 분열되었지만, 이 같은 철없는 소인(小人))들이 꽉 찬 우매한 세상사 속에서도, 조야(朝野))에는 정치 및 군사적적인 대비책을 서둘렀어야 한다는 정치지도자나 철인(哲人)들이 많이 있었습니다. 대표적인 사례(事例)를 하나 들어 봅시다.

선조(宣祖)이전 명종(明宗)때 사람으로 강원도 울진에 살았던 '남사고'(南師古-현재 재평가되고 있는 철학자)라는 사람은, 풍수, 천문, 복서(卜筮), 상법(像法)할 것 없이 세상에 알려지지 않은 비결(秘訣)을 알고 있어서 그가 말하는 예견 치고 맞지 않는 것이 없었습니다. '명종'말년에 일찍이 말하기를 "머지않아 조정에는 당파(黨派)가 생기겠고, 또 오래지 않아 왜변(倭變)이 일어나리라. 그런데 만약 진(辰-1593)년에 일어나면 구할 길이 있지만, 사(巳-1594)년에 일어나면 살아남기 어려 우리라"라고 말했습니다.

그의 '예언(豫言)'은 적중해서 그대로 들어맞았는데, 조정(朝廷)에는 을해(乙亥)년부터 갑자기 '당파(黨派)'가 생겨났고, '왜란(倭亂)'은 임진(壬辰)년에 일어났으며, '사직동에 왕기(王氣)가 있으니, 마땅히 나라를 태평(太平)케 할 임금이 거기서 나오리라' 라고 예언했는데 선조대왕(宣祖大王)은 사직동에 있는 잠저(潛邸)에서 대궐(大闕)로 들어와 대통(大統)을 이어 받게 되었던 것입니다(필자 주 : 최근에 출판된 "격암유록"은 진위가 확인되지 않은 위서이며, 탄허큰스님은 예부터 내려온 '남사고 문헌'에서 인용한 것임).

☞ 남사고(南師古)나 다른 여러 단순한 '예언(豫言)'들과는 달리 '임진왜란(壬辰倭亂-1593)'이 일어날 당시 나라의 지도자 가운데 대조적이인 두 분 최고 정치지도자(政治指導者))의 이야기를 중심으로 당시 사태를 비교해 보면서 내말을 끝맺을까 합니다.

'선조' 임금 즉위 초에 '화의파(和議派)'로서 영의정(領議政)이었던, '동고(東皐)' 대감 이준경(李浚慶,1499-1572)에 대해서 먼저 말해 보기로 합시다. 그는 유명한 '이순신' 장군을 이끌어 주었던 유성룡(柳成龍,1542-1607) 영의정보다도 훨씬 앞서는 영의정으로서 '선조' 5년에 죽은 사람입니다. '동고(東皐)'는 당시 '이토정(土亭)' 등과 같이 교분이 두터웠고, 그자신도 '역학(易學)' 등의 '전통학문'에 밝아서 왜란(倭亂)이 닥쳐 올 것이라는 것을 이미 예지하고 있었습니다.

그가 조정에 재임 시에는 '왜란'이 터질 것을 미리 알고서도, 기껏해야 나라에 대해서 공헌한 일은 '선조 대왕'에게 10년 동안 졸라대서 지금의 서울 북쪽 자하문 쪽으로 조그마한 비상문 하나를 낼 것을 끊질 기게 건의한 것이 고작이었답니다. '선조대왕'이 하도 귀찮아서 영상 뜻대로 만들라고 명령 했습지요. 이것이 나중에 임진강을 건너서, '의주'로 피난 가는 길에 하늘에서는 진눈깨비가 내리고 백성들은 임금에게 돌팔매질을 하는 중에 피난(避難)하는 비상구(非常口)로 요긴하게 사용했다는 웃지 못 할 일화가 지금까지도 생생하게 전해 내려오고 있다는 것이올시다.

반면 이때 비교되는 이율곡(李栗谷,1536-1584) 이이(李珥)선생은 화의파에 몰려서 주전파로 낙향하여 초야에 묻혀 있었지요. 조정에 있을 때에도 국란에 대비해서 군사를 길러야 한다는 이른바 '10만 양병설(養兵說)'을 부르짖다가 당파싸움에 몰려 그런 주장은 현실성이 없다는 반대파들이 많아서 초야에 묻혀 있었습니다.

결국 국란을 일찍이 예견했으면서도 하야(下野)당했고, 비록 초야에 무쳐있으면서도 나라의 장래를 걱정해서, 홀로 임진강 나루터에다가 조그마한 초당 정자(亭子)를 지어 놓았지요. '선조대왕' 일행이 의주로 피난 가면서 백성들은 돌맹이질 하는 중에 밤은 칠흑같이 어둡고 진눈깨비 내리는 속에서 강(江)을 건너기 어려운데, 이 초당에 불을 질러서 불빛으로 뱃길을 밝혀 강나루를 건넜다는 일화가 전해지고 있습니다.

그러니까 두분 지도자, '이준경' 대감과 '이율곡' 선생은 똑같이 '국란'이 터질 것을 예견했으면서도, 한 분은 결과적으로 나라가 망하는 것은 아니라는 생각에서 궁궐 뒤에 비상구 한개 만들어서 임금이 피난갔다 돌아올 것이라고 대책을 세운 것이 고작이었고, 실은 자기 일가(一家)를 구출하는데 온힘을 쏟았다는 이야기입니다.

다른 한 분 율곡선생은 '주전파'로서, 판서(判書)로 재임 중에 최선을 다했으면서도 아무런 결과도 얻지 못하고, 오히려 느긋한 '화의파'들에게 쫓겨나서 비록 '10만 양병'의 대책은 못다 이룬 채로, 겨우 임진강변에 세워둔 초당에 불을 질러서 피난길을 밝게 비추어 피란을 도와준 충성밖에 공헌을 못다했다는 사실입니다. 이렇게 이율곡 선생은 성격이 꼬잔잔 하니까, 자손도 귀하게 되었다는 이야기올시다.

그 뒤 두 양가 집안은 서로 혼인(婚姻)을 하지 말라는 '율곡 선생'의 유언으로 적대관계가 심화 되었다는 일화도 전해지고 있습지요. 이미 '왜란'이 터지기 이전에, '이준경' 대감은 하야(下野)했답니다. 그런데 대책으로 먼저 한일은 국란 대비 보다는 오히려 자기 집 피란을 먼저 생각해서, 자기 집 종놈 '청지기'의 딸을 중매했다는 겁니다. 자기가 파난하기에는 자기의 유지(遺志)를 자기 두 자식들 보다도 더 잘 받들 사람을 물색해야 된다는 생각에서 어느 종로 바닥에서 거지 하나를 찾아다가 청지기 딸과 결혼을 시켰다는 거예요.

그리고 오래지 않아 세상을 떠나면서 두 아들에게 유언(遺言)하기를 자기가 죽은 뒤에는 그의 청지기 딸의 거지 남편의 말을 내말처럼 그대로 들으라고 다짐해 놓고 죽었답니다. 천문지리에 달통했던 동고 이준경 대감은, 가속들을 살리기 위해서 아들 둘보다는 관상이 좋은 거지를 찾아다 자기의 유업을 맡긴 것입니다.

그가 죽은 뒤 거지였던 청지기 딸의 남편은 몇 차례에 걸쳐 그 아들들의 재산을 요구했습니다. 두 아들들은 괘씸하기도 했으나 아버지의 유언에 따라 거의 전 재산(財産)을 몇 차례에 걸쳐 내어 주면서도 무엇에 사용하는지는 도저히 알지를 못했습니다.

그러다가 '왜란'이 발발했습니다. 어느 날 갑자기 나타난 청지기의 사위는 그때 두 아들에게 지금의 경상도 땅 청송13)이란 곳의 깊은 산골짜기로 피란할 것을 권유했답니다. 그런데 그곳에 가보니 '동고' 대감의 아들들이 기거하던 집과 똑같은 집을 장만해 놓고

---

13) 임진왜란(壬辰倭亂) 때에 '소나무 송'(松=日本語로 마쯔)이란 글자가 붙은 지역이나 인물을 만나면 일본 놈들이 몰살당한 다는 '타부'랄까, '징크스'랄까 하는 미신이, 조선에 처들어 온 일본군인들에게 있었다고 함. 실제로 경상도의 청송 땅이나 인천의 송도 땅에는 소나무 '송(松)'자 때문에 침입을 안했고, 조선의 사절(使節)로 일본에 간 '사명당(師命堂)'스님도 이름이 '송월대사(松月大師)'이기 때문에, 그리고 중국의 '명(明)'나라에서 파군되어 우리를 도우러 왔던 '이여송(李如松)' 장군도 '송(松)'자 때문에 일본군이 도망치게 되고 승리를 거둘 수 있었다는 실화가 전해지고 있음.

전답(田畓)도 똑같은 면적으로 준비를 해 놓았더란 것입니다.

이상하게도 '임진왜란' 전쟁 당시 일본군들이 금기(禁忌)시 하는 '징크스'로 '소나무 송(松-일본말로 마쯔)'을 공포의 대상으로 두려워했기 때문에 소나무 송(松)자가 들어있는 '청송(靑松)'으로 이주해 간 것입니다. 실제로 일본군은 '송도(松都)'에도 비켜 갔지만, 특히 송(松)자를 가진 명(明)나라의 '이여송(李如松)' 장군이나, 조선의 '송월(松月-사명당)대사'를 공포의 대상으로 보고 무서워 한 것이 사실입니다.

이렇게 볼 때, '동고' 대감은 닥쳐올 국란(國亂)을 소상히 알았으면서도 나라의 위기를 대처하기는커녕 일족(一族)의 호신만을 염려하여 가족들을 청송으로 피란 시켰던 것입니다. 그가 임금을 위해서 한일이라고는 지금 '자하문' 근처의 성벽에 비상구 하나를 더 만드는 일이었고, '선조' 임금은 그 문(門)을 통과하여 피란에 올랐던 것 밖에 아무 공로도 없었습니다.

이와는 대조적으로, 이이(李珥) '이율곡' 선생은 '10만 양병설'을 주장하다가 당쟁으로 쫓겨난 분입지요. 그는 정치가로서의 경륜(經綸)뿐만 아니라 '역학'에도 밝아 닥쳐올 전쟁을 미리 알고 '10만 양병설'을 주장하였으나, 어리석은 전쟁 반대파 화의파(和議派)들의 반격을 받고 야인(野人)으로 쫓겨나게 되었습니다.

그 후 그는 임진강 연안에 정자를 하나 지어 놓았는데 '선조'가 의주로 피란길에 올랐을 때에, 임진강에 당도해 보니 지척을 분간 할 수 없는 칠흑 같은 어둠 때문에 길을 열지 못하고 있을 그 시점에, 절묘하게도 이 초당 정자(亭子)에 불을 질러 간신히 길을 밝혀 강을 건너가게 했다는 그의 행적은 가히 선견지명의 혜안 이었습니다.

두 정치지도자는 다 같이 대란(大亂)을 예견하고도, '난리'에 대처할 준비를 해야 된다고 노력은 하였지만, '동고' 대감은 자기 권속을 구출하는데 그쳤던데 비해서, '율곡' 선생은 자기의 직위를 걸고 모든 노력을 다하고도 않되니까, 비록 '난리'를 피할 수는 없었지만 이를 극복하기 위한 충성을 다했다는 사실이 중요합니다. 실은 충분히 몇 십년뒤에 닥쳐올 엄청난 '임진왜란 7년전쟁'을 사전에 대처를 잘했더라면 충분히 극복할 수도 있었다는 소중한 교훈(敎訓)을 후세 자손들에게 생생하게 남겨 준 셈입니다.

결과적으로 "임진왜란"에 관한 "한·일" 관계에 대한 평가는 한 말로 문(文)과 무(武)의 대결에서 '한국'은 '조선왕조(朝鮮王朝)' 사직(社稷)은 이어 갔으나 나라는 풍비박산이 되었고, 반면 '일본'은 무지한 탓에 3번씩이나 정권이 바뀌어 그나마 '도꾸가와 막부(幕府)'로서 봉건체제하에 쇄국주의로 200년간 담을 쌓고 지낼 수밖에 없었습지요. 최근세에 와서 서세동점(西勢東占)의 시대를 먼저 일찍이 맞아들이어 유색인종으로서는 최초로 선진국이 되었고, 반면 '한국'은 뒤늦은 근대화에 쫓겨서, '일본'의 식민지로 전락되는 기막힌 사연으로 떨어 졌다는 사실이 올시다.

* 〈1974(甲寅)4월, [대담원문] - 개운사 대원암에서〉
* 〈2018(戊戌)년, 〔원문개정·증보판〕-강동 혜화랑에서〉

3편》 장(張)교수의 - 탄허큰스님 회고록

* 「탄허대종사100주년기념 증언집→
  『방산굴(方山窟)의 무영수(無影樹)』

질문: 김 광 식 (동국대불교대학연구교수) 엮음.
      오대산월정사 2013년발행. 310쪽. 수록
대상 : 장 화 수 (중앙대명예교수-전 국방대학원교수, 중대학장)

* 4`19민주혁명 당시 국회의사당 앞 고대생. 점선원내는 필자임.

■김교수 질문 : 장(張)교수님은 일찍이 1996년에 "탄허스님" 과의 대담(對談)을 담은 「21세기 대사상」이라는 저서를 펴냈습니다. 스님과의 인연의 실마리를 풀어주세요.

…내가 탄허스님과 인연을 맺은 장소는 1973년 무렵 개운사의

대원암 입니다. 인연이 되어서 스님을 찾아뵈면 나를 잡고는 안 놓아 줘요. 탄허스님은 마의관상법에 능하셨고, 나도 그 무렵에 명리학, 사주, 주역(周易), 미래학 등에 관심이 많아서 스님과 많은 대화를 나누었습니다. 이미 저를 속세 제자로 삼으셨어요.

■ 장(張)교수님은 경제학을 전공한 학자이신데 어떻게 해서
　젊은 시절에 그런 분야에 관심이 많았나요?

…나는 원래 초중등학교 시절에는 역사에 능하였고 ,웅변을 잘 했어요. 8·15 해방 되던 해 9월3일에 초등학교에 들어갔는데, 한글을 다 떼고 갔지요. 그때 미군의 전단을 외우고 다녔어요. 그러면 내 아버지가 잘한다고 하시면서 시골의 금융조합, 면사무소, 우체국, 한전, 같은 관공서에 데리고 다니시면서 꼬마에게 웅변을 하라고 시켰지요.

그래서 학예회 같은 곳에서도 송사 답사 같은 것을 도맡아 하였는데, 초등학교 5학년 때부터는 '플루타크 영웅전'을 보면서 역사에 관심이 많았어요. 중학교에 가서도 그랬고 전주고등학교에 가서도 역사는 늘 모의고사에서 1등 이였지요. 우리집안의 7남매는 다 박사예요. 지금도 내 딸둘 아들 하나 셋이 다 박사예요. 이런 분위기 속에서 자랐는데 큰형의 친구들하고 정치외교사 사회사상 문제를 대화하면 나를 높이 칭찬들 하고, 내가 앞서기도 하였지요.

■ 학생시절부터 역사에 관심이 많았군요.

…그러지요. 그런데 고등학교 2학년이 되면서 갑자기 고민이

오더라구요. 세상이 무엇인지, 생로병사가 왜 오는지, 나는 왜 살아야 하는지. 커서는 무엇이 될까, 이런 것들을 궁리하였어요. 공부는 안하고, 친구 만나는 것도 싫어지고 그런 것을 고민한 것인데 지금 생각하면 신(神)들린 거예요. 그때에 6개월간 대인공포증도 생기고 그래서 책을 많이 보았는데, 그때에 '레닌'의 사회사상을 최고로 쳤지요. 사상가 영웅으로서 국가건설을 한 것으로는 레닌을 최고로 본것 이지요.

그러다가 어느 순간에 뭔가 탁! 트이는 듯한 환희, 감격 같은 것을 느꼈어요. 세상이 다 내 것으로 보이 더라구요, 그로부터 나는 만족하고, 도통한 기분으로 지냈어요. 그런데 고3때에는 전신마취를 하고 수술을 두 번이나 하였는데, 그 당시에 수술마취에서 깨어 날때에 슬프고, 허무한 것을 많이 느꼈지요. 이런 과정을 거치면서 나는 역사와 사회과학에 달통하기 시작한 것이지요.

■ 대학에 가서도 그랬나요.

… 나는 1959년도에 고려대 경제학과에 입학했는데, 공부는 경제사 분야를 했어요. 그러다가 1960년 4·19 때에는 데모에 앞장 섰지요. 현재 국가유공자 건국훈장을 가지고 있어요. 난 대학에 들어오기 이전에 당수, 공수도를 해서 유단자 였는데, 4·18과 4·19 때에 내가 고대생들을 이끌고 데모 일선에 있었어요. 내가 학생 대의원 이었고, 문무를 겸해서 나와 관련된 우리 고대생들은 죽은 사람이 없었어요. 그때 AP통신이 찍은 4·19 당시 찍은 사진에 내가 나와요(위 3편》에 당시 고대생 대모 사진 참조). 그 후에 나는 민족통일연구회를 결성시켜 "가자 북으로를 왜치며" 학생운동을 주동적으로 했으며, 진보쪽 노선에서 활동했어요.

그러다가 7·29선거 직후부터는 다시 세상이 싫어 졌어요. 그래 학교는 대충 다니고 하숙집에 딩굴면서 갖은 고민을 다했어요. 고등학교때 이래로 두 번째 신병(神病)이 도진 것이지요. 이런 것을 서양에서는 '정신적 위기(Mental Crisis)'라고 하더군요.

　　하여간 나는 허무상태가 되었어요. 그래서 할 수 없이 고등학교때에 은사인 한양대하교 차재철 철학교수님을 찾아갔었어요. 그랬더니 그 교수님께서 자기도 그런 것을 겪었다면서 날보고 "너 일본책을 봐라" 그래요. 그 선생님은 나에게 유명한 책을 적어 주었어요. 나는 차선생이 적어준 자본론, 사적유물론 등 그 당시에는 불온서적으로 분류되던 맑스 레닌의 일본책을 구해서 읽다가 한순간 찰나에 머리가 터지고, 환희심이 나게 되었어요. 일종의 법열(法悅)이겠지요.

　　대학원에 들어와서는 경제사상사를 주로 공부하면서 이 분야를 달통했어요. 그러면서 나는 그 시절에 고민을 하면서 기독교의 원죄(原罪), 맑시즘에서 말하는 사유재산이 원죄라는 문제의식을 파악하게 되었어요. 그러면서 그 무렵부터 미래학, 사주명리학, 주역, 동양의 고전, 그리고 당면한 통일문제 등에 대한 많은 책을 읽고 논문을 쓰고, 고민과 사색을 하였지요. 바로 이때에 인생관을 생각하고, 시국, 국운에 대해서도 연구를 했어요.

■ 알겠습니다. 언제 처음으로 "탄허스님"을 만났는가요?

　　…내가 스님을 만난 것은 1973년도 9월이지만, 그 전에 대학을 다닐때에는 유명한 스님이라는 정도의 말은 들었어요. 내가 대학 4학년 때에 한미협정을 반대하는 6·6 데모를 주동했어요. 그때에 나의 써클 사조연우회의 지도교수인 정제각선생은 나에게 공부나

하라면서 자중을 하라고 그랬지요. 그런데 정재각, 불교학생회 지도 교수였던 손명현, 김영두, 노장철학의 대가인 김경탁 등 20여명이 탄허스님에게서 장자강의를 듣고 있다는 것을 알았지요.

그것이 내가 대학원에 다닐 때이지요. 그리고 나는 석사과정에서 자본론을 갖고 논문을 썼어요. 이는 사상사로 그 당시 불온서적이었던 책을 허가 맡아서 '자본론'을 쓴 것인데, 내가 학교에서도 우리나라에서도 처음 이었어요. 그러나 그 시절 나는 탄허스님에게는 감히 접근할 수는 없었고 교수님들로부터 유불선에 통달하고, 총기가 대단하여 경을 다 외우고, 운허스님과 쌍벽을 이루는 위대한 스님이고, 대단한 양반이라는 말을 들었어요.

그러다가 내가 고대 강사가 되어 강의를 나오면서 무역협회의 조사역으로 있을 때로 기억되는데, 대학의 경영학과 후배로 울진출신인데, 불교학생회 회장을 한 사람이 탄허스님을 만나러 간다고 해서 나도 따라간 것이었지요. 그때, 나는 국방대학원 교수 발령을 받아서 근무하게 되었는데, 큰스님께서는 더욱 반가워하시면서 나를 속세제자 즉 처사불교의 유발승으로 받아 주신 것 같아요. 큰스님은 종교 운동가적인 면모가 보였어요.

■ 스님의 첫 인상이 어떻하였는지요.

…같이 간 사람들하고 큰절을 올리고 나서 스님을 뵈니 인상이 특이 했어요. 달마스님처럼 장대한 둥근 몸에 서기가 어린 눈빛이 나시더라고요. 그때에 내가 스님에게 인생이, 사는 것이 뭐냐고 질문을 한 것 같아요. 그랬더니 스님은 색즉시공, 공즉시색을 갖고 말씀을 하셨어요. 그러시면서 차안(此岸)의 세계와 피안(彼岸)의 세

계(극락, 내생)를 갖고 그 실마리를 푸시면서 화엄경 세계에 들어오기만 하면 인간으로서 도통할 사람들이 누리는 세계가 있고, 그런 사람들은 삼라만상을 자유자재로 다닐 수 있다고 그러셨어요. 인간의 카테고리에서도 해탈할수 있다고 말씀하셔서 나는 아! 하고 그때 크게 감동했지요.

그 후에 탄허스님을 뵈었을 때에 내가 스님에게 주역과 정역의 원리를 그해(1973)의 시운과 다가올 시운(1974~1976)을 생각해서, 내 나름으로 본 견지를 말씀드렸지요. 그러면서 스님은 어떻게 보시냐고 하였더니 스님은 천기누설을 한다면서 나를 꾸짖으면서도 굉장히 좋아 하셨어요. 내가 당돌하게 질문을 잘 하거든요. 그날은 한 서너시간을 이야기 한 것 같아요. 같이 간 친구들은 내가 스님과 미래에 대해서 이야기를 하니까 입을 뻥긋도 못하고 신기하게 경청만 하였지요. 그이들은 오직 스님에게 글씨를 받으려고 기다렸어요.

■ 알겠습니다. 그러면 장교수님이 탄허스님과 미래예측을 한 대화(對話)를 하시고, 그내용이 1975년에 출간된 책인 「동아시아의 도전」에 포함된 전후 사정이 궁금합니다.

…내가 대학다닐 때에 6·6데모를 주동한 다섯 사람의 하나예요. 이 데모를 이끈 단체가 "사조연우회"였는데, 그때 나하고 주축을 이룬 사람이 정재원 이었어요. 정재원은 고대 정외과 출신으로 그 후에는 김영삼의 신민당 대변인을 거쳐서 국회의원을 두 번 하였어요. 그때 졸업후 이 친구가 할 일이 없으니 나를 찾아 왔어요. 할 일이 없으니 무역이나 하겠다고 그랬는데 먹고살기 위해서 만든 것이 "물결"이라는 출판사지요.

물결에서 첫 번째로 출간된 책이 「동아시아의 도전」이었고, 그 책속에 한편으로 『탄허스님과 장화수 교수의 대담』으로 수록된 것이 뜻밖에 히트를 쳐서 유명하게 되었지요. 광화문에 사무실을 두었는데 사무실에 내 자리도 마련해 놓았다고 하였지만 나는 그곳에 가보지도 않았어요.

이때 나온 "탄허스님 대화"는 장르를 달리하는 한국의 미래를 다루었다고 해서 정치계나 사회에 크나큰 반응을 일으키게 되었고, 훗날 조선일보 '선우휘' 주필이 조선일보에 전단으로 두 번이나 "탄허스님 대담"을 계제하게 되는 도화선이 되었지요.

'선우휘' 주필은 일찍부터 탄허스님을 높이 평가하고 계신 각별한 인척관계가 있었다고 합니다. 왜냐하면 스님이 첫 결혼을 최면암 기호학파와 인연을 맺은 것이고, 토정 이지함(토정선생)의 종손집 큰사위로 들어가서, 그집안 자손 이극종 선생에게서 배웠지요. 그런데 '선우휘' 주필의 두 번째 부인이 바로 이극종 선생의 딸이었기 때문에 아주 가까운 편이고, 그러니까 서로 인척관계가 되지요. 또 평소 김탄허스님과 선우휘 주필은 서로 각별히 지내는 사이였다고 합니다.

■ 지금 말씀하신 '사조연우회'는 무슨 단체 입니까.

…그 단체는 일종의 사상 써클 이었지요. 6·25가 난 직후에 서울대와 고려대에서 평화통일을 주장한 단체로 서울대에는 신진회가 있었고, 고려대에는 협진회가 있었어요. 서울대에는 유근일이 주동이고, 고려대에는 김낙중이 주동이었지요. 그 당시로는 사상적으로 진보적인 단체이었지요. 그런데 김낙중이 평양을 갔다오고 그래서 해체 되었어요. 그러다가 1959년에 나와 정재원이 주축이 되어

고려대 협진회의 전통을 이어서 새로 만든것이 '사조(思潮)연우회'이지요. 우리 뒤에는 고려대에 민족사상연구회가 있었고, 서울대에는 민족주의비교연구회가 나타나서 그 전통을 이었고요.

■ 그러면 탄허스님을 만나서 본격적인 대화를 한것은요?

…그런데 1974년 봄의 어느 날 출판사를 꾸민 정재원 이 친구가 느닷없이 찾아와서는 차를 타고 탄허스님에게 같이 가자는 것이었어요. 내가스님과 친한걸 아니깐 그랬는데, 그때에 김중위가 따라왔어요. 그러니까 정재원은 녹음기를 놓고 탄허스님과 대담하라고 그러고, 김중위는 자기가 인터뷰를 한다고 작심하고 온거요. 김중위가 큰스님에게 "우리 한국의 장래는 어떻습니까?하고 물었어요.
탄허스님이 볼때에, 이 친구들이 천둥벌거숭이처럼 갑자기 이야기를 하라고 그러니까 스님이 이야기를 할 수 없지 않아요. 그러자 스님은 골치가 아프다고 하시면서 돌아서 외면해 버렸지요.

■ 그러지요, 그러면 사태가 어떻게 진행 되었는지요.

…할 수 없이 내가 나섰지요. 내가 주역, 정역, 지리상학적인 상식을 갖고 스님에게 질문을 하였지요. 한국이 정역으로 보면 간방(艮方)국이라는 것과 미국을 비롯한 국제정세를 갖고 여쭈니 스님의 답변이 슬슬 풀어져 나온 거지요. 그렇게 실마리를 내가 풀었어요.

그때 내가 국방대학원 교수가 된지 얼마 안 되었을 때인데, 그렇게 해서 나온 녹음 테이프를 내가 가져가서 풀었어요. 그래서 나온 책이 『동아시아의 도전』이었는데, 그안에 "장화수 교수와 탄허

스님의 대화"라는 대담이 들어간 것이지요.

■ 그렇게 해서 책이 나왔을 터인데,
　그것을 탄허 스님께 갖다 드렸겠지요.

　…이렇게 책이 나와서, 나는 책을 두권 가지고 대원암으로 갖지요. 가서는 고대출신 최옥화(일초)스님을 불러내서 한 권은 옥화를 주고, 또 한권은 스님의 기분이 좋을 때 드리라고 그랬어요. 스님에게 혼날까봐. 스님이 무서워서요. 그리고 나는 돌아 왔는데, 얼마 지나지 않아서 옥화에게서 전화가 왔어요 스님이 바로 보자고 그래서, 나는 차를 몰고 갔지요. 가면서 스님에게 무슨 청언벽력의 소리가 나올까 하면서 몹시 긴장하고, 두근두근 하였어요.

　그러면서 스님을 찾아 갔는데, 스님은 뜻밖에도 책의 내용이 아주 좋다고 하셨어요. 기분이 무척 좋으셨어요. 스님은 스님 주위에 사람이 많지만, 이렇게 자신의 뜻을 잘 정리한 놈이 없었는데, 내 뜻 이상으로 깊이 만들었다고 하면서 칭찬을 해 주셨어요. 그 책이 엄청 팔리고 그래서 사람들이 스님의 존재와 실력을 잘 알게 되었지요. 그래서 아까도 말했지만 '선우휘 주필'이 반한 거예요. 특히 정치인들이 스님을 좋아하게 되었어요.

■ 아주 흥미로운 회고입니다. 장교수님의 저서에는 탄허스님이 환갑날에 도회지에 나가 거사(처사)불교를 본격적으로 하겠다고 부처님에게 고하였다는 내용이 나옵니다. 그런 말을 들었나요?

…물론이지요. 그 말은 스님이 여러번 했어요. 스님이 환갑(1973)날에 부처님에게 고하고, "속세에 나가 보겠습니다." 라고 하셨다고 그랬어요. 그러시면서 앞으로는 "부처님에게 공양도 못올리고 만행(萬行)을 하겠습니다." 라고 하였다고 나에게 말씀했어요. 그렇게 부처님께 정식으로 고하고 도회지로 나온거예요.

■「한암스님」에 관해서 들은 것은 없었나요?

… 탄허스님은 출가전에 "한암스님"과 수차례 편지를 했다고 하셨어요. 2년간 편지를 하다가 상원사에 가서 머리를 깎았다고 그랬어요. 그전에는 차경석의 보천교(강증산교)에서 12살까지 있다가, 최익현(면암) 계열의 이극종 선생에게 가서 유학을 배웠고, "한암스님"을 찾아서는 불교를 배운 것이지요. "한암스님" 밑에는 원래 제자가 다섯이 있었는데, 셋은 어디로 가고 스님과 일본에 있었던 '난암스님'만이 제자로 남아 있었다고 했어요.

그중 한 스님은 묘향산으로 들어갔는데, 이 스님이 법력이 높았다고 하였어요. '난암스님'은 일제 때부터 사회주의에 물이 들었는데, 탄허스님이 60년대 일본을 거쳐 대만을 갈 때에 일본에서 만났다고 그러지요. '난암스님'이「대정신수대장경」한질을 주어서 받았다고 그래요. 그때에 우리 정보부에서 '난암스님'을 회유하려고 그랬대요. 그리고 당시 일본의 '사또수상'이 스님의 12폭 병풍을 당시 일화 200(한화 약2천만원)만엔에 사갔다는 말도 들었어요.

■ 거사불교(在家佛敎)의 육성과
대전「학하리」자광사(慈光寺)는 어떻게 된것인가요 ?

　…스님은 불(佛), 법(法), 승(僧) 삼보(三寶) 중에서 특히 승보 (僧寶)의 문제점을 많이 지적하셨어요. 심지어는 승보는 없다고도 하셨어요. 비구 스님들은 공부로 하지 않고, 여차하면 환속을 하고 그랬대요. 이런 상황에서는 불교가 중흥, 발전되지 않는다고 그러셨어요. 탄허스님은 당시 스님들이 공부를 안하는 것을 개탄 했어요.

　그러시면서 기존 승보 갖고는 않되겠다고 하시면서, 유발승(有髮僧)과 처사(處事)들을 모아서 『거사불교(居士佛敎)』로 해야 한다고 하셨어요. 그리고 바로 거사불교(居士佛敎)의 중심으로 학하리 터에 자광사(慈光寺)를 세우신 것이지요. 내가 알기로는 스님이 명당자리를 찾기 위해서 전국을 여덟 차례나 돌았는데, 마침내 '학하리' 터를 잡았다고 그래요.

　그 터를 잡는데 공을 들인 사람이 '정역(正易)의 도인으로 알려진 해운거사'라는 사람이에요. 학하리를 거사불교의 성지로, 새종교운동의 본부로 만들려고 하신 것이지요. 큰스님 날보고「거사불교」를 키워서, 그 조직을 한손에 잡고 흔들어야 한다고 그러셨어요. 전국적인 조직을 움직일 사람이 필요했어요. 이를테면 몇십만의 신도들 중심의 새 종교운동을 생각하신 것이지요.

　이런 운동의 총본부를 만들기 위해 학하리 자광사(慈光寺)를 마련한 것이에요. 그런데 나는 행동력이 약하니깐 '이세기'를 불러오라고 하더라구요. 이세기는 4·18때에 고대 학생회장을 해서 나하고 친했어요. 그런데 그때에 반혁명 사건으로 피해를 보고, 고대 총장인 '김상협' 비서도 그만두고서는 다시는 정치, 사회운동을 안

하겠다고 그랬어요. 내가 가서 탄허스님에게 그의 말을 전했더니 자기는 사회운동을 하고 싶지 않다고 그랬어요.

그러니까 스님은 내가 문무(文武)를 겸하고 스님과 친하니깐, 나에게 기대를 했어요. 내가 스님이 하시는 일의 총무 겸 사무총장으로서 모든 일을 하라고 그러셨지요. 그런데 그 무렵에 나는 미국에 유학을 가게 되어서, 유학을 갔다 와서 나서려고 그랬어요. 그렇지만 귀국 후에 박사학위 논문제출과 중앙대로 교수직을 옮기는 등 몹시 바쁘다 보니, 스님과 연결이 안되고 그때 박정희 시해사건으로 시국이 소란하는등 정국이 급변하고 그랬어요. 나는 그 시절에 한다고 하면 나설 마음이 있었지요.

■ 탄허스님은 "만해 한용운"에 대한 관심이 많았다는 말을 들었어요. 이런 점과 관련한 것을 들으신 것이 있나요.

… 스님은 한용운에 대해서도 많은 말을 하셨어요. '한용운스님'은 힘이 장사고, 일본놈들이 가한 고문을 이겨 냈다고 하셨지요. 실제로 일상생활로는 한용운은 잡놈과도 같이 문란했지만, 항일투쟁에서는 불굴의 투지로 지조를 지키고 영웅적 이었다고 했지요. 그 당시 민족대표 33인의 대부분은 변절을 했지만, 만해(萬海)가 변절하지 않은 것, 그것으로 대장부와 영웅이 되었다고 그랬어요. 그리고 스님은 "백용성스님"도 뵈었다고 그러셨어요. 탄허 스님과 백용성스님이 다 전라도 출신이잖아요.

■ 탄허스님과 박정희 대통령과의 비사는 없나요.?
　이번 기회에 그것을 알려 주시지요.

　… 스님께서는 국사(國師)의 혜안이 있었습니다. 그때 '김성곤' 씨의 부인이 '육영수' 여사의 모친을 통해서 탄허스님을 국사로 모셔야 한다는 말을 해서 그것이 청와대에 들어갔어요. 그때에 박대통령의 아들인 지만이가 육사에 들어갔는데, 육사교장으로 '정승화'가 있었어요. 정승화는 군승(軍僧)장교를 통해 탄허스님의 의견 여러 가지를 전달 받았지요. 지만이를 가르치는 것을 포함해서, 군승은 아침저녁 언제나 큰스님 에게 물으러 왔어요. 그러면 스님에게 들은 것을 갖고 박대통령에게 보고서를 올렸어요. 그러지만 결과적으로 정승화의 보고는 박대통령에게 대부분 반영되지 못했다고 해요. 박정희는 미처 그것을 못 본 것이지요.

■. 스님이 돌아 가신지도 30년이 넘었네요. 스님의
　　미래학에 대해서 지금은 어떻게 생각하는 지요

　… 내가 스님을 만날 때에는 나는 우리나라의 통일문제에만 관심을 가졌어요. 4·19세대여서 그랬지요. 그러다 보니 스님이 말씀하신 미래의 예측에 대해서는 별로 신경을 안썼는데, 30년이라는 세월이 지나고 보니 스님이 말씀하신 것이 대부분 맞았어요. 스님이 말씀하신 후천 개벽을 믿지도 았았어요 .스님은 후천개벽, 즉 새로운 질서가 도래하는 과정에서 통일은 부수적으로, 자동적으로 오는 거라고 하셨어요. 이를테면 한반도가 세계의 중심이 되고, 경천동지 하는 많은 일이 일어나게 된다고 보셨어요.

　한반도의 완전한 통일도 캄캄한 전체주의가 홍역처럼 북방 수

(水)가 남방 화(火)를 자극해서 이룬다고 말씀하셨어요. 나도 이제는 스님이 말씀하신 지구 대변동에 관심을 갖고 있고, 스님이 예언한 시기가 임박했다고 봐요. 요근래 일본에 최고 9도짜리 지진(地震)이 나와 원자력발전소가 부서지고 방사능 유출되는 것을 직접보고 일본열도 침몰이 임박 했구나 느껴요, 한편 무풍지대 한반도에도 드디어 경주, 포항, 울산 지역에 심한 지진이 나오는 것을 볼때 동해안에 해일이 오고, 서해는 융기되고, 지각변동이 난다는 스님 말씀이 새삼스럽게 실감납니다.

■ 탄허스님이 말씀한 미래에는 도의적인 인물, 능력있는 지도자가 나타난다는 것은 어떻게 보십니까?

… 스님은 어느시대가 오면 득도(得道)한 도인들이 쏟아져 나온다고 했어요. 인재(人才)들이 기라성 같이 쏟아져 나올 거란 말씀이지요. 내가 보기에도 지금 우리나라에 인재는 많아요. 스님은 이런 인재들을 발굴해서, 그런 사람들을 조직화해서 하나의 당(黨)을 만들어야 한다고 봤어요. 그러나 스님은 조직과 사회과학을 모르셨기에 그런 역할을 나에게 하라고 그러 셨지요. 지금 스님은 가셨지만, 나는 스님의 뜻을 이어서 옳, 밝, 넓, 앎, 삶, 이라는 다섯가지의 교리를 내세워서 정명회라는 조직을 만들어 운영해요. 회원은 160여명이 되요.

■ 장교수님은 스님에게 들은것, 사상 등을 구현할 생각은 없나요?

… 나는 탄허스님의 사상을 정리하고, 또 내가생각하고 있는 여러 내용을 정리해서 책 세권을 내려고 준비해 놓았어요. 스님께서는

"강증산"의 사상을 인용해서 일찍이 말하기를 "하늘은 주인 없는 무주물(無主物)이기 때문에 평화가 있지만, 땅은 각국의 소유, 개인의 소유물이 되어서 재판, 소송, 전쟁이 일어나니까 땅(地)도 무주물로 만들어라" 했다고 예를 들면서, 그 옛날에 사회주의 사상을 지적했다고 하였어요. 앞으로 가까운 장래에 후천개벽이 오고, 세상에 변화가 오면 내 책도 그것을 출판하려고 하지요. 거기에 담긴 골격이라고 할까, 기본사상은 다음의 세가지 모순(矛盾), 즉 원죄(原罪)로 보고 있는 것에서 나온 것이지요. 이 세상 인류의 불행한 근본 원죄를 나는 다음 3가지로 보고 있습니다.

그것은 우선 첫째는, 공산주의 유물사관에서도 말하는 것이지만, 사유재산(私有財産)이 정치권력의 씨앗이 되면서 인간세계를 불행하게 하였다는 것. 그리고 둘째는, 기독교에서 말하는 태초에 '에덴동산'에서 인간이 추방되었다고 말하는 원죄신화를 최후심판으로 구원해야 된다는 것. 마지막으로 셋째는, 큰스님도 지적하셨지만, 지축(地軸)이 23도7분이 기울어진 모순 때문에 일어난 지구가 그것이 사춘기를 맞이하여 360도로 똑바로 설 때, 지구 안에 살고 있는 굴절된 인간들도 바로서서 성현 군자가 된다는 이상세계를 생각 합니다. 나는 이것을 3대 모순이라고 보고, 그 근원을 학문적으로 분석하고 있어요.

그렇지만 스님도 말씀하셨지만 앞으로는 지구가 똑바로 잡히면서 일어나는 후천개벽의 질서, 천지인(天地人)이 바로 잡히는 것에 대한 것들을 담아 놓았어요. 지구의 윤도수(閏度數)가 없어지고 지구가 바로 서면 이상세계가 오고, 유토피아가 온다는 것이지요. 그러면 인간들은 화합하고, 부조리의 세계에서 조리가 있는 후천세계가 온다는 것이지요.

나는 이런 뜻을 선험적인 교훈으로 유념하고 살아가야 한다는 입장이에요. 이를 무시못한다는 것이지요. 그러면서 기후나 환경의 변화, 민주화, 생활수준을 높이는 것도 고려해야 한다는 것이지요. 그래야 인간의 유토피아 이상향을 만들 수 있다고 봐요.

결론적으로 후천개벽이 오는 것을 설명하고, 그런 질서를 대비하는 것에 대한 것들을 해설하는 책이지요. 나의 철학과 주장은 유불선(儒佛仙)과 한국의 전통사상 및 토속신앙을 결합시킨 것이에요. 그리고 여기에 서양사상이 결합, 조화되면 인간의 유토피아가 온다고 봅니다. 이렇게 내가 사상을 정립할 수 있었던 것은 탄허스님으로 부터 촉발된 것이에요. 거의 절대적인 영향이지요.→ *자택에서.

4편》 탄허 큰스님의 일생·언행·학문세계.

▌ 탄허큰스님의 일생·학문 – '만남'…반야 바라밀…'인연'
→한국미래 – (般若波羅蜜,= 智慧-Prājna Pāramitā)

　내가 '탄허 큰스님'과의 처음 '만남'은, 그 자체가 '우연'이었다고 생각된다. 일찍부터 나는 인간세상의 생노병사(生老病死)나 길흉화복(吉凶禍福)이 사람의 힘으로만 결정될 수 없다는 '무언가

물자체(物 自體)의 세계가 따로 존재하지 않겠는가'라는 아마도 1973(癸丑)년도 후반기에 접어든 9월 달의 어느 날로 기억된다.

전부터 큰스님에 대해서는 익히 알고 있었지만, 만나 뵐 기회가 없어 무심코 지냈는데 고려대학교 학생시절 불교학생회장을 지낸 적이 있는 후배 강사선생이 큰스님을 일찍부터 모셔 왔다고 말하면서, 마침 인사드리러 가자고 안내를 자청했기 때문에 첫 인연은 자연스럽게 맺어지게 되었다.

그때 큰스님은 바로 내가 잠시 근무하고 있었던 고려대학교 뒷담밖에 골목을 한참 들어가면 조그마한 '암자(庵子)'에 계셨는데 이름은 '개운사'의 말사에 속하는 대원암(大圓庵)이란 곳이었다. 이곳에 거처하기까지에는 몇 가지 사유가 있었다는 사실을 나중에 알게 되었지만, 묘한 인연은 때가 되면 닿기 마련이구나 하는 생각이 먼저 나의 첫 기억을 스치고 지나갔다.

무엇보다도 '간=소남(艮=少男)'이라는 시작이요 결실이란 역학의 뜻을 굳게 믿으시고, '한반도' 역시 우주와 지구를 펼쳐 놓고 볼 때, '간방'이며, 특히 '고려대학교'가 서울을 펼쳐 놓고 볼 때, 바로 '동북 간방=소남'에 위치해 있다는 사실을 주목하셨다.

아마도 속계로 내려온 첫째 연유를 찾는다면, 큰스님이 달통하신 '역학(易學)' 즉 주역(周易)에 근거했다고 보아야 할 것이다. 뒤에서 자세히 알게 되겠지만, 먼저 유념할 일은 한반도가 원래 '문왕8괘'(文王八卦)에 의하면 동북 '간방(艮方)'에 위치하고 있으며, 이 뜻을 다시 산학(算學)에 근거해서 모든 상징(象徵)으로 풀이해 보면, 상수학(象數學)으로는 3과 8의 수자를 지녔으며, 똑같이 '음양5행(陰陽五行)'으로는 '동방목(木)'이요, '지(智)'와 '도덕(道德)' 그리고 '소남(小男=청년)'을 상징한다고 되어 있다는 사실 때문이다.

　　그러므로 '한반도는 21세기에 세계의 중심'이 될 것이 틀림없고 천륜에 따른 '권능의 지도자'의 출현과 인륜에 따른 도덕성과 청년학도들의 역할을 크게 기대하고 있던 터에 고려대학이 바로 서울에서도 동북쪽 간방(艮方)에 위치하고 있다는 사실이 가장 크게 주효했다고 한다.

　　그 밖의 다른 여러 가지 인연들도 곁들여서 '새종교운동'을 비롯하여 특히 큰스님이 본거지로 거처할 수 있는 알맞은 여건이 크게 작용되었을 것으로 생각된다. 스님은 한반도가 소남(小男)인 동북간방(艮方)이니까 청년학도의 기상이 중심이라고 보고, 그래서 4·18 고려대, 4·19 학생혁명이 났다고 보았다. 고려대학을 상당히 주목하였다. 왜냐하면 고려대학도 "동북 간(艮)방"에 위치한 소남(小男)이면서 학생운동의 진원지 이였기 때문 이었지요. 탄허큰스님과는 여러 가지 얽힌 인영들이 고려대학과 맞물려 있었고, 또한 새 종교운동의 역군을 접촉하고 운동을 시작할 생각이 있으셨겠지요.

동북 간방(艮方)의 소남(小男)인 청년학도(고려대)를 찾아서

　　잘 알려져 있는바 와 같이, 고대 학생들은 1960년 4월18일에 최초로 자유당 독재정권의 타도를 외치면서 반정부 '데모'를 크게 벌렸었다. 필자도 참여한바 있지만 그날 국회의사당까지 3천 여명

(필자 주(註) : 그 당시 서울시내 대학생의 수가 불과 3만 여명이 넘지 않았다)의 학생들이 몰려가서 강력한 시위를 벌린 것이 유명한 '4·19 학생혁명'의 기폭제가 되었다.

그 날 머리에 수건을 질끈 동여맨 3천여 '고려대학생'들이 태평로에 있는 국회의사당 앞에서 하루 종일 '데모'를 끝내고 학교로 되돌아오던 때가 초저녁이었다. 당시 청계천 다리를 건너서 천일백화점 앞에 이르렀을 때 그 순간 유명한 정치 깡패들의 습격을 받았다. 그리고 수많은 학생들이 피투성이로 쓰러진 사건이 일어났다.

이 같은 보도가 신문에 나오자 다음날 독재정권을 쓰러뜨리는 '4·19 학생혁명'이 폭발하게 된 기폭제가 되었던 사실은 이미 역사에 기록되어 있다. 실제로 당시 서울 시내 정규 대학생 전체 숫자가 약 3만 5천명을 넘지 못하였으니 가장 민족대학으로 역사와 전통을 자랑하던 3천여 명 고대생의 반정부 '데모'는 가히 무서운 세력이었고, 눌려만 지내던 민족사에 일대 사건이었다.

동북 간방(艮方)의 소남(小男)인 청년학도를 찾아서
→ 세종교운동의 청소년 지도자 양성을 위해서!

잘 알려져 있는바 와 같이, 고대 학생들은 1960년 4월18일에 최초로 자유당 독재정권의 타도를 외치면서 반정부 '데모'를 크게 벌렸었다. 필자도 참여한바 지금 '4`19민주혁명유공자'로 되어 있지만, 그날 국회의사당까지 3천여 명(그 당시 서울시내 대학생의 수가 불과 3만 여명이 넘지 않았다)의 학생들이 몰려가서 강력한 시위를 벌린 것이 유명한 '4·19 학생혁명'의 기폭제가 되었다.

그 날 머리에 수건을 질끈 동여맨 3천여 '고려대학생'들이 태평로에 있는 국회의사당 앞에서 하루 종일 '데모'를 끝내고 학교로 되돌아오던 때가 초저녁이었다. 당시 청계천 다리를 건너서 천일백화점 앞에 이르렀을 때 그 순간 유명한 정치 깡패들의 습격을 받았다. 그리고 수많은 학생들이 피투성이로 쓰러진 사건이 일어났었다.

이 같은 보도가 신문에 나오자 다음날 독재정권을 쓰러뜨리는 '4·19 학생혁명'이 폭발하게 된 기폭제가 되었던 사실은 이미 역사에 기록되어 있다. 실제로 당시 서울 시내 정규 대학생 전체 숫자가 약 3만 5천명을 넘지 못하였으니 가장 민족대학으로 역사와 전통을 자랑하던 3천여 명 고대생의 반정부 '데모'는 가히 무서운 세력이었고, 눌려만 지내던 민족사에 일대 사건이었다.

그 무렵 아마도 큰스님께서는 일찍부터 '새종교운동'을 일으키려고 '거사불교(居士佛敎)'를 구상하고 계셨던 것 같았다. 세계적으로 가장 훌륭한 '대승 불교'를 빛내 왔던 한국에서 일제시대 '대처' 즉 중들의 결혼생활을 정책적으로 밀어서 조선의 민족혼을 말살시킴과 더불어 '호국불교'를 망쳤고, 해방 후 혼탁상은 산중불교에도 환멸을 느끼게 되었다.

특히 우수한 인재를 배양해서 도력이 높은 '중(僧)'들을 만들고 중생제도를 현대사회에 맞게 실천운동을 전개하고 싶었으나 구태의연한 싸움투성이의 기성종단에서는 도저히 찾을 길이 없었다. 그래서 '권능의 종교운동'이나 '왕도정치(王道政治)'를 항상 실천하려는 큰 뜻을 간직하고 계시다가 입산수도생활 40여 년 만에 환갑을 맞은 뒤, 속세(俗世)로 나오신 뜻도 뒷날 확인이 되고 있는바,

이 글을 읽으면서 상세한 전말을 알게 된다.

한편, 고려대학생들의 4·18의거를 '간방(艮方) 소남(少男)' 의 진원지로 생각하고 이제는 국운이 피고 시운이 점차 맞아떨어지는 시기에 접어들었으니 실천에 옮길 때라고 서울에 거점을 마련한 것을 자못 좋아 하셨던 것 같다. 그래서 처음 한 2년 동안은 고려대 교수님들에게도 밤에 시간을 내서 '노장사상(老莊思想)'을 강론 하신 바 있었고, 낮에는 청년학생들을 비롯한 모임이나 많은 중요 인사들을 접견하고 계셨다. 한편 '거사불교'를 전파하기 위해서도 그런 활동은 크게 기대하고 계셨던 것 같다.

지금도 두 번째 조계종(曹溪宗) 총무원장을 지내신 '송월주' 스님이 당시에는 개운사 주지를 맡고 있었지만, 대종사(大宗師)님이시고 우리나라 '선종(禪宗)사찰'의 본산으로 되어 있는 '오대산 월정사(月精寺)'의 조실(祖室)로 '탄허 큰스님'이 계시다가 속세를 찾아오시는 터이라 특별히 대원암에 모셨다는 연유도 때맞추어 크게 작용한 것으로 보인다. 큰스님의 고향이 전북 만경인데 월주스님은 전북 김제로 동향 후배 되는 인연이 이곳에 거처를 잡게 만든 것은 당연한 일일 것이다. 그래서 원래 비구니(女僧)들이 거처하고 있었던 '대원암'을 바꾸어서 큰스님께 드렸다는 후일담도 있었다.

물론 불교 계통으로 치면, 구한말에는 조선불교계에 두 분의 대종사님들이 계셨는데, 이 때문에 '오대산 월정사'의 '방한암 대종사'와 다른 한편 '덕숭산 수덕사'를 거점으로 '송만공 대종사'가 양대 인맥으로 우람차게 조선의 '대승불교계'를 우뚝 세워 놓고 있었다. 전북 출신으로 '탄허 스님'은 유일하게 강화도 출신으로 서울의 봉은사와 오대산 월정사를 거점으로 삼은 '방한암 대선사'의 직계 제자이었다. 물론 처음에는 5인의 제자가 있었다고 하나 3인은 수도하다가 온데 간데없이 살아져 혹은 '묘향산'에서 입적했다고도 들리고, 또는 행적이 묘연하기도 하다고 들린다.

　　단 한사람만은 일제시대 수도할 때부터, 좌익(左翼)사상을 가지고 있더니 해방 후 일본으로 건너가서 '조총련'의 거물급 인사가 되었으며, 그 후 '탄허 스님'이 1963년도 '대만'을 방문할 때, 우리 영사관에서 일부러 '조총련'의 불교 신도들을 전향시키기 위해서 만나도록 주선 하였던 바, 처음으로 상봉하게 되었단다. 그 때 엄청나게 값이 나가는 금분을 칠한 '화엄경 원본책'을 선물 받아서 나중에 귀국 후 '번역 사업'이 가능하게 되었다고 하였다.

　　한편 해방 후 종정으로 맹활약을 했던 예컨대 '청담'이나 '효봉'을 비롯한 최근의 '월자(月字)' 붙은 고명한 스님들 지금의 '월하 종정'이나 '송월주 총무원장'은 그들의 스승이 다 같이 전북출신으로 덕숭문중을 이루었던 '송만공 대선사'의 제자들인바, 이런 뜻에서 본다면 '송월주 스님'과 '김 탄허 큰스님'은 고향이 갖고, 진보적 성향을 가진 점에서 관계가 깊었던 것 같다.

　　뒤에서 설명이 자세하게 나오게 되지만 실제로 '김 탄허 스님'은 어렸을 적부터 남달리 꿈이 득법(得法) 해서 '신선(神仙)'이 되고 싶었던 것 같이 짐작이 가며, 그 때문에 '도(道)' 닦는 일에는 '유-불-선'을 가리지 않고 찾아다니며 방황했던 것 같다. 첫 번째는 차천자교의 서당에서 한문을 배우면서 '강증산이 한국 선교(仙敎)의 성경으로 집필해 놓은, 현무경(玄武經)'을 조선의 도교(道敎)를 통하여 도통(道通)해 보려고 한 것 같다. 그 뒤는 '최면암의 기호학파'에서 유교(儒敎)를 배우면서 득법을 시도한 것 같으며, 최후로 '오대산'의 '불교(佛敎) 선맥(禪脈)'을 찾아 간 것 같다.

인과응보(因果應報)의 불법(佛法)을 말하다

두 번째로 고려대학 근처에 거처를 정한 연유를 찾아본다면, 큰스님이 항상 깊이 간직하고 계셨던 인과응보(因果應報)의 불교사상에 크게 얽매이셨던 것 같다. 실은 큰스님이 '대원암'으로 오실 때는 환갑이 지났기 때문에 40년간의 수도생활을 바꾸어서 부처님께 '그만 속세(俗世)로 나가 보겠습니다'라고 고(告)하고 고려대학과 이웃한 곳을 찾아 오셨다고 말씀하신 적이 있다.

그러나 또 다른 특별한 사유가 없는바 가 아니다. 다름 아닌 큰스님이 월정사에 계실 때 돌발했던 고대 불교학생들의 떼죽음에 크게 충격을 받았고, 이 같은 업보(業報)를 보답해 보려는 자비로운 불심(佛心)이 그곳으로 거처를 잡지 않을 수 없게 만들었다는 사실이다.

1963년 여름방학 때에 일어난 큰 사건이었지만, 당시 유명한 철학교수이신 '손명현' 교수님의 지도하에 일단의 남녀 '고대 불교학생회원'들이 '탄허 큰스님'을 찾을 겸 관음보살님의 성지인 오대산의 '월정사'를 방문하였다. 이어서 신라시대의 국보 종(鐘)을 보유한 것으로 유명하며 세조(世祖)임금의 창병을 치료했다고 전해오는 월정사 휘하의 암자인 상원사(上原寺)로 올라가던 차에 그만 상류에서 쏟아져 내리는 급류에 휘말려서 손에 손을 잡고 계곡을 건너던 13명 남녀학생들이 떼죽음을 당하게 되는 참변이 일어났었다. 이때 지도 교수님은 간신히 살아났지만 이들 속에는 지도 교수님의 따님도 들어 있었다.

이런 뜻밖의 참사를 누가 무엇으로 설명할 수 있단 말인가. 큰스님은 이들 젊은 혼령들을 달래어 왕생극락을 기도하기 위해서, 그리고 전생(前生)의 죄 많은 '인과응보'에 보답하는 뜻에서도 대원암에 거처를 정하고 서울을 중심으로 현대생활에 맞고 동시에 지식인들이 난해한 불경을 쉽게 터득하고, 참선수행을 몸소 실천시키기 위하여 속계에 거처를 옮겨오게 되었다는 말씀도 뒤에 두고두고 술회하였다.

큰스님께서는 어려서부터 득도(得道)를 하겠다고 '선교(강증산교)', 유교(면암-최익현)'를 두루 방황 하다가, 스물한 살에 뒤늦게 중(僧)이 되었는데 '유-불-선'을 회통한 뒤에 그런 참변까지 당하고 보니 그것도 스님의 죄 많은 '업보'라고 깊이 참회하면서 과감하게 '천시와 지리와 인화'를 내다보고 비록 스님이 결실을 받을 팔자는 못되지만 시작은 벌려 놓을 수밖에 없다고 착수한 것 같다.

이 같은 사실은 불법무망(佛法無望)이라고, 부처님을 원망했던 즉 '불무령(佛無靈)'이란 옛날의 불심에 관한 유명한 고사(故事)를 인용해 설명하면서 대자대비(大慈大悲)하신 부처님의 참뜻으로 받아들였던 것 같기도 하다.

옛날이야기는 다음과 같다. 고려 왕자(王子)로 출가해서 천태종(天台宗)을 열어, 고려국을 불교나라로 융성시킨 유명한 대각국사(大覺國師) 의천(義天, 1055년 9월 28일생)께서 탄생되신 설화를 거론하면서 '인과응보'의 불교에서 흔히 말하는 윤회(輪廻)사상을 다시 한번 음미해 보게 되었다. '의천' 왕자는 낳자마자 밤낮으로 울어대기만 했다.

그런데 목어(木魚) 즉 목탁(木鐸) 소리를 듣기만 하면 뚝 울음을 그치는 것이었다. 그 소리가 어디서 들려오는지 알 수 없는지라

왕은 증사(僧使-스님외교관)에게 소리 나는 곳을 찾아보라는 명령을 내렸다고 한다. 중사가 소리 나는 곳을 추적해 보니, 바다 건너 중국 무림(武林) 항주(杭州)의 경호(鏡湖)라는 물가에서 멎었다. 조그마한 암자에는 중(僧) 한사람이 초제(招提-임금이 몸소 이름을 지어 준 절)에서 목탁을 두드리며 그 소리에 맞추어서 경(經)을 읽는데 무척 맑은 소리였다.

그는 그 앞에 나아가 절하고 동방에 건너가 왕자의 병(病)을 고쳐 주기를 청원하였다. "왕자가 나신 뒤로 밤낮 울기만 하고 그칠 줄 모를 뿐만 아니라 왕자의 팔뚝에는 '불무령'[佛無靈-부처는 영혼도 없다. 즉 無心하다]이라는 3글자가 쓰여 있습니다." 이걸 보니까, "우리 임금께서 부처님 앞에 빌고 얻으신 아기라 부처님이 점지하신 바 틀림없는데, '불무령'이라는 글자가 새겨진 까닭은 무엇입니까." 그중은 그 말을 듣고 깜짝 놀라며 말했다. "그것 참 이상한 일이요. 어디 함께 가서 봅시다."

고려 증사(스님특사)는 그 중(스님)과 함께 고려로 돌아왔다. 그 중이 왕자 앞에 이르러서 합장(合掌)하고 절을 하니 그제야 '의천'이 울음을 그치었다. 참으로 기이하게 생각한 문종(文宗-고려 제11대왕)임금이 그 중에게 어찌된 영문인지를 물었더니 그 중은 다음과 같은 이야기를 전하는 것이었다.

"왕자께서는 저의 사승(師僧)이시 옵니다. 본래는 담여군[擔輿軍-수레를 메는 사람]이었는데 돈이 생기면 살림을 하고 아껴 쓰다 남는 것이 있으면 반드시 우물에 집어 던져 여러 해 모아 금액이 많아지니까 호숫가에 절을 짓고 중이 되셨습니다.", "저는 그이의 덕망을 흠모하여 스승으로 섬기었습니다. 그런데 불행하게도 1년 만에 앉은뱅이가 되고, 2년 만에 장님이 되었고, 3년째에는 벼락에 맞아 죽고 말았습니다. 저는 애석함을 금치 못하여 팔에 '불무령'

이란 3글자를 써넣고 장사를 지냈습니다. 그런데 뜻밖에도 여기서 환생(還生)하셨을 줄이야 누가 알았겠습니까."

이 말을 들은 문종은 몹시 감탄하며 말했습니다. "불무령이 아니라 불유령(佛有靈)이로군. 여러 가지 참상(慘狀)을 당한 것은 일찍이 저 세상에서 지은 죄(罪)에 대한 벌(罰)을 한 세상에서 빨리 다 받고 새세상에서 좋은 결과를 얻기 위한 것인 줄을 어찌 알 리가 있었겠소." 사실 문종 역시 불교에 대한 신심은 대단하였었다.

문종은 임금 재위시에 '인왕', '반야', '화엄' 등 수많은 '도량'을 베풀어 불사(佛事)를 이룬 일이 일흔 번에 달한다고 알려져 있다. '의천' 역시 재질이 출중하여 출가하기 전부터 불서를 독습하였고, 사문(沙門)에 들어선지 불과 다섯 달만에 벌써 구족계 〈具足戒-우바삼발라 upasampanna라고 번역되며, 사미계(沙彌戒) 즉 출가하여 십계(十戒)를 받은 남자가 250계를 지켜야 하는 비구계(比丘戒)를 말함〉를 받았다는 사실이었다.

그러나 더 중요한 것은 '인과응보(因果應報)'를 천명이나, 천운과도 같이 하늘이 내린 국운이나 시운으로 설명해 주는 훌륭한 사례로서 다음과 같은 또다른 설화를 이야기하게 되었다.

한반도 국운(國運)을 '인과응보론'으로 설명하시다

큰스님의 '인과응보론'은 뒷날 우리 한민족의 국운(國運)을 말할 때, 우리의 선조(先祖)들이 5천년 동안 한번도 남의 나라를 침범한 적이 없었기 때문에 이제는 복받게 된다고 하였다. 항상 착하기만 하고 선량한 민족으로 하느님한테 선택받아서 동쪽으로 해돋는 땅을 찾아 '한반도'에 내려온 것이라고 설명해 주었다. 따라서 우리 민족은 수많은 침략을 당하기는 했지만 남의 나라를 침탈한 적이 없기 때문에 이제 닦아 오는 21세기의 후천개벽(後天開闢)의 새로운 시대에는 세계의 중심으로 '동방에 빛나는 황금의 시대'로 한반도는 주역(主役)이 된다고 말하였다.

흔히 극동(極東)이라고 말하지만, 오히려 동극(東極)에 속하는 한반도는 지구가 사춘기를 만나서 북빙하가 녹고 바로 설 때에 수륙 2천리를 역(逆)으로 솟구쳐 온 계룡산[鷄龍山 -만주에는 더 큰 본산(本山)이 있다고 말씀하심]이 지렛대의 아랫목 역할을 해서 가장 피해가 적고 살아남게 된다는 원리는 앞 편에서 이미 수없이 설명한바 있다.

예컨대 우리 조선족(朝鮮族)과 사촌간으로 가장 가까운 여진족(女眞族)이 청(淸)나라를 중국에 세웠을 때 청태조 '누루하치'는 나의 근본 뿌리는 동쪽으로 백두산을 가리키며 '자기동래(紫氣東來)'라고 소리쳤다고 한다.

처음 도읍지를 봉천(奉天)이라고 부른 이유도 백두산 즉 장백산에서 정기를 타고 태어난 민족임으로, '하늘을 받든다'는 뜻에서 나온 것이란 말씀을 종종하셨다. 그리고 '자기동래'란 말뜻도 '천자(天子)의 기운이 동쪽에서 왔도다', 즉 '달마가 동녘으로 가는 뜻은'이란 '천도(天道)-하늘의 도'와 맥락을 같이 한다고 단언하면서, 우리나라의 '천안(天安)'이란 지명이나 서울의 '봉천동'이란 지명도 계룡산이나, 유명한 강감찬 장군이 벼락을 부러뜨린 연유에서 나왔다고 좋은 지명이란 평을 말해 주었다.

실제로 필자가 만주의 옛 '봉천' 지금의 심양(瀋陽)에 있는 청나라의 처음 궁궐이 지금은 박물관으로 개방하고 있을 뿐만 아니라, 그곳이 '병자호란' 이후 조선의 왕자 '소현세자'와 '효종'을 비롯한 수많은 남녀들이 인질로 잡혀가 살았고, 특히 박지원의 '열하일기(熱河日記)'가 바로 그곳을 적어 놓았기 때문에 여러 차례 관광한바 있었다. 그때마다 느끼는 것은 궁궐모양이 우리나라 덕수궁과 비슷한 느낌이 들었고 사각진 기둥을 발견할 수 있었다. 특히 조그마한 입구 대문(大門)위에는 옆으로 '紫氣東來'라는 궁궐 문패가 지금도 걸려 있다(위 사진 참조).

내가 큰절을 올리고 처음 뵌 큰스님은 흔히 도통한 스님들이 형제처럼 닮은 마치 '달마 대사상'처럼 장대한 둥근 몸체에 서기 어린 눈빛을 발산하고 계셨다. 필자는 당시 한참 나이에 청운의 뜻을 지니고, 특히 동서 '사회경제사상'에 골몰하다가 '마르크시즘'에 막혀서 탈진하여서 한국학(韓國學)이란 당시로서는 생소한 분야에 들어오게 되었다.

우선 동양사상의 근본을 알려면 '사서삼경' 중에서는 동양 고전의 철학 책인 '주역'을 독파해야 되겠다고 생각이 미치게 되니까 이를 탐독하였고 실제로 가장 어려운 64괘를 우선 외우는 데만도 그냥은 어려워서 '6효점(六爻占)' 또는 '척전작괘(擲錢作卦)'라 해서 동전 2잎을 던져서 육효(六爻)를 얻어내는 작업을 통하여 '태음(太陰) 및 태양(太陽)'과 '4괘(四卦)'와 그리고 ' 8괘(八卦)'와 최종적으로 '64괘'를 얻어내게 되었다.

'한국학'에 관심이 많았던 시절이었기에 '주역'을 다 소화시키고 있었던 필자는 비록 점괘(占卦)를 통하여 '주역'을 외우고 있긴 했지만, 그래도 서양 사회과학과는 '장르'가 다른 차원에서부터 천하대세를 논하고 싶었고, 우선 천기(天機)에 관계되는 질문부터

드리고 문답을 시작하였다.

이제 1974년이 되면 '갑인(甲寅)년'이 오는데 이때 되면 독재정치도 물러가야 하고, 민족통일도 무언가 징조를 보일 것이 아니겠습니까. 왜냐 하면 '갑목(甲木)과 인목(寅木)'이 겹쳐서 그야말로 '한반도'의 '동방 목'을 그대로 들어내는 시운(時運)에 접어들었으니 이제는 참된 한반도'의 '우대'가 오는 것이 아니겠는가라는 운부터 띠기 시작한 것이다.

더구나 '갑인'년의 뒤를 이어 '을묘(乙卯)'년을 거처 '병인(丙寅)'년이 되면 '남방 화운(火運)'이 충천하면서 동북 간방(艮方)의 '묘 및 인 목(木)'이 '햇빛 즉 화운(火運)'을 만나게 되니 나무는 무성하게 장성하는 운세임에 틀림없다. "또한 그 다음해 1977년 '정사(丁巳)'년에는 '빨간 뱀'의 해(年)라 늘 '큰스님'께서 말씀하신 '3·3-4·4'에 통일된다는 '이크 빨간 뱀이다'라는 민족 통일과 후천세계가 변혁의 전환기를 맞아 오는 때가 아니겠습니까"라고 묻지 않을 수 없었다.

왜냐하면, 우리나라의 참언(讖言)들이나 예컨대 '정감록 비결'을 비롯하여 오랜 옛날부터 '역성혁명'(易姓革命)이 일어날 때에는 '미륵불'을 들먹이거나 '갑(甲)운'이 들은 해를 골라서 혁명을 하는 사례들을 거론하였다. 가령 근대에도 '갑신정변'(甲申政變,-1884)이나 '갑오 동학란'(甲午東學亂,-1894) 또는 '갑오경장' 등이 전형적인 그런 사례에 속하기 때문이기도 하다.

눈이 휘둥그래진 큰스님은 대뜸 일갈을 하셨다. 이 사람들 '유언비어'를 퍼뜨리고 다니다가 주리를 틀리고 싶어서 그런 말을 지껄이는가. 조심하게나. 예나 지금이나 나랏일을 잘못 말하다가는 역적으로 몰려서 삼족이 '멸문지화'를 당하는 법이여! 이같이 우리

일행에게 꾸중을 하신 뒤, 그래도 어진 마음으로 차(茶)와 과자[일제시대에나 먹던 하야코 큰 박하사탕이 인상적이었다]를 들라고 내주시면서 다음과 같이 한 말씀하셨다.

사내대장부가 가장 큰 일을 할 수 있다면 '정치(政治)'를 해서 나라를 경륜(經綸)해 보는 것도 보람이 있지. 앞으로 이 나라는 종교와 정치가 동시에 열릴 것이고, 그때에는 "왕도정치를 행하는 '권능을 가진 종교와 대지도자'가 나와서 사방 십리에 사람 하나 꼴로 살면서 극한극서도 없는 살기 좋은 세상을 만들 걸세"라고 말한 기억이 난다.

그때 큰스님이 계축생(癸丑生-1913년생)인데 국운, 시운도 나쁜데다가 본인의 사주팔자(四柱八字)도 잘못 태어나서 개인 운도 나쁘기 때문에 그 동안 수도생활이나 하고 지냈지만, 그래도 대종사(大宗師)까지 되었으니 자기의 인생은 성공한 편이라고 말씀하면서 필자보고 "어디 내 사주팔자 좀 짚어 보게" 하시었지요.

세력을 보고 '아마추어' 실력으로 풀어 본 뒤 "60대 까지는 개인 운이 전혀 없네요"라고 솔직히 말씀드렸더니 "맞습니다. 그래서 내가 홀로 도(道) 닦는 길로 들어섰지만, 이제 순 60세를 지났으니 다음부터 오는 새로운 순 60세 도합 120세 까지 내가 살 것이고, 이제부터 새로운 정치와 권능의 종교를 주도할꺼요"라고 사회운동을 준비한 듯한 답변을 듣게 되었다.

더구나 이제 다가오는 국운(國運)은 한반도가 융성해 지기 마련이고, 또한 지금은 한번 더 전체주의(全體主義) 같은 암흑시대를 겪게 되지만, 그때를 넘기면 태평성대의 좋은 시운(時運)이 올 터이니 그러면 개인운(個人運)만 문제가 남는데 이들 '국운, 시운, 개인운' 등 3가지 운대(運帶)가 "이젠 맞아 들어가는 것 같소이다"라고 자신 있게 말씀하셨다.

그 동안 불운의 순 60(旬六十)세를 지냈으니까, 다시 더 살게 되는 순 60세는 천하를 권능으로서 움직이면서 새 종교 운동부터 시작하여 뜻을 펴 보이겠다고 말한 것이다. 그러면 120세까지 살게 되는데, "불노장수(不老長壽) 거 좋은 거지요. 싫어 할 사람 누가 있겠습니까"라고 껄껄 웃으며 말씀하셨다.

그러나 지내 놓고 보면 지금 '큰스님'은 72세에 입적하셨고, '전체주의' 같은 캄캄한 때를 지낸 뒤 통일의 시대가 온다는 말씀은 비록 5·6공화국은 허상으로 끝났지만, '5·6공(共)'을 겪고 난 우리로서는 앞으로 맞는 '예언'으로 감회가 깊다. 다만 '이크 빨간 뱀이다' 라는 정사(丁巳)년 '김일성이 죽고 통일의 기운이 보인다' 라는 '예언'은 북한에서 제2인자인 최용건이 죽었을 뿐 빗나간 것이 확실하다.

그러면서 뒤에 살게 되는 순60세에는 좋은 세상도 열릴 것이니까. 새 종교 운동으로 '거사불교'를 해야 한다고 말하면서, 요즈음 비구나 비구니나 남녀할 것 없이 중놈 중에는 득법할 만한 사람도 없어서 장차는 '고승'이 나오기도 점점 어려워질 거라고 한탄하면서 '그러니 어떻게 인재를 기르며, 지도자를 배출할 수 있겠는가' 라고 사람 걱정부터 하셨다.

왜냐하면, 대학가기 어려우면 불교학과나 무시험(옛날 한때 입학방식)으로 들어가서 다니다가 비구승이 되고, 연애하다 실패하면 절간으로 들어 와 비구니가 되니, 어디 똑똑한 중놈 하나 제대로 나올 수 있겠는가, 어디에서 과연 승보(僧寶)가 있겠는가라는 일부 부정적인 현상이 있었으며, 실제로 속계에는 그런 풍조가 갈수록 만연해 감으로 혹심한 질책을 하고 계셨다.[주:1970년대 상황이었음]

옛날에는 '과거시험'에 승과(僧科) 시험이 있어서, 여기에서 장원 급제 하면 말할 수 없는 존경도 받고 국사(國師)도 났었지. 지금은 불보(佛寶)나 법보(法寶)만 놔두고, 불교의 삼보(三寶)중에서 승보 대신 속세에 있는 훌륭한 '유발승'이나 '처사'들을 모아다가 '거사(居士)불교운동'을 전개해야 하겠다고 말하셨다.

여기서 말하는 '불가의 삼보'란 '불보, 법보, 승보'를 일컫는데, 큰 사찰에 가서 대웅전 지붕 옆에 큰 동그라미 속에 색색으로 작은 동그라미 3개가 3색(백,적,청)으로 그려져 있는 도안(圖案)이 삼보마크이다. 흔히 우리나라에서 삼보사찰을 들라 하면 '불보'는 양산에 있는 통도사(通道寺)이며, '법보'는 합천의 해인사(海印寺)이고, '승보'는 순천에 있는 송광사(松光寺)를 지칭한다.

이들은 다 같이 오랜 옛날부터 내력 있는 절간들이다. '통도사'는 부처님의 진신사리(眞身舍利)를 인도에서 가져다가 모셨고, '해인사'는 팔만대장경(八萬大藏經)으로 유명하며, 또한 '송광사'는 고려 때부터 '대각국사'인 '의천'이 왕자로 중이 되어 스님들을 양성하던 대학교 이었던 바, 이들 사찰은 수많은 국사와 득법한 고승들이 줄을 이어 선(禪)과 경(經)을 높인 때문이다.

오늘을 사는 우리로서 현대 산업사회는 과거의 농경사회와 같은 신분제도나 재산소득은 물론 없어 졌지만, 그래도 '자본주의'나 '봉건사회의 잔재'는 아직도 남아 있어서 전근대적인 직업윤리를 강요하거나, 아니면 첨단 현대사회가 인간상마저 깡그리 말살시킨 것이다. 사회구조는 분해과정을 촉진해서 그야말로 '양반과 상놈'이 거꾸로 뒤바뀌고, 비록 능력은 갈수록 높이 평가되지만 심신으로 고달프고 지친 '인간 소외(疎外)'의 고뇌를 위로 받고 안식할 곳이 없는 사회가 되었다는 한탄이다.

"박정희 대통령'과 '육영수 여사'에 얽힌 사주팔자(四柱八字) 이야기"

몇 년이 지난 뒤 속세 숫제자로 또는 유발승(有髮僧)이라 할까 아니면 처사(處事)나 거사(居士)라 할까, 그러나 이들은 대개 벼슬을 않고 초야에 묻혀 사는 지식인들을 말하지만, 필자는 그 당시 동양철학을 습득하고, 국방대학원에서 국가안보(安保)나 사회과학을 다루는 교수이었으니 어떻든 후계자가 되어 주기를 바라는 첫 번째 제자로 믿고, 나와 큰스님은 여러 가지 속 얘기를 마음놓고 나눌 수 있게 되었다.

특히 동양철학이란 주역→정역→지구의 경사(傾斜)등에관한 우주관을 예언하면서, 2천7지라던지, 6·6·77과 3·3·44 라던지, 등등의 국제정세 인생관 영도자 그리고 통일과 국운 등을 새 종교로서 풀어야 한다고 말하였다.

비로소 특히 필자에 관해서는 동서학문과 문무를 겸했다고, 몹시 좋아 하셨다. 원래 불가에서는 마음에 드는 참된 득법(得法)한 제자를 한사람도 갖지 못했다고 한탄하시던 큰스님이었기에 오히려 속세에서 실천운동과 말동무가 되어 줄 수 있는 제자를 얻을 수 있게 되었다고 생각하게 된 것 같았다.

항상 만나면 천하대세 돌아가는 상황파악이나 정세 분석이 있었고, 심지어는 '후천개벽'에 관한 논의와 큰스님의 사주(四柱)를 통한 천시나 지리와 인화가 합일될 수 있는지에 관한 운세(運勢)판단 등과 그리고 주변의 지도자 및 인물들에 관한 인물평에 이르기까지 끝없는 대화가 계속되었다.

그런 경우 옆에 앉아 있는 사람들도 때로는 무슨 이야기가 오고 갔는지 모를 정도로 이심전심의 천기(天機)가 논의되기도 하였고, 급박한 정치 정세에 관해서 붙잡혀 가지 않을 정도로 암호처럼, 격의 없이 심각한 대화를 나눌 수 있었다. 큰스님은 역시 섣부른 사람들이 찾아와서 지껄이면 그렇게 도(道)를 닦은 분도 별안간 큰소리를 버럭 지르거나 '이 맹꽁이 같은 사람아'라고 일갈을 하면서 뜻밖의 열화를 내는 일도 많았지만 필자에게는 어느 때나 반가이 맞아 주었고 오랜 시간을 내서 문답하기를 즐겨 하셨다.

지금 생각해 보아도 특히 필자를 좋아했던 여러 가지 매력 있는 점이 많았던 것 같았다. 무엇보다도 세상 사물을 보는데 남다른 혜안이랄까 또는 색다른 본질을 얘기 할 수 있었던 점, 한편 '역학'을 비롯해서 동양 전통사상과 천문 지리 및 명리학을 위시로 상법과 복서에 심취했던 점, 서양 학문 중에서도 정통학문과 사상과 역사 및 정치경제학 그리고 군사학 등 신식 학문에 통달되어 있어 큰스님이 가장 궁금한 국내외 정세의 본질을 파악할 수 있었고 국내 정치의 진수를 얘기 할 수 있는 말상대가 되었기 때문이었다.

어느 날 큰스님께서는 우리나라의 대권이 흔들릴 수도 있는 무서운 비밀 이야기로 당시 단말마의 발악을 하면서 말기증상이 걷잡을 수 없이 드러나고 있었던 '박정희 유신독재정권'에 관한 천기(天機)에 관해서 다음과 같은 실화를 몇 번이고 조심할 것을 당부하면서 필자에게 들려주셨다.

이보게, 박대통령 관상(觀相 －마의태자의 관상법에 능하였음)을 텔레비전 사진으로 보면, 원래도 시커멓고 광대뼈가 툭튀어 나와 큰일을 저지르고 제명에 못 죽을 사람이지만 이제는 양 눈 밑이 밤알만큼 폭 파여서 코가 중앙 토(土)이니까, 금(金)이 부족 한거야. 그러면 '금왕지절(金旺之節)'에 아무래도 총맞을 가능성이 많지.

이런 얘기는 유언비어가 되니까 절대 조심해야지. 자칫 잘못해서 붙잡히면 옛날에는 삼족이 멸문지화를 당했고, 지금 민주시대라고는 하지만 주리 틀리네. 워낙 하늘이 낸 분은 다른 변수가 하도 많으니까 꼭 적중하는 것은 아니지만 아마도 불행한 운세에 놓여 있는 것은 사실이야.

또 다음과 같은 명리학(命理學)으로 본 박대통령의 운세를 논의한 적도 있다. 큰스님은 '마의 관상법'과 풍수지리학에는 능하였지만, '사주 명리학'은 필자에게 항상 물어 보곤 하였다. 그런데 하루는 이런 이야기를 나누기도 하였다. 박대통령은 원래 모친이 살기 어렵게 되어 친정계통의 집인 수원 백(白)씨 집의 산지기와도 같은 처지로 이사와 살던 곳이 현재도 남아 있는 구미(龜尾)의 상모리(上毛里)로 알고 있다고 하였다.

이곳은 뒷산이 험준하고 높은 금오산(金烏山) 밑인데 비록 한자는 까마귀 '오(烏)' 글자를 쓰지만 '금 두꺼비 산'을 가리키는 뜻이며 일찍이 고려 창건을 예언한 '도선 대사'가 머무른 곳이고 이기도 하고, 또한 고려말에는 '야은 길재' 선생이 은거해서 살았다고 전해지고 있다고 알려져 있다. 앞에는 '낙동강'이 굽이쳐서 역(逆)으로 휘감아 올라가는 정말 명당 터라고 말할 수 있는데 특히 거북 구(龜)자가 앞에 오면 예컨대 귀두(龜頭)가 되고 뒤로 가면 '구미'가 되는 지명을 가진 곳이다.

'금오산'은 우뚝이 솟아서 예로부터 부산과 서울을 연결하는 '봉화 불'이 타던 곳이고, 지금도 제일 큰 '레이더 사이트' 즉 송신탑이 꼭대기에 설치되어 있는데, 70년대까지만 해도 군용 민용 방송용 및 미군용 등 여러 가지 종류의 송신탑이 가장 많이 모여 있는 곳 중에 하나로 위치해서, 지금은 한데 통합되어 있지만 당시는 무려 7-8개에 달했다고 한다.

'금두꺼비'에게는 커다란 털이 '상모, 중모, 하모' 등 3개가 있다고 하는데, 그 중에서 상모리(上毛里)에서 모친이 45세가 넘은 늦은 나이에 잉태해서 말로는 그 옛날에 부끄러워 낙태시키려 묶은 간장을 몇 사발씩 먹었으나 혼수상태에 빠졌을 뿐, 그대로 태어나서 어렸을 적부터 다부지고 영리하게 공부를 잘하였기 때문에 대구사법학교에 국비로 진학할 수 있었으며, 결국 대권자(大權者)가 되었으니 하늘이 냈다는 말도 전한다고 한다.

　한편, 그 집 '묘'를 잘 썼다는 말도 정설로 흔히 알려지고 있으나, 바로 상모리 초가집 옆 높은 바위 등위에 위치하고 있었는데, 명당(明堂)이란 이야기다. 옛날 못살 때에 아무렇게나 쓴 것이 워낙 금오산 정기가 서린 '일인지하(一人之下)' 명당터 이기 때문에 대권자(大權者)로 발복하게 되었다는 설화다.

　실제로 미국 정보기관에서 5·16 '쿠데타'를 주도한 당시 '박 소장'에 관해서 신상파악을 하는데, 바로 위 형님하고 10여 년 연상의 나이 차이가 있어서 이것이 친형제인지 이복인지 또는 데려 온 것인지 정보판단을 내릴 수 없을 정도로 분간 못하고 혼동을 일으켰다는 말도 있다.

　박대통령의 '사주팔자'는 이런 연유로 태어난 시(時)를 모른다고 했다. 다만 정사(丁巳)생 이니까 '빨간 뱀띠'일뿐 추운 때에 낳고 태어난 날이 권력이 솟구치는 양(陽)의 금금[金金 - 예컨대 庚申]으로 되어 있지 않은가. 더구나 단군이래 처음인 '5·16 쿠데타'로 정권을 잡았으니 이는 하늘이 낸 것 이외에 설명할 길이 없고, 다만 지도자로서는 다소 덕망이 부족하고 '국-격[局, 格: 사주팔자에서 말하는 그릇과 그 속에 담긴 내용물]이 적어서 위대한 지도자는 아니라, 수하 백성들이 고생이 많다고도 해석해 보았다.

그리 보면 1978년이 환갑이고 사주풀이를 해보면, 42세인, 병오(丙午)년에 불기운이 충천하는 '남방 화운' 대운(大運)이 와서 62세 까지 20년 통운을 누릴 것으로 해석되었다. 비록 시주(時柱)는 모르지만 미루어 참작해서 '시'를 찾아보면 결국 '4장생' 사주로 죽을 고비를 넘기고, 절대 권력도 잡고 그것도 오랫동안 가지만 '금왕지절'에 참담하게 몰락할 것 같다는 운세를 말하였다.

실제로 이 같은 예측은 그대로 적중하였다. 더구나 남녀범칙살(男女犯則殺)이 라는 상처살(喪妻)이 있어서 부인이 세 번째 였으니 처복(妻福)은 있으나 덕망 있는 유지상(有志相)은 못되고, 남자는 박덕하고 고독하고 심기는 항상 불편한 상(相)이라고 평해 보았다.

낙동강이 굽이쳐 역(逆)으로 되돌아가는 강의 형세도 일찍부터 '풍수지리'(掌風得水)학으로는 위인이 나올 명당 지세로 알려져 있다. 예컨대 세계에서 하나 밖에 없다고 일컫는다는 충청도 '계룡산'은 금강(錦江)이 덕유산의 무주구천동에서부터 발원해서 대청댐을 돌아서 수륙 2천리를 내려가 제주도까지 뻗었다가, 되돌아 역(逆)솟구쳐 올라와서 자리잡은 '계룡산'은 만주 장백산이 펼쳐진 곳에 더큰 산이 하나 있을 뿐 이는 정씨 왕조가 천년을 이어갈 도읍 터라는 '참설(讖說)'이 있기는 하지만, 그만은 훨씬 못하나, '금오산과 낙동강이 역(逆)스는 구미 땅'은 가히 큰 사람 나올 땅이라고 말했다.

어떻든 박대통령 부부는 일인지하에 만백성을 다스리고 대권을 잡고 있었지만 관상이나 사주가 박덕하고 거세어서 편안한 날은 그리 많지 못하였던 것 같기도 하며, 인간적인 생사고락이나 일상생활에서 인생의 고뇌도 너무나 컸던 것 같다. 그나마 부인이 후덕해서 액운을 많이 떼 우는 것이라고 말하면서 다음과 같은 상서롭지 못한 예언을 논의 한 적이 있었다.

8·15 지하철 개통과 국립극장 기념식장에서 육여사의 총탄 사망

그것이 불행히도 적중한 바 있다. 실제로 '육영수 여사'만은 누구나 잘 아는 바와 같이 생전이나 사후에나 두고두고 덕망을 흠모하고 있기도 하다. 오죽하면 국립극장에서 박대통령의 '8·15 경축사'가 낭독되는 동안에 '문세광'의 권총이 난사되어 사망했던 날 저녁 노을이 서기어린 자색으로 어둠을 몰고 와서 서울 시민이 온통 무서워하며 요상스럽다고 속삭이기도 했다.

이보게 "이 집에서 나를 공양[供養-어른 및 부처님에게 음식을 드린다는 뜻임] 해주고 있는 '보살'이 있지. 나이 많고 아들딸도 많은데, 뒤늦게 신(神)이 들려서 머리 길은 수석보살[菩薩 -원래는 부처님 다음가는 성인(聖人)을 지칭하지만, 나이 늙은 무녀(巫女)를 호칭함]이 된 걸세. 지금은 강원도 홍천을 중심으로 5개나 절간도 많이 가지고 있고, 사찰(寺刹) 재벌을 만들 정도로 신도들이 많다네", "그런데 이 보살이 자기의 신도로 서울지구 보안대장을 하는 모대령 부부가 찾아와서 운세를 묻는데 곁들여서 다음과 같은 이상한 말을 했다는 걸세. '곧 지하철 1호선이 개통되는데 나라에 큰 변란이 일어날 터이니 빨리 땅을 파는 공사를 중지토록 하시오'라고 건의를 했다는 걸세." 아마도 이때 보살은 '지하철' 공사가 '한양'의 운(運) 나간 땅기운(地機)을 헤쳐서 국가변란(國家變亂)이 일어날것 같으니까 권력을 가진 것으로 생각되는 서울지구 보안대장에게 이를 사전에 막으라고 알려주었다는 얘기였다.

'보살님 제가 무슨 힘으로 나라 공사를 중지시킬 수 있겠습니까. 그러나 그 말을 듣고 보니 걱정이 크네요. 액땜하는 방도는 없을까요'라고 되묻는 신도에게 보살은 다음과 같은 액땜 방법을 알려 주었다는 것이다.

　'그러면 최소한 굵은 소금 한 되박을 들고 서울역에서 청량리 역까지 지하철 구간에 조금씩 뿌리시오'라고 일러주었고 모대령은 꺼림칙해서 그대로 실행했다고 하였다. 이런 사연을 믿을 수도 안 믿을 수도 없겠지만, 실제로 지하철 공사 준공식날 박대통령이 저격 당하는 사건이 일어났으니 전혀 빗나간 점괘만은 아닌 것 같기도 하였다.

　"그나마 액땜이 된 건지 어쨌는지 알 수는 없지만 신들린 사람들의 말이란 혹불혹중(惑不惑中)이어서 때로는 맞기도 하고 때로는 전혀 틀리기도 하니 알 수 없는 일일세. 그러나 아무리 과학이 발달 되었고 국가권력이 막강하다고 해도 어떻게 천재지변을 막을 수 있겠는가. 그러니까 나이 들면 미신 믿지 말라고 큰소리치던 사람들이 먼저 기가 꺾이는 법이여"라고 큰스님은 말씀을 끝낸 적이 있었다.

　바로 1974년 갑인(甲寅)년 8월15일 해방 기념일에 청량리역 에서 우리나라 최초로 지금의 '1호선 지하철' 준공식을 끝마치고, 다시 광복기념식이 열렸던 장충동의 국립극장에서 박대통령은 제일 교포라는 문세광의 총탄 저격을 받았고, 이때 영부인 육여사가 흉탄에 쓰러지는 무서운 사건이 벌어졌었다.

　평소에 큰스님은 통반장도 신식글도 배운적이 없다고 '나는 구식이고 무식쟁이올시다'라고 농담하는 일이 많았는데, 이 무렵 필자가 집필했던 "후천세계의 전개와 한국의 미래"란 책을 간행한 뒤로, 큰스님이 일약 유명해 지면서 필자를 높이 평가하면서 그때부터는 믿고 속 깊은 이야기를 나누게 되었다.

"6·6-7·7에 해방(解放) 되고, 3·3-4·4에 통일된다" =큰스님 참설(讖說) 해석.

그러자 1975년도 저물어 가는 겨울철 어느 날로 기억된다. 마침 또 다른 한패거리의 속세 수제자들이 와서, 큰스님으로부터 '마의태자 관상법'을 배우고, 모여 앉아서 토론들을 하고 있었다. 이분들 중에는 수사관도 있어서 평소에 범인 수사에 도움이 된다고 '관상공부'를 흥미있게 하는 분들이었다.

그래서 밤도 늦고 손님도 계시고 해서 잠깐 인사차 들렀으니 바로 가보겠다고 말씀드리고 나오려니까 큰스님은 내손을 꽉 붙들고 할 말이 있으니 조금 남아 기다려 달라고 해서 무료하게 한참을 기다린 적이 있었다. 그 때는 외국 유학을 떠나기 위하여 인사차 들른 것이고 흔히 필자에게는 허물없이 단둘이 얘기를 전에도 나눈 적이 많으니까 그대로 남아 있었다. 말하자면 밀담(密談)을 나눈 셈이다.

이윽고 그분들이 밤 10시 가까이 되자 자리를 떴다. 그제야 단둘이 앉아서 가까이 오라고 손짓하시더니 다음과 같은 색다른 이야기가 오갔다. 이것이 큰스님으로서는 1970년대 '참설예언에 대한 해석이지만 한계가 있어 믿기는 어렵다.

"일찍이 참언(讖言)이 있었는데 6·6, 7·7에 해방되고, 3·3, 4·4에 통일된다고 하였지. 실제로 지내 놓고 보니 6×6=36년에다가 음력으로 7월7석 날에 해방(解放)되었으니 이건 제대로 마친 걸세. 그런데 3·3, 4·4에 통일(統一)된다는 것은 도무지 해석이 안 되니 알 수 없는 일이구려" 하시었다.

그러면서 간신히 해석한다면 해방 후 33년이 지난 뒤는 1977년이 정사(丁巳)년 이고, 음력으로 4월 4일이면 무인(戊寅)일에 통일이 온다는 해석밖에 안되는데, 그렇다면 "이크 빨간 뱀이다. 하는 뱀띠 해인 음력 4월 달 4일 날을 조심해야 하지 않겠는가"라고 의미 있는 말씀을 꺼내 놓았다. 그리 보면 앞으로 '금화(金火)'가 같이 오는 해는 1990년 '경오(庚午)' 년 '백말띠 해'나 그 뒤 '신사(辛巳)년,-2001년'이 완전한 통일의 시기일지도 모른다.

왜냐하면 원래 3·8은 목(木)이고, 4·9는 금(金)이니까 '목과 금'이 중심이지만, 남한인 목(木)을 생해주는 것은 '목생 화(木生火)'로서 결국 화운(火運)이고, 서방 미국의 금풍(金風)이 불면서, 북방수(水)가 미국과의 결탁이 꺾이는 해는 1996년 '병자(丙子)년'이니까, 이때 역전이 일어나서, 금(金)을 제압해 주는 것은 '화극 금(火剋金)'으로 역시 '화운(火運)'인 바, 앞으로도 남방 화운(火運)을 항상 눈여겨보아 두어야 할 것이라고 풀이하였다.

그 당시 '빨간 뱀띠'의 해는 바로 정사(丁巳)년을 가리키는 말이며, 그렇다면 1977년에 해당된다. 음양오행(陰陽五行)으로 보면 정사(丁巳)는 음(陰)의 '정화(丁-火) 및 사화(巳-火)'가 되고, 정(丁)은 빨간 색(色)을 나타내고, 사(巳)는 뱀띠를 말하니까 '빨간 뱀'이 되는 것이다. 그러나 그해에 북한에서는 특별한 사건이 없었고 겨우 제2인자인 '최용건 부주석'의 사망이 고작이었다.

지금 이 글을 쓰는 올해는 '황색 개띠의 해'인 무술(戊戌) 2018년인바, 40년 전의 '빨간 뱀띠의 해'와 버금가는 남북통일의 분위기가 고조되어 가는 해(年-太歲) 이라고도 말할 수 있을 것이다. 그다음은 병자(丙子)년을 집기도하였는데, 남방 화운(火運)이기 때문이다. 허긴 멀리는 신라가 통일 된 것도 '병자년'이었고, 가까이는 조선조의 '인조(仁祖) 대왕' 때에 '병자호란'이 나서 청(淸)

태종이 쳐들어와서 남한산성에서 저항하다가 결국 다섯 번 큰 절로 '군신(君臣)의 예'를 갖추고 속방(屬邦)이 된 것이나, 1876(丙子)년 우리나라 근대화의 원년(元年)인 '강화수교조약(江華修交條約)'도 비록 서양의 흉내를 낸 일본이 침략해서 치욕적으로 맺은 '개항 조약'이기는 하지만, 다같이 '병자'년에 일어난 사건들이어서 주목되기도 하다.

글쎄요 그 당시와 같은 국제정세의 풍조가 '신 데탕트'라던가 '신 냉전체제'와 같은 상황으로는 금세 통일이 터질 것 같은 기미도 전혀 보이지 않았고, 시국은 유신독재(維新獨裁)가 혹심해서 마음놓고 말도 못하고 지내는 참담한 시대였다. 대학에서 강의도 사상성향이 있는 내용은 비판 의식을 심어 준다고 다 빼 버리고 실기교육이나 시키던 이른바 '실험대학'의 시대이었다.

그 당시는 박정권이 '국가보안법'을 내세워 탄압하던 때이라 나서 이상한 행동이나 반정부적인 소리만 해도 영장 없이 체포하는 터이었다. 매사에 쉬쉬하고 지내던 시절이 아니었던가. 더군다나 '남북통일'이 올 것 같은 기미는 전혀 없어 보이네요. 라고 말씀드리니까 그래도 다른 해석이 없다고 하면서 어떻든 '남방 화운(火運)'을 지켜보자고 하셨다.

실제로 '탄허 큰스님'이 생존해 계시었던, 정사(丁巳)년 한 해 동안에 북한(北韓)에서는 '최용건'이란 제2인자 부수상이 죽은 것으로 액땜을 했는지 몰라도 아무 일도 없이 그해는 지나갔다. 김일성도 죽지 않았고, 통일의 기운도 전혀 보이지 않았다. 그러나 지금도 이 같은 참언(讖言)은 황당무계하다는 생각이 들면서도 항상 떨쳐 버리지 못하고 여러 가지로 해석해 보곤 한다.

비록 '순환논법'에 빠지는 생각들이지만, 골똘히 사색해 보는

데는 그런 나름대로 의미가 있는 때문이다. 한반도는 동북간방의 소남-목운(木運)이요, 동시에 남방 화운(火運)이 비쳐지면, 서방 금풍(金豊)이 불 것이요 이는 '금생수(金生水)' 해서 '역학'이나 '음양5행설'로는 충분히 남북통일의 기운은 깊어질 것 같다.

앞서 말한 얘기는 영영 황당무계한 것인가 아니면 뒷날 '정감록' 비결을 놓고 흔히 지난 뒤에 맞았다고 하듯이 '파자(破字)놀이' 같은 다른 풀이가 있는지 궁금하지만 어떻든 이 대목에 관한 1977년 4월 4일 그 당시의 정사(丁巳)년 뱀띠 해에는 큰스님의 '예언'은 거의 들어맞지 않았다.

다만 지금 해석 방법으로 본다면, 남북접촉은 상당한 진전이 있는 무술(戊戌)년이다. 1996년에는 '남·북+미·중'을 포함한 4자회담으로 구체화된바 있다. 만일 미국과 북한 사이에 '1민족 2국가 2체제 2정부'라는 공식에 합의하게 되면, 먼저 "북·미 수교"는 맺을 것이고, 이어서 "평화협정"이 뒤따를 것이며, 그 뒤에는 곧바로 "남·북 기본조약"이 '국가 연합'의 형태로 체결되어, 비로소 경제교류를 비롯한 인적 물적 및 교통 방송 통신 등의 교류가 제한적이나마 활발해 지는 동시에 점차 경제적 이익과 신뢰구축이 가능해 질 수 있을 것 같다.

그러나 북한이 "핵무기, 수소탄 및 대륙간탄도탄"을 소유하게 된 현재 상황으로 보아서는 핵(核)을 없애면서 추진해야 하는데, 까다로운 흥정이 있겠고 '캄캄한 전체주의'도 큰스님의 예언처럼 완전통일 직전에 홍역을 치룰 가능성이 많다.

그 뿐만이 아니다. 북한이 정치위기와 식량난을 비롯한 경제위기에 몰려서 결국은 정변이 내부모순으로 일어날 것이지만, 만일 해체되는 날에는 남한 및 중국 등 동북아 정세가 요동칠 판인바, 따라서 최소한 북한은 과도정부라도 살려 놓고 식량 및 경제원조를 주어서라도 통일의 전초전은 열릴 것이 틀림없다.

　더구나 중국에서도 '등소평'이 사망한 뒤 개방체제가 극도로 혼란한 내부모순을 초래함으로 특히 국내 갈등이 혹심하기 마련이라고 하셨다. 2개의 중국 및 한반도가 일단은 통일되기 마련이라고 말씀하셨습니다. 실제로 '강택민' 뒤를 이어 '호금도' 그리고 현재 "시진핑"에 이르기 까지 중국은「공산주의식 자본주의 시장경제」로 호황을 누리고 있지만 내부모순은 심각하다. 지금 북한 상황도 극도로 핍박한 경제파탄으로 내부모순은 예측불허로 혹심하다.

　국가가 평안할려면 무엇보다도 지도자가 덕망이 있어야 하고 백성들의 소리를 듣고 편안한 생활을 돌보아야 한다는 말씀이었다. 옛날부터 폭군이나 무능한 임금이 나오면 반란이 나고, 맹자가 말하는 역성(易姓), 혁명(革命)이 나온다는 말씀이었다. 지금 중국은 그 넓은 땅덩어리에 지역격차는 심하고, 빈부격차, 도농격차, 그리고 공산정치와 시장경제의 갈등이 우심해서 이 같은 내부 모순은 더욱 확대이로에 있다. 그래서 신모택동주의(보시라이)가 대두되고 있다.

　북조선은 더 말할 나위도 없다. 우선 남한과 북한의 국력은 압도적인 비대칭 국면으로 격차는 크고, 북한 국내모순은 심각하다. 식량난은 파탄상태이고, 배급제 공산방식은 괴멸 되었으며, 약 500여개나 되는 장마당에서 그나마 생필품이 암시세로 교환되는 실정이며, 평양을 제외한 전국토가 피폐하고, 전체 인민이 전제군주체제 하에 감시당하며 살아가니, 덕망은커녕 만백성의 원성은 과연 우심한 모순을 하느님도 해결하기 어려울 것 아닌가라고 큰스님은 일찍이 지적하셨다.

음양 5행설(陰陽五行說)과 인간생활의 원리

하루는 '음양(陰陽)'이란 무엇입니까 하고 물었다. 동양에서는 고래로 '음양 5행설'이 천지자연이나 국운 시운 및 개인 운(運)을 설명하는데 절대적이며, 한약을 짓는 다거나 병자를 치료하는 것은 물론, 남녀의 본분을 논할 때 모든 생활 규범이나 사고방식에 있어서 현대화된 오늘날에도 '음양'과 절대적으로 관련되어 있다. 큰스님께서는 다음과 같이 우스꽝스러운 사례를 들어 설명하셨다.

"잘 관찰해 보세요. 남학생들이 떼 몰려가는 곳에 여학생은 혼자서 당당히 걸어갑니다. 그러나 여학생들이 떼 지어 가는 곳에 남학생은 혼자는 절대로 못 갑니다. 이것이 음양의 이치올시다. '음(陰)'이란 모든 것을 포용하지만 '양(陽)'은 내뱉어 버리는 성질을 가지고 있어요." 남자는 '양'임으로 능력만 있으면 옛날에도 여러 소첩을 두고 살았지요. 공자님도 부인이 다섯이나 되었다는 말도 있으니까. 그러나 여자는 결혼 직후에는 남자에게 항상 옆에 있기 마련이지요. 그래서 '안해'란 뜻은 '집안에 있는 해(太陽)'란 뜻이라고 알려져 있지만 '여편네'는 옆에 있어서 우스갯소리로 나온 말이라고 합니다.

또한 여자가 아이를 낳게 되면 모든 정은 아이에게 집중되고 모성애가 절로 나오고 따라서 '남편'은 '남'이 된다는 뜻이라지요. 그 뒤 40대가 지나면 대개 '남편'이 '안해'와는 돌아 누어 자는 습관이 붙으니까 '마주 보고 자라'는 뜻에서 '마누라'라는 말이 생겼다는 우스갯 소리가 있는 것도 사실이지요. '안해'라는 말도 안방에 있는 "해" 즉 태양이란 뜻이지요.

실제로 일제시대 조선에서 유일하게 세계적 학자로 인정을 받았던 '마르크시즘 경제학자'인 유명한 '백남운' 선생이 지은 '조선사회경제사'란 고전적 명저에는 '유물사관'을 조선에도 적용해서 설명하는데 '씨(氏)'라는 말로 원시 군집사회 또는 모계중심사회를 설명하면서 지금도 사용하는 '시집'은 원래 '씨집'으로, '서방님'은 '씨방님'으로 쓰고 있는데, 적어도 6천년 전에서 2천년 전 신라 시대까지의 일이니 일리는 있다고 봐야 하겠지요.

"보세요. 오줌을 눌 때 부끄러움 잘 타는 여자(女子)는 담벼락을 등 뒤로 두고 길가는 사람들을 바라보면서 앉아서 누지만, 남자(男子)는 항상 담벼락을 향해서 길가는 사람들을 뒤로 두고 소변을 눕니다. '음'은 양지를 향하고 '양'은 음지를 향하는 이 같은 이치가 '음양'의 이치올시다." 그러면서 이건 안 될 얘기이지만, 물에 빠져 죽은 시체가 여자인 경우는 하늘을 보고 떠 있고, 남자의 경우는 엎어져서 죽어 있다고도 설명하셨다. 과연 '음양'의 이치는 삼라만상 속에 틀림없는 법칙으로 작용하고 있다고 말씀하셨다.

그렇다면 '오행(五行)'의 이치는 어떻게 작용 하는지요 라고 물었더니 큰스님께서는 다음과 같은 간단한 설명으로 쉽게 풀어 주셨다. "오행이란 목(木) 화(火) 토(土) 금(金) 수(水) 다섯 가지 우주만물의 생성(生成) 요소올시다. 그러나 모든 것은 토(土)에 다가 뿌리를 두고 이를 근거하고 있으니 '중앙 토'라고 말하지요." 중국이란 원래 나라이름은 고유명사가 아니라 '중원'에 어느 종족이나 중심을 점령하고 있는 국가를 보통 '중국(中國)'이라 부르지요.

중국이란 원래 고유명사로 사용된 나라 이름은 아니지만, 어느 종족이 점령하고 통치하든 중원(中原)을 차지하면 황제(皇帝)가 되고 나라이름은 글자 하나로 부릅니다. 예를 든다면 하(夏) 은(殷)

주(周) 등등 죽 내려와서 근세에는 송(宋) 원(元) 명(明) 청(淸)이라고 되어 있고, 반면 변방국(邊方國)들은 두 글자로 되어 있어 오랑캐라고 불렀지요.

예컨대 조선(朝鮮) 일본(日本) 만주(滿洲) 몽고(蒙古) 월남(越南)이라고 불렀다는 설명이다. 그래서 중국은 중앙 토(土)이니까 황색(黃色) 옷을 입고, 어느 소수민족(少數民族-55개가 있음.) 종족이 쳐들어와서 통치를 하더라도 이내 동화시켜 버린다. 그래서 '중화' 즉 '中華'라고 한다. 오늘날 여진족(女眞族) 즉 만주족(滿洲族)들은 수세기 전부터 금(金)나라를 세운 적이 있었고, 바로 근세에 내려 와서도 중국을 점령해서 청(淸)나라를 세웠으나, 한 200여년 통치하고는 결국 만주족은 지금 전멸되다 시피 깡그리 살아져 중국 한족들에게 거꾸로 동화되어 버렸다는 것이다.

음양 5행으로 변천되어 온 무기체계(武器體系) 원시두주먹 부터 민중<民衆=토(土)>의 시대로 왔다.

큰스님께서는 인간이 6천년의 역사시대를 가졌다고 말하지만, 원래 끝없는 갈등의 시대를 겪으면서 전쟁이 계속 되었고, "민중(民衆)의 시대로부터 출발해서 오늘날 민중의 시대로 끝났습니다." 라고 말문을 열면서 다음과 같이 설명하셨다.

"보시요 항상 인간들은 전쟁을 하면서 살아왔지요. 싸우는 형태인 무기체계(武器體系)를 보더라도 맨 처음 원시시대에는 맨주먹으로 싸웠지요. 짐승도 때려잡고 물고기도 잡아먹고 인류가 살았을 겁니다. '토'란 무기는 '맨주먹'입니다." 그러나 주먹은 토(土)인데 '오행설'에 의하면 상극관계에서 '토'를 제압하는 것은 목(木)이니까 목극토(木剋土)가 되고, 이때의 '목'이란 무기는 '활과 창'을 말하게 되는 것이란 뜻이었다.

똑같은 원리로 풀어 보면, 원시시대로부터, 고대(古代)사회로 인류가 바뀌 오면서 청동기나 철기를 사용하니까 물질문명이나 정신 문화는 일대 산업혁명을 가져오게 되고, 생산력(生産力)은 비약적으로 발전하게 되며 이에 따른 의식구조나 사고방식도 엄청난 변화를 가져오기 마련입니다.

그러면 과거 유목생활에서 먼저 농경사회로 문물이 정착하게 될 것이며, 인간들에게는 교활한 꾀도 갖가지 나오지만 지식(知識)이나 지혜(智慧)도 발달하게 되지요. 춘추전국시대가 바로 이때이며 '제자백가'의 시대가 인간의 모든 지식을 동원하게 되겠지요. 결국 이때 금(金)이 나와서 목(木)을 제압하는 시대로 바뀌진다. 이것이 금극목(金剋木)의 이치이다.

이때의 '무기체계'는 금의 총(銃)과 칼(刀)이 나와서 종래의 목인 '활과 창'을 제압할 뿐만 아니라 지배계급과 피지배계급의 착취관계는 어느 때 보다도 직접 맞부딪쳐서 쳐서 대다수의 없는 자들은 살기가 고달프지요. 그저 하느님이 저승에서 쌓은 죄(업보)를 이승에서 죄다짐 하느라고 죽을 고생을 시키는 것으로 인식할 뿐이고 이를 종교로서 반항 못하게 눌러 놓지요.

또한 종교란 것은 그래서 필요도하고, 반면 그렇게 강요도 한다. 중세 천주교의 '스콜라'철학이 그러했다. 교황(敎皇)이 황제(皇帝)를 파문시킨 일, 그때 '그레고리 7세'가 '하인리히 4세'를 엄동설한에 속옷 바람으로 3일 동안이나 무릎 꿇고 빌게 만들었던

'카놋사'의 굴욕은 대표적인 일화이다.

근대에 들어와서 인류는 엄청난 전쟁을 생산해 냈다. 인류가 기억을 가지고 있는 6천여 년의 역사시대 이래로 매년 2번씩의 크고 작은 전쟁을 치렀다지만, 가장 큰 제2차 세계대전에 이르러서는 드디어 가공할 만한 인류공멸의 '원자탄(原子彈)'이란 최초의 조그마한 핵(核)무기를 '일본'에서 터뜨린바 있다. 드디어 '화(火)로 푸는 원자탄(原子彈)이 발명된 것이다. 이 같은 무기는 무서운 열 핵분열(熱核分裂)에 의해서 만들어지기 때문에 화(火)로 풀고 종래의 금(金)은 이른바 '화극금(火剋金)'으로 제압당하게 된다. 방사능(放射能)이란 핵먼지가 사람을 살수 없게 만들고 있다.

'음양오행설'에 비추어 설명해 보면, '수(水)'를 동반한 다섯 번째 오는 더욱 무서운 무기는 '수극화(水剋火)'가 되어 '화(火)'를 필연적으로 제압할 수밖에 없다. '물로서 불'을 제압하는 새로운 무기체계이다. 그것은 다름 아닌 '수소탄(水素彈)'이다. 핵융합반응(核融合反應)으로 '원자탄'과는 전혀 거꾸로 그보다 몇 백배 가공할 위력을 가지게 된다.

원자탄과 같은 핵분열과는 달리 수소탄은 핵융합을 가져오므로 이를 가리켜 물로서 불을 제압하는 수소탄이라 부르며, 이때에도 더욱 무서운 방사능 먼지가 완전히 모든 인류를 멸망시킬 수밖에 없는 파괴력을 지니게 되었다고 한다.

아직은 한 번도 사용한 적이 없지만 원자탄의 몇 백만 배에 해당되는 메가톤급 이라니까. 만일 이것이 터지는 날에는 지구는 완전히 파멸될 것이고, 인류는 다 같이 공멸해 버릴 것이다. 그래서 '인도주의'에 입각하여 뜻있는 사람들은 크게 깨닫기에 이르렀다. 인류를 핵전쟁에서 구하자는 운동이다.

그러면 이제 '수소탄'을 제압할 수 있는 무기는 무엇인가. 결국 '음양오행설'에 의하면 물(水)을 제압하는 것은 또다시 원점으로 되돌아 와서 흙, 즉 토(土)밖에 없다고 말한다. '토극수(土剋水)'가 되는 것이다. 그러면 '토(土)'란 뜻은 이를 다시 말하면 바로 '민중(民衆)'의 맨주먹을 들 수밖에 없다. 착취가 통하지 않는 세상이 오는 것이다.

그러나 '민중의 시대'라 말해도 원시시대(原始時代)로 되돌아 가는 것은 결코 아니고, 비록 나사가 몇 바퀴 돌아서 제자리에 왔다고 해도 몇 차원은 높아진 자리라는 것을 우리는 뚜렷이 인식하게 된다. 즉 '휴머니즘' 즉 인도주의(人道主義) 만이 모든 열 핵 무기도 물리칠 수 있고, 어떠한 독재권력 이나 지배체제도 제압하고 '민중'들이 해방된다는 뜻이 된다.

인류의 기억 속에 남아 있는 불과 6천년의 역사 시대 이래로, 다시 말하면 '복희 8괘'가 나온 뒤 3천년 뒤에는 '문왕 8괘'가 나와서 지금까지 지배되어 왔다고 말한다. 이제 닦아 오는 21세기에는 과연 무슨 법칙이 세상을 지배할 수 있겠는가.

큰스님께서는 이를 가리켜 새로운 '정역 8괘' 시대가 이미 시작되어 있다고 가르쳐 주셨다. '주역(周易)'이 하늘의 이치와 사람의 이치를 중심으로 지금까지 운행되어 왔다면, 이제부터는 '정역(正易)'이란 원리에 의해서 땅(地)의 이치가 21세기 이후를 지배하게 된다는 뜻이 된다.

그것은 천지개벽(天地開闢)으로부터 시작되어 '후천세계'를 열개 된다고 말씀하셨다. '개벽'이란 1개(開) 1벽(闢)이라 하여 마치 1음 1양이 번갈아 매일 매시간 매초마다 오고 있듯이 계속해서 변화를 하고 있으나, 어느 날 한꺼번에 크게 바꿔지는 것을 의미하게 된다. 그래서 다시 되돌아 온 토(土)의 시대' 즉 백성(百姓)의 시대에는 민중(民衆)들의 맨주먹' 즉 모든 정보를 신속하게 속속들이 알고 있는 '인터넷=네티즌'들부터 여론(輿論)에 의해서 전 세계적으로, 가공할만한 열핵무기(熱核武器)'조차도 제압해 쓸모없이 만들어 버리고, 새로운 '디지털-인터넷'시대를 열어 가야 할 것이란 징조가 여러모로 나타나고 있다. 결국 '역학'이나 '음양5행설'은 다 같이 동양사상을 근거로 '하이테크'시대로 급속히 '업-그레이드' 되어 가고 있다는 사실입니다.

이 같은 이치는 조리론(條理論)'이라고 큰스님이 항상 부르고 계셨지만, 앞장에서 나온 "탄허 큰스님의 대 예언"을 잘 읽어보면 후륭한 지혜(知慧)가 설명되어 있음으로, 이곳에서는 '음양 5행설'에 관해서 큰스님과 담론을 나누어 보았다.

서양 사람들은 아직도 '생명공학'에 대해서 동양의학의 신비를 전혀 모른다. 중국에는 특히 예로부터 기공(氣功)이 인간 생활을 지배하는 원리로 되어 있고, 오늘날도 중국을 여행하는 사람들이 광대한 중국의 어느 곳에서도 새벽이면 보건체조처럼 볼 수 있는 건강법이며, 특히 중의(中醫) 노릇을 하는 본질이 되고 있다.

우리나라의 한의사(韓醫師)는 주로 맥박(脈搏)을 보고 '진맥'을 해서 '탕제'를 지어먹게 하거나 침술(鍼術)이 물리치료의 대부분을 점하고 있으나, '중국'은 약을 지어 먹는 제약(製藥)보다는 신비한 '기공의술(氣功醫術)'이 주류를 이루고 있을 뿐만 아니라, 그 외 '침구의술'과 천연의 '제약'을 다룬다.

▌ '음양 5행설'에 비춰 본 '남(火) 북(水) 한국관계'의 설명

큰스님께서는 계속해서 남북한관계와 민족통일에 관한 문제를 조심스럽게 언급하였다. 물론 그 당시는 '박정희 독재정권'과 '유신(維新)시대'이었고, 필자가 일본과 미국에서 수년간의 유학을 마치고 돌아 왔을 때에도 여전히 '전두환 정권의 암흑시대'는 더욱 극성스럽게 심화되고 이었다.

다 같이 숨을 죽이고 이심전심으로 비판과 저항을 할 수밖에 없었던 시절이었다. 왜냐 하면 저항을 해봐도 국운(國運)이 잠시 뒷걸음 칠 때에는 어쩔 수 없이 때를 기다려야 한다는 '동양적인 우주관'이 작용하고 있었기 때문이다. 이때 국내에 그것도 1980년 4월말 경에 입국해 보니 안개 속에 시국은 한치 앞도 내다보이지가 않았고, 캄캄한 암흑기가 감돌고 있을 뿐이었다.

그때 감옥에 가고, 고문당하고 분실자살 하면서 집단적으로 저항하는 청년학도들이 많았지만, 큰스님께서는 이미 10여 년 전에 '예언'했던 대로 '암흑 같은 전제주의'가 온 것이니, 이런 시국에 움직여 보아야 인재(人才)소모만 클 뿐이니 역사발전에 밑거름은 되지만 아직은 어두운 칠 흙 같은 전체주의를 걷어 드릴 때가 아님으로 안타까운 일이라고 말씀하셨다.

오히려 어차피 한번은 캄캄한 전체주의의 지옥과 같은 권력지배를 거쳐야만, 그 다음 씻은 듯이 새로운 '한반도의 국운'이 열린다고 또다시 거듭 '예언' 하면서, 지금은 준비나 착실히 갖추고 때를 기다리면서 새 시대를 맞이하여, 새 인물이 나올 때를 알아야 할 터인데 사람들은 서양 개척사상이나 무력혁명 운동에 너무나 젖어 있어서 설불리 그런 소리는 마치 비겁한 자들의 변명거리로 오해받을 거라고 말하였다.

모름지기 지도자는 덕망과 경륜이 있어야 한다고 한탄하시면서, 이 나라는 아직도 깡패와 같은 '패권주의' 즉 '패도(覇道)' 가 득세하고 있다는 설명이었다. 나무는 큰 나무의 덕을 못 보아도 사람은 큰 사람의 덕(德)을 보는 법인데 불행히도 한국에는 아직까지 지도자다운 지도자는 숨어 버리고 멧돼지처럼 즉흥적이고 저돌적인 지도층이 대장부 인양 득세한다고 말했다.

또한 큰 지도자일수록 은덕도 훨씬 크게 백성들에게 베풀지만, 죄(罪)를 진다면 가장 극악한 죄를 짓게 된다고 역설하면서, 옛날에도 치자(治者)는 하늘을 무서워했으며 만일 부덕(不德)한 치자가 나와서 나라가 망하게 생겼고 백성이 천재지변으로 멸망의 위기에 다다르면 그 같은 치자는 돌로 쳐서 죽였다고 말하였다.

'하늘의 뜻' 은 분명히 있는데 얼마나 기다리다 지쳐 쓰러져야만 그의 위력이 표출되는 것일까. 그래서 천도(天道)는 분명히 있는데, 사기(史記)를 쓴 사마천(司馬遷)도 '천도는 시(是)냐, 비(非)냐' 라고 외치다가 해답을 얻지 못하고 갔지 않는가. 우리 동양사상은 항상 '하늘' 을 외람 되게 생각했노라고 하였다.

하늘이 무심하게만 보이지만 바로 그 하늘은 인간을 특별히 '사랑하지도 않고, 미워하지도 않는다'. 다만 자연(自然)만이 때가 되면 '생각이 멈추는 자리에서 다 같이 해결 지워준다.' 는 지극히 나약한 말만 되풀이하고 있었으니, 마치 '스피노자' 가 신(神)은 '사랑도 미움도 없다' 라고 말한 하나의 '범신론(汎神論)' 적인 법칙으로 하늘을 파악하는 것 같았다.

그래서 큰스님은 '노자' 와 '장자' 를 제일 즐겨 읽으셨다. 그리고 고려대학의 교수님들께도 '노장 사상'을 강론 해 주셨다.
　'노자'가 주장하는 '무위자연(無爲自然)'의 법칙이란 봄 되면 씨 뿌려 싹이 나오고, 가을이 되면 수확을 거두어 드리면서 '삶'을 중심으로 살아가는 이치라고 말할 때 우리의 사고방식으로는 답답하기 이룰 데 없으나, 자칫하면 크게 다친다고 경고만 하였다.

　'무위자연'의 법칙에 따라 무욕(無慾) 또는 무술수(無術數)를 지킬 때 하늘의 노여움을 받지 않고, 그 대신 인간은 주제파악을 잘 해서 하늘의 뜻인 '천도'의 범위 내에서 '인도(人道)' 즉 '인성(人性)'을 다할 줄 알게 되고, 이 같은 소임을 다하는 것이 '중생교화무진(衆生敎化無盡)'이니, '진인사대천명(盡人事待天命)'이라고 강조할 뿐이었다. 과연 행동하는 지성과 참선하는 신선 사이에 어느 입장에서 가치판단을 내려야 할 것인가.

　다시 '음양 5행설'로 풀어 본 큰스님의 '남북한 관계론'을 통일의 관점에서 음미해 보기로 하자.

　초창기의 분단된 '남북한'의 정치권력의 풍토나, 지도자들을 분석해 볼 때에, 북(北)은 '북방 수' 즉 물(水)이고, 반면 남(南)은 '남방 화'인바 즉 불(火)이 된다고 풀이하였다. 이 때문에 '북한'은 수(水)를 생해주는 지도자가 나올 수밖에 없다고 하여, '금생수(金生水)'하는 성씨(姓氏)는 김(金)씨나 최(催)씨 성(姓)을 가진 사람들이 나올 수밖에 없다고 말하였다. 이를테면 '김일성'이나 '최용건' 같은 지도자가 나오게 되었다고 풀이했다. 그런 반면에 '북'에 극단적인 적대적 세력으로 대립하고 있는 '남한'은 화(火)를 생해주는 것이 '목생화(木生火)'이니까, '목(木)'성을 가진 지도자들의 성씨(姓氏)는 자연히 이(李)씨나 박(朴)씨가 나올 수밖에 없는 것이 정상이라고 말하였다.

그러나 위에서 지적한 지도자의 형상(形象)은 '남북한'이 극도로 대립과 갈등이 심할 때 표출되는 현상으로 해석되고, 서로 하늘의 뜻에 따라 자연히 조화를 모색하면서 접근하게 될 때에는 마치 '수극화(水剋火)'의 법칙이 '수극생화(水極生火)'의 법칙으로 승화되듯이 이 같은 법칙은 달라질 수밖에 없다.

다시 말해서 보통은 "물이 불을 극"하는 원리로 되어 있지만, 만유법칙은 음양5행 법칙이 5가지나 되는 이치 이어서 "물이 상극이 아닌"(極-북극, 남극과 같음) 극(極)에 달하면, 오히려 "물이 불을 생해 준다는 법칙"을 말하는 것입니다. 그래서 북극이 녹는 것입지요.

하늘이 내는 '대통령'과 5행상생의 음양이치

그리고 대립이 심한 때에 '남한'의 경우, 역대 대통령(大統領)들을 '음양 5행'에 따른 '육십갑자(六十甲子)'의 순리(順理)로 설명해 보면, 우연의 일치일는지 모르지만, '수, 목, 화, 2개의 토, 및 금,'에 이르기까지 순서대로 우리나라 대통령이 뒤를 이어 취임하게 되어서 우연의 일치이겠지만 그럴듯한 해석으로 풀이된다.

가령 초대 이승만 대통령은 '돼지 띠'이니까 '해-수(亥-水)'가 된다. 그러면 그 다음 대통령은 당연히 물이 생해주는 나무 즉 '수생목(水生木)'해서 '인, 묘=목(寅, 卯=木)'밖에 없으니까, 즉 '호랑이 띠'나 토끼 띠' 밖에 나올 수 없을 것이다.

바로 그 다음 윤보선 대통령은 '토끼띠(卯-木)'였다. 그러면

'목생화(木生火)'이니까 세 번째 인물은 '불(火)'을 가진 사람이어야 할 것이고, '사, 오=화(巳, 午=火)'가 된다. '뱀 띠'나 '말 띠'가 되어야 할 것이다.

그런데 박정희 대통령은 정사생(丁巳生)이니까 불이 위아래로 겹친 '붉은 뱀띠'이며, 5·16 군사 쿠데타를 행할 때에도 '병오(丙午) 운로'에서 성사시켰다고 말한다. 그래서 가장 오랜 정권으로 18년을 끌어갔으며, 비운으로 종말을 맺었다는 술사들의 설왕설래를 인용한 바 있다.

그러면 불(火) 다음에는 흙(土)이 되어야 할 것 아닌가. 여기에서 다른 해석들이 제기되었다고 한다. 즉 토(土)는 원래 우주(宇宙)의 운행에서 '중앙(中央) 토(土)'이니까 '동서남북'의 어느 곳이나, 또는 '춘하추동'의 어느 계절에도 낄 수가 없다.

즉 예컨대 동방목(東方木), 서방금(西方金), 남방화(南方火), 북방수(北方水)에서 끼일 곳이 없으니까, 대개 더운 토(土)의 기운은 '남방화(남방火)' 속에 끼이게 되고, 즉 춘(春), 하(夏), 추(秋), 동(冬) 중에서는 '여름철(夏)'에 해당된다. 결국 복(伏)날 즉 '3복(三伏)' 더위가 바로 '토왕(土旺)'함을 가리키는데, '남방 화'가 여름철 하절기에 끼어 있기 마련이다.

그래서, 초복(初伏)에서 중복(中伏)은 10일(日) 간격으로 정해지고, 반면 중복에서 말복(末伏)은 20일(日) 간격으로 오도록 절기(節氣)가 정해져 있다. 만일 '화생토(火生土)'로 간다면, 대통령은 2명이 나와야 마땅하고 그것도 첫 사람은 10일분을 그리고 둘째 분은 20일분의 임기를 누려야 될 것이다. 그렇다면 '염소 띠(未=土)'가 다음 대통령이 되어야 당연하다.

그런데 "최규하 대통령"은 '기미(己未)생'이니까 '붉은 염소 띠'이며 '초, 중복' 불과 열흘 간격을 담당하니까, 재임기간이 불과 1년도 대통령을 못해 먹었지요. 그 보다도 12살 아래가 되는 "전두환 대통령"은 '신미(辛未)생'인바, 또 다른 '흰 염소 띠'이며 20일 간격의 중복(中伏), 말복(末伏)'에 해당되어 8년동안 길게 임기를 채웠을 거라고 말한다.

그 뒤는 '토생금(土生金)'이 되니까 '잔나비 띠(申)'나 '닭띠(酉)'가 되어야 할 것이다. 그런데 "노태우 대통령"은 '임신(壬申)생'이니까 '검은 잔나비 띠(申)'에 해당되며 다음 대를 이어 5년의 직선 대통령을 해왔다고 볼 수도 있지요. 하지만, 원래의 '동서남북'에는 없는 중앙 토(土)임으로 이를 바로 앞당긴다면, 다른 더 센 '금(金)' 예컨대 '경신(庚申)'과 같이 위아래가 다 같이 양의 '금금(金金)'이며 가장 무서운 기(氣)를 가진 '흰색 잔나비 띠'가 나올 수도 있었지 않겠는가라는 해석도 있다.

큰스님의 '음양 5행설'을 제대로 검증 하기는 어려운 일이나, 역사풀이에 있을 수 없는 가정을 한다면, 위에서 '서울의 봄'은 적어도 12년 더 빨리 올 수도 있었을 것이고, 남북한 관계나 한국의 정치이양에 대입해서 풀어 보아도 여러 가지 흥미로운 해석이 가능하기도 하다.

그러나 우주만물의 모든 기운은 복잡다단하게 얽혀있고 '음양 5행'의 상관관계되는 법칙(法則)만 해도, 위에서 지적한 것처럼, 세상 사람들이 흔히 알고 써먹는 '상생(相生)관계', '상극(相剋)관계'만이 아니라 세상 사람들이 거의 모르는 '상모(相母)관계'와 또 다른 '상모(相侮)관계' 그리고 끝으로 '극생(極生)관계'까지 '5가지 법칙'이 복잡하게 상호 영향을 주고받고 있다는 사실이다.

이를 어떻게 다 해석할 수 있겠는가. 예컨대 '수극화(水剋火)'의 상극법칙도 '물이 극도에 달하면 오히려 불을 생해준다'는 법칙으로서, '수극생화(水極生火)'가 되는바, 앞장에서 설명한바 있는 '정역 8괘'에서 '2천7지(二天七地)' 즉 '땅속의 불기운이 북빙하를 녹이고 있다' 라는 논리가 성립될 수도 있다.

이와 같이 조리 있는 전통사상을 서양식의 사고에만 얽매어서, 과학만능주의만을 내세워 미신(迷信)이라고 규정 짖고, 확신도 안되는 허망한 언동으로 비난할 수만도 없지 않겠는가. 오히려 틀에 박힌 '정치행태론'의 사후 해석이나, 공작정치를 의식한 '지역감정론'과 같은 분석이 앞으로도 크게 주효할 수 있을까. 그보다는, 거시적으로 '한반도 세계중심사상'이나 '안정보수 대 온건진보'의 남북 세력대결들을 유추해 보는 일도 새로운 발상력을 키우는 의미에서 그리고 '전통사상'에 입각한 우리정치의 '뿌리'를 찾는 뜻에서 크게 도움이 되는 긍정적인 면이 있지 않겠는가 생각해 본다.

더구나 서양의 이성(理性,-Reason)이나 합리주의(合理主義,-Rationalism)에 대한 반대개념으로 'Ir-rationalism' 즉 '비(非)합리주의'가 성립될 수는 있겠지만, 반면 '합리'도 '비합리'도 아닌 'Un-rationalism'이란 '불합리주의'(不合理主義)도 성립된다는 주장이다. 그래서 서양 사상만 가지고 사물을 해석 할 수는 없다는 논리이다.

실제로 전혀 긍정도 부정도 할 수 없는 또 다른 차원으로서, '장르'가 전혀 다른 범주(範疇)에 속하는 '불합리(不合理)'의 세계가 존재한다고 규정 지워 말할 수도 있다. 한말로 우리가 알고 있는 서양의 과학성만으로는 증명도 부정도 어려운 일들은 그것이 종교적이든 우매한 미신이든 얼마든지 존재한다.

위에서 전개해 본 '남북한 관계'나 '대통령 순서'에 대한 풀이도 한때는 그럴듯하게 해석할 수도 있었다. 다만 국운과 시운이 변화무상한 가운데 남북관계도 대립과 갈등에서 차차 '관계개선'으로 돌아서면서 80년대 말 이후부터는 순서에 관한 해석도 달라져 있다. 해석이 아예 잘못 되었거나, 더욱 복잡한 요인들이 투입되어 해석되어야 맞는지도 모를 일이다. 그런 애매모호한 설명들은 전형적으로 '정감록 비결'에서 꼭 지나간 뒷일에 관하여 정확하게 맞혔다고 뜻풀이가 해석되어 나오는 경우와 비교된다.

원래 그것은 참언(讖言)의 성격상 '이현령비현령' 또는 '백지에 가로왈'식의 융통성이 많게 구성되어 있기 때문이기도 하다. 가령 파자(破字)를 해석하거나, 시대가 훨씬 지난 뒤에 시차(時差)를 가리지 않고 해석해 버리니 더욱 황당무계하면서도 흥미를 끄는 발상이 아닐 수 없다.

특히 '정감록'이란 풍수학적으로 우리 국운(國運)의 미래를 대화(對話)의 형식으로 예언한 도참설(圖讖說)중에서는 우리나라에서 으뜸가는 '비결'들이 많다. 이 책은 원래 금서(禁書) 즉 요새 말로 '붉은 서적'에 속하는 것들인데, 수많은 '비결'들이 한데 섞여 묶어져 있어 지금도 빛바랜 감은 있으나, 새로운 발상력을 얻는 의미에서 가끔 음미해 볼 필요도 있다.

가령 그 당시에는 역적으로 몰려 삼족이 멸할 소리인, 나라가 "고려조에서 이씨 조선으로 옮겨 질 것과 이조는 5백년 후에 멸망하고, 그 뒤에는 정씨가 왕위에 올라 계룡산에 도읍할 것에 대한 예언을 기록한 것"이라고 한 편저자(原本 : 정감록' 李東民, 金水山, 編著,1963)는 정의하고 있다.

그런데 우리나라 천년 동안 수많은 예언서 중 가장 손꼽히는 '참언'이기 때문인지 몰라도 얼마나 수많은 사람들을 혹세무민하고, 패가망신 시켰는가를 생각하면 한편으로 대단한 위력(威力)을 느끼면서도, 다른 한편 현대적 의미로서 소화시킬 필요도 절실하지 않겠는가를 생각나게 해준다. 이와 같은 예언들 또는 참설들도 진위를 규정 짖기는 어려운 일이고, 민중들이 수 백 년을 회자하고 있니 그 또한 여러모로 연구할 필요가 있는 것 같다.

정감결(鄭鑑訣)에서 파자국운(破字國運)의 해석

흔히 '정감(鄭鑑)'이라고 하여 원본(原本) 또는 진본(眞本)만 도 50여 종류가 있다는 '정감록 비결'에 대해서도 큰스님과 담론을 여러 번 가진바 있다. 누가 썼는지 지금도 논란이 분분한 이들 진기한 참언서(讖言書)들은 요새 말로 치면, 일종의 불온서적(不穩書籍)이니까 항상 글께나 읽었다는 선비들이나 사대부가에서 그나마 몰래 간직하거나 베껴 썼으리라.

때문에 '파자(破字)'라고 해서 한문 글자를 분해해서 뜻을 전달하는 방식이 암호처럼 사용되어 있다. 그래서 '파자'로 쓴데다가 정오(正誤)를 가릴 것 없이 '필사본'들로 몰래 베껴 쓴 것들이 많아서 나중에는 어떤 것이 '진짜'인지, '가짜'하고 구분 할 수도 없이 되어 있다고 한다. 그러자니 잘못 베낀 '오자(誤字)'나 '탈자(脫字)'도 많아서 지금도 진본(眞本)이니, 원본(原本)이니 하는 것들만도 57종, 그 외 비결(秘訣)까지 합치면 73종을 헤아린다고 알려져 있다.

대개 3국 시대부터 도선(道詵)이 썼다고도 전해지고 있는, '도선 비기(秘記)'를 들먹이지만, 이 혹세무민하는 '정감록'은 주로 '이왕가(李王家)'만을 언급한 것으로 미루어 보아, 고려 말 '정몽주'때부터 나왔다고도 말하고, 혹자는 조선조 초기에 '정도전(鄭道傳)'이 만들어 낸 것이 틀림없다고 말하기도 한다.

또한 '감결(鑑訣)'이란 책을 보아도 정작 이른바 '이씨 조선의 운세를 예언'했다는 내용들이 단순히 '정씨 자손과 이씨 자손이 서로 완산(完山)에서 만나 이야기를 주고받은 분량'은 아주 적은 량밖에 안되지만 실은 이를 포함해서 그 밖에 수많은 '비결'들이 대개 '이씨 조선'의 '운세'가 다 됐다고 쓰여져 있다. 실제로 '감결'이외에 고려 창업기의 '도선(道詵)대사'를 비롯하여, '이씨 조선'을 창업할 때의 '무학(無學)대사'와, 남사고(南師古), 정북창(鄭北窓), 이토정(李土亭) 등등 수많은 사람들의 예언이 한데 겹쳐서 비결'을 구성하고 있다.

이들을 어떻게 다 모아서 해석할 수 있으며 가령 '도선비결'이 '고려 4백년'을 예언하였고, '정감 비결'은 이씨조선 3백년'을 예언했다고 하나, 임진왜란이 그때 일어나서 '이씨 조선'이 흔들리니까, 임진왜란을 수습하는데 1등공신 이었던 유성룡'은 '징비록(徵秘錄)'을 써서 바치고, 자기가 소장한 '하회출(河回出 - 예언서) 감결'을 펴내서 '이씨조선의 종말이 3백년이 아니라 5백년'으로 되어 있다고 선전하여 겨우 민심을 진정시키기도 하였다는 후일담이 있다.

21세기 한국의 정부(政府)에는 서해(西海) 사람들이 정부(政府) 절반을 차지한다. [西海人半朝]

　　큰스님은 이에 관해서 21세기를 전후해서 '서해인반조(西海人半朝)'라 하여 '서해안 시대'가 올 것을 확실히 예언한바 있었다. 그때 가서는 북한이나 남한이나 가릴 것 없이, 해방 후 지금까지 '동해인'들이 주도권을 쥐고 왔지만 정반대로 인물등장이 달라진다고 말하였다.

　　예컨대 그 동안 '북한'에는 '김일성'을 비롯하여, 갑산파(甲山派)들이 정권을 잡고 있어서 함경도 말씨가 평양시내를 주름잡았지만, 앞으로는 평안도나 황해도 등 해서(海西)지역 인물들이 주력이 된다는 뜻이라고 한다.

　　'남한'도 역시 그 동안 경상도 인맥(人脈)이 이른바 'TK파'라든가 또는 'PK파'라고 해서 영남인(嶺南人)들이 주로 정권을 잡아왔지만, 앞으로는 호남인(湖南人)이나 '충청도'의 호서(湖西)지방이나 '경기도'의 기호(畿湖)지방 인맥(人脈)들이 '조정에 절반을 차지할 것'이라고 예언한바 있다.

　　그것도 80년대 이후까지 한때 '캄캄한 전체주의 암흑시대가 한바탕 지나간 뒤에' 가면 서서히 바뀌질 때라는 징조가 자연히 나타나게 되고, 통일의 기운이 뻗쳐 오며, 더 나아가서 '북동아 시대'까지 열리는 것을 알게 될 것이라고 말하였다.

　　이런 얘기를 나눌 때가 70년대 후반이었고, 필자도 당시에는 생각지도 못했는데 요즈음 와서 보면 UN에 '남북한'이 동시 가입

되고, 중국의 '연변 조선족 자치주'의 동포들이 밀려오는 것을 보면, 탄허 스님의 예언도 근거가 상당한 것 같기도 하다.

어떻든 앞으로도 두고 볼 일이고, '정감록 비결'이 맞혔다고 지적하는 것들을 제시해 보면 다음과 같이 시간대도 초월한 '비결' 중에서 나온 한 구절이 맞혔다거나 밑도 끝도 없는 말이 요즘 사건들에 빗대어서 맞혔다고 말하는 것들이다.

예컨대 이(李)씨는 '십팔자(十八子)'라고 '파자' 즉 글씨를 파괴해서 암호(暗號)를 만든다. 정(鄭)씨도 '존읍(尊邑)'이라고 파자로 쓴다. 이들에 관해서 때로는 '이왕가'에서 오히려 '왕씨 고려'를 멸망시킨 것에 대한 정당성을 위해서 다음에는 '정씨'가 노린다는 '참언'을 퍼뜨렸다는 학설도 있다.

결국 이왕가(李王家)가 언제 망하는가에 대한 해석이 구구하고 민심은 극도로 술렁이었다. [필자 주 : "대개 조선은 3백년에 멸망한다는 설이 유력하였는데, 그때 임진왜란'이 났음으로 '이씨 조선'이 망한다고 술렁대는 것을 지금의 '세종대왕'의 '영능'이 원래 있던 '헌인능'에서 옮겼기 때문에 명당바람이 2백년을 더 연장시켜 주었다고 해석하기도 한다]. 다름 아닌 정씨(鄭氏) 손에 망한다는 것이 위주로 되어 있었다. 그리고 망한 후에는 '장(張), 박(朴)등이 수난(首亂-머리싸움)한다'는 것 및 '3·8선과 6·25전쟁'을 비롯하여, 당시 '인천 상륙작전' 같은 것들이 맞았다는 것이다.

예컨대 정감록 비결에 의하면, "여자손말국조진어팔임(汝子孫末國祚盡於八壬), 난어박종어아자손(亂於朴終於我子孫)"이라고 뜻을 해석할 수 없는 문장을 지어 놓고 있다. 이를 풀이하면 '너희 자손 끝에 나라 운수가 팔임(八壬)에 다하고, 목하(木下)에 어지러워지고, 내 자손에 의해서 마칠 것이다.' 즉 이씨 다음에는 정씨가 맡는 다는 풀이가 된다는 것이다.

또한 "장씨창의수난기재경재(張氏娼義首亂期在庚災)"라는 말이 있는데 '장씨가 의병을 일으켜 난(亂)을 시작하는 것이 시기가 경염(更炎)에 있으니 지각 있는 자는 이때에 십승지지(十勝之地)로 가라.' 그리고 '들어가고 나오는 때를 골라서 행하라'는 말들도 곧 '감결'에 나오는 문구이다. 여기서 "십승지지는 궁궁을을" 난을 피하는 명당자리를 10개 만들어 놓고 하는 소리다. 여기서 말하는 소위 '십승지지'는 어떤 난리에도 살아남을 수 있는 명당터를 가리키는데, 고려를 멸망시키고 이씨조선을 세운 뒤에 정당성을 위장하기 위하여 '궁궁을을(弓弓乙乙)'이라 해 가면서 좋은 지명을 10개 들어 놓은 것들이다.

대개 여러 가지 '비결'들이 각기 다 '십승지지'가 다르고, 특히 망한 고려를 위로하기 위한 실작전이 개입된 흔적으로 개성(송악)을 위로하는 내용들도 많다. 공통된 10개를 참고로 들어보면 거개가 '남한'에만 존재하는 곳들로 다음과 같다. 열 군데의 '십승지지'를 들면, (1) 풍기 차암 금계촌, (2) 가야산 남쪽 만수촌, (3) 공주의 유구 마곡 사이, (4) 예천의 금당동 북쪽, (5) 영월의 동쪽 상류, (6) 무주의 무풍 방동, (7) 부안의 호암, (8) 운봉의 지리산 아래 동점동, (9) 안동의 화산동, (10) 보은 속리산의 난증항 등으로 집약된다.

이어서 한국에서는 그럴 듯이 음미해 볼만한 명언(名言)도 나온다. "그러나 먼저 들어가는 자는 되돌아 나오고, 중간에 들어가는 자는 살고, 나중에 들어가는 자는 죽을 것이다(然이나 先入者는 還하고, 中入者는 生하고, 後入者는 死하리라)"는 그럴듯한 말들이 있다.

여기에서 '장씨' 이야기는 '제2공화국 장면정권(張勉政權)'이

나오는 일로 마쳤다는 뜻을 해석하고 있다. '선입자, 중입자, 후입자'란 문구는 원래 '정도전'이 만들었다고 구전되는 가운데 '태종 이방원'이 일으킨 '왕자의 난'에 죽었다가 나중에 복권되지만, 유언으로 '조선에서는 무리를 짓지 말라'라고 정도전의 유언을 남겼다는 말들이 전해지고 있다.

또한, '선입자는 환'이라 되돌아 나오고, '중입자(中入者)만 득세한다'고 했으며, '말입자는 사(死)'라고 지적했다는 교훈이 있는바, 실제로 '5·16 군사쿠데타' 이후 처음 '최고위원'들은 돌아 나왔고 맨 나중 '말입자는 차지철'처럼 죽었다는 풀이다. 이런 말들은 상식선에서도 납득이 가는 이야기 이다.

'정감록' 과 '풍수지리'에 얽힌 국가운세 판단

실제로 '이씨 조선'이 한양천도를 할 때에, 이미 유교(儒敎)에 입각한 '정도전'의 세력이 너무 세어서 현재의 경복궁 터 자리가 결정되었다고 전해지지만, 원래 '무학대사'는 지금의 노고산 밑에 있는 '신촌지역'을 택했다고 전한다. 이 터를 잡기 위해서 동으로 동쪽으로 왕십리까지 갔다가 소몰이꾼에게 '이 소보다도 멍청한 놈아 십리를 되돌아가라' 하는 일갈을 듣고 깜짝 놀라 돌아보았으나 간데 온데 없고, 그 길로 노고단에 자리를 잡았다는 전설이 있다.

한편 '정도전'은 조그마한 키에 금말을 타고 위세를 부리고 다녔는데, 그 사람의 집터는 현재 경복궁앞 광화문 일대를 거의 다 차지하고 살았다고 전해진다. 특기할 일은 그분의 서제(書濟)자리는 이조 5백년이 지난 지금도 중동중학 등 학교가 자리한 명당터 이고, 마구간 자리는 지금도 '기마(騎馬)경찰대' 또는 '경찰기동대 자리'로 5백년을 그대로 내려올 정도로 풍수에 통달했다는 설화가 있다.

그런가 하면, '박정희 정권'에 관해서 "박상조장지시(朴相趙將之時) 간불리지시(干不利之時) 구방고시(九方固是) 백사걸(百死傑) 사오지책(四五之責) 추과기이억만보위(秋過己而億萬寶位)"라는 구절이 나오는데 이것이 군사쿠데타로 박정권이 집권하고, 조장(趙將)과의 투쟁, 무수한 반혁명 등 복잡한 과정 속에서 18년을 집권한다는 풀이라고도 말한다.

또한 "인부지간야박천선(仁富之間夜泊千船), 성세추팔월(聖歲秋八月)"이란 문구도 있는바, '인천과 부평 사이에 야밤에 천적의 배들이 들어오는데, 그때가 음력 가을철 8월 달이다'라는 뜻이다. 즉 바로 6·25 동란 때에 '인천 상륙작전'을 예언으로 맞혔다는 문구라고 말한다.

더욱 흥미로운 해석들은 '감결(鑑訣)'에서 '이토정비결(李土亭秘訣)'에는 "존읍신예총명(尊邑神睿聰明) 화산지벽(華山之闢) 퇴이망미재(退李亡美在) 번소황관(幡巢黃冠)"이라고 한 구절인데, '이승만 대통령'의 미국 하와이로 망명한 것과 거기서 죽은 것을 맞혔다는 문구로 해석되고 있다.

다만 일찍이 '망미재(亡美在)'란 용어가 전혀 집히는 데가 없어서 어째 하필이면 '아름다울 미(美)'자가 붙었는가 이상하게 생각하면서도 풀지를 못하고 있었는데, 드디어 '이 박사'가 자유당 독재정권이 망하고 '미국의 하와이'로 망명하더라는 결론이 나와서 맞혔다는 뜻이라고도 해석한다.

때로는 참서(讖書)도 무시 못할 대목이 있다고 '탄허 큰스님'은 항상 말씀하셨다. 그래서 송(宋)나라의 유명한 주자(朱子)는 매일 일진(日辰)을 보아 불길한 날에는 출입을 삼가고 입을 일체 다물어 액운을 때웠다는 습성을 소개한다. 인간살이에는 항상 도전해 오는 수많은 자극들이 있는바, 겸손해 하고 삼가는 자세로 살더라도 덧붙여서 하늘의 도(天道)에 따르는 신앙심만이 가치성은 가장 높다고 말했다. 그러면 어떻게 사는 길이 사람답게 가장 큰 욕(辱)을 먹지 않고, 큰 죄(罪)를 지지 않고 길이 존경받는 길이인가.

큰스님의 '관상법'과 '이기붕' 부통령의 운명예언

큰스님께서는 평소에 말씀하시기를 사람을 볼 때에는 '관상(觀相)'이 중요하고 국운이나 시운을 볼 때에는 '풍수지리'가 근거가 된다고 하면서 꾀나 중요시하고, 이를 많이 연구한바 있다. 그래서 실제로 장안에 내로라하는 '술사'들이나 '보살'을 위시로 '풍수'들이 수없이 드나들었다.

대개 한국에서 많이 사용되는 '관상법'에는 중국에서 건너 왔다는 '달마 관상법'이 있고, 고래로 조선에만 내려온다는 '마의 관상법' 예컨대 마의태자의 관상법 등이 있는데, 큰스님은 한계령에서 비운의 일생을 마쳤다는 순 한국식의 '신라 마지막 마의태자의 관상법'에 통달되어 있었다.

물론 보통 '사주(四柱)'라고 부르는 '명리학(命理學)'에도 많은 관심을 쏟고 있었지만, 이것은 하도 분파가 많고 해석도 일관성

없이 분분해서 별로 흥미가 없지만, '관상술'은 특히 찰색을 중심으로 그때 순간의 운세를 예견해 줌으로 재미있다는 말씀이셨다. 어느 의미에서 '목 화 토 금 수' 등 '음양 5행'을 기초로 운세를 판단해 보는 이런 토착적이고 전통적인 법칙들은 애매모호하기도 하지만, 관상과 사주'는 2가지가 상호간에 '표리 관계'가 있음으로, 그런 나름대로 음미해 볼 가치도 있다고 조심스럽게 관심을 표명하곤 했다.

꼭 '관상'에만 해당되는 것은 아니지만 큰스님의 '운명'에 관한 경험담을 들려 준 것이 기억난다. 다름 아닌 자유당 시절이니까, 이승만 독재정권의 권세가 하늘을 찌를 듯 하고, 특히 제 2인자였던 당시 '이기붕' 국회의장에 관한 예언이 생각난다.

그때만 해도 오대산의 월정사는 6·25 동란 이후임으로 봄철에는 춘궁기라고 해서 백성들은 가난에 찌들려 살아갈 때이니까 첩첩 산중이 되어 교통도 불편하고 한때는 빨치산들이 준동하던 시절이었다고 한다.

어느 날 강원도 지사를 위시로 당시 특무대장(대령) 등 고급 공무원들과 중대병력의 군인들을 대동하고 '이기붕'씨가 부통령 후보로서 월정사를 방문해 왔고, 특히 탄허 스님을 찾아서 앞으로 운명에 관하여 보아 달라고 졸라댔답니다. 난처한 탄허 스님은 거절할 수도 없어 하는 수 없이 서슬이 시퍼렇던 '이기붕'씨에게 나쁘다는 말을 할 수가 없어서 한마디로 "벼슬이 높아지면 다리가 아프겠소이다"라고 예언했다는 것이지요.

원래 국회의장을 오랫동안 재직하면서도 항상 다리가 신경통으로 고생을 하고 있었으니까, 다행하게도 수행한 높은 분들도 그럴듯하다고 별로 이상스럽게 여기는 자가 없었다고 한다. 지금도 나이

50대 이상 세대들은 그때를 기억하겠지만, 결국 '이기붕' 일가는 유명한 3·15 부정선거로 야기되었던, 4·19 학생혁명에 의해서 권좌에서 실각(失脚) 당했을 뿐만 아니라, 그해 4월26일 경무대(지금의 청와대)내의 한집에서 일가족 집단 자살로 비참한 최후를 마쳤었다.

큰스님이 월정사에 찾아 왔던 '이기붕'씨에게 운명을 예언했던 내용은 겉으로 보기에는 '벼슬이 높이 오를수록 평소 아프던 다리가 더욱 아프다'는 소박한 표현에 불과하였지만, 실은 '다리가 더욱 아프다'는 뜻의 한자로 표현된 의미는 바로 '失脚' 즉 실각이란 권세에서 거세된다는 깊은 뜻이 감추어져 있었다고 말하셨다.

'풍수지리' 와 '명당(明堂)터' 에 관한 큰스님의 체험담

그래서 어느 날은 '풍수지리설' 이나 '명당 터' 에 관해서 정식으로 견해를 말씀해 주시라고 요청해 보았다. 그랬더니 다음과 같이 실제로 겪은 경험담과 옛날이야기를 재미있게 들려 주셨다. 고려시대 개국 때부터 너무나도 '도참설' 이니 '풍수지리설' 들의 폐해가 많았기 때문에 '조선조' 에 와서는 왕릉 터를 놓고 아예 '단지(團地)'를 만들어 한데 모아 놓은 것이 지금의 '동구릉' 이라고 지적해 주었다.

"오늘날 우리나라 최고의 명당터는 첫째로 큰 절간들이 다 차지하고 있고, 둘째로 최대 길지(吉地)는 왕릉이 다 차지하고 있으며, 셋째로 좋은 지역들은 군대들이 주둔하고 있네"라고 하시면서, 큰스님은 취미 삼아서 팔도에 명당 터를 두루 다 돌아보았다고 말하셨다. 원래 "장풍득수(掌風得水)에서 풍수(風水)란 말이 나온 것인데, 산 좋고 물 좋고 기후 좋고 살기 좋은 곳이란 뒤에 주산이 있고, 양 옆으로 좌청룡 우백호가 둘러 쳐 지고, 앞으로 물이 흘러 내려서 운세를 환기시켜 주는 곳 아니겠는가"라고 정의하면서 실은 꼭 물만이 아니라 큰길(道)이 앞으로 지나가고 어지러운 바람막이만 있어서 새 나가는 운세만 붙잡는다면, 사람 살터라고 말하시었다.

그 무렵이 한창 '박 대통령'이 군대식으로 수출고지 점령이니 공업단지 건설 등을 서둘고 산업입지(産業立地)를 많이 논의하던 때라서 '풍수'는 '서양의 산업입지론'이라고 말씀하셨다. 그리고 예컨대 군대에서 작전을 할 때에도 소대단위 전투를 하겠지만, 기관총 좌를 배치할 때 얼른 설치장소가 마땅치 않으면 제일 쉬운 방법이 산중턱의 묘지 위에 놓으면 그 자리가 사계가 확 트인 총좌로 일치한다고 옆에서 군대 경험자들이 거들었다.

그런가 하면, '5·16 쿠데타' 이후 집권한 '박정희 정권'은 군대 경영식으로 '매스컴'을 활용해서 '대중매체'를 통한 국민 계도나 홍보가 절대 권력유지를 위해서 필요하다라고 생각했다는 이야기이다. 그래서 없는 외화(外貨) 즉 '달러'를 써 가면서 맨 먼저 착수 한 것이 남한 전국을 있는 '송수신탑(送受信塔)'인데, 당시 우리 기술로는 설계도면을 잡을 수가 없어서 일본기술자단을 고용했다고 한다.

이들은 처음과 나중에 남산 꼭대기에 올라가 보고는 전국을 몇 달인지 돌아다니면서 지금의 '레이다·사이트'라던가 '송수신탑'을 설치할 장소를 찾은 곳이 우선 초단파(超短波)즉 FM 방송이 중계되는 곳이어야하기 때문에, 대부분 큰산 꼭대기를 답사했다고 한다.

결국 마지막으로 완성된 '보고서'를 제출하고 막대한 '외화'

를 받아 가지고 기술자들은 떠났는데, 막상 '설계도면'을 자세히 살펴보니, 다름 아닌 조선조 시대에 설치했던 '봉화대' 장소라는 사실을 알게 되었고 그리 생각해 보니 '초단파'란 원래 눈으로 보이는 똑바른 지점이니까, 결국은 '봉화대'나 '송수신탑'이나 같은 원리로 똑같은 장소 일수밖에 없게 되었다고 한다.

그렇다면 우선 조상들의 슬기도 제대로 지키지 못한 아쉬움과 귀중한 외화를 낭비한 아까움 그리고 일본사람에게 신세진 부끄러움만 남긴 셈이 되었다는 것이다. 과연 이 같은 사실들은 오늘날 비과학적이라고 무조건 내버렸던 조상의 슬기가 가장 과학적인 사실이 얼마나 많이 재발견되고 있는가를 생각할 때 참으로 죄송한 마음 금할 수 없다.

큰스님께서는 원래 수도하는 중으로서도 전국 명산대찰을 수없이 돌아 다녔지만, 특히 '풍수지리'를 관찰하기 위해서도 팔도의 방방곡곡 산천들의 지세를 살피러 명승지는 두루 둘러보았노라고 하면서 간단한 경험담 하나를 들려 주셨다.

참고로 말씀해 본다면, 자유당 때인데 우리나라 8대 '명당터'를 위시로 수많은 곳을 답사하고 다니다가 하루는 유명한 '동래 정'씨 존중 묘를 가 보았는데, 널따란 묘지가 있는 입구에는 큰 안내판이 세워져 있어서 읽어보니 어마어마하게 문중소개를 하고 있었다고 한다. 조선조에 벼슬길에 올랐던 정승(지금의 총리 부총리)만도 열일곱명에 달하고 판서 참판(지금의 장·차관)은 부지기수라고 쓰여 있더라고 하시면서 아마도 '전주 이'씨 문중에 버금가는 몇 개 안 되는 벼슬 문중일 것이며, 과연 명당을 쓰지 않고는 달리 해석할 길이 없다고 하였다.

그래서, 경탄을 금치 못하면서 묘지의 봉분 꼭대기에 일행들과 같이 올라가서 전후좌우를 살피고 있는데, 별안간 저 아래 입구에서 '어떤 자들이 그 위에 올라갔느냐'라고 큰소리를 지르면서 두 사람이 뛰어 올라오는데 더욱 놀랐다고 한다. 벌죽한 남의 문중 종묘에 함부로 올라갔으니 '대단히 잘못 되었노라'고 사죄를 한 뒤에 내려오면서 생각하니, 물경 8백여 년 전 고려조에 돌아가신 분의 묘를 오늘날 살아 있는 두 사람이 지키고 있다니 명당(明堂)의 위력은 과연 놀랄 만하구나 싶어 감탄했다는 말씀이었다.

이 묘를 쓰게 된 전설을 짤막하게 다음과 같이 소개하였다. 정씨 묘를 쓴 분은 당시 그 지방에 호족으로 중인에 속하는 관직을 가지고 있었는데, 어느 날 '풍수지리'에 패나 박식한 학자풍의 20대 젊은 현감이 부임해 와서는 근처에 최고 명당 터가 보여서 한번 실험해 보고 싶다면서 달걀 몇 개를 가져다가 그 자리에 묻어 놓으라고 명령을 하더란다.

스물 하루가 딱 되니까 계란이 혹시 부화했는지 가서 확인해 보고 와서 보고하라는 지시를 받고 가서 파 보니, 과연 묻었던 달걀은 병아리가 되어 있었다고 한다. 그러나 크게 놀란 이분은 욕심이 생겨서 돌아가 현감에게 거짓 보고 하기를 계란이 썩었다고 말하였고, 그러자 현감은 자기가 틀림없을 터인데 이상하다고 생각하면서 얼마 후에 그곳 근처의 다른 현감으로 옮겨갔다고 한다.

그러자 부친상을 당한 이분은 비밀로 알아둔 바로 그 명당 터에 묘를 쓰게 되었는데, 막상 출상을 해서 하관을 하려니까 관이 묘 속으로 절대로 들어가지를 않더라고 했다. 영문을 알 수 없어 하는 수 없이 근방으로 옮겨 간 그 현감에게 달려가서 실은 그때 계란은 부화되어 있었는데 자기가 속였노라고 이실직고하였단다. 그 현감이 무릎을 치면서 '그러면 그렇지, 내 안목이 틀릴 리가 있는가, 무엄하구나' 하더니 그런데 어인 일로 이제야 달려와서 이실직고 하는

가라고 묻더란다.

　'저의 부친상을 당해서 막상 그 자리에 하관하려니까 관이 끔쩍도 안하고 내려가지 않아서 그대로 방치한 채로 용서를 빌러 왔습니다'라고 대답하니 그 현감이 껄껄 웃으면서 명당에는 임자가 따로 있다고 하였단다. '네가 바로 임자임에는 틀림없는데, 문제는 그 터가 워낙 높은 명당이라 묻힐 사람이 "학생부군" 따위 벼슬로는 들어 갈 수가 없어. 그러니 "사헌대부" 정도의 높은 벼슬이름을 명정에 써서 관을 덮은 뒤 하관 하면 될 걸세'라고 가리켜 준대로 했더니 무사하게 매장이 되었더라는 일화를 탄허 큰스님은 말씀해 주셨다.

▌새 종교운동의 성지(聖地)로서, 계룡산 학하리-
▌자광사(慈光寺)를 풍수로 골라내다

　너무 '비결'이나 '풍수' 이야기가 많아서, 혹여 '김 탄허 큰스님'이 대종사이기 보다는 마치 속된 무속인이나 팔방미인과도 같은 도술사처럼 여겨질까 심히 우려되는바 크다. 독자들께서는 이점에 대하여 절대로 큰스님께 누를 끼치고 싶지 않은 필자의 의도까지 감안해 주시고, '장르'가 다른 측면의 경지를 찾아보자는 데 중요한 의의를 두고 있다는 점에서 먼저 용서와 이해를 구해 두기로 한다.

　큰스님께서는 원래 서울 대원암으로 거처를 옮기실 때, 아예 새로운 종교운동을 펴시겠다고 다짐하면서 부처님께 고하고 하산(下

山) 하셨다는 일화는 이 글의 첫 번째 모두에서 설명해 드린바 있다. 이유는 앞에서도 지적한바 있지만, 불교의 3보중에서 유득이 승보만은 현대산업사회로 급속히 변화되면서 기대하기가 어렵기 때문에 산중 불교도 산업사회 속으로 내려 와야 하겠지만, 더 나아가서는 세속적인 처사(處士)-유발승들 속에서 진실한 종교 운동가들을 찾아내고, 새로운 종교를 전파시켜야 되겠다는 취지 때문이다.

그래서 '관상법'이나 잡고, 새로운 계기를 찾아내서 새 종교운동의 인적자원이나 종단성격이나 새로운 출발점을 마련하겠다는 의지가 굳게 담겨져 있었다.

이런 뜻에 비추어 볼 때, 우리나라의 전국에 깔린 땅이름, 즉 지명(地名)들도 어쩌면 조상들이 이미 수 천 년 전에 그렇게도 틀림없이 들어맞게 지었는지 놀라지 않을 수 없으며, 그래서 20여 년 동안 여덟 차례나 답사해서 찾아낸 곳이 바로 '계룡산' 자락이 흘러내려 명당 터로 자리잡은 학하리(鶴下里)라는 곳이다. 이곳은 지금도 대전(大田)광역시가 있는 곳으로, 즉 '한밭'에 있는 유성(儒城)에서 호남 고속도로를 건너 계룡산 국사봉이 내려와 자리 잡은 마을이며, '학이 내려오는 형상'이란 뜻의 '학하리'이다. 현재는 '김 탄허 스님'의 기념사업회, 자광사가 자리 잡고 있다.

큰스님은 '땅 이름' 즉 '지명'에 대해서도 재미있는 실화를 들려주셨다. 예컨대 압록강에 있는 '수풍 땜'이 원래는 강물이 완만하게 흐르는 널따란 지역으로 사람들이 무릎을 걷어 올리면 건너갈 수 있는 곳이었다고 한다. 그런데 일본인 '노구지(野口)'라는 군벌은 흥남 질소비료공장이나 서울의 반도호텔을 가지고 있었던 동경제국대학 전기공학과 출신 기사인데, 발전소를 건설하려고 압록강을 답사하던 중에 바로 '수풍'을 발견하고는 이를 땜 건설지로 결정했는데 진짜로 水豊(수풍) 즉 '물이 풍부 한곳'이 되었다고 한다.

　　이런 사례는 너무나도 많다. '묵호'가 동해안에 가장 맑은 물만 흐르는 곳이어서, 어떻게 한자의 뜻이 '墨湖(묵호)'라고 즉 '검은 호수'라고 불렀는가 했더니, 요즈음 공업화가 된 뒤에 '시멘트 공장'들이 줄줄이 들어선 뒤부터는 정말로 검은 물만이 흐르더라고 하셨다. 유명한 '판문점(板門店)'은 원래 이름이 '널문리'이다. 이곳에 휴전회담장이 들어 선 뒤에, 정말로 '널빤지 문을 통해서 남북이 들락거리더라'고 했고, 청주 옆 '증평 비행장'이 건설되는데 비행기가 '비상리'에서 뜨고 '비하리'에서 내리는 지점이 일치한다고 했다.

　　유명한 온천은 한결같이 '뜨거운 물'과 관계가 있는데, '부곡 온천'의 '솥 골'이나 '온양 온천'의 '뜨거운 온(溫)자'나 '수안보 온천'의 '수안(水安)'이라는 '물이 따뜻하다'는 뜻들은 그대로 온천을 가리키고 있다고 하였다. 전북에서도 험준하기로 소문난 완주군 동상면은 6·25 동란 때에 빨치산이 점령했던 곳으로도 유명한 고지인데, 이곳에 뜻밖에 상상도 못한 커다란 '저수지'가 자리 잡게 되었는데, 바로 그곳 마을의 이름은 '수만리(水滿里)'로 '물이 가득 찬 동네'로 그대로 들어맞았다.

　　조선 팔도의 명당 중의 명당은 단연 경복궁의 근정전의 옥좌가 태극자리 이지만, 한양은 '이씨 왕조'의 터로 유교(儒敎)가 중심이고, 따라서 '부처 바위'인 불암산(佛岩山)이 35리 밖에 위치하고 있지만, 계룡산은 '신도안 불암(佛岩)' 즉 부처 바위가 중심에 있고, 35리 밖에는 '유성(儒城)' 즉 유교의 성이 밀려나 있다고 하였다. 큰스님께서 '계룡산 학하리'를 선택한 것은 불교 새종교운동의 본거지로 '풍수지리'에 비추어 볼 때 '성지'로서 알맞은 명당을 찾았기 때문이고, 학하리에서도 원래 '우암 송시열의 사당(祠堂)'

자리 이었는데 대원군의 '서원 철패' 때 없어 졌던 자리라고 한다.

여기서 땅값을 따지는 것은 조금 어색한 면도 있으나 참고해 본다면, 당시 25년 전에 평당 두 배 값인 6천원을 주고 6천평을 구입했는데 현재 시가는 백만 원대가 넘는 것으로 들린다. 그리고 이때 신심이 두터운 '보살' 한 분이 큰스님을 덩달아서 이만여 평의 근처 땅을 구입했는데 큰 재산이 되었다는 후일담도 있다.

건강장수에 '5복(五福)'을 누리면서 사람 노릇하고 삶의 보람을 찾는 일이 인간의 최대 가치(價値)이다

사람이 사람답게 살고 죽은 뒤 역사에까지 이름을 날리던 아니면 수신제가라도 남부럽지 않게 살다가 죽은 뒤에, 큰 죄(罪) 안 짖고, 나쁜 욕(辱) 안 듣는 지혜로운 삶이 과연 무엇일까에 대해서 큰스님은 다음과 같이 말씀을 나눈 적이 있다.

진시황제(始皇帝)가 나오기 전까지는 중국에서 왕(王)이나 공(公)이 가장 높았다. 그런데 이 '걸(桀),주(紂) 같은 놈' 하면 가장 큰 모독으로 생각하고 사생결단하고 싸우려 드는 욕(辱)이라는 것이다. 왜 그러느냐. 걸(桀)은 '하(夏)' 나라를 망쳐 먹은 왕이고, 주(紂)는 '주(周)' 나라를 망쳐 먹은 왕이다. 상식적으로 생각해서 이 '왕(王) 같은 놈' 하면 좋은 칭찬으로 받아들여야 옳을 일이지만, 실은 그 나라를 불명예스럽게 망쳐먹었기 때문에 어데 까지나 욕(辱)으로 생각한다고 밖에 볼 수 없다고 하셨다.

왕후장상이 부럽기도 하겠지만 '무욕(無慾)이 대욕(大慾)'이라 요즈음 말로 마음을 비우고 살다 가는 길이 죄(罪) 안 짖는 최선의 길이요, 부모가 어렵게 생명을 낳아 길러 주고, 하늘이 점지한 생명을 중히 여기는 태도가 '사람'의 본분이라고 하셨다. 큰스님의 지론은 인간이 '5복(五福)'을 갖추고 부귀영화(富貴榮華)를 누리고 잔손번창(子孫繁昌)하고 만인의 지도자로 덕망(德望)을 크게 베풀면서 즉 학덕을 갖추면, '가부장(家父長)적인 사회'를 지켜 간다면 우리나라에서는 인간답게 사는 최고 가치 있는 덕목(德目)이라고 제시하셨다.

그래서 능력만 있다면 문명사회에서 자손(子孫)도 많이 나야 하며, 그 지역 또는 자기 분야나, 그 사회에서 가장 존경받고 권능(權能)이 서는 인물(人物)이 되어야 한다고 지적하였다. 그러려면 영웅(英雄)이 나와야 하고 특히 사내대장부로서 삶의 최고 예술은 천하 권세를 한 손에 휘어잡고 후덕한 경륜(經綸)을 펴는 일이라면서 '정치(政治)'를 강조하셨다.

그러나 요즈음은 '소인배(小人輩)'들이 주제넘게 날뛰고 수신(修身), 제가(齊家)도 못하는 처지에서 허풍이나 떨면서 나라를 좌지우지 하니 어진 사람 위대한 '영웅'은 도저히 배겨날 수도 없는 시대라고 한탄하셨다. 큰스님 역시 내색은 않았지만, 현대적인 국사(國師)가 되기를 소원하셨던 것 같다. 그 다음에 인간이 할 일은 시공(時空)을 초월하지는 못하지만 자기가 물려받은 영혼(靈魂)이나 심신(心身)을 잘 가꾸어서 하느님이 이승에서 내려 주신 수명(壽命)이나마, 잘 간직하고 보존해야 될 의무가 있다고 강조하셨다.

항상 '불로장수(不老長壽)는 가장 좋은 것이지요'라고 말씀하시면서 그러기 위해서는 방법이 있는데, 천선(天仙)과 지선(地仙)을 합해서 각각 5백년씩 합쳐서 '신선'처럼 천년을 살수 있다고 하셨다. 이 같은 목표를 달성하려면 '무위자연(無爲自然)'으로 돌아가야 한다고 하였다. 그 다음 전략적으로는 너무 세속에 묻혀 가지고는 오래 사는 것도 아니고 늙어지면 '소식(小食) 소찬(小餐)'에 가볍게 먹고살면서 우리나라 '유(儒), 불(佛), 선(仙)' 사상을 좋은 것만 다 추려서 마음의 평안(平安)을 유지해야 되고 가능하다면 '중정의 도(中正之道)' 즉 중용(中庸)이 적절하다고 하였다.

그러면 어떻게 '불로장수' 또는 요즈음 노인 인구가 급증하고 있지만, 오히려 '건강 장수'를 할 수 있는 '실버 비지네스'의 세부적인 방법으로는 무엇이 있는가.

이에 관해서는 고래로 3가지를 들고 있다. 첫째가 황제(皇帝)내경에 나오는 '소녀경(素女經)' 즉, 일종의 '섹스 조절방식'을 들고 있으나 이는 오늘날 급변하는 산업사회에서는 전혀 불가능하다. 둘째는, 생식(生食)과 단전호흡(丹田呼吸)이지만 인간이 지금은 화식(火食)동물인바, 이 역시 대 자연 속에서 맑은 공기와 천연물 생식만이 가능한바 오늘날과 같은 산업사회에서는 시대착오적인 방법으로는 '날 음식은 삼가해야 한다'라고 하셨다. 단식(斷食)도 오히려 심한 중병을 자초할 수도 있다. 셋째가, 다름 아닌 식이요법(食餌療法)과 보약(補藥)의 복용인바, 이 방법은 그리 큰 노력이 들지 않아도 가능하다. 단방약이든 조제한 보약(補藥)이든 유명한 '동의보감(東醫寶鑑)' 책을 놓고 그대로 좋은 약재(藥材)를 값싸게 사다가 직접 저울에 달아서 혼합 조제해서 달여 먹는다.

원래 선비란 '예(禮), 악(樂), 사(射), 어(御), 서(書), 수(數)' 등을 익혀야 마땅하며, 다른 한편 '천문(天文), 지리(地理), 역학(易學)'에 달통해야 우리 동양 고유의 '선비'가 지닌 자세라고 말한다. 과연 오늘과 같이 쫓기고 여유 없는 산업사회의 급변하는 생활 속에서 누가 자의식을 가지고 개성을 살리면서, 실존의식(實存意識)

을 느끼며 천수(天壽)를 다 누리고 살 자신이 있겠는가. 요즘 같은 교통지옥 속에서는 '인명재천'이 아니라 '인명재차(人命在車)'라는 우스갯소리도 있다.

더구나 잠시라도 산 보람을 느끼면서 '5복(福)'을 갖추고 살다 죽을 수가 그리 쉽겠는가. 인간의 한계 즉 희(喜), 노(努), 애(愛), 락(樂), 애(哀), 오(惡), 욕(慾),을 극복하면서 사는 윤리이다. 생명에 대한 공포는 직간접으로 위아래 사방에서 위협받고 있는 한계상황 속에 놓여 있는바, 오늘의 사회 속에서 '후천개벽'의 신천지가 올 때까지는 스스로 존중하고 삼가면서 사람답게 사는 길이 큰스님의 가르치심 이었다.

큰스님의 법명(法名)을 '탄허-呑虛' 즉 '허공을 삼킨다'라는 뜻만 보아도 큰스님의 남다른 기행은 마치 관음보살이 '열한개의 얼굴'을 가진 '11면 관음보살'이라고 부르는 것처럼 속세 사회에 여러 방면으로 나타나기 마련이다. 이점을 독자들은 너그럽게 유념해 주기 바라는바 크다.

그래서 '큰스님'은 가끔 사람 노릇하고 살려면 첫째 무엇보다도 도(道)를 깨우쳐야 하는데, 만일 정신기운이 부족해서 도가 없으면 일반적으로 5복을 누리고 사는데 덕망(德望)을 갖추어야 하고, 그것도 없으면 어질게 사는 인(仁)이 있어야 하며, 그 다음은 의리(義理)라도 , 그 다음은 예의(禮儀)라도 있어야 산다. 마지막으로는 최소한의 믿음, 즉 신뢰(信賴)라도 있어야 한다고 말하였다.

과연 요즈음과 같은 고도 산업사회에서 제정신 잠간만이라도 깨달으며 사는 이 몇이나 있으며, 깨달아도 고달픈 한숨밖에 더 나오겠는가. 더구나 도통(道通)이란 개념조차도 알바 없고, 다만 '덕망(德望), 인(仁), 의(義), 예(禮), 신(信) 및 지혜(智慧)가 필요할 것이다.

속세의 인간 고뇌로부터 '사람'을 일깨우는 '탄허 큰스님'의 자비로운 모습

　　'탄허(呑虛) 큰스님'의 언행록을 쓰다 보니까, 본래 선승(禪僧)이시고, 학승(學僧)이시며 수세기에 걸쳐서도 쉽게 찾아 볼 수 없는 위인(偉人)을 자칫 잘못 하다가는 속가(俗家)의 예언자로 보이거나, 또는 참언(讖言)이나 늘어놓는 한낱 땡중처럼 혹여 느낄 독자도 있을까 싶어서 외경스럽기 그지없다. 불과 십 수 년 전만 해도 큰스님에 대해서는 거의 모르는 사람들이 없을 정도로 수많은 사람들에게 익히 잘 알려져 있었다. 우주 대운행과 천지 대개벽에 관해서 '조리론(條理論)'에 입각하여 인생관과 세계관을 한때나마 경건한 마음으로 관조하고 음미해 볼 신선한 기회를 제공하고 있었기 때문이었다.

　　요즈음 시대풍조나 젊은 세대들은 급속한 산업사회 속에서 점차 '인스턴트'화되고 가벼운 것을 좋아해서 그런지 간단한 '만화로 표현한 책'들이나 이상한 '외설 책'들을 위시로 또는 '신(神)바람'이나 '풍수(風水)하는 터'에나 쉽게 매혹되고 그런 책들이 '베스트·셀러'가 속출하고 있다. 그런 결과는 사회적으로도 허무주의나 OX식 흑백 논리를 낳고, 자칫 황당무계나 혹세무민만을 남길 수 있다. 반면 너무 서양식으로 편식해 온 맹종자들은 우리의 뿌리도 전통사상의 맥락도 저버린 채, 그 역시 곡학아세의 국적 없는 퇴폐문화가 여과 없이 전파시키기도 한다는 비난을 면치 못하게 되었다.

오늘날 어느 쪽도 우리의 사회정통성이나 전통적인 뿌리를 침식할 뿐이며, 실은 아무런 근거도 밑도 끝도 없이 개운치 못한 여운만을 남기고 있다. 이로서 우리 나름의 건강한 사회를 활착 시키는 데는 전혀 도움이 될 수가 없다. 어느 개인도 한순간이나마 자기의식을 가지고 실존(實存)과 자기 영혼(靈魂)을 고이 간직하면서 주어진 고귀한 생명을 고이 보존하고, 아름답게 보람차게 삶을 가꾸어 가기도 어렵게 되어 있는 사회 속에 우리는 살수밖에 없다.

이점 '코페르닉스'한 대전환과 대오각성을 통해서 타락한 사회로부터 다소라도 멀리 격리되어 혼탁한 사회를 밖에서 관찰하지 않는 한, 비록 살기 위하여 어쩔 수 없이 사회 속에 서식하고는 살지만, 고고하게 '사람답게' 보람 있는 인생을 살아가기는 어렵게 되어 있다. 이런 세기말적인 퇴패사회 속에 살아가는 인간이라면 단 한때라도 자기 인력으로 해결 못하는 객관적인 고난은 닥쳐오기 마련이다. 이를 흔히 운명(運命)이라고도 부르고, '역(力) 부족'이라고도 말하지만 실은 알지 못할 세계가 있지 않은가 생각한다.

예컨대 출세(出世)를 하고 싶다거나, 경쟁을 뚫고 시험(試驗)에 합격하는 일등은 '운세'가 지배할 정도로 자기 마음대로는 되지 않는다. 또한 자기 스스로 노력하면 할 수 있는 일, 예컨대 수행(修行)하는 일, 공부하는 일, 각자의 의지력(意志力)에 달려 있지만 이것마저 남보다 월등한 경쟁력을 갖기는 어렵다. 혹시 '사바세계' 또는 '속세 사회'라고 부르는 세상과는 차원이 다르게 종교적으로 '순교자'가 되는 경우, 이는 남들도 경합이 안 되니까 오히려 칭찬해 준다. 그러나 여간한 의지력 없이는 자기모순을 극복하는 경지를 얻기가 가장 어렵다.

이제 새 시대의 기운은 급격히 온갖 요사(妖邪)를 떨면서 한 시대를 마감하고 있다. 어느 때 보다도 삶의 지혜와 슬기가 필요한 때임은 말할 나위도 없다. 닥아 오는 '민중의 시대'는 각자가 다같이 '민중의 지도자'요, '각자는 인격과 혼백의 주인'이란 실존의식을 가지고 긴장하고 삼가면서 겸손하게 살아 나아갈 때이다.

여기에 짐승도 가지고 있는 '예지본능'도 필요하며, 더구나 인간(人間)이면 누구나 가지고 있는 '신기작용'도 그 어느 것이든 부활시킬 때가 왔다. 더 나아가서는 세파(世波)를 초월해서 각자 나름의 주어진 숙명(宿命) 속에서 자기가 선택의 여지를 가지는 운명(運命)이란 뜻깊은 용어들이 많이 있다. 그래서 인간 사회에는 예컨대 '천명', '혁명', '소명', '사명', '인명', '생명' 그리고 '숙명'과 같이 자기가 자기 마음대로 못하는 것들이 너무나 많고, 자기가 다소는 마음대로 운전해 갈 수 있는 의사결정권을 가진 '운명'만이 즉 '명(命)'을 운전하는 슬기와 지혜를 고도로 발휘할 수 있을 뿐이라고 탄허 큰스님은 말씀하셨다.

여기까지 읽어주신 독자들을 위해서 간곡하게 진언코자 하는 말은, 어데 까지나 첫째는, 우리나라 현대사에 몇이 안 되는 최고의 선승(禪僧)이시고, 둘째는 경(經)에는 근대 우리나라에서 제일인자로 유-불-선(儒, 佛, 仙)에 두루 회통하신 학승(學僧)이란 사실을 먼저 높이 평가해 주시기 바란다.

이 글에서 약간의 한 단면이 흘러나온 '예언'들만을 가지고 경박하게 '이미지'가 굴절되어서는 절대로 안 되겠다는 필자의 부탁이 되겠다. 제삼 '탄허 큰스님'에 대한 오해가 없으시길 다짐하면서 70년대 '유신정치'의 종말과 관계되는 재미있는 일화 하나를 소개하면서 감히 국사(國師)로 받들 만한 스님의 '말씀'과 '언행록'을 끝마치기로 한다.

불교에서 깨우침을 주는 몽둥이-방(=棒)과 고함소리-할(=喝)의 민족정기에 빛나는 실 사례

　　먼저 알아 둘 것은, 불교 선종에서는 올바른 수도(修道)생활을 깨우쳐 주는 자극제로 또는 어리석은 생각들 온갖 망상을 멈추게 하거나 순간적으로 바꾸어 대오각성 시키는 방법으로 더 나아가서 법력(法力)이 높은 해탈(解脫)의 경지에 올라가기 위해서, 오랜 옛날부터 널리 쓰여진 독특한 관행 중의 하나로 '방(棒)과 할(喝)'이 라는 것이 있다.

　　선(禪)문답을 하다가도 또는 강원(講院-불도를 공부시키는 학교)에서 수도를 시키다가도, 느닷없이 고함을 지르는 것을 '할(喝, 갈)'이라 하고, 몽둥이로 갑자기 후려갈기는 것을 '방(棒, 봉)'이 라고 부르며, 일종의 도력 높은 '대선사'들이 흔히 쓰는 지도 방법들이다. 좋은 실례가 하나 있다. 일제(日帝)가 조선 불교를 통째로 말살시키기 위해서 간악한 '데라우찌' 초대 총독(總督)이나, 그의 뒤를 이은 '미나미' 총독은 문화통치를 한답시고 한층 더 지능적인 불교탄압을 자행하고 있었다.

　　1931년 '만주사변' 직전에 '조선 불교 31본산 주지스님과 13도 도지사가 참석한 불교진흥회가 열렸단다.' 당시 모든 조선의 내로라 하는 주지스님들이 친일(親日)에 급급하고 아부에 여념이 없을 때이었다. 미나미 총독이, 여러분 어떻습니까. 조선 불교도 이제부터는 일본불교에 종속되어야 하지 않겠습니까.'라고 드디어 본색을 마음 놓고 들어내 놓기 시작한바 있었다. 좌중은 물을 끼얹듯 조용하고 감히 아무도 신변의 위험 때문에 쥐 죽은 듯이 조용하였다.

이때, 오직 목숨을 초개같이 개의치 않으면서 일갈 즉 '할(喝)'로 소리친 사건은 후세에 길이 전해 가는 유명한 사례이다. 오늘날 근세 한국 불교의 명맥을 융성시키면서 덕숭문중(德崇門中)의 시조가 되신, 송만공(宋滿空) 큰스님이 바로 그분이시었다. '만공스님'은 그 당시 예순일곱의 나이로서, 마곡사 본산 주지스님으로 그 자리에 참석 중이었다. '그것 안될 말이요 전에 "데라우찌" 총독은 일본 승려를 본떠 조선 승려들을 대처(對處-結婚시킴), 파계(破戒-모든 僧戒를 버리고 墮落하는 일)시킨 큰 죄인(罪人)이요. 마땅히 "데라우찌"는 무간지옥(無間地獄)에 떨어져서 그 고통은 이루 말할 수 없었을 것이요'라고 사자후를 토했다.

그 순간 '미나미 총독'은 흙빛이요, 그 자리의 친일파 승려꾼들은 몸 둘 바를 몰랐다고 한다. 그러자 3·1 독립운동 때에 33인 중의 한 분으로 끝까지 지조를 지키면서 민족의 얼을 일깨워 주신 유명한 분이 계셨다. 당시 청년 불교혁신파들의 좌장격인 '만해(萬海) 한용운(韓龍雲)'선생이 바로 그분이시다.

'만해' 한용운 선생은 기쁨에 겨워 즉시 찾아와서 '만공선사! 그런데 어째서 "할(喝-고함)"로서 그쳤습니까. "방(棒-몽둥이)"을 댈 것이지'라고 물었다고 한다. 그때의 대답도 간단하였다고 한다. '곰은 몽둥이를 쓰지만, 사람은 할(喝)을 쓰지요'라고 점잖게 답변하였다는 후일담이다.

큰스님은 이상과 같은 사례를 말씀해 주시면서, '만해 선생'과 '송만공 대종사'에 관해서 몇 가지 촌평을 덧붙였다. 인간은 한때의로운 일로 큰 인물이 되고, 대종사도 각자 자기 운명이 따로 있는 것 같구려. 잘 알다시피 '만해 한용운' 선생은 원래 의리를 존중하고 민족독립과 애국운동에 헌신하신 우국지사(憂國志士) 이면서도 대담한 협객이셨다고 한다. 그분이 '최남선'의 변절에 찾아가서 죽었다고 통곡하면서 문상했다는 일화는 잘 알려져 있다.

그러나 큰스님은 '만해 선생'은 한말로 말해서 속세에서는 협객이요, 잡놈이고, 제멋대로 살다간 힘센 사나이 였으며, 백담사에서 중노릇도 했고, '님의 침묵' 이라는 혼이 담긴 시집도 남겨 후인들에게 향기를 주고 있지만 무엇보다도 독립운동 했던 패기 한 가지가 그분을 위인으로 만들었다고 평하신다.

3·1독립운동 때에 33인중의 한사람으로 붙잡혀 가서, 여러 사람들이 변절하는 속에서도 오직 혼자 모진 고문을 이겨 가며 내가 주모자라고, 기개를 떨친 점이 가장 존경을 받을 만한 위대한 업적이라고 평하셨다. 형무소에서 출옥한 후에는 당시 '세브란스 병원'의 간호부장으로 있던 '인텔리 여성'과 결혼해서 지금의 성북동 산꼭대기에 북향으로 집을 마련하고 '조선 총독부'를 등지고 살면서도 독립운동에 헌신해 온 기인(奇人)이라는 평이시다.

'송만공 대선사'는 1871년 전북 태인 출생으로 '경허(鏡虛) 선사'를 이어받아 덕숭산 수덕사 승맥, 즉 덕숭(德崇)문중을 일구어 오늘날 한국 조계종의 '효봉'이나 '청담'을 위시로, '월(月)'자 이름 붙은 수많은 종정이나 총무원장들이 한결같이 '만공' 선사의 제자라고 탄허 스님은 부러워 하셨다.

탄허 스님의 스승이신 '방한암(方漢巖) 대선사'는 1876년 강화도 화천 출생으로 '만공 스님' 보다도 5살 아래이었지만, 두 분이 어깨를 나란히 하는 최고의 선승들이면서도 도력이 더욱 높이 받들어져 먼저 종정을 하고 월정사를 중심으로 선맥(禪脈)의 정통이었다. 그러나 '한암' 밑에는 득법한 제자도 일찍 죽은 보문(普門)과 일본에서 조총련 계의 고승이 된 난암(煖庵)이 있을 뿐, 오직 '탄허'로서 맥이 끊겼다고 하며, 이에 비해서 '만공' 밑에는 기라성 같은 득법한 제자 복(福)이 너무 많다고 평하시었다. 그런데 '탄허 스님' 밑에도 변변한 수좌나 득법한 제자가 별로 없다고 복이 없으니 맥 끊긴다고 한탄하는 일이 많았다.

믿을 수도 안 믿을 수도 없는 예견(豫見)되었던 '박 대통령 시해(弑害)' 사건

필자가 일본과 미국으로 유학(遊學)을 떠나기 위해서 큰스님께 인사차 1978년 정월달 어느 저녁나절에 들렸을 때 들었던 역사적 사건에 관한 일을 지금도 생생하게 잊을 수가 없다. 그때 여러 사람들이 방문 중에 있었기 때문에 용건을 간단히 말하고 퇴장하려는데, 한 손을 꼭 잡으시더니 조금 기다리게나 하시었다. 당시 통행금지 시간이 있었기 때문에 약간 초조한 시각이었다.

이윽고 자리가 조용해 졌을 때 정좌하시더니 가까이 오라고 손짓하시고는 이거 역적으로 몰릴 일이지만 '믿을 수도 안 믿을 수도 없는 이상한 일이 벌어 졌으니 한번 조심해서 참고해 보게나'라는 당부 말씀이 있었다. 대뜸 이야기는 계속되었다. 우리나라 국운이 말기 증상에 다달아 시국은 갈수록 몹시 뒤숭숭하고 정권의 안위가 걱정스럽고 하수상 하다는 결론이었다. 특히 박 대통령의 관상을 사진으로 보아도 눈 밑이 심히 패어서 금왕(金旺)지절 즉 가을철이 위태롭다는 말씀도 하셨다.

그러면서 다음과 같은 며칠 전 있은 일을 이야기 해주셨다. "요전에 강남 산다는 한 신들린 남자 무당이 느닷없이 나를 찾아 왔었네. 대게 남자 무당은 영매(靈媒)가 되기 어려워서 거의 드문데 눈꼴치를 보니 보통이 아니더군. 신기(神機)가 꽉 찼어. 이 사람은 전에 특무대 고급장교를 지냈다는 사람이야. 꾀 큰 귀신이 들려서 한참 신기운(神機運)이 왕성하게 뻗치고 있는 것을 느꼈어. 하는 수 없이 이런 때는 고함을 벼락같이 쳐버리는 '할(喝)'을 쓸 수밖에 없었지."

"너 6·6, 7·7에 해방되고, 3·3, 4·4에 통일되는데 알아! 큰소리로 일갈했지. 그러자 이 사람이 미쳐 버리더니 제정신이 아닌 듯 '큰스님 어떻게 그걸 아십니까. 맞습니다. 김(金)가요. 보입니다. 태극기 속에서 권총을 꺼내서 쏩니다. 박대통령이 죽습니다.' 겉잡을 수 없이 나오는 황당한 소리에 그때 큰스님이 모골이 송연해서 오히려 당황한 나머지 '빨리 나가 보게' 했더니 큰절을 4배나 하고 사라졌네"라고 말씀하셨다.

그 당시 시국은 한치도 앞이 보이지 않는 캄캄하고 숨막히는 절박한 시절이었다. '부산·마산' 사태가 겉잡을 수 없이 터지고, 수많은 유언비어도 계속해서 떠돌고 있었다. 참설(讖說)까지도 엎치고 겹쳐서 난무하는데 그때 중앙정보부에서도 심리전(心理戰)으로 이를 역이용한다는 설까지 파다하게 퍼져 있었다.

당시의 문화공보부도 종무과를 종무실까지 관리관 급으로 격상시켜 가면서 무속인들에 대한 전반적인 통제정책이 시행되고 있다는 항설도 들렸다. 수십만을 헤아리는 명리학, 관상, 점술, 무속 및 도인(道人)들 까지 언행을 극히 삼가고, 어지러운 시운(時運)을 두려워하였다. 반면 어떤 술사(術士)들은 인왕산 터널을 뚫는 것이라던가, 남산 제 3터널을 파는 것들이 다 같이 한양(漢陽)의 땅기운을 쇠잔시켜서 국운이 큰 변란을 맞을 거라는 유언비어까지 난무하고 있었다.

필자가 미국 '캘리포니아 버클이 대학'에 머물고 있다가, 그해 여름 '쿼터제 학기'가 끝나가는 9월말쯤(개학은 10월초임)에 거대한 빙하시대의 호수가 관광지를 이루고 있는 '레익크 타호'에서 휴가를 즐긴 적이 있었다. 반대쪽은 도박으로 유명한 네바다 주로서 우리는 북쪽 캘리포니아 주가 동시에 걸쳐 있는 경계선 안쪽의 한 방가로에서 후배 공학박사 가족들과 같이 휴가를 즐기고 있었다. 바로 그날 밤에 필자는 거대한 지진 꿈을 하룻밤에 두 번을 꾸고, 이상해서 동행한 후배에게 '한국에 국가변란이 일어날 것 같다'고 꿈 해몽을 말하면서 돌아온 적이 있었다.

물론 그 이전 십 수 해 전부터 필자가 아는 나름대로의 천문, 지리, 역학을 동원하고 사회과학과 전통사상을 비교하면서 국운, 시운을 논평한바 있고, 큰스님의 사숙을 받아서 고위층의 명리(命理)를 예언한 바도 있었다. 그런데 곧 이어 개학된 뒤 10월26일에 그때까지 해괴하다고만 생각했던 그 꿈이 무서운 현실로 적중하게 되었다. 그러면서 바로 필자가 일본 메이지 대학으로 떠나오기 전에 큰스님에게서 들었던 남자 무당에 관한 해괴한 소리도 무섭게 떠올랐다.

다름 아닌 '박대통령' 시해사건이 사실보도로 드러났기 때문이다. 엄청난 뉴스가 그곳 시간 12시 CBS 뉴스를 타고 터져 나왔을 때, 온통 일손을 놓고 고국(故國)의 변란(變亂)에 들떠 허둥댔던 사태를 영원히 잊을 수가 없다. 그렇다면 '칸트가 말하는 물자체의 세계(Thing An Sich)'가 존재하고 있는지. 인간의 예지(豫知)나 신기(神機)가 작용하는 어떤 3차원의 세계가 존재하는지 생각하면 우리의 사회과학으로는 판별이 안 되면서도 과학적 근거가 희박하니까 답답하고 우울하기만 하였다.

과연 무엇이 이 세상의 진리(眞理)일까. 인생의 생로병사와 우주와 인간사회의 생성, 발전, 소멸의 과정은 어떤 법칙으로 변전되는 것인지. '사마천'도 모르고 남겨 놓은 천도(天道)는 시(是)인가, 비(非)인가. 인생살이는 포말같이 허무한 건가. 서양의 인문·사회과학에 어려서부터 학문을 닦아 왔고, 그때나 현재나 학자라는 직업에 종사하면서 밤낮없이 언제나 연구와 교육과 끝없는 사색을 몸에 익히고 있는 필자로서도 단순히 과학이니, 이성이나 합리주의만으로는 설명할 수 없는 이상한 운명론을 무시할 수는 없었다.

도무지 쉽게 납득할 수 없는 무수한 현상들이 자연과 사물에서 느껴지는 것은 말할 나위도 없으려니와 바로 나 자신의 숙명(宿命)이 무엇인지 또는 운명(運命)을 어떻게 운전해 가면서 인생행로를 순조롭게 무사히 넘어갈 수 있는지 기로에 설 때마다 사활을 걸고 망설이는 일이 얼마나 많은지.

그래서 인생은 종교와 신앙이 필요하고 삶의 지혜와 슬기가 더욱 절실한 것은 아닌지. 누구나 인간으로 태어나서 살아가는데 심각하게 느끼는 바이지만, 이른바 서양식의 '의사결정'을 내리고 '조직행동'에 숙달되기는 쉬운 일이 아니라고 느껴졌다.

어려운 때가 한두 번이 아니다. 나약한 인생 속에서 안심입명(安心立命)의 관념적인 사고방식만을 가지고 손쉽게 살아갈 수 있는 방법은 더욱 어려운 삶의 고뇌임을 깨우치면서, 동양의 전통사상이 가르쳐 주는 하느님의 천도(天道)나 개인이 타고난 복(福)과 운명을 지켜 가는 슬기만이 사람 된 도리를 다하는 진리임을 다짐해 본다.

‘탄허 대선사’는 일흔 두 살에 오대산 월정사 방산굴에서 천지비(天地否)의 ‘사바세계’를 떠나 홀연히 열반(涅槃)하시다.

　　큰스님께서는 생전에 자비를 베풀고 새 종교 운동으로 중생제도를 수행하실 목표를 앞당기기 위하여, 끝없는 법문(法問)과 강원에서의 제자양성 그리고 엄청난 불경번역을 수행하시다가 너무 무리한 탓에 일흔 둘에 홀연히 열반하시었다. 법랍은 49세 1983년 음력 4월24일 오후 유시(酉時)이었다.

　　그러나 이미 어린 시절을 전북 정읍에 있었던 ‘차 천자교’[車天子敎-원명은 ‘보천교’라고 부르며, 강증산(姜甑山) 교주의 숫 제자로서 실은 조선의 태평천국(太平天國)임]에서 영의정[東方 木-중앙 土에 천자(天子) 다음의 제2순위로 푸른색 옷을 입음]의 영의정으로 계신 부친에게서 ‘선교(仙敎)’를 익히고, 뒤이어 충청도 면암(勉庵) 최익현 선생 문하에서 유교(儒敎)를 배운 뒤, 22세에 오대산 월정사에 계신 ‘방한암 종정’의 제자로 늦게 출가하였다.

　　우리 나라에서 전통사상에 관한 맥락에 비추어 근대 한국학의 법통을 찾아본다면, ‘김일부’ 선생의 ‘정역(正易)’이 단연 으뜸으로 기초이론 이라고 말할 수 있으며, 이를 혁명운동으로 실천에 옮긴 것이 ‘동학(東學)’이라면, 이른바 일제가 ‘샤마니즘’으로 규정했던 조선 고래의 ‘선교(仙敎)’는 실은 민족종교로서 ‘강증산교’를 들 수 있다고 말씀하셨다. 큰스님께서는 소년시절에 조선의 전통사상으로 크게 영향을 받았던 '강증산(姜甑山)'에 관해서 중요한 말씀을 하셨다. 그때의 기억을 더듬어 '증산 사상'을 모아 보면 아래와 같이 종교적인 면보다도 특히 사상 면에서 많은 시사점을 던져주고 있다.

'증산(甑山) 강일순(姜一淳)'은 전북 이평 출신으로 어려서 부터 '신기(神機)'가 출중했던 종교지도자 이었다. 그의 뒤를 이은 제자 '차경석'은 보천교(普天敎)를 만들었는데, 일제시대에 조선의 태평천국의 난과 같은 600만 교도를 거느린바 있었으나, 일제가 괴뢰 만주국을 설립한 뒤, 이민을 강요하니까 토착 민족종교로서 반대하다가 사교(邪敎)로 몰려 처참하게 끝맺었다.

'증산교도'들은 그 외에도 약 50여 종파를 가지고, 전북의 모악산 일대와 금산사 미륵불을 받들면서 '용화교(龍華敎)'가 1950년대에 전성기를 이루다가 사회 물의를 야기한바 있었고, 최근에는 '대순진리회'가 서울을 중심으로 엄청난 교세를 떨치면서 대학교까지 운영하고 있다.

큰스님은 평소에 '강증산'이나 '차천자교'를 창설했던 본명 '차경석'을 숭배하면서 조금만 서양의 근대적인 지식이나 당시의 국제정세에 눈을 떴더라면, 한국의 자주독립과 근대화에 크게 기여할 수 있는 대종교가 이었고, 민중의 정치지도자가 될 수 있었던 영웅이었다고 술회하고 있다. 그것은 당시 일제가 발표한 것처럼 '보천교'가 사교집단은 아니었고, 오히려 이재(理財)를 할 줄 몰라서 더욱 몰락 한 것이라고 술회한다.

어떻든 '증산'의 종교적인 교리나 전북 모악산 아래 미륵불을 자처했던 '증산'의 기이한 여러 행적들을 여기서 소개할 필요성은 느끼지 않으며, 그를 중심으로 4명의 수제자에게 '경-京'자를 넣어서 이름을 지어 주었던 바, 그중 첫째로 성공한 한 분이 '차경석'이라고 하였다. 큰스님은 '증산'이 한국의 전통사상에 비추어 보아 가장 이바지 할 수 있는 업적을 든다면, 다름 아닌 인류사회의 평화와 대화합을 이룩할 수 있는 근본을 찾아내었다는 점이라고 항상 강조하시면서, 이는 현대 '공산주의' 이론도 능가하는 동양적 삶의 공동체사상 이라고 말하셨다.

'증산'은 지적하기를 "하늘(天)은 무주물(無主物)이어서 평화가 있는데, 반면 땅(地)에는 주인(主人)이 있어서 '영토전쟁'이라던가, '민사소송'이 끝일 날이 없음으로 바로 화근의 근본인 '땅도 무주물'로 만들면 평화가 온다"라고 말함으로서 1917년 소련의 공산혁명에 의한 국유화(國有化)와 사유재산제도의 철폐보다도 20여 년 앞섰다고 한다. '증산'은 그뿐만이 아니라 인류의 평화를 위해서 이른바 '해원(解寃)사상'을 강력히 주장했단다.

문명신(神), 조선신, 또는 서양신등 각기 크고 작은 귀신(鬼神)들이 많은데, 이들이 현실의 인간세계 뒷면에서 서로 싸우고 갈등이 많으니까, 현실도 전쟁과 싸움이 많다고 하면서 이제는 조화를 시키도록 '천지공사(天地公事)'를 9년 동안 작업했다고 한다.

'증산'은 해원사상을 갈파하였는데, 특히 과거 조선의 '여성'들이 '칠거지악'을 비롯해서 너무나 혹사를 당하고, 남성우위의 사회구조 속에서 희생이 커서, 원한(寃恨)이 사무친 원귀(寃鬼)가 많음으로, 평화를 이루려면 '남녀평등'을 먼저 이루어야 한다고 역설하였다. 이상과 같이 큰스님이 직접 '차천자교'에서 사시면서 배웠던 '증산' 사상들, 즉 '땅의 무주물화'나, '귀신들의 화해' 그리고 '남녀평등'에 관한 사상들은 세계적으로도 훨씬 앞서서 선견지명을 가진 위대한 사상이었다고 말하였다.

또한 '증산'은 1870년생으로 태어나서 1909년에 걸쳐 39세라는 짧은 생애를 마쳤지만, 근대 한국의 '민속 신앙'의 중시조라고 말할 수 있으며, 특히 1900년 그분 나이 30세 되던 해부터는 이상의 3대사상을 실천하기 위하여 옥황상제의 위력으로, '천지공사(天地公事)'를 행한 사실은 하나의 이적으로 남아 있다. 따라서 '소련'에서 인류 최초의 공산혁명으로 '국유화'를 행한 것보다도 '땅을 무주물'(土地無主物)로 만들자는 사상은 이미 20여 년이 앞섰고, 단순한 무속적 '기복신앙'이 아닌 '귀신과 인간'(神人合發思想)을 화합시켰으며, 특히 '여권 신장'을 위해서, '남녀 평등'(兩性平等思想)을 외친 것은 선각자가 아닐 수 없다.

큰스님께서 입산하기 전에 '최면암' 선생의 기호학파(畿湖學派)에서 공부하면서 유교(儒敎)의 경전을 두루 섭렵하게 된 것이라든지, 특히 '주역(周易禪解)'에 통달하게 된 것은 그 뒤 '불교(佛敎)'에 출가한 뒤에 화엄경의 번역이나, '역학(易學)'을 불경에 전파시켜 '유, 불 선'을 합일한 대종사(大宗師)가 되는데 기틀이 되었다.

'주역'은 유교의 경전인데 큰스님은 거침없이 불경으로 활용하셨다. '주역선해(周易禪解)라는 소강절의 책을 번역해서 이를 불경으로 펴낸 것이다. 주역에 관해서도 너무 많은 언급이 있었기 때문에 여기에서 이를 다 같이 소개할 수가 없을 정도이다. 다만 '주역+정역'에 관한 '대예언'은 앞장에서 충분히 천명한바 있으니 생략하고 아래와 같이 자못 흥미를 돋구는 '인간상과 주역풀이'와의 관점에서 기억나는 것들을 서술해 보기로 한다.

하루는 대뜸 이런 질문을 던지셨다. "사람 인체의 중심을 인중(人中)이라고 하는 데, 어째서 코와 입 사이에 '인중'이 있는지 아시겠소". 실제로 갑작스런 큰스님의 기이한 질문에 다들 대답할 바를 모르면서도 다른 한편 조물주의 깊은 섭리를 알고 싶은 호기심이 바짝 솟구쳤다. "주역 64괘(卦) 주에서 가장 길(吉)한 괘는 11번째에 자리 잡은 '지천태(地天泰)' 괘요, 가장 난(難)한 괘는 그 다음의 12번째인 '천지비(天地非)' 괘 올시다. 왜 하필이면 인체의 중심을 코밑에다가 '인중(人中)'이라 하고, 우주변화의 원리를 말한 '주역'에서는 길괘와 난괘가 차례로 붙어 있겠소."

그런데 이의 해답은 그야말로 오묘할 뿐만 아니라, 우주와 인간을 동시에 합일해서 단적으로 설명하고 있는 점이 진리의 법열을 통감케 하고 있었다. '주역'은 아시다시피 육효(六爻)라는 여섯 가지 음,양의 작대기가 그려져 기호로 표시하고 항상 거꾸로 있어야 좋게 해석되는 것이 법칙이다.

큰스님의 말씀은 "한말로 인체는 겉으로 보기에는 가장 이상적이고도 길(吉)한 형상을 지녔지만, 속으로 들어가서 뒷 면을 보면 가장 짐승만도 못하게 비정상적으로 흉(兇)한 형상을 지녔소이다."라고 하시면서 바로 '주역'의 두 괘가 이를 표리관계로 나타내어 주고 있다는 지적이셨다.

"즉 '지천태, ☷ ☰ 괘'는 사람의 코밑에 있는 '인중'을 중심으로 겉모양을 그대로 '괘상(卦象)'으로 표시하고 있습니다. 보시요. 눈이 2개, 귀가 2개, 콧구멍이 2개 아닙니까. 바로 '지(地) ☷ 괘'를 이상적으로 얼굴 위에 나타내어 주고 있지요. 땅이 위에 있으니, 다음 하늘이 몸 아래로 나타나면 '길괘'가 되지요."

"또한 코밑에 '인중'의 아래로는 겉모양이 입이 1개, 소변보는 곳 1개, 대변보는 곳 1개 등으로 각각 '천(天) ☰ 괘'를 이상적으로 몸 아래 부분에 잘 나타내어 주고 있지요. 위아래를 합하면 이것이 '지천태(地天泰) ☷ ☰ 괘상'으로 얼굴과 몸을 위 아래로 통털어 길괘(吉卦)가 되고, 하느님의 모습을 그대로 태평(泰平)하게 보여주고 있습죠."

"그런데 만일 사람 몸속으로 들어가 봅시다. 한말로 정반대의 형상이 나타납니다. 예컨대 '인중' 위의 2개씩의 '눈, 귀, 코'로 구성된 '지(地) ☷ 괘'가 속에 들어가면 다같이 1개씩으로 통합니다. 즉 천(天) ☰ 괘'로 변해 버리지요", "똑같은 원리로 '인중' 아래 부분이 각각 1개씩으로 되어 있던 '입, 소변구, 대변구' 등이 입은 숨구멍과 밥줄 구멍으로 2개가 되고, 소변구도 2개, 대변구도 2개가되어 '지(地) ☷ 괘'로 변해 버리게 됩니다. 결국 곧바로 '천지비(天地否) ☰ ☷ 괘'로 완전히 뒤바뀌어 짐승만도 못한 형상의 흉상(凶象)의 난괘(難卦)가 나타납니다."

사람의 인체가 우주를 그대로 닮은 표상이라면, '문왕 8괘' 이래로 3천년 동안 세상은 이상과 같은 표리가 다른 '길흉화복(吉凶禍福)'으로 쌓여 있고, 이 때문에 지구는 삐뚤어져 윤도수(閏度數)를 그대로 표상으로 보여 주고 있는데 이제 '후천 개벽'이 이미 진행되고 있다는 설명이었다.

마지막으로 '큰스님'의 열반(涅槃)에 관한 이야기로 끝을 맺기로 하겠다. 앞에서도 서술한 바와 같이, 큰스님은 원래 120세 까지는 불로장수 하겠다고 의욕을 과시했으나, 무리한 강의, 강원과 역경 번역 사업에 과로하여 위암이란 진단을 한양대학 병원에서 받고 수술을 권유받았으나, 단연 거부하고는 생사의 갈림길을 초연히 택하셨다.

병상에 누운 큰스님을 한양대 학병원에서 만났더니 병원에서는 수술하라고 하지만, 갈 때가 다되었으니 그만 떠나겠다고 하시면서 몹시 아프다는 신체를 이끌고 계룡산 학하리의 성지〈자광사(慈光

寺)〉를 둘러본 뒤, 오대산 월정사로 향했다. 학하리는 원래 새 종교 운동을 하기 위한 성지로서 명당 터에 만들어 놓은 새종교 운동의 근거지였기 때문이었다.

평소 기거한 요사체는 이를 '방산굴'이라고 불렀는데 여기에서 1983(癸亥)년 음력 4월24일, 즉 양력 6월 5일 유시(酉時)인 오후 6시 15분에 '큰스님'이 입적을 예언한 그 시각에 열반하셨다. 처음에는 선상(禪床)에 앉아서 기다리는데 아파서 눕겠다고 하신 뒤, 예고했던 시간에 가깝게, 갑자기 두 눈을 부릅뜨고 숨을 몰아쉬더니 주위에 몰려 있는 제자들을 둘러보고 그대로 열반하셨다. '다비식'이 끝난 뒤 사리 12과를 남겼다. 사바세계에서 잠깐 빌려 썼던 육신을 돌려주고 '허공이 탄허를 삼키면서' 떠나가셨다. 그러나 지금도 그분의 생각은 멈춘 채로 여기 있다.

오대산 상원사 대종사의 부도

그 후 딱 반년도 못되어서이었다. 평소 수좌로 있었던 '장희찬(만화스님)' 주지스님은 그저 성실하기만 한 당시 58세의 주지스님이었다. 탄허큰스님에게는 불행하게도 득법한 큰 제자는 없었다. 그런데 '장 주지'에게는 몇 차례에 걸쳐 큰스님이 꿈에 나타났는데, 초라한 행색으로 '내가 추우니 네가 와서 돌봐 주어야 되겠다'라고 말했다고 한다.

이상하고 겁도 나서 '법력이 높으신 큰스님이 나를 데려 갈려나 보다'고 생각되어 몹시 조심하고 차를 타고 나가는 외출까지도 삼가면서 신경을 썼다. 그 무렵 선방(禪房)에서는 많은 스님들이 참선을 해 왔는데 스님들은 먼저 나갔고 '장 주지' 혼자서 참선을 하고 있는데 그만 갑자기 천장이 무너지면서 '주지스님'은 불귀의 몸이 되었다.

실제로 일어난 이 같은 현상을 어떻게 무엇이라고 설명할 수 있겠는가. 다만 불심으로 해석한다면 큰스님의 못 다한 한(恨)을 채우느라고 비록 득법은 못했으나 35년을 섬긴 수좌를 데려 간 것이 아닌가 싶다.

그리고 이 글은 그로부터 만11년이 지난 뒤에 필자에 의해서 쓰여지게 되었다.

오대산 상원사 대종사의 비

탄허 스님은 1975년에 썼던 "현대불교의 거인, 방한암"(高麗·朝鮮의 高僧 11인, 新丘文化社 1976)이란 글에서 끝 말미에 다음과 같이 고승들의 열반에 관해서 촌평을 해 놓은 것이 있다.

"옛날부터 득도(得道)한 분들이 모두 생사에 자재(自在) 함은 그 수도가 용무생사(用無生死)의 경계에 이른 까닭이다. 당나라의 '등은봉' 선사는 거꾸로 서서 돌아갔다고 하며, '관계'는 자기 몸을 태울 화장나무를 미리 준비하였다가 그 위에 서서 제자들에게 불지르라고 한마디 명하고, 그 불이 다 붙기 전에 돌아갔다고 한다" 그러면서 큰스님의 스승이신 '방한암 대선사'의 열반에 관해서는 다음과 같이 기술하고 있다. "한암은 1951년에 가벼운 병이 생겼다. 병이 난지 7일이 되는 아침에 죽 한 그릇과 차 한잔을 마시고 손가락을 꼽으며, '오늘이 음력 2월14일이지' 하고 말한 후 사시(巳時)에 이르러 가사와 장삼을 찾아서 입고 선상(禪床) 위에 단정히 앉아서 태연한 자세를 갖추고 죽었다"라고.(필자 주 : 선우휘 당시 종군기자가 찍은 사진이 있음)

이어서 열반에 대하여 계속 다음과 같이 쓰고 있다. "고려의 보조국사는 법상(法床)을 차려 놓고 '백문백답'을 끝마친 다음 법상에서 내려와 마루에 걸터앉은 채 그대로 조용히 열반하였다. 죽음이 범인들에게 있어서는 가장 큰 공포와 괴로움이 되고 있으나 '보조국사'나 '한암 선사'와 같이 생사를 초월한 경지에서는 죽음이 아무런 거리낌이 되지 못한다. 그들은 언제 어디서 죽음을 만나더라도, 밤에 잠이 들듯 아주 태연하게 죽을 수 있다".

그러면서 큰스님은 자기의 스승의 열반에 대하여 다음과 같이 추측하면서 끝을 맺었다. "아니, 어쩌면 한암 선사는 궁극(窮極)의 세계를 넘어서 더 멀리로 날아갔을는지도 모른다"라고 썼다. 과연 '탄허 큰스님'도 스승처럼 '궁극'의 세계로 날아갔는지 아니면 아직도 이승의 못 다한 '업(業)'을 지휘하고 계신 것은 아닌지.

요순(堯舜)의 왕도정치가 오겠지. 권능(權能)의 지도자가 나타나겠지. 패도(霸道)는 물러가고 '미륵불'이 현세불이다.

큰스님께서는 틈만 나시면 인간이 사는 진리를 설파하시고,

'생각이 멈춘 자리'가 바로 '태극 자리'요, '부처님 자리'라고 말하셨다. 그러면서도 천재적인 기억력으로 모든 경(經)을 술술 외울 뿐만 아니라 알기 쉽게 풀어서 곧잘 덕담을 시간 가는 줄 모르고 늘어 놓으셨다.

"말씀이 입에서 나오는 줄 아는가. 천만에 말씀이올시다. 사람은 턱뼈와 입술을 빌려주었을 뿐이고 정작 입을 통해서 반고(盤古-우주와 삼라만상이 태초에 창조된 시작)이래로 '하느님'의 말씀이 흘러나올 뿐이요".그래서 인간은 잠시 육신과 정신 기운을 얻어서 이승에 머물다가 슬쩍 떠나면 그만이라는 뜻이었다. "부처님은 망상(妄想)을 버리면 누구나 태극(太極)자리로 들어갈 수 있고, 인생이란 생시가 꿈인 지, 또는 꿈이 생시인지, 끝없는 생명의 윤회(輪廻)로부터 그때 비로소 벗어날 수 있는 해탈(解脫)의 경지가 있다"고도 말씀하셨다.

기독교가 박애(博愛)정신으로 '이웃을 사랑하라. 한쪽 뺨을 때리면 다른 쪽 뺨도 내주어라' 하고 용서(容恕)를 말하고 있지만, 불교는 대자대비(大慈大悲)해서 물 속에 고기도 산 속의 짐승도 저승이나 이승이나 피안의 어떤 세계까지도 삼라만상을 두루 다 구제하고 살생을 금한다는 말씀을 하신다. 예컨대 장죽(지팡이)을 탕탕 치면서 걸어가는 것은 혹시 버러지까지도 발밑에 깔려 살생(殺生)이 될까 봐 피하라는 뜻이라고 하였다. 기독교에 구약과 신약이 있어, 성경(聖經)으로 가르침을 주고 있지만, 불경은 그의 수십 배에 달하는 말씀이 '팔만대장경'으로 남아 있다고도 말하였다.

방대한 불경에는, "초등학교 급으로 기신경(起信經)이 있고, 중학교 급으로 능엄경이 있고, 고등학교 급으로 원각경(圓覺經)이 있으며, 대학교 급으로 법화경(法華經)이 있고, 대학원 급으로 화엄경(華嚴經)이 있네. 세계적인 국보(國寶)로 치는 팔만대장경만 해도 얼마나 방대한 분량인가", "물질과 정신은 언제나 맞붙어 다니게 되어 있지. 불교의 8만 대장경교리를 종합해 놓고 보면, 아함부(阿舍部)에서 발췌한 구사학(俱舍學)은 유치원 학설 및 국민학교 학설이다. 이 우주 만유(萬有)는 실(實)이라. 즉 시간과 공간이 실제로 있다(三世實有,諸法恒存)"라고 말했습니다.

"그 다음 방등부(方等部)에서 발췌한 성실론(成實論)과 삼론(三論)등에서는 우주전체가 다 공(空)한 것이라고 제법계공(諸法階空) 또는 무상계공(無常階空)이라고 합니다. 이것을 중학교 학설이라고 할 수 있죠. 아까 유치원, 국민학교 학설에서는 물질은 실로 있는 것이라고 긍정하던 것을 중학교 학설에서는 그것을 부정한 것입니다", "그 다음에 고등학교 학설격인 반야부(般若部)에서 발췌한 유식학(唯識學)에서는 제법(諸法)이 실로 있는 것도 아니고 없는 것도 아니라는 공(空)과 유(有)가 하나라는 중도(中道)사상이라고 하겠습니다."

"그러면 마지막 대학이나 대학원 학설인 법화경(法華經), 화엄경(華嚴經)에서 발췌한 십지론(十地論), 기신론(起信論), 화엄론(華嚴論)등에 올라가서는 '우주만유' 그대로가 '진리'라고 했습니다. 즉 모든 법이 법(法) 위치 즉 진리에 머물러 있어서 늘 세간상(世間相)이 항상 변치 않고 있다(是法이 住法位하여 世間相이 常住)라고 말하셨다.

큰스님의 말씀은 '물질과 정신' 중에서 물론 주체를 따진다면 정신이 주체이고, 물질은 정신의 부속물이라고 볼 수 있지만, 한마디로 말해서 '물질과 정신'은 둘이 아니고, 실은 물질 그대로가 정신이요, 그대로가 도(道)라고 한 것이란 말씀이었다.

그러나 인간의 격(格-성질과 내용에 해당됨)과 국(局-그릇에 해당됨)이 천차만별인 것처럼 진리를 깨우치고 사람답게 살다 가도록 하는 일이 제각기 다를 수밖에 없겠지. 과연 어느 것이 '자비(慈悲)'로운 것인가. 인간 사바(娑婆)세계란 무엇인가. 예를 든다면, 옛날 어느 임금이 취미가 사람을 죽이는 일이어서 깨어 있으면 줄곧 살생을 계속하게 되었어요. 이를 보다 못한 어진 왕비(王妃)가 고심이 많았는데, 임금이 술만 취하면 살생을 잊어버리는 것을 알고 계속해서 밤낮으로 술만 먹여서 그 임금은 죽고 말았어요.

그 뒤 왕비도 죽어서 저승에 가게 되었는데 염라대왕(閻羅大王)에게 심판을 받게 되었지요. "어찌하여 남편에게 술을 먹여 죽였는고" 라고 물으니, 왕비의 대답은 남편의 살생을 막노라니 어쩔 수 없이 큰 죄를 지었다고 말하였다. 이때 염라대왕께서는 그런 술이라면 백번 먹여도 좋고, 그런 살생이라면 천번 죽여도 좋네. 왕비의 '자비'를 칭찬했다는 이야기다. 생각해 보게나. "원각경(圓覺經)에는 창녀가 있는 술집을 가리키기만 해도 가리킨 팔목을 칼로 잘라 버려야 할 만큼 계율은 지엄하지만, 화엄경(華嚴經)의 경지에 가면 마치 '십일면 관음보살'이 창녀도 되었다가 어린애도 되었다가 선녀도 되었다가 무상으로 변하면서 인간을 깨우쳐 주듯이 변화무상 한 것이 아니겠는가."

그러니 무식한 사람은 일천 번씩 절을 하고 나무아미타불만 외어도 그만이지만, 국격(局格)이 높은 위인은 화엄경의 진리를 알려 주어야 한다는 것이다. 타고난 높은 각자의 정신만큼 업보(業報)도 가지가지이니, 죄(罪)도 큰 죄를 짓게 되고 은덕(恩德)도 크게 베풀 수 있다고 말하였다. 부조리(不條理)도 각양각색으로 많고, 그래서 중생제도가 천차만별이라고 들려주셨다.

큰스님의 못 다한 뜻이 있다면 새종교운동을 통하여 바른 '정치'를 펴 보는 일이었다. 혹자는 국사(國師)로 모셔야 한다고 추앙하기도 한바 있고, 스님께서는 소강절(召康節)이 환생한 것처럼 은근히 비치시기도 하였다. 실제로 '대원암'에 체류할 당시 문전성시를 이룬 것은 천하에 논객(論客)이나 문사(文士)들을 위시로 장안의 명사들은 말할 나위도 없고, 타종교 지도층들과 숱한 처사(處士)들과 술객(術客) 및 보살(菩薩)들이 줄을 이어 찾아 들었다.

일찍이 이 나라에 법보(法寶-佛經등 學의 보배)나 불보(佛寶-부처님들의 보배)는 있어도 이미 승보(僧寶-중 스님들의 보배)는 없어졌으니 이제 기대할 수는 없고, 오히려 속세에 파묻힌 수많은 거사불교(居士佛敎)를 전국적으로 부흥시켜서 이를 바를 정(正)자 '정치(政治)'에 활용해야 된다는 법문을 항상 들려주셨다.

어떤 것이 과연 올바른 '정치'를 행하는 것인가. 인류가 최초로 정치와 종교의 문을 열게 된 뒤에, 이상향(理想鄕)으로서 찾게 되는 '요·순(堯·舜)'의 정치는 당시의 '3황 5제(三皇五帝)'의 시절이 다 같이 그러했겠지만 천지자연을 보고 그와 똑같은 인간들의 마음과 생활을 최대한 편하게 만들어 주는 것을 '정치의 요체'로서 삼았다고 말씀하셨다.

따라서 성군(聖君)은 신(神)으로 추앙 받지만, 패륜(悖倫)은 백성들이 '역성혁명(易姓革命)'을 일으켜 뒤집어 놓았다고 한다. 그리고 맹자(孟子)가 설파하고 있듯이, 이는 "인간세상의 정당성이 곧 하늘의 뜻 즉, 천도(天道)를 받든 것"으로 되어 있다고 하셨다. 이제 21세기의 후천개벽(後天開闢)이 임박했는데 한반도는 천산(天山) 밑의 곤륜산(崑崙山)을 중심으로 '세계 풍수'를 논한다면, 우백호는 '이태리 반도'이고, 좌청룡이 '한반도'인바, 이제 정치와 종교가 합일되고 동시에 '왕도(王道)와 권능(權能)'이 열리는 '개벽'이 이미 시작되었다고 갈파하셨다.

그래서 다음과 같은 일화를 들어 올바른 '요·순 정치'가 펼쳐져야 한다고 힘주어 말씀하셨다. 6천 년 전 그 옛날, '요(堯)임금'이 정사를 집행하고 계시는데 때맞추어 조그마한 초옥의 궁궐 밖에서 매어 둔 말(馬)울음소리가 처량하고도 구슬프게 흘러들어 왔다. '요 임금'께서는 즉각 그 소리가 천지자연 속에서 당장 무슨 정책(政策)을 펴야 할 것인가를 계시해 주는 것으로 받아들였다.

신하가 왠일인지 싶어 보고 돌아와서 고하기를 '암컷 말(馬)들이 앞발을 쳐들고 몸을 비틀면서 처량하게 곡소리를 내옵니다'라고 말하였다. 이때 '요 임금'께서는 아차 1년 전에 큰 전쟁이 있어서 나라 안에는 과부 떼들이 너무 많이 생겼는데 이들의 음양(陰陽)을 풀어 달라는 원성이 가득하구나. 금방 알아차리고는 즉각 '금혼령(禁婚令)'을 풀고 자유롭게 결혼을 허용한다는 '결혼정책'을 널리 펴게 했다는 이야기다.

징조(徵兆)는 상을 낳고, 상은 형을 이루어 형상(形象)이라고 말하는바, 바른 '정치'는 징조를 보고 시책을 펼쳐 형상을 그리는 일이다. 그것은 아무리 현대의 복잡한 사회구조라고 하더라도 '현상을 미루어 보고 본질을 파악'하는 정치의식이 없이는 우매한 중우정치밖에 펼칠 수 없다고 말씀하셨다.

필자의 어리석은 식견으로 큰스님의 도량을 헤아릴 수도 없는 일이지만 그래도 적으나마 한 모습을 외람 되게 기억해 보면서 이 글을 마칠까 한다. 일종의 불경에 나타난 '3대 모순론'이라고나 할까. '정업난면(正業難免)'이요 즉 타고난 각 인간의 업보는 면할 길이 없고, '무연중생 막제도(無緣衆生莫濟度)'요, 즉 인연 없는 중생들은 구제할 길이 없으며, 그러나 '중생교화무진(衆生敎化無盡)'이라 즉 중생들을 교화시켜 구제 받도록 제도하는데 끝없이 계속하라는 가르침이시다.

사람다운 인생살이는 무엇인지. 현세 부처님으로 극락(極樂)을 열어 준다고 알려져 있는 미륵세계(彌勒世界)는 과연 오는 것인지. 내 마음이 곧 부처님이라 했으니, 한 생명과 영혼을 타고난 고귀한 인간은 현세에서 구김살 없이 그리고 고통 받는 일없이 즐기면서 편안히 살아갈 권리가 있다. 이를 사회적으로 보장해 주는 바른 정치와 현세극락의 새로운 종교가 실현되기 위하여 '왕도정치'와 '권능의 지도자'는 새로 운 미륵불로서 현세에 나타날 것이라고 항상 법문 하셨다. 개인은 홀로 부처가 되면 그만이겠지만, "자비로운 인간세상은 제도화"되어야 한다고, 그리고 21세기는 이 같은 '후천개벽'을 기다리며 살아가게 된다고 설파하셨다.(戊戌,初夏)

5편》 '탄허큰스님'의 사상, 예언의 빛과 열매
↔ '노스트라다무스'의 '전예언(全豫言)'과 비교

<'노스트라다무스'의 최초의 책>

<'노스트라다무스'와 그의 '생가'>

 이 글은, 현대 우리나라 불교 선종(禪宗)의 대종사(大宗師)이신 『탄허 큰스님』의 대사상(大思想)과 '유·불·선'(儒佛仙)에 통달하신 주요 경륜을 집대성한 유일한 말씀인바, 경전(經典)과도 같이

이 방면의 「대예언(大豫言)」으로서는 준 고전(準古典)처럼 인식되어 있는 글이다. 이를 서양의 『노스트라다무스』의 「전예언(全豫言)」과 비교 검토해 보는 기회를 마련하여 보았다.

1975(乙卯)년 최초로 "후천세계의 전개와 한국의 미래"란 글이 당시에 '동(東)아시아의 도전'{도서출판 물결 1975}이란 책자 속의 213-242쪽에 걸쳐서, "탄허 스님과의 대화, 대담자 : 장화수(張利洙) 교수"(-당시에는 국방대학원 경제학교수)란 책으로 출판되면서 그 동안 전혀 무시되어 왔던 전통사상에 대한 폭발적인 관심을 불러일으킴과 동시에 이 방면에 조예가 깊은 각계각층의 많은 분들께 알려지면서 장안의 화젯거리로 떠올랐다.

이때 탄허큰스님은 "새종교운동(처사불교)"를 갈구하면서, 불교 선사(禪師)로서의 자태 보다는 험악한 당시 현실을 무섭게 비판하는 사상가요 운동가로서의 입장에서 장(張)교수와 단둘이 수없는 예측과 행동강령을 갈파하였다. 서구의 인문 사회과학적인 근거와는 '장르'가 전혀 다른 '전통사상(傳統思想)'의 조리론(條理論)을 최초로 차원 높게 설파한 점이 신선한 발상력을 건전한 지성인들에게 전파시키는데 높이 평가되었다.

또한, '한반도가 세계의 중심'이란 후천개벽(後天開闢) 사상과 이를 입증하는 2가지 근거, 즉 하나는 지구(地球)가 '23도7분'이 경사져서 윤도수(閏度數)에 의해 삐뚤어진 인간세상이 21세기 초에는 바로 잡힌다는 가설과, 다른 하나는 정역 8괘(正易八卦)에서 '2천7지(二天七地)'라는 지구 속 불기운이 북빙양으로 솟구쳐 이를 녹이고 지구가 바로 선다는 논거는, 다같이 차원이 다른 새로운 전통사상의 원리로 충격을 주기에 충분하였다.

더구나 지구가 똑바로 설 때, 동극(東極)에 위치한 '한반도'는 마치 지렛대의 밑받침처럼 가장 요동이 적고, 공기도 많이 남아서 약 38억의 인구가 살아지는 데에도 거의 살아 남아 구원을 받을 수 있는 지점이란 사실이 너무도 커다란 안심을 안겨다 주고 있다.

탄허스님의 대예언은 지구의 경사(傾斜)가 원죄(原罪)이다. 실제로 서쪽의 태방(兌方)인 미국의 소녀(小女)가 동북 간방(艮方)인 한반도의 소남(少男)을 남편으로 삼아 결국 이롭게 도와준다는 '한·미 부부' 사상 및 동해로 일본열도(日本列島)의 바다 밑 침몰과 서해로 거대한 대륙붕이 국토의 2배나 융기한다는 예언, 그리고 요동과 만주와 연해주가 우리의 영토로 환원된다는 대예측은 허황한 근거 같은 난해한 원리 속에서도 뭔가 엄청난 '힘과 용기'를 샘솟듯 북돋아 주기에 이르렀다.

민중(民衆)들의 반응과 동양 전통사상을 미신처럼 경시하던 지식인들까지도 뜻밖의 열렬한 호응이 뒤따르면서, 계속해서 '탄허 큰스님'에 관한 토론과 좌담 및 매스컴과의 인터뷰 기사들이 이때 가히 폭발적으로 쏟아져 나왔다.

이를 미국 등 전 세계에 알리기 위해서 '고려대학교 영자신문'{The Granite Tower. March 19, 1976}에서는 당시 고려대학교 정치학과 교수로서 '한국정치론'을 전공하면서 이 분야에 조예가 깊었던 한기식(韓己植 - 필명은 韓昇助)박사께서 "What Comes Before & After 1999 ? - Buddhist Monk Tannho Foresees"란 영문기사를 실어서 이 글 전체를 편집한바 있었다. 이른바 '탄허 큰스님'의 예언록(豫言錄)으로서, '지구(地球)의 종말(Future of Earth)과 인류(人類)의 운명(Fate of Man)' 등을 심층 분석해서 영문(英文)으로 전 세계에 전파시킨바 있었다.

이와 같이 '탄허 큰스님'에 관한 연이은 글들은 더 큰 파문을 거듭하면서, 다음해 1977년 '월간 중앙'{中央-신년호 별책부록}에서는 파격적으로 단행본을 엮어서 "현대의 고뇌를 종교에 묻는다"란 책자를 특집으로 출판한바 있었다. 제1부, "종교의 본질과 성격"이란 소주제를 부친 이 책자에서, 특별히 불교와 기독교 및 유교 등 3대 종교를 대표하는 인사<金呑虛, 尹聖範, 李乙浩, 사회자-尹泰林>들의 본격적인 좌담이 게재되었고, '탄허 큰스님'이 주도한 이 글은 당시 혼돈 속에 방황하는 도시빈부격차 및 급속한 산업사회화의 갈등 속에 방황하던 인생과 세상에 관하여 뼈저리게 '전통적 사상'을 불러일으키는데 커다란 반향을 나타내었다.

곧이어 1977년 1월에는, 우리나라 최대 일간신문인 '조선일보'에서 당시 선우휘(鮮于煇) 주필이 대화한 "탄허 큰스님의 말씀"들이 상, 중, 하에 걸쳐 파격적으로 기획되어 1977년 1월 18일자와 19일자 및 20일자 등에 3차례에 걸쳐 연속 게재되었다. 가히 '뉴스'아닌 '인생관과 사회심리'의 문제를 일간신문이 전면을 할애해서 다룬 것도 특이한 일이거니와 당시 매스컴을 폭발시킬 지경에 이르렀다.

다시 1980(庚申)년에 이르러 그때까지 '탄허 큰스님'의 독특한 '사상'이나 '대예언'에 관한 대부분의 '글월'들을 한데 모아서 이른바, "부처님이 계신다면"{도서출판 교림. 150-182쪽의 "後天世界의 전개와 韓國의 未來"를 참조}이란 책자 속에 그대로 옮겨 실어 '베스트・셀러'로 출판되었던 바, 오늘날까지의 모든 이 분야의 저술서 들은 빠짐없이 「장(張)교수와 탄허스님의 대담」을 인용하고 수록하는, 이를 '바이블'처럼 되기에 이르렀다.

이로서, '장르'가 전혀 다른 우리나라의 전통사상에 입각하면서도 서양의 '인문・사회과학'과는 조리를 달리하는 학문과 과학의 혼합 때문에, 자칫 잘못 하다가는 흔히 중세 서구에서 '마녀사냥'식의 미신(迷信)으로 몰아치기 일수인 우리의 편파적인 지성계에도 신선한 발상력을 던져주었다고 말할 수 있겠다. '한민족'의 타고난 '세계주역론' 및 동극(東極)에 위치한 한반도가 '세계의 중심'이란 예언적 주체의식을 최초로 문제 제기 하면서 한 많은 우리 민족에게 '메시아' 사상과 대예언으로 커다란 희망을 주었다.

즉 '한·미 우호'를 비롯하여, '일본열도의 침몰'이란 기상천외의 문제제기는, 가뜩이나 '독도(獨島) 문제'로 시달리는 우리를 안심시키고, '만주와 요동땅 및 연해주 등 일대가 우리 땅이 된다'는 주장과 서해안 대륙붕에 '모세의 기적'이 나타나서 '우리 국토의 2배가 솟아오른다'는 미래 전망을 비롯한 사방 십리에 사람 하나 꼴로 살기 좋은 지상천국이 곧 닦아 온다는 천지개벽 뒤의 청사진이 발표된 점에서 결정적으로 이 민족에게 희망과 용기를 북돋는데 커다란 자부심을 갖게 하였다.

그것도 조리 정연한 '역학 원리'에 의해서 북빙하가 녹고, '23도7분 삐뚤어진 지구(地球)의 축(軸)이 바로 서고', '한반도가 후천개벽에서 세계의 중심'이라는 결론은 가히 이 민족에게 '아이덴티티(주체성)'를 되찾아 발견하는데 무한한 활력소가 되었던 사실은 더 말할 나위도 없다.

더구나 '환국(桓國)'을 '환인(桓因)'으로 날조하여, '환국'에 관한 실체 여부를 둘러쌓고 마치 '광개토대왕 비문의 조작'과도 같은 일본제국주의 자들의 날조는 우리 민족의 역사를 적어도 인류 4대 문명의 발생과 동일한 수준으로 끌어올리기에 충분한 문제 제기가 될 뿐만 아니라 중국의 한족(漢族) 보다도 이미 3천년을 더 앞선 '3황5제' 시절의 '아홉 오랑캐족' 즉, '9이족(九夷族)'의 존재와 거대한 동(東)아시아와 중동에 걸친 국가의 기원에 관하여 '환단고기(桓檀古記)'를 통해서 유추해 주고 있다.

한편, 천부경(天符經)의 존재는 이미 '동양의 역학' 즉 주역(周易)의 근원적 원리를 일찍이 제시해 주고 있으며, 최근, '원3국 시대'인 마한 진한 변한이 요동에서 해뜨는 동쪽으로 이동하기 이전부터 미약하나마 음(陰)과 양(陽)을 동시에 갖추었던 말과 유치한 문자는 그 뒤 일본으로 건너가서 오늘의 '일본어 가나'가 '자음과 모음이 전혀 조화되지 않는 비과학적 언어(言語)'로서 만들어지는 데 효시를 이루었다는 문제의식이 나타나고 있다.

이는 앞으로 '한국학(韓國學)'을 새롭게 풀어 나아가는 측면에서도 간과할 수 없는 독립된 학문분야를 독자적으로 개척하는 동시에, 특유의 가치관에 의해서 끝없는 연구의욕을 불러일으키는 기폭제가 되었다. 더 나아가서는 우리 민족의 근본과 전통사상의 뿌리를 찾는 데에도 새삼스럽게 중대한 계기를 마련해 주게 되었다. 뿐만 아니라 참언록(讖言錄)처럼 신비한 선민의식(選民意識)과 샘솟듯이 마를 새 없는 위대한 인간다운 생명력을 우리 한민족에게 끊임없이 계시해 주는 측면에서 더할 나위 없는 큰 힘과 용기를 북돋아 주게 되었다고 말할 수 있을 것이다.

'김 탄허(金呑虛)' 큰스님(大禪師)의 남다른 일생과 사상가의 모습

'큰스님은 1913년 3월 7일생으로 전라북도 만경(萬頃)에서 태어났다. 어린 시절에는 독립운동에서 돌아와 당시 '보천교'(普天教). [필자주 : 일명 차천자교(車天子教)라고도 불린바, 강증산〈姜甑山〉선생의 수제자인 차경석(車京錫)이 천자(天子)를 자처하고 전북 정읍에 세운 조선(朝鮮)의 태평천국〈太平天國〉과 같은 민족종교임]에 종사하고 계신 부친과 함께 살면서 서당에서 천재적인 한학을 달통하고, 또한 붓글씨로 어린 시절 이미 명필의 경지를 밟고 있었다. 이 '보천교'라는 종교는 음양 5행(陰陽五行)에 따른 특이한 조직을 갖고 있었다. '차천자<본명 ; 차경석(車京錫)>'를 중앙 토(土)로 삼아 황색 옷을 입고, 동서남북에 네 사람이 한 조직이 되는 형태를 피라미드처럼 늘어놓았다. 말하자면 완전 점조직으로 된 '5호담당제'와 같다.

여기에서 큰스님의 부친, 영의정<필자주 : 보천교의 국무총리와 같음 -동방 목(木)의 최고 지위로서 청색 옷을 입음>격인 선친을 따라 14세까지 생활하였던 바, 이곳에서 최초로 '조선 선교(仙敎-강증산교)'를 익히면서 소년시절을 보낸 셈이다. 그 뒤 뜻한바 있어 충청도의 최익현(崔益鉉)선생집 기호학파(畿湖學派)의 문하에서 '이극종'선생한테 조선의 유학(儒學)을 수학하면서 장성한 21세 때까지 '성리학'을 통달한바 있다.

큰스님은 오직 득도(得道)에 뜻을 두고, 진리의 근본과 인생의 진수를 찾아, 당시 조선 선종(禪宗)의 총본산인 오대산 월정사(五臺山 月精寺)에 조선 불교계의 제일인자이신 '방한암 종정'(方漢岩 宗正) 대선사의 제자로 1936년 22세에 입산 출가(入山 出家)하기에 이른다. 이미 18세부터 서신(書信)으로 전수 받은 터였다.

선(禪)보다는 경(經)을 수도(修道)하라는 스승님의 분부를 받고 큰스님은 법력 40년이 지난 뒤, 1972년 환갑에 이르자 처음으로 부처님께 고(告)하고는 중생교화(衆生敎化)를 위하여 속세 도시로 들어오셨다. 서울에서 동북 간방(艮方-少男)의 방향으로 고려대학교 뒤쪽에 소제한 '대원암'<당시 개운사(開運寺)의 암자임>에 기거하게 되었다. 한편 말년에 속계를 돌면서, 계룡산 자락이 감도는 대전의 유성[필자주 : 儒城-유교의 城이란 뜻으로, 서울의 불암산(佛巖山)에서 35리 떨어진 '경복궁'과 비교해 볼 때, 계룡산(鷄龍山)의 중심 혈(穴)자리, 신도안의 부처 바위에서 35리밖에 위치하는 '유성'은 대조되는 지명이 됨]을 건너 학하리(鶴下里)에도 새종교 운동의 성지, 자광사(慈光寺)를 마련하였다.

또한 월정사 강원(講院)에서 '법문'으로 제자양성이 이루어지는 한편, 밤샘으로 불경번역(譯經)사업이 무리하게 강행되는 바람에, 고령에 다가 과로에 지쳐서 72세의 아까운 나이에 해탈의 경지에서 1983년 열반하셨다. 물론 제자양성과 역경사업을 홀몸으로 감당하려는 욕심이 무리한 생애를 마치게 하였다.

1913(癸丑)년에 태어난 '소띠' 태생으로 어려서 '강증산=차천자교'에 부친 따라 몸담아 있는 동안 조선의 '선교(仙敎)'를 몸에 익혔다. 뒤이어 충청도 '최익현' 선생집 문하에서 유교(儒敎)를 통달한 뒤, 21세가 되자 오대산 월정사로 '방한암' 종정의 제자가 되어 불교(佛敎)에 뒤늦게 출가하였기 때문에, 비록 법랍(法臘)은 49세 이었으나, 유, 불, 선에 두루 회통하신 우리나라에서 드물게 보는 현세 최고의 학승(學僧)이 되셨다.

1958년에 월정사 조실(祖室)로 되고, 1964년에 동국대학교 재단이사 겸 선학원장(禪學院長)에 취임한바 있고, 그때도 삼보법회를 매주 주관 하시면서 동국대학에 전념하시었다. 저서로는 '신화엄경 합론 현토 역해'(新華嚴經 合論 懸吐譯解)와 '주역선해'(周易禪解)등 물경 78권을 비롯하여 수없이 방대하다.

항상 '거사불교'(居士佛敎)를 주창하셔서 '삼보(三寶)'중에서도 '승보'(僧寶)를 빼 버리고 유발승들을 중심으로 중생에게 법문(法問)과 설법(說法)으로 '사바세계'의 정토구현을 바라면서 실제로 '중생교화무진'의 새종교 운동을 준비한바 있었다. 현대 불교계에서 유일하게 '유, 불, 선(儒佛仙)'에 회통하였고, 경(經)과 선

(禪)을 섭렵하여 현대 우리나라 득법한 큰스님 중에서도 제일인자이었던 '탄허 큰스님'은 과로 끝에 뜻을 다하지 못한 채 아쉽게도 일찍이 열반하시니 이제 후학들의 과제는 더욱 무겁게 되었다.

1552년 프랑스 '노스트라다무스'의 "전예언(全豫言)"과 1974(甲寅)년 한반도 '김 탄허 스님'의 "대사상(大思想)"

☞ 『노스트라다무스』라는 서양의 대예언자(豫言者), 지금부터 약 500여 년 전 유명한 프랑스 '루이 14세' 시절에 서양에 존재했던 공포의 '대예언가' 그는 과연 누구일까. 우리나라 조선(朝鮮) 시대에 일어났던 '임진왜란'의 7년전쟁 보다 약 38년 앞선, 1552년 '프랑스'에서 발표된 '노스트라다무스'가 쓴, 「여러 세기(諸世紀-Les siecles)」란 '대예언' 책은 최근에도 수많은 연구가들에 의해서 "전예언(全豫言)"이란 책이름으로 전 세계를 놀라게 하면서 최근 일본에서만도 적어도 1500만부 이상이 판매되었는바, 그야말로 약 490여 년 이전부터 내려오는 무섭게 적중한 공포의 '예언서'이다. 이 책은 1999년 지구멸망을 제외하고는 지금까지 500여 년 동안의 모든 예언이 하나도 빠짐없이 적중하고 있다.

이곳에서 '노스트라다무스'를 소개하는 의도는 앞에서 서술해 온 '탄허 큰스님'의 "사상과 예언"과 너무나도 21세기에 도달될 결론부문에서 일치하기 때문에 곁들여 비교해 보려는데 있다. 『노스트라다무스』는 서양에서 500여 년 전에 의사(醫師)이면서 '공포의 대예언'을 적중시켰다. 반면 '탄허 큰스님'은 최고의 도(道)를 깨우치고 동양의 불교 및 유교 등 온갖 지식을 회통한 대선사(大禪師)인 점에서 전혀 상반되는 시대적 및 사상적 배경과 입장을 달리 가지고 있음에도 불구하고, "대예언·대사상" 뿐만 아니라 예언의 뒤를 이은 청사진(靑寫眞)까지 제시하여 예언의 진실성을 제시하였다.

"여러 세기(諸世紀)"란 '노스트라다무스'의 예언을 쓴 원본(原本) 책이다. 일기(日記) 형식으로 년대는 불분명하게 쓰여져 있다. 그는 수년간에 걸쳐, 매일 밤 이층 자기 방에 처박혀 흔들리는 촛불을 켜 놓은 채로 '신(神)'에게서 받은 비밀을 기록했다. 수년간 기록한 시(詩)들은 예지력이 가득하게 적어 놓았다. 전해지고 있는 그의 '공포의 예언시'들은 무려 7000년에 걸친 '천기(天機)'를 알아내어 그의 '혼통(魂通)' 및 '백통(魄通)'의 '영통력'을 발휘하여 "대예언"으로 밝혀 놓은 것들이다.

한말로, 그는 비록 단한가지 빗나간 예언으로, 1999년 7월에 '문명사회가 멸망 한다'고 예언하였던바 이것도 지금 날짜만 틀렸을 뿐이지, 계속해서 연구 검토 중에 있다. 다른 한편 탄허스님은 '동(東)아세아에서 권능의 지도자가 나오다'는 예언과 또한 '지구의 축(軸)이 변혁을 일으켜 인류(人類)는 천지이변을 맞이하여 잘살게 된다'는 예언으로 결론 짖고 있는바, 상당히 많은 부분에서 어쩌면 '탄허 스님'의 '사상 및 예언'과 일치하고 있다.

그에 관한 수많은 연구가 있어 왔다. 서구에는 지금도 프랑스의 '아비용'에서 매년 『노스트라다무스의 예언대회』가 열린다. 한편, '학회(學會)'는 그가 기록해 놓은 100년 단위의 모든 예언들을 연구 검토하고 있으며, 1999년 7~8월에 일어 날것이라고 말한 지구이변이 비록 빗나갔지만, '에이즈'와 같은 괴질 및 '인류파멸'을 맹렬하게 연구하고 있다. '에리카 티탐'이란 학자가 결정적으로 그의 모든 연구결과를 집대성해서 편찬해 놓은 원전명(原典名)은 "THE PROPHECIES OF NOSTRADAMUS"인바 '9백수십 편의 시(詩)'가 수록되어 있으며, 여기에 최초의 '여러 세기

(諸世紀)'란 이름이 붙여졌다. 그 후에 나온 일체의 암호(暗號)나 은어(隱語)로 쓰여 졌던 모든 그의 대예언 들은 아직 풀려지지 않은 것까지 모아서 엮어진 책자가 「전예언(全豫言)」이다.

'노스트라다무스'가 최초에 위대한 영능(靈能)의 예언가로 알려진 계기는, 서기 1500년 프랑스의 '앙리 2세'때에 초능력을 갖고 있음을 알고 있는 왕비 '카트리느'가 왕국의 미래를 점(占)치도록 명령하였던 것에서 출발했다. 그것이 너무나도 무서운 사실로 적중했던 때부터 명성을 얻게 되었다.

그는 '왕조(王朝)의 혈통이 끊어지고, 10년 후에 왕(王)이 죽게 되리라'고 점쳤는데, 그의 예언은 무섭게 적중했다. 궁중에는 너무나도 불길한 예언 때문에 공포의 도가니로 분위기가 돌변했다. 위험을 느낀 그는 그 뒤부터 절대로 직설적인 표현은 삼가하고, 우리나라의 참언(讖言)처럼 비결(秘訣)로서 추상적으로 또는 시(詩)적으로 어렵게 비유하면서 예언하였다.

그의 '예언'은 신(神)의 세계와의 '텔레파시'를 교신하는 구체적 방법을 통하여 계시를 받게 되었다. 천체 속에 있는 가시(可視)의 세계와는 전혀 다른 "오라"라는 3차원의 세계가 보여서, 정신통일을 하면 온몸이 '텔레파시'의 영매(靈媒)가 된다고 말한다. 하나의 유체이탈과도 같다. 초능력은 영능력자가 밤에 정신통일을 하면, 신의 세계로부터 '오라의 빛'이 시신경(視神經)에 직접 '혼백'을 불러 주고, 소리가 청각(聽覺)에 울려와 "영상(映像)과 음성(音聲)"을 시청각 그대로 전달해 준다고 한다.

그의 생애는 다음과 같다. 원래, '노스트라다무스'는 1503년 12월 14일 남프랑스의 '상 레미 드 프로방스'에서 태어났다. 그러니까 프랑스의 '루이 14세' 시대에 태어나서 이미 인류역사상 지금까지 알려진 가장 최대의 예언가로서 그 뒤 '앙리 2세' 시대에 주로 '의사'라는 직업을 가지고 궁중 출입을 하면서 생존했던 인물이다.

그러나 그의 신묘한 '대예언 집'인 "여러 세기(諸世紀)"란 이름을 가진 이 책자의 정식 제1판은 1552년에 출간되었다. 이미 그 당시는 '마르틴 루터'가 종교개혁을 혁명적으로 진행시키고 있었던 때이었다. 이 때문에 30년 전쟁이 '신성 로마제국'을 황폐하게 만든 뒤에 '아우구스부르그'의 '종교화의(宗敎和議)'가 타결되고 이로서 '루터'의 개신교(改新敎)를 완전히 승인한 해였다. 이미 신구예수교가 동등하게 존재하면서, 서양세계에 근대국가의 정치 및 무역, 생산력에 대변혁이 일고 있었다.

독실한 천주교 신자이었던 '노스트라다무스'가 출현한 것은 16세기이다. 그때 쓰여진 "여러 세기"란 책은 9백 수십 편의 '예언'으로 엮어진 시(詩)를 말하지만, 실은 그의 작품의 3분의 2가 20세기와 관련되어 있다. 또한 21세기초에 '서양의 문명사회가 멸망'한 뒤에는, 대략 2026년에 '동양에서 평화의 황금시대'가 도래한다는 것을 동시에 예시(豫示)해 주고 있는 점이 특징이다.

이미, 그의 "운명관(運命觀)"은 동양적인 '천도(天道) 사상'과도 일치하고 있다. 인류사회는 신(神)의 절대적인 섭리에 의해서 숙명(宿命)적으로 역사가 무섭게 진행되어 왔으며, 다소의 운명(運命)이 인간의 힘으로 변화를 바꿔 올 수도 있지만, 큰 테두리는 정해져 있다고 그의 "운명관"은 설명하고 있다. 동양적인 '천명(天命)과 사명(使命)'을 의식하면서 단순히 동양적인 '샤머니즘'적인 영통(靈通)이나 신통(神通)을 넘어서, 혼통(魂通)이나 백통(魄通)에 이르는 성현(聖賢)의 경지를 그는 지니고 있었다고 말할 수 있겠다.

일찍이 '노스트라다무스'가 '혼백통'을 가지고 이 세상에 태어나기 오래 전, 기원전, 6세기에 '페르시아'의 성인(聖人), '조로아스터'는 자살하였고, '소크라테스(B.C 470-399)'는 독살 당했으며, '석가모니(B.C 563-483)'는 힌두교의 박해를 받았었다. 기원 원년에 '예수'는 십자가에 못 박혔고, 기원 후 7세기에 '마호멧'은 암살의 독 때문에 7년간 신음하다 죽었다. 이 때문에 '노스트라다무스'의 노년기는 궁중출입을 크게 자중하면서 신변의 위협을 느껴 죽음을 두려워하는 추상적 예언으로 책을 만들었다.

그 뒤에 태어난 '노스트라다무스'의 "예언"은 매우 추상적이고, 비유적이며 시기나 연대(年代)도 전혀 부정확해서 알기가 어렵다. 다만, 그는 당시 독실한 '카톨릭' 신자(信者) 이었으며, 따라서 그의 영적 능력의 기간설정은 성서년대학(聖書年代學)에 의하여 산정해 볼 때, 약 7천년간 유효한 "예언"으로 인정되고 있다. 근거자료는 당시 프랑스 국왕 '앙리 2세'에게 보낸 편지의 내용들이 입증하고 있다. 예컨대 "아담과 이브에서 예수 그리스도"까지를 4757년으로 계산 [동양 '역학'에서 말하는 *선천(先天)임] 함으로, 그후 2000년이 되었으니까, 결국 총합계는 약 7000년이 되며, 그의 표현대로 '물고기 궁(宮)'의 시대 말까지로 기한을 잡게 된다.

그의 위대한 "예언"은 중요한 것들 특히 근세에 적중한 예언만 간추려도 다음과 같다. 우선 당대에 '앙리 2세의 죽음'을 위시로, 자기 자신의 죽음을 맞추었고, 그 이후에는 중세 왕가의 권력다툼을 예언하였으며, '프랑스 혁명'이 일어날 것과 '루이16세'의 처형을 위시로 '나폴레옹'의 출현이 적중되었다. 또한 제1차 세계대전과 '소련 공산주의'의 등장은 말할 나위도 없으려니와 1929년 경제 대공황을 비롯하여 '히틀러'의 출현을 틀림없이 예언하였다. 그밖에 중국혁명을 통한 모택동의 집권과 프랑스에서 나올 '드골의 정치개혁' 그리고 미국의 '텍사스'에서 '케네디 대통령'이 암살 될 것도 적중시켰다.

'노스트라다무스'가 위대한 "예언시집"을 펴내고, 그가 죽은 뒤를 이어서 붉은 '불별(火星)'이 물경 7000년의 '대예언'을 예시해 주었다고 한다. 한편, 그가 죽은 해인 1566년에 뒤이어 215년이 지난 1781년에는, 드디어 영국의 '하셀르'가 멀리 천왕성(天王星)을 발견함으로서 우리의 우주, '항성계'는 완전히 밝혀지기 시작한다. 또한 280년 후 1846년에는 독일의 '가레르'가 해왕성(海王星)을 발견하였으며, 그리고 364년 뒤인 1930년에는 미국의 '톰보'가 드디어 명왕성(冥王星)을 발견함으로서, 비로소 거대한 지구와 인류의 '운명'을 좌우하는 신비스러운 태양계(太陽系)가 전체 모습을 웅장하게 들어 내놓게 되었다.

이제 21세기를 앞두고 그가 말한 '문명사회의 멸망'에 관한 "최대 예언"은 지구(地球)가 파멸적인 엄청난 재앙(災殃)을 맞이하여 인류(人類)는 깡그리 없어지게 되는데, 물론 그 뒤에 동방에서 '밝은 세상이 오지만', 대충 그해가 "1999(己卯)년 7(壬申)월 29(癸亥)일"쯤 된다고 못박아 놓고 있으나 시기는 다를 지라도 21세기초에 지구의 후천개벽을 무시하진는 못하는 실정이다. 이때 '노스트라다무스'는 2개의 상반되는 예언(豫言)을 하고 있다. 첫째는 1999년의 "인류 파멸"이고, 둘째는, 2026년에 동방에서 나올 "평화의 황금시대"에 관하여 인류의 앞날에 희망적인 밝은 예언을 하고 있다는 사실이다.

가장 중요한 '예언'의 원문을 그대로 소개해 보면 다음과 같다. "1999년 7월/ 하늘에서 공포의 대왕이 온다/ '앙고르프아'의 대왕의 부활/ 그 전후의 기간 동안 전쟁은 행복의 이름 아래 지배한다.(10편-12편)" 이로서 "미래에 일어나는 전쟁과 홍수 화재 지진" 등 불길한 일이 많고, "태양계의 항성도, 즉 은하의 사수좌

(Sagitaire) 근처의 전갈좌(Scorpion) 안타레스=큰불(大火) 즉 붉은 색의 '화성(火星)'이 모든 삼라만상의 변혁을 일으킨다"는 것들이다. 이들은 탄허큰스님의 지구대변혁과 후천개벽 예언과도 일치하는 것들이다.

여기서 말하는 '공포의 대왕=앙고르프아'에 관해서 학자들의 일치된 연구 결과는 "핵(核) 미사일"을 의미한다고 풀이하고 있으며 '화성(火星)이 지배한다'는 뜻은 1999년 7월말부터 8월에 걸쳐 대기권의 "바랜대"라고 불리는 부분에 거대한 균열이 일어나서 "후천개벽"이 일어난다고 되어 있다. 어쩌면 오늘날 심각한 공해의 주범으로 보고 있는 '오존층'의 파괴인지도 모른다. 더구나 북한(北韓)의 핵무기(核武器)와도 일치하는 부분이다.

한편 살기 좋은 새 세상이 새로운 인류에 의해서 거듭 태어난다는 광경을 포함해서 그것도 동방(東邦)에서 특히 '불교, 유교 및 힌두교' 등을 통하여 대충 2026(丙午)에 즉 그가 말한 7000년이 되는 기원 후 서기 2000년이 지난 후에 그가 본 "천체 오라"의 예시에 의해서, 새로운 "인류의 영(靈)적 지도자는 동방에서 나타난다"고 말하여 지고 있다. 여기에서 동방이란 동극에서 한반도가 세계중심이 된다는 것 그리고 '권능(權能)의 지도자'가 나와서 '살기 좋은 세상'이 나온다고 예언하는 탄허큰스님의 사상과도 일치한다.

과거 성서에서 유태인들이 오랫동안 '메시아'를 기다려 온 것처럼 "빛은 동방에서 온다"고 말하면서 '노스트라다무스'의 "예언시" 속에는 기원 후 2000년 이후에 나타나는 '권능의 지도자나 왕도정치'의 활동에 관하여 물경 '4행시 60편'으로 표현하고 있다. 이중에는 서구의 몰락'이나, '카톨릭 교회의 종말'을 위시로 '동방의 등장'을 특히 강조 예언하고 있다.

앞으로 동양에서 나올 그 지도자는 '불교나 그밖에 동양의 새로운 사상'을 가지고 유럽을 지배하게 되며, 아울러 온 세계에 진리를 구하는 현실극락을 만들면서 '이상향'의 사상을 부활시킬 것이라고 지적하고 있다. 이른바 "인간 속에 숨은 능력의 회복"이란 운동이 일어난다고 말하였다. 그의 예언서 "여러 세기(諸世紀)"에서 '2000년 이후에 관해서는 다음과 같은 시(詩)들로 표현하고 있다.

"모르타라에서 지구는 떨고/ 센트죠지의 조그만 섬이 반쯤 가라앉는다/ 평화의 잠이 전쟁을 일으킨다/ 나락에 떨어진 성당이 이스타에 짓밟혀 찢긴다(9편-31)." 그리고는 2026년에 관해서는 "7000년의 기간이 되었음으로 즉 기원 후 2000년이 지났음으로, 이때 많은 희생이 생길 것이다/ 그리고 무덤에 들어 있는 자가 살아져 간다(10편-74). 이로서 은하(銀河)의 공동체(천국-파라다이스)가 현실화되고 인류는 과학과 종교가 융복합하는 높은 의식의 단계로 들어간다"라고 그는 기록하고 있다.

즉 동양의 '역학(易學)'에서 이미 인류 운명을 일원론(一元論)적인 천도(天道)사상으로 규정하고, 선천(先天)과 후천(後天)을 통하여 "천시(天時)와 지리(地理)와 인화(人和)"를 합일시키면서 운대를 천운(天運)으로 규정하고 있는 것과도 거의 일치한다.

더구나 동양의 '역학'에서, "복희 8괘와 문왕 8괘와 정역 8괘"를 조리(條理)적으로 천(天)과 인(人)과 지(地)로 설명하고 있듯이, '노스트라다무스'의 21세기 결론적인 '예언'도 "지구의 축의 변혁"을 통하여 '동방의 황금시대'를 논하고 있고, "왕도(王道)정치와 권능(權能)의 종교적 지도자의 출현"을 거의 동일하게 설파하고 있는 점이 명백히 감지된다.

'탄허 큰스님'과 '노스트라다무스'와 '예수그리스도' 및 '요한 묵시록'에 대한 "대사상과 미래예언"의 비교

결국, '노스트라다무스'와 '예수그리스도' 및 '요한 묵시록(默示錄)' 그리고 '탄허 큰스님' 등을 포함한 3가지 '대사상과 미래예언'은 아래와 같은 2가지 중대한 유형을 제시함으로서, 이 책에서 '신앙과 진리와 예언'들을 공통적으로 일치(一致) 시켜 주면서, 모든 조건을 동시에 만족해 주고 있다는 신비스런 21세기의 "미래학"이 되고 있기도 하다.

'노스트라다무스'의 "대예언"과 맨 먼저 서로 비교되고 있는 것은 1999년 7월 29일 이후부터, 2026(丙午)년 이후에 "문명세계의 멸망과 그 뒤 동방의 빛, 즉 동양세계의 황금시대"이다. 바로 이점은 '동양'의 '역학(易學)'에서는 "후천개벽(後天開闢)이 2004(甲申)년부터 적어도 60년간 일어나는 변혁과 새로운 천도사상"에 관한 '비전'을 더욱 실감나게 우리에게 제시해 주고 있는 점과도 일치하고 있다.

이렇게 된 연유를 분석해 보면 다음과 같은 요인들이 눈에 띈다. '노스트라다무스'는 뭔가 지극히 추상적이며, 허무적이고 허황되면서도, 은유적이고 또한 자학적이며, 그러면서도 신비적인 형상화에 의해서 대충 언젠가 일어날 사건들을 예시함으로서 결국 수많은 후세인들이 그나마 미지의 세계를 짐작하도록 암시해 주고 있다는 사실이다.

먼저, '노스트라다무스'는 아주 열렬한 카톨릭 신자였다. 그런데도 그는 20세기말에 '로마'와 '바티칸'이 멸망하고, 교황(敎

皇)은 암살되고, 기독교는 서구의 몰락과 더불어 쇠퇴할 것이라고 내다보았다. 지금 현재 '바티칸' 내부는 심상치 않다. 오죽하면 교황(敎皇) 선출 방식부터 바꾸면서 무거운 흑막에 쌓여 있겠는가. 그 대신 동양 황인종의 전통적 사상, 즉 불교, 유교, 힌두교 기타의 신앙이 앞으로의 인류를 지배하는 참된 사상이 될 것이라고 지적하고 있다.

이것은 마치 '탄허 큰스님'이 "대예언"으로서 제시했던 핵심사항, 즉 '한반도가 세계의 중심'이 된다고 역설했던 가장 참된 사상과도 일맥상통하고 있다. 마치 '노스트라다무스'가 미국과 러시아가 쟁패를 벌이다가 회교권과 혼전을 계속하고 급기야는 구미(歐美)의 승리를 가져오지만 결국 2000년 이후에 한반도를 중심으로 한 '동방(東方)'에서 '동아시아의 황금시대'가 온다고 예언한 것과도 일치하기 때문이다.

마음에, '노스트라다무스'의 '대예언'에 의하면, 지구의 '지축(地軸)'이 변하여 러시아와 중국, 및 인도 등에 지진이 많이 일어나고 수많은 사람들이 죽는다고 했는데, 여기에는 일본열도(日本列島)가 포함된다는 사실이 들어 있다. 특히 끔찍한 병마(病魔)가 1990년대 이후 들끓게 될 것이라는 '노스트라다무스'의 예언은 오늘날 '에이즈'의 만연과 맥락을 같이 하는 '예시'로 그것이 '문명사회의 종말'과 '지축의 변화와 지구의 이변' 등 '새로운 신천지(新天地)'의 전개'를 충분히 설명해 주고 있다.

한편 '예수 그리스도(Jesus Christ)'의 "신약성서"에 나타나 있는 '최후의 심판과 그 때의 상황'에 관한 기록도 '동양역학(易學)'에서 이미 제시하고 있는 '사상과 대예언'에 비교해 볼 때, 또한 다음과 같은 2가지의 대표적인 표현이 서로 일치하고 있다.

즉, 성서(聖書)에 나타난 하나는, "마태 복음(福音 = The Gospel according to St. Matthew), 전체 장에 나오는 예수님의 언행록"이다. 성서(聖書)에 나타난 또 하나는 "요한 묵시록(黙示錄 = Book of Apocalypse) 즉, The Revelation of St. John the Divine에 나타나 있는 무서운 계시(啓示)를 지적할 수 있다.

특히 이 '계시'들은 신비스럽고 은유적으로 비유되어 있으나 동시에 인류가 태초에 저질은 원죄(原罪-Original Sin)에 대한 무서운 심판과 구원에 관해서는 '노스트라다무스'의 '대예언'과 같고, '탄허 큰스님'의 '대사상'과도 같다.

참고로 다음 그림은, "ΙΧΘΥΣ"란 그리스 어(語 = 희랍어)로 표시되어 있는 단어 전체의 '머릿글자'로서 로마 시대에 심한 기독교의 탄압에 맞서서 "기독교인(크리스천)"임을 증명하는 '마크', 즉 표상(表象)이다. 그의 뜻은 '예수 그리스도', 또는 '신(神)의 아들(子)' 및 '구세주(救世主)'란 표현이며, 즉 '물고기 어(魚)'란 글자를 나타낸다.

첫째로, '마태복음'에 나오는 '예수그리스도(Jesus Christ)의 언행록(言行錄)'을 보면 다음과 같이 표현되어 있다. "세계의 종말(終末)에 무엇이 일어날 것인가? 라는 제자(弟子)들의 질문에 대답해서 '예수' 말하기를 '별(星)이 수없이 떨어질 것이다.'" "그 때가 언제인가는 나도 알 수가 없지만, 그때에 태양은 어두워지고, 달(月)은 빛을 잃고, 지상(地上)에는 큰 지진(地震)이 일어나고, 큰 해일(海溢)이 같이 올 것이다. 사람들은 지구(地球)에 무엇이 일어날 것인가를 생각하고 실신(失神)할 뿐이다." 또한 "천체(天體)가 갑자기 진동(震動)하게 된 때문이다. 그것은 '노아의 대홍수'와 같이 모든 사람들이 기(氣)가 없어 질 때에 돌연히 온다. 이 멸망(滅亡)의 이후에 새로운 사람(指導者)에 의해서 신세계(新世界)가 시작될 것이다."

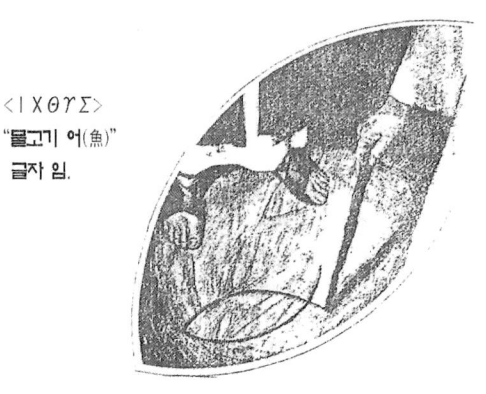

<ΙΧΘΥΣ>
"물고기 어(魚)"
글자 임.

첫째로, '마태복음'에 나오는 '예수 그리스도(Jesus

이 부분을 주목해 주기 바란다. 태양과 달이 어두워지고, 한편 지구의 진동과 지진 및 해일이 일어나는 자연의 멸망과 더불어 새로운 지도자가 출현하고 동시에 새로운 세계가 나타난다고 '예수' 님의 '성경(聖經)에도 밝혀 놓았다. 이 같은 말씀은 일찍이 500년 전에 '노스트라다무스'가 제시한, 앞에서 본 '예언서'나 이미 '탄허스님이 동양 역학을 통해서 밝힌 내용'들과도 틀림없이 일치하고 있다는 사실이 명백하며, 이로서 3가지 분야에서 각각 제기한 '사상과 예언'들이 유형은 다르나, 결론은 일치하고 있다.

둘째로 '요한(Johan)의 계시록(啓示錄) 또는 묵시록(黙示錄)'

에 기록되어 있는 '인류 멸망(人類滅亡)의 대예언(大豫言)'은 더 한층 공포의 말씀이며, 해석이 무궁 무진 복잡하다. 이 때문에 근세 수백 년에 들어서는 수많은 천재적인 신학자(神學者)들이 요한 묵시록'을 보고, 미치기도 하고 혹은 저주하기도 하며 결국 황당무계하다는 다수결의 원칙에 의해서 신학(神學)에서 제외되어 이단(異端)으로 취급되고 있는 형편이다.

"불타는 별과 독(毒)을 가진 별이 내려오고, 인류(人類)는 전멸(全滅)한다. 동시에 큰 지진(地震)이 일어나서 전세계 도시(都市)의 3분의 1이 무너지고, 과실(果實)이 없고, 살아남은 사람들의 몸에 악성(惡性)의 피부 부스럼 종기(腫氣)가 생기고, 독(毒)의 연기가 세계를 덮고, 예루살렘이 군대로 포위되며, 최종 전쟁(戰爭)이 시작된다. '불타는 용(龍)이 하늘을 폭발시키고 지상에 떨어진다. …… 결국, '새로운 사람들의 신세계(新世界)가 찾아온다."

위에 본, '요한 묵시록'만은 특히 신비(神秘)에 가득한 모든 내용들을 담고 있으며, 이곳에 미처 소개되지 않은 수많은 암시들이 제시되고 있어서, "동양의 역학자(易學者)"들이 가장 심취하고 일치된 표현을 담고 있다고 평가하는 부분들이다. 우리도 가장 주목해서 서로 비교해 보고, '천기(天機)를 누설하지 않는 범위' 내에서 예지본능(豫智本能)과 神機作用)을 통틀어 진리를 탐구해 볼일이다.

이 책의 [제1편]과 [제2편]을 통하여, 이미 '동양 역학(易學)'이 주역(周易)과 정역(正易)등 천, 지, 인, 의 3가지 이치(理致)에 의해서 마지막의 후천개벽(後天開闢)이 진행 중이라는 사실을 누누이 설명해 온 터이다. 그런데 특히 '요한 묵시록'만은 단순한 '대예언'의 경지를 넘어서 논리(論理)와 조리(條理)의 측면에서 분석해 볼 때, 정확한 체계를 지니고 있다는 점이 특징이다.

우선 성경(聖經)에 나타나 있는 것들 중에서 '신·구약'의 전체를 통틀어 역학(易學)과 같은 것들을 살펴보면 다음과 같다. '신천지'란 뜻은 바로 '후천세계'를 뜻하고 있으며, '새 하늘(新天)'이 바로 주역 8괘(周易八卦)에 나오는 '건위천(乾爲天) 즉 북방-건(北方乾)'을 말하며, '새로운 땅(新地)'이란 바로 '곤위지(坤爲地) 즉 남방-곤(南方坤)'을 말하고 있다.

'동방'이란 '정역에서 동쪽의 간방(艮方)'을 뜻하며, '아들'은 '소남(少男)'을 의미하고, '여자가 태양을 입고'라는 성경 구절은 '문왕 8괘'의 남방에 자리잡은 '이괘(離掛)즉 화(火)와 중녀(中女)'를 의미한다. '달을 밟고'란 뜻은 '감괘(坎=水) 즉 북방이며 달(月)'을 의미한다. 특히 '열두 별의 면류관'이란 '1년 12개월 즉 자, 축, 인, 묘,…… 등등 12지(支)'를 의미한다.

'뱃속에 아이를 가졌다'란 뜻은 간(艮) 즉 소남(小男)을 배태한다'는 의미이고, '해산의 진통과 괴로움 때문에 울고 있었다'란 뜻은 오늘 21세기를 맞는 '후천개벽'의 일대 혼돈기를 말하며, 대전환기를 의미한다.

결국, "아이가 쇠 지팡이로 만국을 다스린다"란 뜻은 성경 구절 중에서도 가장 결정적인 결론을 표상으로 지적하고 있는바, 예컨대 '아이'란 바로 '간-소남(艮-小男) 즉 한반도'를 가리키고, '쇠 지팡이'란 '권능의 상징'으로 "정역 8괘에서 2천7지"라는 핵심을 의미하며 동시에 '만국을 다스린다'란 곧 바로 '왕도정치와 권능의 종교를 다스리는 '권능자'의 출현을 의미 한다'라고 해석된다. 결국 탄허스님의 예언과 일치하는 내용들이다.

결론적으로 집약해 보면, 이런 정도의 "대예언"은 이미 '노스트라다무스'가 '예언시(詩)'로서 7,000년을 밝힌바 있고, 1999

년 7월 29일에 '문명세계의 멸망'과 '지축(地軸)이 흔들린다'라는 뜻 속에 포함되어 있으며, 21세기를 전후한 2026(丙午)년에 '동방의 빛'과 '동방의 황금시대'란 표현으로 충분히 예시(豫示)해 주고 있다.

그런가하면 '탄허 큰스님'께서도 조리(條理)주의에 입각해서 '한반도가 세계의 중심이 된다'라고 역설한바 있다. 태평양 속의 "불기운이 북극으로 치솟아 북빙아를 녹인다"는 이른바 '정역 8괘'에 의한 '2천 7지'의 원리에서 이미 '역학'으로 근거 있는 풀이를 했다. 더구나 '묵자'의 학설을 소화시켜서 "지구가 23도 7분이 기울어진 즉 윤도수(閏度數) 때문에 결국 후천개벽(後天開闢)"이 온다는 조리를 입증한바 있다.

물론 이때는 먼저 '천지개벽(天地開闢)'이 일어나니까 일대 혼란이 들끓을 것이고, 지진(地震)과 괴질(怪疾) 및 병마와 비뚤어진 인간성들이 지구가 360도로 올바르게 일어설 때, 인간도 참된 인간만이 남게 되기 때문에 결국 왕도정치(王道政治)와 권능(權能)의 종교 및 권능의 지도자(指導者)가 드디어 동방에서 나온다는 의미란 것은 말할 나위도 없다.

특히 '한반도의 서해안은 융기하고' 반면, '동해와 일본열도는 바다 밑에 침몰'하며, 동시에 미국과 한국은 '부부관계'처럼 동서의 축을 이루면서 전세계를 주도(主導)하게 되었다고 '예언'한 바와 일치하고 있다. 한반도에 새로운 '유토피아', 즉 극락정토와 현세미륵부처의 '이상향'이 도래한다는 미래의 '메시아' 사상이 이른바 3가지의 "대예언(大豫言)"으로서 가시화 되고 있는 점이 지극히 인상적이다.

"자기의 길 지켜라" - 유(儒) 불(佛) 선(仙)을 회통하신 대선사(大禪師) - '탄허 큰스님'의 열반송(涅槃頌) 이다.

1983년 6월 5일 유시(酉時)인 오후 6시 15분에 "김 탄허 대선사"는 '오대산 월정사 방산굴' 그의 처소에서 그가 죽음 즉 입적을 예언했던 그대로 열반하셨다. 중이 되어 입산 한때부터 쳐서, 법랍은 49년 되던 해였다. 이 시각에 이미 그는 월정사의 모든 승려들을 그가 거처하던 '방산굴(方山窟)'로 모이게 해 놓고 있었다. 이때 속세에 사는 사부대중들은 막 저녁을 들려고 밥상 앞에 모인 시각이었다.

"이제 간다." 그러자 옆에 있던 제자가 물었다. "큰스님 여여(如如) 하십니까." 원래 선상(禪床)에 앉아서 입적하겠다고 했으나 몹시 고통스러워서 눕겠다고 말한 뒤였다. 그러나 환한 미소를 지우면서 "그럼 여여하지. 멍청이━━━━" 가쁜 숨을 한번 몰아 쉬고, 두 눈을 부릅뜨고, 주위를 둘러보더니 편안히 눈을 감고 가셨다.

1913년 3월 7일 전북 김제 만경에서 유학자이신 '김율제(金栗濟)' 선생의 둘째 아들로 태어나서 13세까지는 부친이 종사하고 계시던 정읍의 '차천자교(車天子敎)'에 있는 서당(書堂)에서 한문과 서예를 배웠다. 뜻한바 있어 득도(得道)해 보겠다는 일념으로 14세 때 충청도 기호학파의 최대 유학자(儒學者)인 면암(勉庵) 최익현(崔益鉉)의 문하에서 '이극종' 선생에게 유교의 학문을 배웠다.

그러나 득법(得法)을 하고픈 그의 불타는 집념은, 진리의 근본을 탐구하고 또한 인생의 진수를 터득하기 위하여 다시 18세 때부터 서신(書信)을 통하여 가르침을 꾸준히 받아 온 오대산(五臺山)으로 방한암(方漢岩) 대선사를 찾아가게 되며, '유발승'으로 그곳 상원사(上院寺)에 책보따리를 싸 들고 학문하러 들어가 자리를 잡았다.

처음에 '한암 선사'가 내어 주는 불교학의 기본인 서장(書狀)을 읽던 그는 그때까지 자신이 아만(我漫) 속에 도취되어 있었음을 발견하고 심한 부끄러움에 쌓이게 된다. 한문의 문리대로 글은 이해되지만, 깊은 의미는 도저히 파악할 수 없었던 것이다. 그는 '한암 선사'처럼 '참선'도 흉내 내어 보았으나 만족할 수 없었다. 새벽 2시면 언제나 일어나서 반드시 '참선'을 하고 '경전'을 읽었다. 그의 수도(修道)하는 자세는 한치의 거름도 없이 입적할 때까지 무려 49년간 계속되었다. 앞에서 자세한 설명이 있었지만, 그는 도력이 높아질수록 계율도 장자 풍으로 그리고 때로는 융통성 있게 세워 나갔다.

물론, 스승에 대한 예의(禮儀)도 철저하였다. '한암 선사'의 방을 손수 청소하고, 향(香)을 사른 뒤에 꼭 자기 방으로 돌아갔다. 그의 스승에 대한 태도는 그가 삭발하고 정식으로 승려가 되어, 스승이 열반할 때까지 한번도 거른 적이 없었다. 결국, 어느 날 갑자기 그는 '한암 선사'에게 정식으로 승려가 되겠다고 삭발을 요청하기에 이르렀다. 22세의 야심만만했던 이 청년은 속세에 자식과 부인을 버리고, 속세와의 모든 인연을 끊은 채로 '탄허(吞虛)' 즉 "삼킬 탄(吞), 헛칠 허(虛)"라는 법명으로 드디어 '허공을 삼키기' 시작하였다.

완전한 승려가 된 그는 3년 동안 '묵언(黙言)' 즉 아무말도 하지 않고 지냈으며, '참선(參禪)' 즉 번뇌를 떠나는 일에 몰두하였다. 이렇게 3년을 '묵언과 참선'으로 지난 후 '서장(書狀)'을 다시 읽어보니까 비로소 글자 위로 뜻이 살아 나와 영롱한 오색 무지개를 발하는 것 같았다고 한다.

　　드디어 책 속의 글자들도 주인을 만나야 되살아난다고 한다. 그때부터 그는 다시 14년 동안 두문불출 '한암 선사 한데 매달려 불교의 방대한 경전들을 섭렵하기에 이른다. 실은 '참선'을 바랐으나 '한암 선사'께서 선(禪) 보다는 경(經)을 택하라는 권유가 있었기 때문이었다. "선(禪)은 앉아서도 할 수 있지만, 이력이 붙으면 일어서서 할 수도 있고 걸어 다니면서도 쉽게 할 수 있는 것이다. 지식 있는 자는 경(經)을 배워 중생에게 이익을 주도록 해야 이 세상 업보도 갚는 것이 아니겠는가." 라고 '한암 선사'는 강권하였다.

　　패기만만했던 '탄허'는 이때부터 스승의 가르침을 되씹으며, 방법을 바꿔서 범어(梵語) 즉 '산스크리트'어(語)를 배워 경전의 한문 글귀를 쫓지 않고 본래의 뜻을 따라 참뜻을 이해하게 되었다. 경전을 통달하게 되면서 '탄허 스님'은 스승이 중생에게 이익 되게 하라는 유훈을 지켜 나아갔다. 드디어 불경(佛經)을 번역하기 시작하였고, 여기에 현토(懸吐)와 역주(譯註)를 달아 역경사업을 통한 불경의 한국화 및 현대화에 모든 노력을 기울이게 되었다. 이로서 총 78권의 경전을 국역하여 바르게 누구나 배울 수 있도록 상세하게 정리하였다.

　　'탄허 큰스님'은 평소에 이런 법문을 해주었다. 한번은 젊은 제자 향봉(香峰)승려가 그를 찾아가서 이런 물음을 했단다. "길이 있습니까" 그러자 이렇게 대답하였다. "환한 길이 바로 보이지. 도(道)의 근본이란 바른 것이니까. 도란 진리의 대명사가 아니겠나. 한마디로 길을 가리킨 거야. 길을 걷되 길 밖으로 빠져나가는 것을 경계해야 돼. 왜냐 하면 길이란 오름 길이든 오솔길이든 내리막길이든 외진 길이든 길은 길이 아니겠나."

"그런데 길 밖으로 빠져나가면 진흙 덩이와 가시덩굴 속에서 갈팡질팡하게 되겠지. 어둠 속에서 방황하면 얼마나 괴롭겠나. 탈선(脫線)이란 어느 의미에서도 괴로운 결과를 가져온다는 사실을 잊어서는 안돼. 길은 또 하나의 생명 줄이야. 생명을 아끼려거든 자기 나름대로 선택한 길을 꾸준히 걷는 강인한 인내심이 필요하지. 그래야 목표에 도달할 수 있지."

'탄허 큰스님'의 다음과 같은 설법은 오늘을 사는 현대인들에게 하나의 살아가는 지혜를 제시해 주고 있어서 감회가 새롭다.

"옛 말씀에 이런 대목이 있네. 도(道)를 잃으면 덕(德)이라도 갖추어야 하고, '덕'을 잃으면 인(仁)이라도 베풀 줄 알아야 하며, '인'을 잃으면 의(義)라도 지켜야 하고, 만일 '의'를 잃으면 예(禮)라도 차려야 할 줄 알아야 한다는 말씀이야." "그런데 요즈음은 '예'도 찾기 어려우니 ― 그러니까 법률(法律)이 나오지 않았겠어. 현재의 많은 사람들을 보면 이런 생각이 들어. 자의(自意)로 자기의 길을 걷는 나그네들이 아니라 타의(他意)에 의한 방랑자들 같단 말이야. 하 하 하".

'탄허 큰스님'의 붓글씨 즉 선필(禪筆)은 당대의 '왕희지'라고 사람들이 부러워하면서 탐냈다. 서기가 솟구치는 것과 같은 필체(筆體) 이었다. 하지만 그가 어렸을 때 유학(儒學)을 배우면서 쓰던 그 글씨는 입산 수행 중에 모두 버렸다. 스승을 모시는 제자가 무슨 필적을 남기겠냐는 생각에서 였다.

그가 다시 붓을 들어 금석(金石)에 새긴 것은 은사인 '한암 선사'께서 열반한 후 그의 비문(碑文)을 쓰면서 부터였다. 1950년대 이후의 일이다. 60년대 초 일본의 '사토 수상'이 '큰스님'의 글씨에 심취해서 12폭 병풍 글씨를 당시 일화 2백만엔(圓)에 사간 사실이 있으나, 이를 돈으로야 평가를 내릴 수 없는 명필이었다.

'유-불-선(儒, 佛, 仙)' 3교를 회통한 당대의 최고 학승(學僧), "탄허 대종사"는 이렇게 중생들에게 회자되면서 지금도 우리와 함께 살아 있다. 그의 법호(法號) "呑虛"처럼 "허공이 탄허를 삼켜주면, 삼라만상 세상길이 훤하게 보이는 것일까." 그렇게도 넓은 학문과 삼라만상을 섭렵한 그의 선(禪)의 세계는 가히 신선(神仙)의 경지였을 것이리라.

못다 이룬 '거사(居士) 중심의 새종교 운동'이 아직 유업(遺業)으로 남아 있지만, 필자가 이를 이어 받을 수 있기를 바라ㄴ 바이며, 한편 필자는 이를 '향(鄕) 또는 요람(搖籃)의 사회복지' 사상과 운동으로 길이 이어 질 것이라고 믿어 의심치 않으면서, 오늘의 한반도에 통일과 왕도정치와 권능의 종교 및 권능의 지도자가 틀림없이 출현하여 '밝은 한국, 사람다운 삶'을 펼쳐 줄 것으로 바라 마지않는다.

＊[참 고] : 대담(對談) 및 '다이얼로그'란 하나의 '변증법(辨證法)'인바, 실은 서양에서 유명한 '소크라테스의 변명'을 비롯하여 우리의 '정감록 비결'(鄭鑑錄秘訣) 등도 '대화체(對話體)'로 구성되어 있다. 특히 '감결(鑑訣)'에는 '이씨조선(李氏朝鮮)'이 멸망하고 '정씨왕국(鄭氏王國)'이 나온다는 표현을 '존읍(尊邑)'이나 '십팔자(十八子)' 등 이른바 파자(破字)로 표현했던 바, 우리나라 민중의 삶에 '구원(救援)' 의식으로서, 또한 하나의 '메시아' 사상으로서 민중신앙(民衆信仰)에 무서운 위력을 발휘해 왔었다. 이 글의 특색은 이 같은 '다이어로그' 체 즉, "변증대화체"로 서술되어 있다는 점을 특징으로 꼽을 수 있다.

6편》 영어편 I - 탄허스님의 예언과 사상 : 요약
⇨ 번역 집필 : 한승조(고려대교수)

"Buddhist Monk Tanho Foresees"

* 좌로부터, 한승조교수, 탄허큰스님, 필자.

◎ What Comes Before & After 21C ?

Future of Earth and Fate of Mankind

Buddhist Monk Tannho Foresees

/By Sung-Joe K. S. Hahn 〔 Ph. D. Professor of Political Science, Korea University〕
<*영어-대담/집필 : 한승조(韓昇助), (본명:己楦) ; 고려대학교 교수. (현) 명예교수, UC 버클리대 정치학 박사>
<* 이 글은 앞서 제1편에서 1974(甲寅)년에 '원문'으로 최초에 작성된, "後天世界의 전개와 한국의 未來"라는 제목의
'呑虛 큰스님과 張和洙 교수의 대담'을 다시 고려대의 英字新聞에 게재한 것임>

▶⇨ Master 'Kim Tannho' : has been regarded among some learned circles as the foremost authority in the oriental thoughts, profoundly verses with the classics of Buddhism. Taoism and Confucianism. He was born in 1913 of a renowned Confucian scholar family in Mankyong-Kimjae, Chollabookdo. Having mastered all the Confucian classics, he earned the Buddhist priesthood under Master Bang Hanam at the age of 22. Formerly, he held the position of the chief priest of Temple Woljongsa, Odaesan. At present, he is the chief councillor of the temple. He resides now in Seoul in order to finish up the printing of his translation works took some 20 years; the printing is considered as of historical significance. on March 12, a couple of G.T. reporters and I visited Master Tanho for this interview. The following is the gist of our dialogue conducted in his residence, Taewonam, Seoul.

The Problems of the Present and the Future ?

Hahn : While contemporary civilization of science and technology is still making steady advance, our country has been concentrating all national strength into all the energetic pursuit of rapid industrialization urbanization and modernization. This is the prevailing tendency everywhere at present. In the meantime, people are becoming increasingly concerned about many unauspicious syndromes of today's civilization. Taking example: oil crisis, stagflation, food and resource shortage, population explosion, air and water pollution, social and political instability, and the nuclear threat, are casting an ominous shadow upon our minds, making us seriously apprehensive about the future fate of the mankind.

Somewhile ago, the predictions of a French seer, Nostradamus was widely publicized to arouse a world wide sensation. Allegedly, 98% of his predictions made four hundred years ago have so far turned out true in the past. According to his prediction, the earth will come to the end by July 1999, as a result of a series of catastrophic wars, earthquakes and floods. The story of doom and final judgement is noting new: it was a favorite theme underlying the Holy Scriptures. Accordingly, a great number of Christians, including the Jehovah's Witnesses have cherished this belief. Notably, these visions of the future world are originate from the inspirations of western religions.

Meanwhile, we have rarely heard of the similar vision or predictions originated from the originated from the oriental sources. We all know that the oriental culture contains a wide reservior of esoteric and profound religious genius. So, I feel that there must be some kind of predictions or theoretical propects world in our traditional religions, or philosophies. Now that you are regarded as a great living observer in our time, we should like to solicit your comment on your question.

Nostradamus versus Thanho after the year 1999

Specifically, let me ask you how valid is the prediction of Nostradamus concerning the end of the world by the year of 1999?

Tannho : Yes. I do believe that his prediction is valid in a large measure. My only reservation is that his prediction was originated from his personal inspiration or divine revelations. Lacking any convincing theoretical or philosophical grounds, it sounds like an irrational statement.

Hahn : Then, what are your theoretical or philosophical grounds that render some support or reservation to the western prediction?

Tannho : The view of the future world was already

revealed in the divination sign designed Kim Il-bu(金一夫) more than 100 years ago. As you may know, Kim Il-bu is the greatest Korean Yiching scholar and living in the 19th Century. He was born in Yonsan, chungchong Namdo. He held tremendous foresight on many things, including the common accessability of air lines, automobiles and trains to the common people as early as that time. His main contribution to the Yiching philosophy(周易) consists in his invention of the Jeongyok divination scheme(正易八卦) symbolizing the earth way(地道). This is the one that succeeds the Pokhee divination scheme(伏犧氏八卦) representing the heaven way(天道) and the ensuing Mun Wang divination scheme(文王八卦) manifesting the human way(人道). In this terms, he could solve the questions left out in Confucius' addition to the Yiching scripture.

While Kim Il-bu(金一夫) was devoting himself to the study in Kyeryongsan(鷄龍山) he could read the new divination scheme in the sky appearing for five years. No other person could notice the sign in the sky but himself. His divination scheme locates Con(坤) in the South and Kun(乾) in the North; Kan(艮) in the East and Tae(兌) in the West. Also, we can read Yichon-Chilji(二天七地) in the South and North. This implies that a dormant fire has entered into the a bottom of the earth. Consequently, the northern glacier began melting some 90 years ago.

We have known this on the basis of the Yiching theory long before the western scientists discovered. Last year, some U.S. scientists maintained that the northern glacier will be melted away within a quarter century. But they did not explain scientifically as to why the glacier began melting. Nor could they anticipate the consequence of the thaw in the earth poles.

Hahn : So, are you implying that thaw of the northern iceberg and glacier will bring catastrophes on the thaw for the sake of our readers.

Tannho : Yes, I will. This is the reason why the prediction of the westerner is not totally misleading. We have 24 more years till the years 1999: it is the time the northern glacier is dissolved completely. herein science and inspirational predictions converge in this point. Won't you agree?

Big Floods and Earthquakes Forthcoming !

Tannho : What will happen when the northern glacier melt completely? Firstly, the thaw will inevitably increase the volume of the ocean water. The water from the melting glacier has been flowing down with the speed of 440 ri a day and already reached Japan and other Asian countries, raising the water level against the coastal areas. Professor Hahn, you once mentioned that the west coast of California has been gradually sinking lower and also observed that the ocean water is frequently flowing backward into the river, flooding the streets of Saigon. It is not the earth sinking down: I think it is water level that has risen owing to the thaw.

Furthermore, the axis of the earth has been at a slant of 23.5 degrees, so far. This indicates that the earth has been in some immature state of growth: and this accounts for the different lengths of days and months in every four years. While the iceberg and glaciers in the earth poles melt away, the slant of the earth will gradually stand up straight. Then, great floods and earthquakes are the natural outcomes. All the syndromes of doom will present itself.

Hahn : I know some evidence which supports your view at least partially, according to the the scientists' report, the earth temperature has been gradually rising since the year 1890. This may be attributed to the theory of Yichon Chilji(二天七地-火) as you have just mentioned: namely, a dormant fire entered into the axis of the earth, melting the glacier of the earth poles. In recent years, a glacier has been floating around Iceland, hindering the safe voyage of ships around the coast. Some scientists interpreted this phenomenon as a precursor of the new coming ice age.

But, according to your theory, it seems that the glaciers are the ones that are flowing down from the dissolving iceberg in the northen pole. On the other hand, according to the scientist report, the temperature of the earth began lowering in 1945. Probably, this tendency should be attribute to the air pollution interrupting the rays and heat from the sun.

Tannho : Owing to the change in the earth structure, the extreme heat as well as cold are vanishing from the earth. Look at the last winter! We did not have really could days during the last winter. The Han river has recently stopped the freezing. We will have more and more congenial weather in the future.

The Possibility of the World War

Hahn : Now let me raise another question, Master Tannho. Nostradamus seemed to anticipate great world wars. What is your opinion on this issue?

Tannho : Small scale wars will break out one after

another. But it is not the world war that will ruin mankind. Nuclear weapons may well be blown up owing to some earthquakes. The Sino-Soviet war is almost a certain eventuality. As a rule, once weapons are made, they are bound to be used wittingly or unwittingly. The use of nuclear weapons is not the exception.

The Future of the Mankind and Korea

Hahn : It seems that the western foreseers talked about the doom of the mankind, without specifying the future state of the mankind. How would you envisage the general state of affairs before and the catastrophes?

Tannho : That is precisely the point I want to make. The future image of human society is neither fully described nor prescribed in detail in the western predictions. In contrast the Jungyok divination Scheme seems to present a clearer picture of the future. Under the forming catastrophes, perhaps more than 60 or 70 percent of the human race should be eliminated. Obviously, that will be a tragedy. A considerable number of the people shall be killed by the mere shocks of the catastrophes. But those who foresee the future on the basis of the Jungyok philosophy shall not be frightened at the coming of the catastrophes.

The water of deluge will flow into the Far East to submerge Japan under water. Perhaps, about the two third of Japan's territory is likely to be sunk permanently. The China mainland is another area in the Far East that shall be struck by the hardest catastrophes. Did you see how hard the area was hit by the recent earthquake? The intensity of the earthquake in the last February was recorded one to two degrees in South Korea. China recorded seven to eight degrees according to the estimate of the U.S. geologists. The amount of damage is almost imaginable. The government of Communist China did not report precisely about the damage at all. But we can speculate on the degree of damage in the light of Kim Ir-song's telegram of condolence.

Korea may also lose some hundred ri around the east and south coastal areas: but a new territory shall emerge in the west coast area more than doubling the size of our territory. Naturally, the entire earth shall be shaken and messed up during the catastrophes: but Korea will suffer the least damage because the Korean peninsula Constitute the pivotal part of the earth.

Hahn : What is the proof that the Korean peninsula lies in the pivotal part or the earth?

Tannho : According to the Yiching theory, Korea is situated in the Center of the earth. In the Japanese arear, a Japanese Scholar. Dr. Yukizawa (in Japan pronunciations-行澤) also mentioned it, saying kyeryongsan as being the pivot of the earth. This is equivalent to saying that Korea is the pivotal area.

Bright Future of Korea predicted !

Tannho : The future of the Korean peninsula seems very bright, indeed. In the past, our nation have been subjected to a Consequential foreign invasions and oppressions of neighboring powers. Our people have been undergoing constant humiliations, poverty and hard ship throughout the history. But, the future outlook in a completely different one.

I must tell you, we should be thankful for being born in Korea in the era of the Jeongyok. A Sagacious statesman will come up to unify and rule the country in peace solving all the domestic and international problems of our country and thereby the national prestige will rise all over the world. Our new civilization will flourish benefiting all other nations.
Why can Korea's future be so bright? Again, our

ancestors have suffered so much so far without pursing revenge.Consequently, the divine rewards for this accumulated virtue are forth coming to our posterity.

Hahn : Oh my god! What a hopeful future outlook in our behalf? I hope your predictions regarding Korea's future will turn out true.

Tannho : Yes, it will. I am quite positive about this. Recapitulating the future of Korea, I can dare say as following: First, the Korean nation shall be the people least damaged by the forthcoming catastrophes. Namely, a great extent.

On top of this territorial expansion, Manchuria will belong to Korea after the sino-soviet war as well as due to the split of the mainland China. Tanam will also be subjected to Korea's because the remaining territory of Japan will be to small to maintain her independence. Thirdly, Korea will maintain a close relationship with the United States. In a way, the U.S will be a loyal helper to Korea like any good house wife shall do for her husband. Needless to say, the the U.S. does not work in behalf of the Korean people alone.

They always act and work for the sake of her own national interest.Nonetheless, their assiduous pursuit of their national interest ends up, in spite of themselves, in promoting our national interest. It is like the case of a woman: No matter how hard she works for herself; it ends up in the improvement of the lot of her husband and his family. Don's you think so?

Hahn : Master Tannho! I have read through the text of Jeongyok myself; but did not realize that so many meanings and Varieties of predictions were contained in that brief text.

Tannho : Yes, it dose. Telling you a truth, I have disclosed only a tiny bit of the implications involved in the Jeonyok(正易八卦) philosophy. -END.

7편》 영어Ⅱ- "장화수(張和洙)교수" 프로필
⇨〈미국·펜슬바니아대학, "이만우교수" 축수(祝壽)〉

Prof. Dr. Chang, Wha-Soo

Dr. Chang is a remarkable man of many talents. He is an economist, a philosopher, a literary man, and a Buddhist expert. I first got to know Dr. Chang in 1978 when he spent a year at the University of California at Berkeley to further his post-doctoral studies. He and I happened to share the same office. At that time I was impressed by his subtle, trenchant intelligence and intellectual seriousness. Dr. Chang has always impressed me as a man extraordinary breath and depth of knowledge. In economics he has special expertise in several areas - political economy, international trade, macro-economics, and micro-economics. Dr. Chang's knowledge of the East Asian economy is unsurpassed. During the past three decades Dr. Chang studied the economy of Japan, South Korea, North Korea, Taiwan, and more recently China. He understands better than anyone about the novelty of capitalism. There is no question about the fact that Dr. Chang has been a successful teacher throughout his career. However, What is more outstanding than his career lies outside of teaching career. He is a rare Korean who is throughly familiar with Korea's beliefs, thoughts, and religions. No one

Knows more about Korea's early philosophers such as Yi Ik-chae, Yi Hwang(Toegye), Yi Yulkok and others than Dr. Chang. His knowledge of Taoism, Confuciannism, and Buddhism is unchallenged, Dr. Chang is an astute political observer of Korean politics. He believes that Korean politics is extremely backward and south Korea deserves a bold new leadership capable of meeting the challenge of the new Millennium. Dr. Chang is best known for his best-seller, **The Day Buddha Came.** many Korean Buddhist monks think very highly of Dr. Chang's depth of knowledge in Buddhism.

Dr. Chang is different from most people in his times. He has done a lot of traveling to other countries just to talk to philosophers, religious figures, scholars, and political leaders. Fluent in Korean, Japanese, English, and Chinese, Dr. Chang is a truly outstanding scholar who has helped many people to understand Korea and the World. Dr. Chang's Life renews itself at 60. I wish him a long Productive and healthy life.

Manwoo Lee, Ph.D.
Millersvile University of Pennsylvania
March 29, 2000

M.W. Lee, Professor   이 만 우

8편》 "한반도, 미국, 일본" 등 3국의 국운(國運)비교

1860(庚申)년대 이후, 근대화 100여 년간

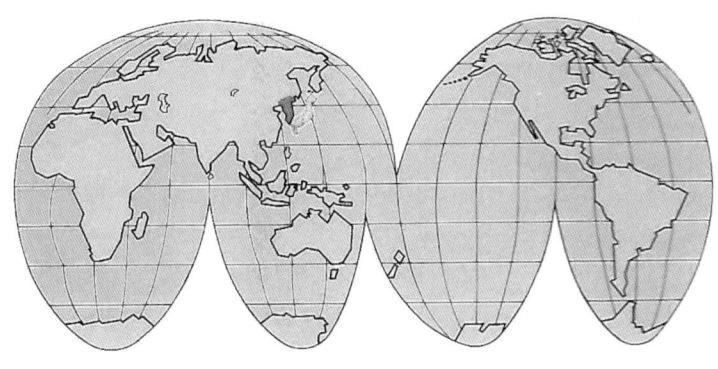

▊ 조선(朝鮮)이, '프랑스'와 '미국'을 이겼기 때문에
화근이 된, 한 세기 쇠잔한 국운(國運)의 첫 신비

　　한반도의 '국운(國運)'은 이미 1860년, 즉 경신(庚申)년 및 다음해 신유(辛酉)년대 이래로 험악한 운세(運勢)를 맞이하여 물경 120여 년 동안, 점입가경의 치욕을 맛보게 되는 것 같다. 실제로 '경신'년 이란 '60갑자(甲子)'상에 운명의 상징성에 비추어 보나, 혹은 가히 '정감록 비결(秘訣)'에도 뚜렷이 나타나 있듯이 천

재지변이나 갖은 재앙을 몰고 오는 가장 불길한 '띠'의 '해'로 기록되고 있다.

'이씨(李氏) 조선'은 500여 년 수명이 다해서 '안동 김씨'의 60년 세도가 왕권을 송두리째 빼앗고, 겨우 허약한 '임금'으로 '강화 도령'이나 앉혀 놓았다가 그나마 갑자기 사망하고 말았다. 그러나 1863(癸亥)년에 '대원군'이 집권하면서 사생의 기로를 헤매이던 '왕권(王權)'의 위세는 10여 년 동안 산천초목을 호령하는 상황으로 달라 졌었다.

이것이 좋은 징조인지 나쁜 징조인지는 그 뒤 흥망성쇠가 말해주고 있지만, 60년 뒤 환갑이 되는 1920년은 이미 '이씨 조선'이 마지막 안간힘으로 위세를 부렸던 '대한제국'이 벌써 1910(庚戌)년에 국치를 당하고 나라가 멸망한 뒤, 일본 제국주의(日本帝國主義)의 식민지(植民地)라는 최악의 사태로 전락되어 있었다.

이로써 서구 열강(西歐列强)의 흉내를 겨우 내면서 걸음마 단계 밖에 안되는 일제(日帝)에 의해서 조선(朝鮮)이 그나마 '국가'를 잃고 식민지로 전락해 버린 사실은 '단군 고조선'이래 '한반도'의 6천년 역사를 통하여 가장 씻을 수 없는 치욕적인 나라의 멸망과 민족의 운명적인 비극이 연출된 해였다.

다시 1920(庚申)년에 이르러서는, 공교롭게도 민족의 극악한 비극이 연출된 '기미(氣味)년 3.1 독립운동'이 벌어진 다음해 였고, 더구나 그 다음 또 한 번의 '60 갑자(甲子)'를 맞은 120년 뒤의 '환갑(還甲)'에는 바로, "광주 학살(虐殺)사건"이라는 암흑의 세상이 절정을 이룬 해가 되었고, 처절한 동족의 대학살이 벌어졌던 큰 상처의 응어리는 좀처럼 풀어 질 수가 없었다. 어찌 120년 동안의 끔찍한 큰 재앙이 이 나라를 이토록 불행하게도 만들었을까.

1863(癸亥)년도 저물어 가는 12월 섣달에 '대원군'이 정권을 장악하면서 1864년은 언제나 '한반도'에 광명의 운세를 던져 주는 '갑자(甲子)년'인바, 그는 원래 집권하기 전의 불운(不運)한 시절에 자기를 위장해서 파락호로 행세하면서 목숨을 부지했던 인물로 유명하며 드디어 때를 얻은 것이었다.

그 때문에 집권 후 모든 정책은 '왕권'의 권위를 최대로 높이는 목적에 집중되었으며, 맨 처음 시작한 방법은 일찍이 '임진왜란(壬辰倭亂)' 이래로 처참한 폐허 속에 280여 년을 방치해 온 '경복궁(景福宮)', 즉 본궁(本宮)을 복원하는 일이었다. 이는 국력이 흔들릴 정도의 엄청난 재정지출이 따르고 백성들의 생활이 도탄에 빠지는 엄청난 모험이 뒤따르는 일이다.

이로서 비생산적인 자원의 낭비는 국고를 탕진하고 민생을 도탄에 빠뜨려 원성을 사는 동시에 '당백전'[當百錢-1전 짜리 화폐를 100배로 늘려서 사용케 함으로서 천정부지의 '인플레이션'을 야기시킴]이란 가공할 만한 실정(失政)을 저지르고 말았다. 이 같은 전혀 경제논리를 망각한 정책 실행은 결국 국가가 다시는 회생할 수 없는 치명적인 국력(國力) 소멸로 빠지게 만든 직접적인 원인이 되었다. 결국 악화된 암(癌)적 병세는 속병으로 번지면서 계속해서 외세의 침략과 드디어 일제(日帝)의 식민지로 전락되었다.

'대원군'이 집권한 3년 뒤인 1866년 '병인양요(丙寅洋擾)' 때에는, 집권 후에 '경복궁' 증축으로 민심의 동요가 극심한 가운데 바로 그해에 '병인박해(丙寅迫害)'란 천주교 신자들 약 8,000여 명을 대학살시킨 사건이 자행되었다. 이에 대한 응징으로서, 프랑스 함대의 대거 침입이 있었다.

<프랑스 함대의 강화진공도(江華進攻圖)>

처음에는 '대원군'의 부인 민씨도 천주교를 믿을 정도로 서양세력을 은근히 끌어 들여 국력증강과 왕권강화에 이용하려 했으나 여의치 않자 대학살을 일으킨 것이 화를 자초하였다. 그런데 그 해에는 미국 함정 '셔어먼호'가 대동강에 교역하러 들어 왔다가 습격 받고 살육되는 사건까지 겹친다.

이어서 1871년 '신미양요(辛未洋擾)' 때에는 미국 군함이 대거 침입하게 되는데, 이상스럽게도 하잘것없는 '조선'이 망조가 들기 위해서 인지는 모르지만 번번이 손쉽게 이들 양귀(洋鬼)라고 부르는 서양 '오랑캐'들을 물리치게 된다. 그런데 오히려 이 같은 승전(勝戰)이 '조선'을 망하게 만든 화근이 되었다. 왜냐하면 득의만면한 가운데, 우물안 개구리와 같았던 천하의 '대원군'이 오만에 빠져서 이를 계기로 외세를 얕보고 쇄국(鎖國)정책을 쓰면서 거드름만 피웠기 때문이었다.

당시 반반한 전근대적인 군대조직도 갖추지 못했던 '조선'은 처음에 함포사격을 가하면서 신식 군장비로 무장하고 강화도에 상륙해서 서울근처인 양화진까지 쳐들어 온 서양 군대들에게 크게 당황했으나, 이때 '대원군'은 꾀를 내서 오래 전부터 백두산(白頭山)에서 호랑이를 잡아 생계를 꾸려 오던, 최정예 800여명의 사냥꾼 포수부대(砲手部隊)를 대량 동원하여 구미(歐美)의 최대 열강국인 '프랑스 군(軍)'과 '미국 군(軍)'을 격퇴시킨 것이다.

이때 한마디로 지적하면, '조선'은 사필귀정으로 크게 패배(敗北)했어야 옳았다. 비록 역사에서 가정(假定)은 전혀 성립되지 않는다고 말들 하지만, 이때 패전(敗戰) 했더라면 '조선'은 그 이전 1853년 6월에 '일본(日本)'이 미국의 흑선(黑船)에게 굴복 당했기 때문에 오히려 서양을 배우고 쉽사리 명치유신(明治維新)과 같은 전화위복의 근대국가가 되었던 것처럼 조선도 서양의 근대화를 앞당겨 배웠을 것이 틀림없다.

백보를 양보해서 외침내란에 의해서 깡그리 망했다고 치더라도, '프랑스의 식민지'나 혹은 '미국의 식민지'가 되었을망정, 가장 악운이 겹친 결과는 일어나지 않았을 것이다. 왜냐하면, 우리보다 문화도 뒤지고 백성들의 생활도 비참했던 가장 후진 '일본'이 뒤늦게 서양에 져서 '영국'의 흉내를 내면서 까지, '조선'이 수치스런 '일본'의 식민지만은 되지 않았을 것이 아니겠는가. 그리고 지금쯤은 영어권 세계나 프랑스 문화권을 익혀서, 점잖은 서양 문물이라도 받았을 것 아니겠는가.

이 무렵 프랑스는 '나폴레옹 3세'가 한창 인도차이나를 식민지로 만들고 부국강병의 위세를 떨치던 때로서 '영국'에 버금해서 전세계를 석권하던 때이었다. 미국(美國)은 과거 '몬로 주의'에 묶여서 '아메리카'를 벗어난 대양 밖으로 진출하지 않다가, 운명인지는 모르지만 자본주의의 경제발전이 영국을 압도하기 시작함에 따라 최초로 교역(交易)을 트기 위해서 '조선'을 찾았던 것이 봉변만 당하고 쫓겨 간 것이다.

지금도 미국의 세계 초강국을 자랑하는 국방성 즉 '펜타곤'의 거대한 6각형 건물의 현관 입구 진입 복도에는, 죽 이어서 양쪽 벽면 좌우에 미국이 치른 대외 전쟁(戰爭)들의 대형 벽화(壁畵)가 전쟁순으로 붙여져 있는데, 우연의 일치인지는 모르나 제1번째 대외 전쟁이 바로 조선과 치른 1871년의 '신미양요(辛未洋擾)'라고 한다. 첫 그림 밑에는 '이 전쟁에서 미국은 참패(慘敗) 당했다'라는 해설이 쓰여져 있다고 한다.

결과적으로 볼 때, 그때 '조선'이 굴복 했었다면, 참담한 국운 가운데에서도 비록 프랑스 문화나 영어를 배우게는 되었을 망정, 결코 왜놈 쪽발이 밑에서 조선의 전통문화가 송두리째 짓밟히고, 지체 높은 민족 얼이 능욕을 당하면서, 오늘날 90여 년이 지난 뒤에까지 역사청산(歷史淸算)도 못하고 사대주의에 빠진 놈만 자손만대 잘살고, '한반도'가 적반하장으로 두 조각이 나는 분단국(分斷國)으로 전락되는 불행한 운명은 면했을 것이며, 동족상잔의 피흘리는 전쟁은 없었을 것이다.

■ '박정희 정권'과 비교되는 '대원군 시대'와의 국운론

1963(癸卯)년에 '박정희'는 군사정권을 청산하고 우여곡절 끝에 선거를 통해서 대통령으로 정권을 잡고 해방 후 한국 정권 중에서 가장 오래 18년을 집권 하는 통치시대를 열게 된다.

<악귀 밟는 지국천왕:사리기 외함(外函)의 동쪽 몸체. 높이 24cm, 폭 19cm. 지국천왕(持國天王)이 왼손에 금강저(金剛杵·창)를 쥐고 악귀를 밟고 있는 모습이다.>

이것은 바로 꼭 100년 전 1863(癸亥)년에 '대원군'이 아들 고종 임금을 앉혀 놓고 강력한 전제군주 정권을 여는 것과 흡사하다.

'박정희 집권' 동안에 한시도 마음 놓을 수 없는 살벌한 시국이 전개되어 덕망 있는 옛 시절의 목가적인 태평성대 같은 것은 바랄 수도 없었다. 무리하게 '3선 개헌(改憲)'을 통하여 점차 1인 체제를 강화해 가더니 1971년에는 드디어 '유신(維新)'을 선포하고 독재체제로 돌입하여 대통령 '선거(選擧)' 그 자체가 없어짐으로서 무서운 국민들의 저항을 받고 드디어 1979(己未)년에 시해 당하게 된다.

이미 '한국'의 현대 역사는 1945(乙酉)년에 해방이랍시고 미·소 군정(軍政)이 3년간 한반도를 점령한 동안에 남북이 분단(分斷)되고, '38도선' 이북에 자리 잡은 공산주의(共產主義) '소련' 군과 미·소 냉전체제 하에서 대립되는 상황 하에 존재하였다. 겨우 1948

년에 '대한민국'이라는 남한만의 단독정부가 들어서게 되며, 뒤이어서 1950(庚寅)년에는 '6·25 동족상잔'이 벌어져 500만 명의 인명 살상과 전 국토의 초토화를 초래하였다.

그 후 1953년 '정전(停戰)' 이후에는 '이승만 대통령'의 자유당 독재가 횡행하였다. 결국 1960(庚子)년에 유명한 '4·19 학생혁명'이 돌발해서 간신히 민주화를 성취했으나 다음해 1961년에는 '박정희 소장'이 일으킨 '군사 쿠데타'에 의해서 정권이 군사독재(軍事獨裁)로 들어가게 된바, 대를 바꾸어 무려 33년간 한국에서 '군사통치'는 계속된다.

그러나 긍정적인 국운(國運)의 측면에서, '박정희 정권'은 한국의 '고도경제성장'을 주도하여 국가발전을 획기적으로 이룩한 공로는 있다. 정치적으로는 좋게 말해서 철저한 '개발독재'가 있었으나, 반면 경제적으로는 무역입국(貿易立國)을 통하여 이른바 '신흥공업국(NICs)'으로 발돋움하고, 1986년에는 '아시안 게임'을 치룬 뒤, 1988년에는 '서울하계올림픽'을 성공적으로 치러 국력 신장을 눈부시게 하였다. 1990년대는 남한은 선진국을 향하고 발전시키는 동시에 2002년 '월드컵' 4강에 진출하고, 2018년 '평창 동계올림픽' 등 선진국 진입을 완성하였다.

1960년대 세계적으로 문제가 제기된 '남북문제'로 인하여 '후진국(後進國)'들을 살리기 위한 'UN 개발 10년 계획'에 의해서, 동시에 '다국적 자본'들의 후진국으로의 '외자진출' 등에 힘입어서 세계 네 번째 외채(外債)국이었다. 그러나 1990년대는 훌륭한 '경제발전(經濟發展)'의 국운(國運)을 타고 '한국'은 단군이래 최초의 '국제수지 흑자(黑字)'를 이룰 뿐만 아니라 10대 경제대국으로 발돋움 하였다.

다시 '대원군'이 1863(癸亥)년에 집권했던 꼭 100년 전으로 돌아가 보면 그때부터 시작해서 만 33년이 지난 1895(甲午)년에 '갑오동학란'이나, 그해에 '갑오경장'이 일어나서 이미 일본의 손에 국권이 사실상 농락당할 때에 이르기까지 '조선의 불운(不運)'은 국기(國基)를 근본부터 흔들어 놓게 된다.

'대원군'의 집권 10년 기간도 '왕권(王權)'을 강화하기 위한 모든 정책이 총동원되어 과거의 '안동 김씨 세도정치'를 발본색원해서 혁파(革破) 하기에 이르나 경복궁의 증축이 큰 화재를 만났고, 개인적으로는 불운(不運)하기 짝이 없는 사건이 연속되었다.

더구나 '대원군'이 너무 독선적인 전제군주(專制君主) 체제를 고수했기 때문에 덕망은 없었고, 수구파(守舊派)들과 유림(儒林)들의 끝질긴 저항을 받게 되고, 며느리 '민비(閔妃)'까지 적으로 돌변하면서 10년 만에 몰락하고, 그 뒤 여러 번 재기의 기회를 놓치면서 청국(淸國)에 유배된다.

1866년에 천주교도들에 대한 '병인박해'로 대학살을 감행하였고, 이에 대한 응징으로서 '병인양요'라는 최초의 프랑스 함대에 의한 '강화도' 침입이 있었으며, 그해 7월 11일 밤에는 또다시 미국 군함 '셔어먼 호'가 평양으로 대동강을 거슬러 올라와서 교역을 벌이려 하다가 배가 대동강의 얕은 모래톱에 걸리면서 그만 주민들의 습격을 받고 완전히 몰살당한다는 일대 사건이 연속적으로 발생하게 된다.

결국, '대원군'과 '박정희'는 100년만에, 1863 '살아 있는 대원위'로서 1963년 대통령 취임으로 비슷한 집권 과정이 '운명의 주기율'(週期律)처럼 반복되었다. 그러나 개인적으로는 집권 전의 불운했던 과거가 억척스런 성격을 조성한 것 같고, 집권 후에는 독선적인 집념으로 자의식이 강한 정책을 디밀어 훌륭한 성공도 있었으나, '국운'은 정 반대로 나타난 것이 특징이다.

예컨대 '대원군'은 그 뒤 겉으로는 '조선'에서 '대한제국'으로 근대국가를 지양한 것 같으나, 1895년 갑오경장과 갑오 동학란 및 청·일 전쟁으로 국운은 기울어 식민지가 되었다. 반면 '박정희'가 암살된 되에도 '한국'은 높은 성장이 계속된다.

"미국" 국운(國運)의 신비는 꼭 100년만에 되풀이되었다

미국의 '국운'은 1860년에 '링컨' 대통령이 당선되고 '남북전쟁'에서 북군이 이긴 뒤에 남부청년에게 암살당한 뒤 세계 최강국이 되었고, 꼭 100년 뒤인 1960년에 '케네디' 대통령이 당선되었으나 '서부세력'에 의해서 똑같이 남부 청년에게 '텍사스'에서 암살된 후 대통령이 '존슨, 닉슨, 포드, 레이건, 부시'로 이어지는 '캘리포니아-텍사스' 마피아들의 호전적인 33년간의 '서부정권'을 육성시켜 전세계를 16세기 중상주의(重商主義)의 시대와 같은 '하나의 세계'로 만들면서, '글로발이즘'을 앞세워 '다국적 자본(多國籍資本)'을 움직이는 오늘에 이르고 있다.

진정 서양에서도 운명(運命), 즉 'Fortune'이란 신비는 그 나름대로 작동되고 있다. 그러나 동양의 '역학(易學)'적인 해석을 부쳐 보면 훨씬 흥미를 돋게 된다. 이것은 운명적인 사건의 전형적인 내막은 좀처럼 흑막에 싸여 밝혀지지 않고 있으나, 그의 외형적인 형태(形態) 만은 어쩌면 그렇게도 꼭 100년 동안에 똑같은 양상으로 전개되고 있는지 이를 추적해 볼수록 신기하기만 할뿐이다. 운명의 전말은 다음과 같다.

　1963년도 저물어 가는 11월 23일 금요일(金曜日) 오후 2시가 막 지날 무렵, 아직도 전 세계의 지성인들에게 기억도 생생한 미국의 가장 존경받고 매력 넘치는 대통령 '존 F. 케네디(John F. Kenedy)' 부부가 '텍사스 주(Texas 州)'를 공식 방문해서 '달라스 가(Dallas 街)'를 행차하던 도중, 갑자기 환영 인파가 쇄도해 있는 큰길을 달리는 대통령 전용 무개차 안에서 손을 흔들어 환영에 답하는 움직임이 멈추면서 몇 발의 총성이 울리는 차 속에서 젊은 '케네디 대통령'은 쓰러졌다.

　지옥과도 같은 혼란 속을 달리던 차 속에는 오직 '케네디 대통령'만 어디선가 날아 온 총탄에 명중되어 그 자리에서 절명했을 뿐, 옆에 있던 부인 '재클린 여사'도 그리고 뒤에 탔던 '주지사'도 아무렇지 않았다. 너무나도 해괴하고 허망한 일이 아닐 수 없었다. 1960년 11월 대통령에 취임한 '케네디'는, 당시 미국의 동서의 대립이 심각해지는 와중에서 '뉴 프론티어'라는 새시대의 진보적인 지성과 매력적인 개혁을 '정치 슬로건'으로 내세우면서 텍사스 출신의 부통령 '존슨(Johson)'을 러닝메이트로 삼고 압도적인 지지를 얻으면서 당선되어 만 3년이 경과한 직후 였다. 바로 그 자리에서 '존슨 부통령'은 대통령을 승계하게 되었다.

　이상스럽게도 꼭 100년 전 '에이브라험 링컨(A. Lincoln)'은 흑인 노예해방을 내세우면서 1860년 11월에 '대통령'에 취임하였다. 남북전쟁의 전운이 감도는 급박한 시기에 북부 공업지역 정치세력의 열렬한 지지를 받으면서, 강력한 미국을 건설하기 위하여 노력했으나, 공교롭게도 1863년 3월 11일 1차 암살을 모면 당하고 그 뒤 1865년 4월 14일 금요일(金曜日) 오후 2시가 막 지나는 시각에 '워싱턴 극장'에서 관람 중, 배후에서 총탄 사격(銃彈射擊)을 받고 병원에 이송했으나 절명하고 말았다.

　이 당시는 미국이 동북부 쪽만 개발이 되어서, 보수적인 남부 농업지대가 기득권을 가진데 반해서 새롭게 북부 공업자본가들이 '성장의 엔진'이 되어 방대한 노동력을 필요로 하면서 '영국'의 산업자본을 능가하는 발전을 거듭하고 있었기 때문에, 남부 열대농장에서 흑인 노예로 아프리카에서 팔려와 일하고 있는 방대한 노동력을 해방시켜 자유 노동자로 활용할 수밖에 없었다.

　물론 이때의 러닝메이트를 한 부통령은 남부세력을 대변했던, '존슨(Johnson)'이었으며, 곧 바로 대통령직을 승계 하였으나, 그 뒤 남부세력들을 배신했다는 이유로 최초의 탄핵소추에 걸려 한 표 차로 실각을 모면하게 된다. 어쩌면 꼭 100년 뒤 2번째로 '케네디'를 승계한 바로 '존슨 부통령'과 이름도 똑 같을 수가 있는지 귀신밖에는 모를 일이다. 운명의 주기율이라고나 할까.

　이상하게도 꼭 100년만에 똑같이 일어난 '대통령'의 암살(暗殺) 사건은 여러 가지 모든 것이 공교롭게도 동일하게 재현되었다. 암살의 배경, 죽는 날과 추운 계절, 범인의 신장과 나이 및 출신지역, 명중된 총탄의 숫자, 및 엑스트라 배우출신등과 총(銃) 맞은 자리, 승계한 부통령의 이름들이 꼭 빼 박았다. 다만 다른 점이 있다면 100년 전에는 미국 동부의 대서양 쪽에서 북(北)과 남(南)의 위와 아래의 남북(南北)이 대립이었으나, 100년 후에는 미국이 '프런티어'를 따라 서부로 태평양 쪽까지 진출했기 때문에 동(東)과 서(西)의 옆으로의 대립이란 사실에 불과하다. 이들 요인을 상세히 비교, 검토해서 대조해 보기로 한다.

　첫째로, 대통령의 취임 년도가 100년만의 11월로 똑같다는 것이다. '링컨'은 1860년 11월이고, 반면 '케네디'는 1960년 11월이었다.

둘째, 암살된 년도는 거의 비슷하면서도 죽은 년도가 결정적으로 달라서, '링컨'은 1863년 3월 11일에 1차 암살을 모면 하지만 1865년 4월 14일에 등 뒤에서 총탄사격을 받고 곧 사망하였고, 반면 '케네디'는 1963년 11월 23일 달리는 무개차 위에서 등 뒤에 총탄을 맞으며, 이상하게도 다 같이 금요일(金曜日) 오후 2시(時)에 사망하게 된다.

셋째, 암살자의 신원 파악인데, '케네디'를 암살한 '오스왈드'는 남부 독일계의 미국인으로 당시 나이는 27세이고, 신장은 167㎝이며, 직업은 '영화 엑스트라'였다. 그런데 '링컨'을 암살한 '존 부츠'란 범인도 남부 독일계 미국인이었으며, 시골에서 직업은 '연극배우'였고, 100년이란 시대적 배경이 다른 데도 불구하고 범인은 마치 환생한 것처럼 똑같았다.

넷째, 명중된 총탄은 다 같이 뒤에서 맞았는데, '케네디'는 '32 구경' 총탄 4발이 발사되어 그 중 2발이 명중되었고, 한편 '링컨'도 '32 구경' 총탄 5발이 발사되어 그 중 2발이 배후에 명중되어 해괴하게도 어려울 정도로 똑같다.

다섯째, 암살의 배경인데, 먼저 '케네디'의 경우는 미국 동북부의 기득권자(既得權者) 즉 '이스테부리쉬멘트'라는 보수파(保守派)들이 서남부의 새로운 자본가(資本家)들을 대변하고, 동시에 흑인(黑人)의 평등주의에 대해서 반발한 것으로 추정되고 있다.

여기에는 우익(右翼)정치가나 CIA 등 공안기구의 고관들이 치밀하게 개입되어 있는 것으로 보고 있으나 암살 즉시 '오스왈드'

라는 범인을 현장에서 또 다른 범인이 죽여 버렸기 때문에 수사는 영원한 미궁으로 남아 세기의 '미스터리'로 남아 있다.

반면 '링컨'의 경우는 당시 남서부의 보수파(保守派)들의 증오를 받고, 곁들여 '흑인해방'에 따른 피해자들, 예컨대 남서부의 대지주나 자본가들이 혐오했으며, 이로서 동북부의 특히 젊은이들과 여성 유권자들이 열렬히 지지하던 '이상주의자'인 '링컨'은 연임해서 암살되었다.

결국 '케네디'나 '링컨'은 철저한 '이상주의자'(理想主義者)로서 진보적인 정치 이념(理念)을 가진자들 이었기 때문에, 이들을 가장 증오하는 반대파 지역의 재벌들이나 보수파(保守派)들이 조직적이고 계획적으로 암살(暗殺)을 자행한 것으로 판명되었다. 범인도, 암살배후도, 그리고 '32 구경'의 총탄 2발에 의해서 등 뒤를 맞고 곧이어 사망 한 점이 100년을 놓고 반복되었다는 결론이 극적이고 운명적으로 지극히 주목되는 점이다.

'남북 전쟁' 때, 미국 초대 대통령 '조지 워싱턴'의 손녀사위 '리' 남군(南軍) 총사령관의 파멸된 운명(運命)

'링컨'은 통나무집에서 몸을 일으켜 미국의 국운이 융성해 지는 1860년에 대통령으로 당선되어, 북부 공업화의 진보 세력들의 앞에 서서 먼저 '흑인 노예해방'을 시킨 것과 이로 인해서 결국 '남북전쟁'이 일어난 사실은 잘 알려져 있다. 그러나 미국과 같이 신화(神話)가 많은 나라에서 백수건달에서 백만장자가 된 사람, 또는 명문 귀족과 같은 권력과 명예를 가진 지배 권력층에서 하루 새에 죽음의 나락으로 떨어진 사람 등, 여러 가지 재미있는 일화가 운명의 장난처럼 얽혀 있다.

이때 특기할 만한 '운명의 주인공'에 관한 실화(實話) 하나를 소개해 본다면, 당시 '남군'의 총사령관 직에 전쟁 1개월 전에 취임해서 결국 파멸적인 '운명의 기이한 소유자'가 된 유명한 '리 장군'의 이야기를 빼 놓을 수 없을 것이다.

원래 '리 장군'은 미국의 육군사관학교 즉 '웨스트 포인트'를 2등으로 졸업하고 가장 유능한 인물로 평가받아, 당시에 미국의 '독립 전쟁'을 완전한 승리로 이끌고 영웅이 되어, 초대 대통령이 되었던 '조지 워싱턴'의 양아들의 사위 즉 정확히 말한다면 양 외손녀 사위가 되었다. 따라서 '남북 전쟁'이 일어날 때에는 북군(北軍)이나 남군(南軍)이 서로 탐내는 명문가의 정통성을 지닌 유능한 장군으로서 다투어 '총 사령관'을 맡아 달라고 치열하게 졸라대었다. 그는 이미 '조지 워싱턴' 대통령의 후계자답게 명성과 재산과 출세가 보장되어 있는 인물이었다.

'리 장군'은 끝까지 어느 편에도 수락하지 않고, 유보하고 대세를 관망하고 있다가 전쟁 발발 1개월 전에 가서, 드디어 남군들이 우세할 것으로 판단하고 남군(南軍)의 총사령관으로 취임해서 현재도 미국의 수도 '워싱턴 D. C.'의 바로 아래쪽에 위치한 '게티스버그'에 남군의 본부를 차려 놓고 지휘를 시작하였다. 왜냐하면 그 당시 남군에 가담한 지역이나 세력들은 북군 보다는 압도적으로 우세했기 때문이었다.

그러나 '운명의 여신(女神)'은 북군 편의 손을 들어주고 말았으니 순간의 판단 착오로 영원히 '리 장군'은 나락에 떨어지고 말앉다. 전쟁이 개시되자마자 제일 먼저 '게티스버그'가 북군의 손에 함락되었고 이때 '링컨 대통령'은 유명한 '연설(演說) - 자유 아니면 죽엄을 달라'라고 역사에 남는 연설을 행한바 있다.

'리 장군'은 전쟁이 끝나자 포로로 잡혀서 전범(戰犯)으로 재판을 받고 '사형 선고'를 받게 되었다. 간신히 목숨만은 특별히 사면(赦免) 받게 되어 살아남았어도, 죽은 목숨과 다름없이 모든 재산과 명예와 앞날의 보장된 출세가 물거품이 되는 운명으로 전락되고 말았다. 생(生)과 사(死)가 천국에서 지옥으로 떨어졌다.

'알링턴 묘지'하면 세계 각국 사람들도 모르는 이가 없는 곳이다. 미국의 국립묘지로 수도 '워싱턴 D. C.'에 넓게 자리 잡고 있으며, 언제나 개방된 관광 코-스 이다. 그러나 바로 그곳이 원래는 '리 장군'이 자기의 처 할아버지인 "조지 워싱턴 미국 초대 대통령"의 별장으로 물려받은 소유지로서 저택이 있었던 장소란 사실을 아는 이도 그리 많지는 않을 것 같다. 지금은 맨 앞에" 암살된 "존 F. 케네디"의 묘지가 있고, 그 옆 자리에 왼쪽으로 케네디의 동생 "로버트 케네디"의 묘소가 나란히 놓여 있다.

이곳에는 지금도 국립묘지 한가운데에 바로 유명한 '존·F. 케네디' 대통령이 묻혀 있고 그 옆에는 그의 부인이면서도 개가한 '케네디· 오나시스 · 잭크린'의 묘비가 나란히 있으며, 왼쪽으로 한 50여 미터쯤 떨어 져서 동생으로 법무장관을 지내고 대통령 후보로 '뉴욕'과 '캘리포니아'의 선거인단을 석권한 직후 암살된 '로버트 케네디'가 묻혀 있어 인생의 무상함을 더해 주고 있다. '알링턴 국립 묘지'는 원래 '조지 워싱턴' 미국의 초대 대통령이 공로로 받은 도심에 있는 광대한 소유지이었다. 그가 죽은 뒤 양아들이 상속했다가 그의 외동딸한테 상속되어 결국 결혼한 '리 장군'의 소유지가 되었다. 그는 그곳에 지금도 우람한 석조 건물로 꼭대기에 지어진 저택이 있는데 '리 장군'도 그곳에서 살았었다. 그러나 남북전쟁에 패한 뒤 이들 광대한 토지와 거대한 건물은 국고에 귀속되어 버린 것이다.

'운명'을 바꾸어서, 만일 남북전쟁 때 '리 장군'이 북군의 총사령관 직을 수락했다면 어떻게 되었을까. 그는 틀림없이 '조지 워싱턴' 대통령처럼, '링컨'의 재임 때 부통령이 되었다면, 승계한 대통령이 되었을 것이고, 아니더라도 제18대 대통령은 받아 놓은 밥상이었다. '운명'의 갈림길은 순간에 천당과 지옥을 넘나드나 보다. 그래서 성경에도 '하나님은 한 손을 내밀면 다른 한 손을 거두어 간다'라는 경구가 있다.

'바람과 함께 살아지다'란 유명한 작품이 바로 미국의 남북전쟁때 남군들의 본거지에 해당되는 '조지아' 주의 '아틀랜틱'에서 일어난 사랑과 낭만과 강인한 남부 지주의 딸, '스칼렛 오하라'를 등장시켜 미국적인 인간상과 낭만과 과거 흑인 노예를 사용하여 엄청난 열대산 농장을 토대로 자본축적을 했던 인류학적 발자취를 보여준 것도 특징이다. 지금은 아름다운 추억처럼 영상문화를 독점하는 주제작품으로 알려져 있지만 '남북전쟁' 이전의 미국 남부는 참으로 지배층들의 자유와 낭만이 서민(庶民) '스타일'로 풍요로웠던 곳이었다.

미국의 100년 국운(國運)
― 동북부 정권에서 서남부 정권으로 옮겨가다

미국은 1776년에 독립전쟁을 성공리에 끝맺고, 자유와 저의가 넘치는 신세계[新世界-드보르작은 '헝가리'에서 이민 와서 유명한 작곡을 남겼다]를 열었다. 그후 남북전쟁은 1880년에 일어났고 북군의 승리로 '남군공화국'은 흡수되고 동북부 미국은 이미 세계 최대 부강국으로 발돋움하게 된다. 1900년에 들어서면 영국이나 신생 독일을 제키고 세계에서 가장 경제력(經濟力)이 높은 국가로 등장되는 때문이다.

이미 남북전쟁이 끝나고 '링컨 대통령'이 암살당한 1865년 이후에는 서부로 가는 금광 '러시'가 일어나서 물밀듯이 서부 개척이 일어나고, 이때 미국의 서남부는 완전히 미국 영토로 확정된다. 물론 이미 '스페인'이 점령하고 있었던 광대한 태평양 연안의 땅덩어리임으로 지금의 '텍사스'나 '뉴-멕시코'와 '아리조나'를 비롯하여 '네바다' 및 '캘리포니아'는 '미·서전쟁(미국과 스페인)'을 통해서 무력으로 미국이 점령한 것이다.

1860년대에 '링컨 대통령'의 당선과 암살에 의해서 여기서 말하고 있는 '동북부 정권'이 강력한 미국을 만들었다면, 바로 똑같은 운명으로 1960년대에 '케네디 대통령'의 당선과 암살에 의해서 '서남부 정권'이 33년간 장악되어 미국을 세계의 경찰국가 즉 '글로발이즘'과 '팍스-아메리카나'[옛날 팍스-로마나 및 제2차대전 전의 팍스-브리타니카 등과 같이 세계의 중심은 '팍스' 즉 미국중심 으로라는 뜻임]의 초강대국으로 발돋움시켰다.

1960년 이전까지만 해도 미국은 이른바 동북부를 중심으로 주도권이 행사되어 왔음으로, '동부 이스테부리쉬멘트'라는 기득권자 계급이 정권을 장악하고 있었다. 예컨대 세계적 재벌(財閥)인 석유 독점체 '록펠러'와 철강 독점체 '몰간'을 비롯하여 화학 독점체인 '듀-퐁'들이 바로 3대 독점재벌 들이었다. 이들은 정권도 마음대로 움직여서, 예컨대 '루즈벨트-트루만'정권은 '몰간과 듀-퐁'

의 합작으로 창출된 정부이며, 이에 반격을 가하여 '아이젠하워' 정권은 '록펠러' 재벌이 사상 최대의 정치자금을 풀어서 세운 정부이었다.

원래 16세기 상업(商業)자본주의가 전세계를 시장으로 원시적 자본축적을 이룰 때 궁극적인 신천지는 물론 미국이었고, 이들 광대한 농업자본을 경영하기 위해서는 '흑인노예'가 필수적인 노동력이 되었다. 그러나 이미 북부는 대서양 건너 멀리 떨어진 영국을 제키고 공업 필수품을 대량 생산하는 '성장의 엔진'으로 자리 잡았으니 미국에서 이해관계가 다른 북과 남의 충돌은 필연적일 수밖에 없었다.

당시 최대의 무역품은 '흑인 노예 무역'이었다. 유럽 중심의 무역이 중세의 '실크-로드'에서 신대륙 미국이 발견되고 급속히 개척되면서, 무역품은 '흑인 노예'가 되었다. 영국은 수공업 제품으로 만든 '홈스팬' 모직옷감이나 자명종 시계를 위시로 총(銃)과 무기류 등을 대량 가지고 아프리카 상아해안 지금의 '세네카' 등 흑인(黑人)들이 벌거벗고 자연과 더불어 사는 광대한 지역을 무역한 답시고 들어간다.

추장을 만나서 신기한 '메뉴훽춰(공장제수공업)' 제품들을 보여주면서 돈이 없을 터이니 그 대신 '흑인노예'를 대가로 팔라고 흥정한다. 추장은 신이 나서 산 위로 데려가 그가 보이는 전 지역을 가리키며 잡아가라고 정해 준다. 바닷가에는 커다란 선박을 육지와 연결해 놓고 멀리서부터 탕, 탕 총을 쏘면서 '흑인'들을 몰면 노라서 뛰어 달아나다가 끝내 뱃속으로 몰려 들어간다.

이들을 수송한 뱃속은 아무 것도 없는 짐승 우리만도 못하다. 여기서 식빵이나 주고 오랜 몇 달 동안의 항해를 거쳐서 신대륙 미국으로 데려가 수천 배의 값으로 노예시장(奴隷市場)에서 쇠줄로 묶인 채 경매된다. 운송 도중 부지기수가 죽어 가고, 병들고, 노쇠하지만 아랑곳없다. 통계에 의하면, 1500년대부터 약 300년 동안에 팔려 간 '흑인 노예'는 무려 5,000만 명에 달하며 그 중에는 작품으로 유명한 '군타킨테' 가족들도 섞여 미국으로 팔려 갔다.

흑인노예 들의 노동에 의해서 경작된 목화는 처음에는 원면 솜으로 영국의 섬유공업지대인 '버어밍험'이나, '랭카셔'의 공장으로 팔려 가 거기에서 직물로 짜여 비싼 값으로 다시 미국으로 건너와서 노예들의 의복으로 팔아먹으니, 결국 영국과 아프리카와 미국을 연결한 '흑인노예 상품'의 "대3각 무역"에 의해서 자본주의는 엄청난 자본축적이 가능하게 되었고, 그 뒤 산업자본으로 중화학공업으로 바뀐 뒤에는 영국보다 독일이나 미국이 더 앞서게 되었다.

다시 이야기는 미국의 '서남부 정권'으로 돌아 와서, 어찌하여 '동북부 정권'이 옮겨와서 이른바, "팍스-아메리카나"를 만들고, 제2차 세계대전 이후 전세계의 부(富)와 재력과 상공업 및 학술, 과학, 문화, 군사 정치를 총 집결시킬 수 있었겠는가 하는 의문 해석이다.

일찍이 미국이 영국의 식민지 시절에 영국의 범죄자들만 최초로 미국에 이주 시켰을 때, 미국을 다스리기 위해서 소수의 귀족들이 예컨대 1년에 '인디안 화살촉 몇 개' 또는 '사슴가죽 몇 장'이나 '황금 몇백량'을 영국 왕실에 바친다든지 하는 조공 형식으로 대서양 연안 남·북 각주가 독자적인 통치를 시작하였다.

그 뒤 영국에서 신천지로 자유를 찾아 나선 '퓨리탄(淸敎徒)'들이 '휠그림 화더스(巡禮 神父)'라고 하여 유명한 '메이 훌라우어'호란 배를 타고 항해 끝에 미국의 '보스턴' 지금의 항구에 닻을 내린 것이 최초에 미국을 창출한 정신으로 기록되고 있을 정도이다.

1776년 프랑스에서 터진 '대혁명(1789)' 보다도 13년 앞서서 '미국의 독립'이 선포되었고, 이때부터 자유와 개척정신이 넘치는 백인들의 '인디안' 사냥이 시작되면서 강탈과 학살이 자행되는 가운데 서쪽으로의 '후론티어(경계선을 넓힌다는 뜻)'는 태평양에 도달 될 때까지 계속 되었다. 즉 미국의 독립후 자본축적은 기껏해야 '인디언'들 잡아죽이고 자원과 영토를 강탈해서 고도 경제성장을 누린 것이다.

1945년 해방될 때까지만 해도 동북부 중심의 세계 재벌들은 앞서 지적한 바처럼, '록휄러'나 '몰간' 및 '듀-퐁' 들을 위시로 미국과 전세계 정치를 요리하면서 기득권을 매머드로 키워 나아갔다. '브래튼 웆즈' 체제(體制)라면 미국 중심으로 세계정책을 펴면서 약 15년 동안 경제력을 독점하였다. 지금은 다국적 전세계를 강대한 미국의 손아귀에 틀어쥐고 있으나, 불과 1% 재벌이 미국과 전세계를 지배하고 있어서 이들 엄청난 격차는 환난이 될 것이다.

그 동안 재고 군수품을 처리하기 위해서, 허약한 '소련'을 적대세력권으로 상정해 놓고 냉전을 벌린뒤, 국지전쟁으로 1950(庚寅)년에는 드디어 '한국전쟁-Korean War)'이 터진다. 그러나 계속 "공황(恐慌) 위기에 몰리는 미국의 과잉생산 경제력은 뒤를 이어 국지전쟁으로 가장 마지막이며 최고의 전쟁비용을 들인 '베트남 전쟁'이 터져서 겨우 경기를 유지 하는 듯 싶었으나, 그래도 '과잉 자본'들은 다국적 기업으로 미국을 배신하고 해외로 떠났다.

분기점은 바로 1960(庚子)년으로, 이때 혜성 같이 나타난 대통령이 '케네디'인데, 실은 기우는 미국의 변화를 조화시키기 위해서 부통령으로 멀리 서남부를 대표하는 '텍사스' 교육대학 출신의 '존슨 부통령'을 미국 정치 사상 처음으로 맞아 들이게 되며, 이 때 부터 운명적으로 '서남부 정권'이 탄생 될수 밖에 없었다.

1963(癸卯)년에 '존슨'이 암살 된 '케네디'를 이어 대통령이 된 뒤를 이어 '닉슨', '포드', 그리고 한대를 동부정권으로 띤 다음에 다시 '레이건' 및 '부시'로 이어졌다. 무려 33년 동안 '캘리포니아'와 '텍사스'를 주축으로 삼는 '마피아'들이 동부의 3대 재벌들과 대결해서 서부에 새로 막강하게 첨단 신소재 산업을 중심으로 거대한 농업과 영상산업에 이르기까지 동부를 능가하는 자본축적이 이른바 '메런 재벌'을 중심으로 형성되었다.

인구도 동부를 능가하는 당시 8천만 명으로 대립했고, 과거 서부의 쌍놈, 즉 '양키 따라지'라고 업신여기며 놀려대던 동부 '이스테부리쉬멘트'들은 세계의 석유자원과 국제기업을 장악하고 대외정책을 주도하는 '서남부 정권'을 당해 낼 수 없었다.

물론 여기에는 극동에서 주요한 미국의 이권이 개입된 '한국'과 '일본'을 동시에 장악하고 방대한 군사력, 즉 미국 태평양 함대를 비롯한 주한 미8군 등이 차지하고 있음은 말할 나위도 없다. 또한 중동지역의 '쿠웨이트'나 '바레인'등 유전 밭이 많고, 한편 국내에는 항공기 산업과 군수산업이 많다.

이로서 1961년에 '대한민국(大韓民國)'에서는 박정희 육군소장이 지휘하는 '군사 쿠데타'가 성공을 거두고, 미국식 최신 군사경영을 교육받고, 미국식 장비로 무장하고, 미국의 경제 및 군사원조로 겨우 생계를 유지하던 그나마 반조각의 '한국 정권'은 미국 없이는 도저히 존립이 불가능 한 국가요, 정부이었다. 여기에 미국의 핵우산을 쓰고 겨우 군대 없는 평화헌법으로 자유무역을 통한 돈벌이에 신들린 '일본(日本)'은 더구나 미국의 보호 없이는 국가 존립이 불가능했다.

일본 국운(國運)의 신비도 꼭 100년만에 되풀이되었다

일본은 1860년 '도쿠가와 막부(德川幕府)'의 대노(大老-우리 나라의 영의정과 같음)인 당시 46세의 '이이 나오쓰게'(井伊直弼) 라는 '다이묘'(大名-막강한 봉건영주)가 현 궁성앞 '사쿠라다몬 (櫻田門)'에서 당시 18세의 소년 검객(사무라이)에게 조그마한 손 칼, '아이구찌'에 찔려 암살된 후 '도쿠가와 막부' 정권은 바로 멸 망하고, 곧 이어 1868년에 '명치유신'으로 천황당이 '대일본제 국'(大日本帝國)을 건설하여 유색 인종으로는 유일하게 선진국이 되었다.

이때 범인은 현 규슈(九州) 남부에서 천황당의 본거지로 지금도 일본의 정치 지도자 인맥을 배출하고 있는 '사쓰마(薩摩)'의 '사무 라이' 즉 '한시(藩士-劍客)'로서, 이름은 '아리무라 치자에몬(有村 治左衛門)'인바, '도쿠가와 막부 정권'을 넘어뜨리기 위해서 암살 을 자행하였으며, 그 때가 1860(庚申)년 음력 3월 3일 이었다.

꼭 100년 뒤인 1960년(庚子) 즉 '쇼와(昭和)17년'에, 한창 좌익(左翼)이 극성을 떠는 가운데 바로 현 궁성앞 '사쿠라다에몬' 이 지척에 위치한 근처 '히비야'(日比谷) 공회당에서 당시 61세인 일본 '사회당'의 당수(黨首)인 당시 61세의 '아사누마 이누지로오 (淺沼稻次郎)'씨가 수십만의 청중을 모여 놓고 '미일안보조약'을 반대하고 재벌과 보수당이 만들고 있는 '신 파시즘'과의 전쟁을 선포하겠다고 열변을 토하고 있었다.

그런데 강연 도중에 당시 우익(右翼) '테러리스트'인 17세의 소년, '야마구지 오도야(山口二失)'에게 똑같이 단상(壇上)에서 마치 100년 전 '도쿠가와막부 정권'의 제15대 장군의 영의정인 '이이 나오쓰게'가 18세의 소년 검객에게 '아이구찌' 칼에 찔려 암살된 것처럼, 똑같이 '아이구찌'에 찔려 암살 당한 사건이 발생한 것이다. 이때 범인도 스스로 칼에 찔러 그 자리에서 자결하였다.

일본(日本)에서는 이 사건이 발생 한 후, 당시 신문에서 '제2의 명치유신(明治維新)'이라고 떠들 정도로 시대적인 상황변화를 염려하였었다, 결국 1960년대 이후 천황제(天皇制)를 앞세워 우익(右翼)으로 급선회하기에 이르고, 고도성장과 재벌지배 및 재군비의 압력이 급속히 증대되면서 세계 제1의 경제 대국으로 등장되었다.

그때나 지금이나 100년 기간에 정변이 일어나게 된 암살의 동기 및 배후 세력의 의도는 똑같은 목적을 띈 음모로 부터 발상 되고 있다. 100년의 긴 세월이 지났는데도 변함없이 똑같은 일본의 수구, 보수적인 시대 상황의 재현은 결과적으로 똑같은 암살을 저지르게 되었으니 이것을 단순한 '운명의 우연일치'라고 말해야 좋을지 전혀 알 수 없는 일이다.

즉 1860년에는 천황을 허수아비로 만들고 있었던 '막부 정권'을 타도하고 이른바 영국과 같은 '입헌군주제'(入憲君主制)를 확립해서 근대화를 이루겠다는 뜻이었다면, 1960년에 일어난 암살 사건은, 당시 전국적으로 특히 지식인들에게 만연된 사회주의 국가 수립에 반대해서 우파(右派)적으로 천황을 앞세운 자유민주주의 국가를 계속 유지해 보겠다는 취지로 보인다.

왜냐하면 당시 일본은 소련이나 중공 및 북조선 등 공산주의 국가의 영향을 받아서, 좌익(左翼)들이 최고로 극성을 부리던 시절이었다. 이때 미국에 대한 '안보투쟁(安保鬪爭)' 즉 '미·일 안전보장조약'을 반대하는 운동이 최고조에 달하는 가운데 사회주의 국가건설의 혁명적 목적이 담겨져 있었다고 생각된다. 이들 2가지 사건은 다같이 보수파(保守派)들의 '일본 우익화'를 노린 방향 전환이었다고 말할 수 있을 것이다.

'일본'의 '국운'이 지닌 특성은 100년 전이나 오늘이나 똑같이 전화위복이 되어 항상 결과는 행운(幸運)을 얻었다는 사실이다. 적어도 지금부터 400여 년 전에 '일본'의 해상(海上) 무역활동으로 얻어진 해상세력들은 과거 '조선'에서 건너간 2천여 년의 지배세력을 청산하고, 순수한 '사무라이' 계급을 중심으로 한 대소 수많은 봉건 영주 즉 '한주(藩主)'들이 '다이묘(大名)'이라고 부르며 일본정치를 분할 통치하기 시작하였다.

특히 처음 영웅으로 등장한 '오다 노부나가'나 그 뒤를 이어 "임진왜란"을 일으킨 '도요도미 히데요시(豊臣秀吉)' 등이 전국시대를 처음 통일하게 되었고, '조선 원정'의 실패로 패망한 '일본'을 다시 일으킨 시조가 유명한 '도쿠가와 이에야스(德川家康)'이 아니었던가. 이로서 종래의 '천황(天皇)'은 허수아비가 되고, '도꾸가와 막후부(德川幕府)'가 정권을 독점하고, 장군(將軍)이란 이름 하에 약 2백50여 년 간 '사무라이' 이념으로 통치하기에 이른다.

'도꾸가와(德川)'는 조그마한 영주(領主)에 불과한 '오가사키'라는 지금의 '나고야'와 '오오사카'의 새중간에 있는 가문에서 외롭게 태어나 전국시대에 갖은 생명의 위협을 넘기면서 모질게도 세력을 유지하면서 남아 있었다. 그러나 '조선정벌-임진왜란'

을 앞두고, '히데요시'는 '도꾸가와'를 제거시키기 위하여 멀리 관동(關東)지방, 지금의 동경(東京)인 '에도(江戶)'를 맡으라고 명령하였다.

이 때 눈치 빠른 '도쿠가와'는 살기 위해서 즉시 "받겠습니다-이다다끼마쓰"라고 대답하고는 곧 '관8주(關八州)'를 통치하기 위하여 '에도(동경)'으로 떠나갔다. '도꾸가와'는 이를 핑계삼아서 건설에 바쁘다고 '조선 원정'에 불참했기 때문에 뒷날 축적된 자기 군사력으로 '히데요시'세력을 꺾고 '왕조'를 이루게 된다.

운명의 여신은 이렇게 해서 '도쿠가와'의 생명을 보존시키고, '간토(關東) 지방'을 중심으로 한 자기 세력을 키우면서, 뒷날 후계자로서 '막부 정권'을 창출해서 '쇼군(將軍)'이라고 칭하는 하나의 막강한 '일본식 왕조(王朝)'를 건설하는 동시에 만년 정권을 오랫동안 이어 갈 수 있었다.

1860(庚申)년에 앞에서도 설명한 것처럼 '도쿠가와'막부정권은 드디어 운명(運命)이 다해서 말기 증상을 나타내기 시작하였다. 주변에 수많은 '도쿠가와' 봉건영주들이 세력을 떨치면서 전체 일본을 지배하고 있었으나, 인물도 빈곤하고 조직도 쇠퇴하여 새로운 구미열강(歐美列强)들의 침략에 속수무책이었으며, '관서(關西)지방'에 있는 옛 '천황당(天皇黨)'세력들이 '막부 타도'를 외치며 대결하기에 이르렀다.

운명의 갈림길은 구미의 외세(外勢), 즉 당시 '프랑스식 대통령제(大統領制)'이냐, 아니면 '영국식 입헌군주제(立憲君主制)'이냐의 근대화를 둘러싼 노선(路線) 대립이었다. 당시는 이미 오랫동안 '도쿠가와 막부'정권이 강력하게 살아 있었고, 천황(天皇)의 존재는 일찍이 허수아비인지라 결코 '천황제'의 폐지만으로도 '장군

(將軍)'은 '대통령'이나 다름없이 되어 있었다.

또한 '대통령제'를 뒤미는 프랑스는 '나폴레옹 3세'가 막강한 권력을 쥐고 유럽에서도 강대국으로서 영국 다음의 실세로 군림하고 있었다. 이에 비해 '입헌군주제'는 우선 '일본' 내부에서 '천황'의 존재가 미미했을 뿐만 아니라 막강한 실세인 '도쿠가와'의 눈치를 살펴야만 했고, 이를 미는 '영국'은 전 세계에 너무 많은 국력을 펼쳐 놓고 있었기 때문에 '일본'에만 집중할 수 없었으며, 다만 '러시아'의 동진(東進) 정책을 막기 위해서 '일본'을 자기편에 끌어 놓기 위해서 '영국식'을 소극적으로 선전하는데 불과하였다.

누가 보아도 1860년대의 일본의 상황으로 보아서는 '영국'이 은근히 뒤미는 '입헌군주제'는 어려운 것처럼 보였다. 그런데 바로 '국운'의 대 변동이 일어날 줄이야 어찌 짐작이나 할 수 있었을까. '도쿠가와 왕조(王朝)'가 근대국가의 합법정부(合法政府)로 개편하려는 바로 그와 같은 시기에 '천황 세력'이 크게 정세를 역전시키고, 집권(執權)'할 수 있는 절호의 기회가 운명적으로 나타난 것이다.

1871(辛未)년, 유럽에서 '프랑스 제국'과 '프로이센(독일) 공국'과의 사이에 이른바 '보·불 전쟁'또는 '독불 전쟁'이 벌어졌는데 이 전쟁에서 일개 공작(公爵)이 다스리는 '프로이센'이 대국 '프랑스'를 이기고, 승리를 거두어 '나폴레옹 3세'가 납치당하는 치욕을 맛보게 되었으며, 반면 '도이취란트'란 왕국이 탄생되기에 이른 것이다.

결국, '일본'에서는 '도쿠가와 왕조'가 불행하게도 '프랑스'의 지지를 잃게 되었고, 반면 '천황 당'들과 이를 미는 '영국

세력'은 완전히 전세를 역전 시킬 수 있게 되었다는 사실이다. 이로서 이미 1868년에 '명치유신'을 선언했던 '천황 당'들은 파죽지세로 '에도(江戶-지금의 東京)'에 있는 궁성(宮城)을 무혈로 접수하고 완전히 '천황제 입헌군주제'를 국체로 선포함과 동시에 '도쿠가와'는 완전히 침몰하고 말게 된다.

이로서 검토해 볼 때, '일본'은 분명히 '국운'이 상승세를 타고 유리하게 작용 한 것이 사실이다. 원래 동양적인 전제군주제의 속성에 젖어 있었던 '일본'이, 비록 서구식의 봉건제도가 가장 많이 실시되고 있었다고 하더라도 '대통령제'를 일거에 도입하기는 곤란할 것이 뻔하였다. 결국 영국식 입헌군주제가 중앙집권적으로 일본에 확립되기에 이른다

더구나 일찍이 '영국'의 침략을 받고, 위력을 높이 존경하고 있었던 '천황당 세력'의 본거지인 구주 남단의 '사쓰마'나 '세도나이가이'해협의 입구에 있는 '야마구찌'등에서는 '도쿠가와 막부(정권)'를 빈껍데기만 남은 구체제로 인식하고 있는 터였으며, 또한 '영국'의 지원을 받아서 강력한 근대식 장비를 갖춘 군대를 보유하고 있었기 때문이었다.

결국 강력한 근대식 전제군주로서 '메이지 덴노(明治天皇)'의 출현은 세계에서 가장 선진국에 속했던 '영국'을 그대로 모방해서 일거에 모든 문물과 제도를 정비하고, 그 뒤 바로 인접한 '조선'을 병탄하기 위하여, 이른바 '정한론(征韓論)'을 들고 나오게 된다.

1876(丙子)년에 '일본'은 강화도(江華島)에 쳐들어와서 문호개방(門戶開放)을 강요함으로서, '조선'은 치욕적인 '병자수호조약'(丙子修好條約)을 맺을 수밖에 없게 되었고, '부산과 인천과 원산' 등 3대 항구를 개항하게 되었다. 이로서 외세(外勢)에 의한

본격적인 침략은 결국 식민지(植民地)로 전락하는 전초를 이루게 되었다.

참고로 서구의 흉내를 낸 '일본'이 기범선(汽帆船)에 속하는 군함 3척을 끌고 와서 조선을 제압해 버렸다. 자기네들이 1853년에 미국의 '흑선(黑船) 5척 중 양옆 2척은 범선(帆船) 이었고 가운데 3척만 기선(汽船)이었던 바, 그때 미국에게 당한 것과 똑같은 짓을 해 온 것이다. '조선'을 강요하여 맺은 '강화수교조약(江華修交條約)'의 중요한 내용을 살펴보면 다음과 같이 치욕적인 것들이다.

제1조에는 '조선이 자주의 나라'라고 해서 청국(淸國)과의 속방 관계를 부정하고 있고, 제4조에서 제9조 까지는 '일본이 마음대로 조선에서 항구를 이용하고 상행위를 하는 것'으로 되어 있어 치욕적이며, 제10조는 아예 '일본의 배타적인 영사재판권'을, 제11조에는 '일본 상품에 대한 무관세'를 그리고 제 12조에는 '조선의 모든 항구에서 일본의 화폐를 통용할 수 있는 것'으로 규정하고 있다.

앞에서도 지적해 온 바이지만, 조선과 일본은 1860년대를 전후로 한 시기에는 일본이 먼저 미국을 비롯한 영국이나 프랑스 함대에게 제압 당했지만 오히려 이를 계기로 크게 자각하고 열강국들을 올바로 파악하여 흉내까지 내는 전화위복의 역전승이 된 운세(運勢) 이었다는 사실이다. 이에 반해서, '조선'은 '병인양요'나 그 후 '신미양요' 때에 프랑스와 미국 군함을 백두산 포수군대 약 800명을 동원해서 겨우 부싯돌로 쳐서 날 좋은날 한발 쏘아 호랑이를 사냥하는 '화승총'을 가지고 물리쳤으니 얼마나 운수(運數)가 사나운 꼴이 되었는가.

그때 완전히 졌거나 아니면 비(雨)라도 왔던들 당연히 '화승총'은 기능 발휘를 할 수 없었을 것이고, 전혀 사태는 패배해서 굴복함으로서 '일본'처럼 주제 파악을 새롭게 하고, 각성하는 계기가 되었을 것이 아니겠는가 하는 아쉬움이다. 이 때문에 '국운(國運)'이나 시운(時運) 또는 개인운(個人運)에 관해서는 결과를 알 수 없다는 결론이 된다.

'히틀러'가 반복한 나폴레옹의 패망 운명 -모스크바 진격

　물론 이 같은 오묘한 '국가운명'의 반복은 '개인운'은 말할 나위도 없으려니와 '국운'에 있어서도 똑같이 때로는 뻔히 알면서도 어쩔 수 없이 그야말로 숙명적으로 비극적인 종말을 막을 수 없이 파멸된 일이 허다하게 많다는 사실을 또 한 가지 사례를 들어 이곳에서 지적하지 않을 수 없다.

　예컨대 '나치스 독일'을 일으켜 천하무적의 기동타격대로 온통 유럽 천지를 석권하던 '아돌프 히틀러(Adolf Hitller)'도 과거 영웅 '나폴레옹(Napoleon)'이 대참패를 당하고 몰락했던 '러시아'의 '모스크바' 공략을 상세히 연구해서 패망의 전철을 밟지 않으려고 '우크라이나 곡창지대'부터 세계무적의 기계화 부대로 짓밟고 '석유 에너지'와 '식량'을 확보해 놓았다.

　겨울이 오기 전에 여름과 가을철까지에는 '모스크바' 함락을 끝마치겠다고 60만의 최신예 기계화 대군을 몰아 전격적으로 또다시 '러시아'에 파죽지세로 진격했지만, 결과는 마찬가지로 생각지도 못한 영하 50도의 혹한이 닥친 엄동설한에 동장군을 만나 꼼짝 없이 괴멸 당하고 말았으니 이 무슨 '귀신이 곡할 일'인가. 이같이 반복되는 숙명적인 현상을 아무도 딱 부러지게 설명할 길은 없다.

'나폴레옹'은 1804년 35세로서 일약 황제(皇帝)가 된 영웅이다. 그는 원래 가난한 포병 하급 장교 출신이며, 고향은 항상 이태리와 프랑스가 국경 다툼을 계속해서 줄곧 국적이 왔다 갔다 바뀌는 '코르시카' 섬에서 변호사의 아들로 출생한 인물이다.

그러나 영국'만을 제외하고는 전체 유럽을 석권한 '나폴레옹'은 '아프리카'에 까지 원정해서 그때 유명한 '로젯타 석(石)'이란 고대 이집트'의 귀중한 상형문자(象形文字)를 발견해서 문화 발전에 크게 기여한다. 한때 민족주의를 고취해서 특히 통일을 염원하고 있었던 당시 독일'에 진주했을 때에는 감격한 '베토벤'이 '영웅'이란 교향곡을 작곡하기도 했다.

'히틀러'도 역시 1934년 45세로서 총통(總統)이 되고 제2차 세계대전을 일으킨 광신적인 인물이었다. 그는 1차대전 때 사병(士兵)으로 참전해서 부상당한 경력 이외에는, 학력도 경력도 가정도 재산도 아무것도 없는 한낱 미술(美術) 지망생에 불과한 날건달이였으며, 고향도 불분명해서 항상 독일과 오스트리아가 국경을 다투는 '뮨-헨' 부근에서 하잘것없이 출생하였다.

그 당시 독점자본주의가 공황으로 최고위기에 몰린 시절 전쟁에 참패한 독일의 보수세력 '융-커'층들이 '히틀러'를 앞세워서 막대한 전쟁배상금을 내지 않기 위해서, 천정부지의 '인플레이션'을 만들고, 세계에서 사회민주주의(社會民主主義)가 가장 발달된 독일을 '파시즘' 광신(狂信) 국가로 만들면서 결국은 '유태인'들을 600만 명 학살하고 빼앗은 600억 달러로 제2차 세계대전을 치른다.

그러나 이들 2사람은 다 같이 군사 작전의 천재들이었을 뿐만 아니라 민중들을 광신도로 만드는 웅변가(雄辯家)로서 군부대나 대중들을 휘어잡고 자기의 지지세력으로 활용하였다. 이들은 다같이 문화적으로도 낭만주의 정치를 지향해서, 전체주의 음악(바그너)이나, 초인(超人) 철학(니체)을 위시로 '피는 물보다 짙다'라는 이른바 '제3제국의 신화'를 창출한다. 그리고는 후진국인 '이태리'나 천황제 전제국가인 '일본'과 더불어 '3국 동맹'을 맺고 깡패 식의 패권주의로 추축국(樞軸國)을 만들어 한 세대를 괴물처럼 괴롭혔다.

두 사람은 똑같이 신장 166 cm의 적은 체구를 가졌었고, 항상 신경질적인 위병(胃病)을 유전으로 물려받아 지니고 있었으며, 밤낮을 가리지 않는 천재적인 괴상한 성격에다가, 독선적인 자기 아집에 철저했고, 여성 관계가 변태적일 정도로 평탄치 않았으며, 죽을 때에도 똑같이 55세의 아까운 나이에 살아졌고, 집권한 뒤 가장 소망이 있었다면 못다 이룬 바로 '영국의 정복'이었다.

두 사람은 똑같이 60만의 대군을 총동원했으나, 지독한 추위 속의 동장군(冬將軍)을 만나서 '모스크바' 진격의 참패로 몰락의 길을 걷게 되는 공통된 운명(運命)의 소유자가 된다. 더구나 공통적인 함정에 빠진 사실은, 소련군은 항상 오합지졸의 빨치산 비슷한 200만 명의 군대가 동원되었다는 사실이고, 두 사람은 똑같이 60만 최 정예군이었으나 번번이 다른 해보다도 더욱 추운 섭씨 영하 50도의 한파(寒波) 앞에 무릎을 꿇었다는 사실이다.

특히 130년 후에 거사한 '히틀러'는 앞에서 한번 실패한 경력을 가진 '나폴레옹'을 상세히 연구, 검토해서 절대로 참패한 전처를 밟지 않겠다고 몇 번이고 다짐해서, 새로운 근대적이고도 과학적인 군사전략을 가지고, 최 정예 기동부대를 투입했으나 영하 50도의 한파 앞에는 무용지물이 되어, 결국 그렇게도 성공(成功)을 치밀하게 계산했음에도 불구하고 괴상하게도 동업중생(同業衆生)의 운명을 면치 못하고 국가운명(國家運命)도 망치고 말았다.

한국, 미국, 일본 등 3국의 100여 년 동안 국운성쇄(國運盛衰)의 색다른 주기율(週期律)

이상에서 살펴 본 바와도 같이, '한국, 미국, 일본' 등 3국에서 각기 다른 신비한 국가운명적 사건들이 100여 년 동안에 일어난 뒤를 이어, 무수한 희비가 교차되면서 '국운'의 영욕이 점철되기에 이르렀다, 도대체 100년 전의 역사적 출발점과 현대 오늘에 회귀되어진 결과를 놓고 볼 때, 어떻게 이 같은 오묘한 역사의 흐름이 극적으로 전개될 수 있었겠는가.

그리고 무엇으로 이 같은 '운명의 희롱'이랄까 주기적 국운의 반복을 설명해 볼 수 있단 말인가. '후천개벽'이 임박해 있는 '한반도의 국운'을 중심으로 3국의 운명을 동시에 음미해 보면서 필자 나름의 해석을 점쳐 보고 싶은 생각이 다음과 같은 이 글을 쓰게 된 동기가 되고 있다고 말 할 수 있겠다.

때를 같이하여 100여 년의 한 세기를 살아 온, 우리와 가장 관계가 깊은 '미국'이나 '일본'의 '국운'은 어찌하여 고통스런 과거를 되씹고 싶지 않는 조선의 불행과는 전혀 다른 차원에서 처음부터 행운을 앉고 출발했거나 아니면 패배로부터 전화위복의 선진국으로 발돋움하게 된 것인가. 반면 '조선'은 오히려 뒤집혀져도 코가 깨지는 망국의 설움과 악운(惡運)의 악순환을 떨쳐 버릴 수가 없었더란 말인가.

'미국'은 원래 신세계를 창조하려는 융성한 국운이 충만하여 처음부터 자유, 평등, 박애의 정신을 지니고 이 나라를 찾아온 전세계의 온갖 인종들에 의해서 건설되었고, 1876년에 독립된 이래로 줄곧 자유와 번영의 선진국으로 축복된 나라 발전을 거듭할 수 있었지만 실은 인디언을 학살하는 '프론티어'에 의해서 거대한 '합중국'은 탄생될 수 있었지 않았겠는가.

반면 '일본'의 경우는 당시 '조선'만도 못한 문명을 지닌 섬나라의 생활환경 속에서 생명을 초개같이 버리던 왜소한 '사무라이' 정신마저 일찍이 열강들에게 굴복 당하던 침체한 역경을 벗어나, 오히려 전화위복의 융성한 국운 속에서 유색인종으로는 유일하게 선진국이 된 신화(神話)를 무엇으로 설명해 볼 수 있단 말인가.

이로서 1860(庚申) 년대를 전후로 100여 년 기간을 '국가운명의 주기'로 놓고 볼 때, 어쩌면 그렇게도 각기 대조가 되는 '운명'의 희롱이랄까 또는 역사발전의 오묘한 법칙성이랄까 오늘의 각기 다른 '국운'이 탄생되기에 이르렀을까. 이를 무엇으로 해석할 수 있단 말인가. 그리고 21세기 앞으로의 운명은 어떻게 전개되겠는가.

결국 한국, 미국, 일본 등 3국의 '국운성쇠론'이란 입장을 서로 비교해 볼 때, 일찍이 조선은 식민지가 되었고, 미국은 처음부터 열강국이 되었으며, 일본은 패자부활전처럼 역전승을 거두는 부강국이 되었으니 이들 유형이 전혀 다른 3나라의 '국운'을 음미해 보는 것도 흥미가 있으리라.

　그래서 여기에 제기하는 '국운론'은 먼저 우리가 흔히 머리 속에 고정관념으로 무장되어 있는 서양의 '인문사회과학'이나 '정치경제학'적 분석을 파괴해 버리기로 한다. 한편 하늘의 뜻에 따른다는 이른바 동양의 '천명사상'이나 아니면 '도참설'에서 나라의 운명을 천시(天時)와 지리(地利)와 인화(人和)가 합일되는 어떤 오묘한 하느님의 섭리가 있지 않겠는가 유추해 보면서 '장르'를 달리해서 이 글의 주된 의미를 강조하고 있는 사실을 먼저 고백하지 않을 수 없다.

　풍운이 감돌았던 파란만장한 1860년대이래, 불과 100여 년 동안, 짧다면 짧고 길다면 길기 짝이 없는 '한반도'의 국운(國運)을 반추해 보았을 때, 누군들 어쩔 수 없이 역사가 파국으로 몰려가는 그 어떤 절대자의 섭리에 거역할 수 있었겠는가.
　이제 21세기를 맞이해서 새시대의 '후천세계'에서는 왕도정치와 권능의 종교를 동시에 지닌 지도자의 출현과 세계의 중심자적 역할이 미래를 열고 있다는 사실을, 우리 한반도의 입장으로서는 이 역시 '운명(運命)의 주기율(週期律)'에 비추어서 깊이 음미해 봐야 될 일이 아닐 수 없는 것 같다.

뒷마무리 말

9편〉3가지 원죄(原罪), 순환(循環)의 변증론

처음 시도하는 이 책 [후천사상과 대예언]의 집필방법과 변증론(辨證論)

이 책은, 고금동서(古今東西)의 2가지 사상적 또는 예언적 측면과 서술하는 2가지 방법론적 접근을 통하여 펼쳐졌다. 이를 부연

하면, 3가지 원죄론 과 3가지 변증론으로 설명할 수 있다. 2가지 방법론은 서양의 인문·사회과학(人文社會科學), 즉 '데카르트' 적인 합리론(合理論)과 연역법(演繹法) 및 베이컨'의 경험론(經驗論)과 귀납법(歸納法)등의 방법론이다. 또 하나는 동양의 천명사상(天命思想), 즉 사마천(司馬遷)은 '사기열전(史記列傳)'에서 천도(天道)는 시(是)냐?,

3가지 순환 및 변증론은 첫째가, 60갑자(甲子) 음양오행(陰陽五行)에 입각한 60 순환변증론이다. 둘째는, 홀짝수 13579와 246810인데 이를 합하면 55가되며, 55순환 변증론 이다. 셋째는, 주역에서 건(乾), 태(兌), 이(離), 진(震), 손(巽), 감(坎), 간(艮), 곤(坤),등 8괘를 조합하면 64괘가 순환 변증론이 된다. 이를 일단 2가지 연구 접근 방법론이라 정하고, 3가지 순환론 즉 변증 방법론이라 규정하고 의론을 진행하기로 한다.

위에서 언급한 이치(理致)를 다시 풀어보면, 우리 '한민족' 이 21세기에 바로 '세계주역'이 되는 후천세계(後天世界)의 미래전망과 '한반도'가 지구의 동극(東極)에 위치함으로서, 중국의 천산=곤륜산을 주산으로 지구의 풍수(風水)를 살펴보면, 우백호(右白虎)가 이태리반도이고, 좌청룡(左青龍)이 지리상학(地理象學)적으로 한반도이니까, 좌의정(左議政)에 입각한 세계적 '중심역할'을 수행하게 된다는 사명의식을 한꺼번에 설명해 보려는데 참뜻이 있다.

이 같은 '사상과 예언'의 수렴과정은, 앞으로 3가지 관점에서 새로운 '비전'을 발상 하는 사고회로(思考回路)를 통하여, 우리 민족의 동양적 법통(法統)과 정당성을 입론하려는 목적을 지닌 동시에, 서양의 모든 백과학문(百科學問)과도 맥락을 접목시킴으로서 뿌리와 가지와 열매를 맨개 시켜 인류의 문명과 문화를 높여 '복된 삶'을 이룩할 줄로 믿는다.

이제 21세기의 동양적 천지개벽〈天地開闢〉이란, 즉 '그리스도'가 유일무이한 '구세주'로서 내리는 최후의 '심판'과도 동일한 2천년 지복설(二千年至福說) 및 '요한 계시록(啓示錄)'을 참조한 말세론(末世論)과 비슷한 인류의 신비(神秘)한 사상을 풀어내는 시좌(視座)에 입각하고 있다.

이에 바람직한 커다란 범주(範疇)를 앞으로 3가지 큰 단원(單元)으로 집약해서 세 가지 인류에게 부과된 원죄론(原罪論)으로 압축한 뒤에, 필자 나름의 견해를 풀어 보고자 한다.

여기에서 지적하고 있는 '후천세계' 또는 '천지개벽'(天地開闢)이란 뜻은, 원래 동양 학문의 요체인 사서삼경(四書三經) 속에서도 철학책에 해당하는 '주역(周易)=역경(易經)'에 근거하는 동양철학(東洋哲學)의 핵심 논리를 기초이론으로 전개하고 있다.

원래 인류사회나 삼라만상의 대자연(大自然)이 항상 움직이고 있다는 사실을 '변증법'적인 '역(易-바꿈)'으로 표현해 볼 때에, '1음1양(一陰一陽)'으로 작용한다고 말하며 동시에 '1개 1벽(一開一闢)'하는 운동(運動)이라고 지적한다.

이런 경우, 마치 사람의 '숨쉬기' 즉 호흡도 '개벽운동'인 것은 말할 나위도 없으려니와 만일 이것이 멈춰지는 날이면 죽음이 오는 것처럼, 하루의 '낮과 밤'이나 일년의 '춘하추동'이나 모두 '개벽(開闢)'이란 '우주운동'의 '상(象)'을 풀이한다는 것이 정확한 개념이다.

따라서, 이처럼 거대한 '우주'는 한시도 쉬지 않고 인간이 의식하지 못하는 사이에 개벽운동을 끊임없이 계속하고 있으며, 이런 현상(現象)이 수천 년간 또는 수십만 년간 쌓여서 어느 때인가는 결정적인 시기에 도달되면, 그 순간 '천지개벽(天地開闢)'은 터져 나온다는 논리이다.

우주변화의 법칙에 정통한 유명한 '소강절(邵康節)' 선생은 이같은 '개벽운동'을 '원회운세(元會運世)'의 법칙이라고 지적하면서 앞으로 맞이할 '후천개벽'의 진리를 '역학'의 상수학(象數學)으로 12만9천6백40년으로 풀어내어 놓고 있다. 예컨대 1세(一世)는 30년, 1운(一運)은 360년, 1회(一會)를 10,800년 그리고 1원(一元)을 129,640년이라고 결론지어 우주변화(宇宙變化)가 완전히 종결하는 크고 작은 '주기(週期)'를 설정하고 있다.

물론 뒤에서 보다 상세한 설명이 있겠지만, 이것이 '소자〈邵子=소강절(邵康節)〉'가 제시하고 있는 결정적인 '천지개벽'의 상수학(象數學) 즉 '수리학'으로 발전되어 오늘의 '천(天), 지(地), 인(人)' 중에 지리상학(地理象學)적인 추론으로 풀이해 주고 있다.

첫째로, 땅(地)의 역을 말하는 '정역'[正易-'주역'에는 천(하늘)과 인(사람)만 있음]에서는 운(運)과 기(氣)의 작용[五運 六氣論]에 따라서 자연수(自然數)의 수리(數理)를 1에서 10까지로 정리해 볼 때, '양(陽)의 수(數)'인 1, 3, 5, 7, 9와 '음(陰)의 수(數)'인 2, 4, 6, 8, 10을 서수(序數)의 수열(數列)로 보면 된다. 이들 '음양(陰陽)의 모든 서수'들을 합하면 '55' 즉, "토방(土方)의 55(五十五)의 순환주기(循環週期)"가 나오며, 음양(陰陽)의 순서로 1, 6은 물(水)이요, 2, 7은 불(火)요, 3, 8은 나무(木)요, 4, 9는 쇠(金)요, 5, 10은 흙(土)이라고 각각 '상징'이 주어져 표현된다. 이것이 음양5행(陰陽五行)을 구성하고 있다.

둘째로, 이 같은 '상수학(象數學)'을 '주역 8괘'로 표현하면, 태극(太極)은 음과 양으로 나누어지고, 다시 태양과 소양 그리고 태음과 소음으로 이루어지는 '4괘(四卦)'가 나오며, 이를 펼쳐 보면, 8×8=64가 되는 것처럼 즉 위에서 설명한 "64괘(六十八卦)의 순환주기"가 성립된다.

오늘날 '주역'의 64괘(掛)는 맨 처음 건위천(乾爲天)에서 시작해서 맨 마지막에는 화수미제(火水未濟)로 끝나고 있는데, 끝이 없이 '미제(未濟)'에서 희망을 가지고 다시 시작하라는 뜻을 담고 있다. 이로서 지구의 주기나 특히 인류 역사시대의 한 주기(週期)가 아직도 지나간 6천년 말고, 다시 21세기부터 '후천세계 3천년'이 남았다는 상징으로 풀이된다. 지구가 절반도 진행이 안된셈이다.

셋째로, '십간(十干) 및 12지(十二支)'에 의한 결합에 의해서 예컨대 '갑자(甲子), 을축(乙丑)……' 등과 같은 순서는 '음양 5행'에 따른 해법으로, '60 환갑(六十還甲) 주기설'로 되돌아온다. 지구의 자전과 공전이 정확하게 제자리로 돌아오는 날로 보는 바, 참된 생일날은 결국 '환갑 날'이 된다.

그래서 앞에서 열거한 이들 3대 순환주기(循環週期)에 대해서는 뒤에 상세한 해설을 부치기로 하겠지만, 여기에서 '55' 즉 토방 오십오(五十五)란 기본 수는 실은 중앙의 토(土)를 지칭하고 있다.

때문에, 이로서 얻어지는 음양(陰陽)의 기본합계수(基本合計數)는 복잡한 과정을 거쳐서 자연수(自然數)의 발전원리를 총합해 볼 때, 결국 총수는 11,540이란 만물(萬物)의 수(數)가 성립된다고 말한다. 이들 만물(萬物)의 수를 다시 속세에서 운수를 치는 사주팔자(四柱八字)에 맞추어 11,540가지 법칙을 찾아내고, 이로서 인간의 운수(運數)를 알아 맞춘다고 하니 얼마나 어려운 일이겠는가. 결국 돌팔이 점쟁이들은 잘해야 몇십가지를 적용해 보겠지요.

이에 다시 '정역(正易)'의 후천수(後天數)가 예시(豫示) 됨으로서 지금 우리인류(人類)는 '지구'의 일대 변화에 따라, 지난 6천년 전의 '복희 8괘'나 또한 3천년 전의 '문왕 8괘'는 수명이 다하고 그 동안 '하늘과 땅의 에너지가 굴절'되어 왔던 일체의 모든 부조리(不條理)는 '우주변화'에서 '후천개벽(後天開闢)'의 21세기 새시대를 맞아 '현세 극락세상'이 된다.

극복해야 될 3가지 원죄론(原罪論-Original Sin)

필자는 이 책을 집필하는 사고회로(思考回路)상의 가치기준에 관해서 '인간사회의 생성과 소멸'의 관계나, 인생의 생로병사(生老病死)에 대해서 아무것도 '모른다는 사실' 즉 '소크라테스'가 "너 자신을 알아라! 나는 모른다는 사실, 무식하다는 사실을 알지만 너는 모른다는 사실 그 자체마저 모르지 않는가!"라고 갈파한말을 지성인이면 음미해 두어야할 진리라고 믿을 뿐이다.

인류의 물질문명이나 정신문화가 처음 열리고 역사시대가 인류의 기억 속에 더듬어 질 때부터 오늘날 고도의 첨단 기술과 장비가 온통 인간의 오만을 불러오고 있지만, 실은 단 한가지의 생명이나 영혼(靈魂)을 찾아 볼 생각조차 출처를 전혀 알 수 없다는 사실이 안타까울 뿐이다.

무엇보다도, 원래의 '기독교 사상에서 지적한 아담이 사탄에게 간통되어 죄를 지었다는 인간의 원죄론(原罪論)'과 최후의 심판으로부터 구원(救援)의 사상이 유일하고, 지금껏 인류에게 고통으로부터의 해방을 갈구하는 유일한 서양사상 이었다. 그러나 '1천년 지복설'이 왔을 때의 최후심판이란 전혀 없었고, '십자군(十字軍)전쟁'만이 서양을 중세의 암흑시대로부터 근세로 분해시키는 촉매역할을 수행했을 뿐이었다. 그것이 '르네쌍스'가 아닌가.

그러나 '르네쌍스'는 인문과학적으로 "인간(人間)"이란 사실 즉 신(神)의 제자가아니라는 사실을 크게 깨닫게 하면서 인간해방이 실천 되었다. 마치 천사와 악마가 동시에 존재하며 싸우는 희랍신화에 나오는 '제우스'신(神)과 '프로메듀우스'신(神) 사이의 끝없는 싸움처럼, 인간에게는 '지구가 둥글다'는 충격 속에 근대의 '산업혁명'을 100년 동안 이끌고 이로서 물질적 풍효를 가져왔으며, 다른 한편으로는 정치적으로 '프랑스 대혁명'을 가져 왔을 뿐 인간조건의 완전한 해방은 없었다.

2천년 전 그리스의 '쏘크라테스'나 그의 뒤를 이은 '프라톤'과 그다음 '아리스토테레스' 등 위대한 철학자들이 나왔고, 마지작으로 뒤를 이은 '디오게네스'가 등불을 들고 인간을 찾아다닌 시대에 으를 이성(理性)을 토대로 이른바 "스토아 학파"가 나왔으며, 결국 이성에 치우친 철학은 중세 '카톨릭 철학=스콜라철학'을 만들고 인간을 암흑시대로 몰아넣었다.

이는 곧 정치적으로 위대한 '프랑스 대혁명(1789)'을 이루었지요. 이에 반해서 인간의 감성(感性)을 내세운 '에피큐러스 철학'이 2천년 전부터 근세에 내려와 영국의 산업혁명(産業革命,1780년대~1880년대)을 이루는 철학의 근간을 이루었지요. 2가지 혁명은 인간본위의 세상을 만들었고, 인권과 물질문명의 만능 시대를 만들어 냈다.

그러나 2가지 위대한 혁명은 물질적 풍요는 빈부격차를 초래하고 반면 급진적 자유는 굶주리는 속박을 가중시켰을 뿐, 그밖에 아무런 심판도 구원도 받을 수 없었다.

이로서 천년 후에 최후심판과 구원을 받고 천국이 온다는 소위 "천년지복설(千年至福說)"은 그후 2천년이 지난 오늘날 까지도 천국은 오지 않고 있다. 과거 11세기에 '1천년 복지설'이 헛된 '십자군 전쟁'으로 분해과정을 밟으면서 몰락하게 되자, 오늘날 21세기에 접어들면서 또다시 '2천년 지복설'만이 무성하게 말세론(末世論)으로 튀어나오고 있을 뿐이다.

그래서 생각해 본 것이 인류에게는 이와는 다른 2개의 새로운 '원죄(原罪)사상'을 간과해서는 안 되겠다는 문제의식이 표출되기에 이른다. 가히 '기독교의 원죄론'도 받아들이면서 동시에 논리정연한 별개의 2가지 '원죄론'을 적용해 보려는 시도로 나타난다.

다만, 필자는 이 책에서 21세기의 '신천지(新天地)' 즉 '후천세계(後天世界)'를 풀어 보려는 시도를 "탄허 큰스님과의 대담/집필을 통해서 전통사상과 대예언"으로 재구성 해보는데 그치겠지만, 실은 첫째로 인류 구원의 원죄해소를 "정역8괘 '에서 발견한다. 둘째로는" 마르크스'의 인류원죄론 즉 사유재산(私有財産)제도를 들고 있는데, 원시공동체의 현대화로서 사유재산이나 정치권력(政治權力)을 혁명으로 없애면 '유토피아=이상향'이 온다는 학설은 지당한 말씀이지만 과연 인간 혁명으로 '공산주의(共産主義)'를 명실상부하게 원초적으로 만들 수 있는가. 그동안 '공산당선언(共産黨宣言)'에서도 지적하고 있는 것처럼 다 같이 가짜 공산당 밖에는 없으니까. 많은 '이데올로기'나 '무정부주의'조차도 인간의 간절한 사상(思想)에 불과할 뿐 현실은 혼돈과 무질서뿐이다.

이상에서 서술한 바와 같은 3가지 인류의 '원죄론'을 필자 나름으로 다시 한 번 설명해 보면 다음과 같다.

첫째는 "지구가23도7분" 삐뚤어진 '정역 8괘'의 '2천7지'에 입각한 지리상학적 변동"을 원죄로 보고 바로 '후천개벽'의 계기로 간주하는 이론이다.

둘째는 '마르크스'의 "역사적 유물론에서의 사유재산제도"에 의한 지배계급의 착취를 원죄로 간주하면서 노동자의 폭력혁명사상을 들 수 있다.

셋째는 맨 앞에서 원초적으로 지적한 "기독교적인 에덴동산의 파괴"를 들어 이를 인간이 저질은 원죄로 선고하고, 비록 '예수'가 십자가에 못 박혀 원죄로부터 사면의 길을 텄다고 해도, 21세기에도 최후의 심판과 구원을 찾을 수는 없는 것 같다. 위에 2가지는 천지개벽이 온다 해도 그 다음은 So What? 무엇이냐? 그다음의 청사진이 없다. 그러면 오직 "정역8괘(正易八卦)" 밖에 그 다음에 펼쳐질 세상을 해명하고 있는 예언은 없지 않은 가!

이를 뒤집어서 말한다면 인류는 '원죄를 말끔히 씻어 버릴 때 바로 천국이 오고 구원을 받을 수 있다'는 결론이며, 그것은 우리 인류가 바라는 '에덴동산'이요, '패러다이스'요, '유토피아' 즉 이상향(理想鄕)이요, '천국'이요, '낙원'이요, '요순시대'요, '극락정토'요, 무릉도원'이요, '미륵부처의 세상'이다.

첫째의 '원죄론'은, 원래 주역(周易)에 의거한 논리에 덧붙여 새로이 출현한 정역(正易)의 이론이다. 원래 '하늘에 관한 천(天)과 사람에 관한 인(人)의 역(易)'을 우리는 '복희 8괘'와 '문왕 8괘'로서 익히 잘 알고 있지만, 나머지 '땅에 관한 지(地)의 역(易)'으로서 '정역 8괘(正易八卦)'는 최근세(1881년)에 한국에서 출현하여 그나마 아는 자가 드물다.

이를 지리상학(地理象學)이라고 주장하는 학설이 한국에서 120여 년 전부터 '한국사상'으로 조리(條理)있게 설명되고 있다. 그의 내용은 곧, '지구(地球)'가 23도 7분이나 삐뚤어(傾斜)져 있다는 묵자(墨子)의 학설과 '정역 8괘'에서 나타난 '2천7지'에 근거를 두고 '2, 7(火)'란 땅속의 불(火)이 북빙양을 녹여서 '천지개벽'이 전개되는 이론에 근거한다.

지금부터 약 3천년 전의 춘추전국시대에 제자백가 중에서 과학자에 속하는 한 분인 '묵자(墨子)'의 '하늘 렌즈설' 즉 '천경(天鏡)학설'에 의해서 '윤도수'(閏度數-閏年, 閏月, 閏時, 閏秒등)가 작용하고 있기 때문에 즉 쉽게 말해서 '하늘의 에너지가 굴절되는 것'이 원죄라는 논거이다.

인간이 하늘의 기운과 땅의 기운을 360도로 받지 못함으로 지금까지는 1년이 365일에다가 윤도수(閏度數)가 덧붙여 삐뚤어져 있으니, 특히 성현군자(聖賢君子)는 3천년 동안 나올 수 없었고, 인간이 형이하학적으로는 짐승만도 못한 성질을 타고나니, 이는 곧 '지구(地球)'가 바로 설 때, 즉 후천개벽'이 오면 자연히 올바로 잡힌다는 입장에 근거하게 된다.

둘째의 '원죄론'은, '칼·마르크스'(Karl Marx)가 천재적으로 집대성해 놓은 '역사적 유물변증법'(歷史的 唯物辨證法)에 근거해서 시작되는 인류의 고통을 말한다. 이는 어데 까지나 모든 사물은 운동하는 가운데 존재양식을 발견하게 되고, 물질적 기초가 변한다는 전제 위에 근거한다.

　　인류가 최초로 역사시대에 들어오자 가장 철없이 아무런 지배자도 피지배자도 없었던 '원시공동체'(原始共同體)는 파괴되고 인간이 마치 희랍신화에서 '프로메듀스'가 불(火)을 훔침으로서 파멸을 자초했다고 해석하는 것처럼, 이때부터 생긴 사유재산제도(私有財産制度)는 계급간의 착취(搾取)관계를 발생케 하고 '지배와 피지배'의 계급투쟁이 지금까지 계속 되고 있다는 논리이다.

　　'마르크스'는 인류의 고향(故郷)으로서 '유토피아'의 시대를 '아시아적 생산양식'(生産樣式)이라고 불렀지만, 원초적인 무정부 사회는 권력지배계급과 노예계급으로 나뉘어 수많은 피지배계급이 압박받게 되고, 뒤를 이어 고대 노예사회, 중세 농노사회 및 오늘의 자본주의사회가 출현했음으로 다음에는 공산주의사회가 나온다고 규정한다.

　　오늘날 자본주의 사회에서는 모든 것을 자유방임에 맡김으로서, 소수의 자본가계급만 호의호식하고, 대부분은 두개의 손을 가지고 일해도 하나의 입을 먹여 살릴 수 없는 '굶어 죽는 자유'를 가진 사회를 만들기에 이르렀다고 지적된다.

　　이를 극복하는 새로운 사회는 사회주의로서 개인이기주의를 통제할 수 있을 뿐, 생산력과 생산관계를 계획적으로 조화시키고 인간을 과학에 의해서 노동으로부터 해방시켜서 '능력에 따라 일하고 욕망에 따라 먹을 수 있는 사회' 즉 공산주의(共産主義)사회가 도래할 것이라고 예언하고 있다.

　　고대 이집트의 '노모스 공동체'와 같은 종교와 정치의 '제정(祭政)'일치, 즉 미약한 생산력을 기초로 한 첫 번째의 역사적 단계에서 '사유재산제도'가 지배권력의 단초적 '원죄(原罪)'라고 규정한 '유물사관'이 나온 이후, "생산력(경제력-하부구조)과 생산관계(정치지배권력-상부구조)"라는 공식에 의거해서 착취는 가능하다.

'고대의 노예(奴隷)사회'와 '중세의 봉건(封建)사회' 그리고 '근세의 자본주의(資本主義)사회' 및 장래의 '공산주의(共産主義)사회'라는 '착취지배와 피(被)착취'라는 계급관계(階級關係)를 만든 과학적 근거로 사유재산제도를 원죄로 간주한다.

셋째는 가장 세상에 잘 알려져 있는 "기독교의 원죄론"이다. '원죄'란 바로 '구약성서(舊約聖書)'에서 나오는 '인류가 저질은 죄' 즉 영어로 말하면 "오리지널 신(Original Sin)"을 일컫는 바, 천지창조'에서 맨 마지막 날 하느님의 전지전능한 작품으로 생긴 '아담과 이브'가 에덴동산(樂園)'에서 잘 지내다가 그만 '이브(女子)'의 실수로 '사탄'의 꼬임에 빠져 '낙원을 잃어버리는 이야기'를 말한다.

즉 '실낙원(失樂園- Pradise Lost)'에 의하여 '카인은 친형제인 아벨을 죽이고' 일찍이 '모세의 십계'에서 경계하는 바와 같이, 인류는 살인과 간음 및 온갖 죄악(罪惡)과 고통에서 벗어나지 못하게 되었다. 중세에는 교황조차도 얼마나 많은 첩과 사생아를 거느렸는가. 종교개혁이 오기전까지의 카토릭-천주교의 사생활 죄악은 그때 '예수파-수도사'들이 겨우 교회를 구해 냈지 않겠는가.

다만 전지전능하신 하느님의 섭리는 '예수 그리스도'라는 구세주(救世主)를 세상에 보내어 십자가(十字架)에 못 박히고 부활하는 속죄(贖罪)를 보여 준바 있다. 이제 2천년만의 '최후의 심판' (最後의 審判)을 받게 되었다는 인류해방의 '구원론(救援論)'만이 남았다.

그리고 '예수 그리스도'는 "마태복음 28장에 나오는 언행록"에서 최후의 심판 장면을 말씀해 주셨고, 또한 '요한'은 그의 "계시록(啓示錄) 3장 8절"에서 인간의 원죄(原罪) 해탈에 대한 비유"를 허황할 정도로 잘 묘사해 가르쳐 주고 있다. 실은 이를 동양의 "역학"과 비교해 보면 '후천개벽'과 거의 일치할 정도로 심오한 내용 풀이들이 같다.

왕도정치(王道政治)와 권능종교(權能宗敎)

지구의 가장 높은 곳은 물론 '히말라야 산맥(山脈)'에서 뻗어 내려온 이른바 '천산(天山)'이며 이 속에 바로 '곤륜산(崑崙山)'이 주봉을 이룬다. 그 아래에 펼쳐진 중앙 부분이 이른바 '중국의 중원(中原)' 즉 이를 중앙 토(土)라 부르고, 그리고 색깔은 황색(黃色)으로 나타내고 있다. 고아시족이 되었던 한족이 되었던 아니면 오랑캐 족이 되었던 간에 어떤 종족이든 중원에 들어와서 천하를 통일하고 권력을 잡으면 바로 황제(皇帝)라고 부르게 되어 있다.

예로부터 중국은 오늘의 중국민족인 한족(漢族)들이 3천년 전에 '주(周)나라'로 이주해와 자리 잡고 그 뒤 '진시황제(秦始皇帝)'가 천하를 통일한 뒤부터 중국은 동양세계의 중심국인 '지-나(China)'인 동시에, 실은 오늘날의 'UN 총회'처럼 중원에 어느 민족이든 차지하면 황제(皇帝)가 되고, 주변의 수많은 제후(諸侯-王)들을 거느리는 천하체제를 갖추게 되었다. 중국에는 고대부터 동이(東夷), 서융(西戎), 남만(南蠻), 북적(北狄)등 동서남북으로 오랑캐 족이 형성되어 있었다. 그 실례로 고대 진시황(秦始皇)도 서융 오랑캐 족이었고, 근대 통일국가를 이룬 원(元)나라나 청(淸)나라가 다같이 몽고족(蒙古族)이나 만주족(滿洲族-여진)이란 사실이다.

보통 '오랑캐'라고 하여 원래 상<商-은(殷)>나라가 은허(殷墟)의 갑골문자(甲骨文字)의 발견으로, 3800년 전의 상=은(商=殷)나라의 존재가 그보다 훨씬 이전의 '하(夏)'나라의 존재와 더불어 실존의 거대한 국가로 입증된바 있다. 그때 하남성(河南省)의 주구점에 존재했었던 바, 그들의 동쪽에 또한 사촌격인 동이족(東夷族-조선포함)이 거대한 세력을 지니고 동북부를 지배하고 있었다.

이때의 바로 '동이족'이 고조선족(古朝鮮族)을 가리키며, 그 외 서융(西戎-흉노족 등), 남만(南蠻-베트남족 등), 북적(北狄-몽고족 등)등등 오랑캐 족들이 수없이 황제국도 되고, 변방국을 이룬 것으로 되어 있다. 누구든지 중원(中原)을 정복한 종족은 '황제'란 칭호로 천하를 통치하며, 나라 이름은 한 글자인 예컨대 '하(夏) 은(殷) 주(周)'라든지 최근세에 와서는 '송(宋) 원(元) 명(明) 청(淸)'등이 성립되며, 그것이 오랑캐 민족이든 한족이든 관계없이 '중국'이 되는 것이다. 통계에 의하면 오랑캐 족은 절반을 넘는다.

잘 아시다 시피 '원(元)'은 '몽고족'이고, '금(金)이나 청(淸)'은 우리 민족과 가장 가까운 '만주족, 즉 여진족'이다. 그래서 '유-엔 총회'와 같은 동양천하가 거대한 질서와 체제를 잡고 6천년 동안 공동체를 구성해 온 셈이며, 이 때문에 중국 역사는 변방국들의 역사도 다같이 자기네 역사라고 주장한다.

즉 '발해'도 '고구려'도 중국 변방국의 역사라고 우기는 것이다. 오늘의 중국은 겉으로 공산주의 국가로 되어 있지만, 실은 '대국주의(大國主義)'가 팽배하며, '55개 소수민족'과 '5개 자치주'와 '4개 특별시'로 구성되어 있다. 그러나 적어도 12개 이상의 소수민족들은 적든 크든 독립운동을 벌이고 있는 실정이다.

이를 쉽게 풀이해 보면, 풍수(風水)이론인 '지리상학'(地理象學)으로 살펴 볼 때, 곤륜산을 주봉으로 전개되는 전세계의 구도는 '좌청룡'(左靑龍)이 즉, 한반도(韓半島)로서 동쪽으로 내리 뻗어 있다. 또한 '우백호'(右白虎)는 즉 '이태리 반도'(伊泰利半島)로서 서쪽으로 전개되고 있는바, '우백호'에는 일찍부터 '로-마 교황청(敎皇廳)'이 자리잡고 있으며 일찍부터 정치와 종교가 공존하면서 세계의 중심역할을 한다. 특히 과거 '소련방공화국'의 '볼셰비키'의 지배도 받지 않는 '마르크스주의'로서 '유로코뮤니즘'이 유명하며, 이태리를 중심으로 교황청이 결합해서 고통받는 자를 구제하기 위한 좌파 '이데올로기'로 널리 신봉되고 있다.

따라서 좌청룡과 우백호(右白虎)는 '정치와 종교'가 항상 공존하고 있으며 오늘날 '유로 코뮤니즘'이란 이태리 '공산당'은 세계적으로 유일하게 수없는 집권경력을 가지고 있으며, 수십만 명의 '카톨릭 신부(神父)'들이 참가해서 현실에서 고통받는 자에 항거하기 위한 제 3의 폭력에 대한 구원(救援)을 '교황'의 칙령을 내려서 폭력으로 인정하지 않는 합법적인 상황이다.

다만, '좌청룡(左靑龍-한반도)'은 아직도 '후천개벽'(後天開闢)을 앞에 놓고 '메시아 사상'처럼 한반도(韓半島)의 민족통일과 '동북아시아 공동체'가 세계적인 '주역(主役)'으로서 이제 새로운 출발을 보여주고 있으며, 21세기에 들어 왔으니까, 완전한 '동극(東極)'으로서 이태리 보다 우위의 '세계중심'으로 자리잡는 위력이 벌써 나타나고 있다. 이것이 '탄허큰스님'이나 '노스트라다무스'의 '대예언'이 되는 것이다.

　　이는 예컨대 좌의정(左議政)이 우의정(右議政)보다도 높았던 우리의 전래사상에서도 인정된다. 이 같은 논리를 미신 취급하는 자도 있겠으나, 진리는 신념과 입장(立場)에 따른 가치관과 인생관의 문제일 뿐 아무도 지식과 상식, 또는 과학과 종교를 자신 있게 판결할 자는 없다. 적어도 한반도가 중심지라는 사실은 확고하다.

　　이로서 볼 때 즉, 좌청룡인 한반도의 '메시아'는 '왕도정치'와 '권능의 종교'가 일치하는 '지도자'의 출현이며, 앞으로 '성현군자'만이 공존하는 '후천 세계'만이 점차 임박했다고 지적된다. '세례(洗禮) 요한'이 2천년전에 '팔레스타인 평원'에서 '빈들에 외친 소리처럼' 또는 '요한계시록'에 나오는 '천국(天國)'이 가까이 온 것처럼, 감히 '한반도 국운의 융성'을 점쳐 온 '전통사상=역학'은 아무도 믿어 의심할 수 없게 되었다.

　　앞에서 상세한 설명이 있었겠지만, 과거 3천년 동안 '문왕 8괘'의 시대에 왜곡되어 온 인간의 '윤도수(閏度數)'라든지 수없는 갈등과 모순과 질곡은 곧 이은 최후의 심판에서 '후천개벽'이 있기 마련이고, 그것은 '기독교'에서 최후의 심판이 막연한 '구원과 천국'을 강조하고 있는 것과는 사뭇 다르다. 심판 뒤에 나타날 청사진(靑寫眞)이 이미 예측되어 짜여 있기 때문이다.

　　'정역 8괘'는 지구의 변혁과 인간성향의 변화와 덥고 추운 기온의 변동을 위시로 인간사회의 지배와 피지배관계 까지 해탈되고 바로잡힘을 구체적으로 제시하고 있는 점이 특징이다. 한말로 '왕도정치'란 유교(儒敎)적인 개념으로 썩 좋은 표현은 아니지만, 종래의 깡패주의 즉 '패권주의(覇權主義)'는 살아진다는 뜻이며, 누구든 자발적으로 믿고 존경하는 '권능적 지도자'의 출현이 새로운 왕도(王道)를 세우는 '후천사회'의 질서가 된다는 뜻이다.

인간의 요람, 사회복지, '향(鄕)'=이상향(理想鄕)이다

불과 6천년밖에 안된 인류사회(人類社會)의 기억 속에서 남아 있는 정신적 문화(文化)는 고대 중국이나 유대민족들이 아득한 옛날에 누구의 지배도 또는 착취도 받지 않고, 평화롭고 자유스런 인간생활을 무정부(無政府=아나키즘)적으로 누려왔다는 사실에 입각해서 지금도 '요순(堯舜) 시대'를 그립게 해주고 있다. 그 때는 왕도(王道)만 있었지, 패도(覇道)는 없었다.

한편 고대 이집트나 그 외 '아틀란티스' 같은 높은 수준의 물질적 문명(文明)들이 있었다고 말하지만, 이들 모든 것들은 하나같이 사람이 편안하게 그리고 사람답게 잘살고, 자손만대 번영을 누리면서 고통받지 않고 서로 사랑하고 너그럽게 앉아 주는 공동체(共同體) 사회를 '유토피아'로 갈구해 온 나머지 환상의 세계를 추구해 온 것이다.

오늘날 최첨단의 정신적 문화(精神文化)와 최고 수준의 물질문명(物質文明)의 만능 세상을 맞이하고 있음에도 불구하고, 현실은 그 어느 때보다도 말세증(末世症)이 가득 찼고, 인간 지옥을 방불하게 사는 한계상황에 직면해 있다. 누구든 '요순시대'를 갈구하는 것이 그것이다. 요순시대에는 패권주의 같은 깡패주의는 없었다.

오늘날의 인간은 누구나 제정신도 못 찾고 자기의 영혼(靈魂)이나 생명(生命)조차 한시도 마음 놓을 수 없는 위기 속의 절박한 삶을 살아가면서 실존의식(實存意識)조차 느낄 틈도 없이 살아가고 있다. 말세(末世)를 마지한 우리 인간은 조상 대대로 사람답게 사는 '몸과 마음'은 어디 가고 이처럼 각박한 사회와 고달픈 생활에 마치 질주하는 짐승처럼 쫓기면서 살아가게 되었단 말인가?

그래서 동양에서는 일찍부터 신선(神仙)을 그리워하면서, 6천년 전 요(堯)임금이나, 순(舜)임금이 '권능(權能)의 종교(宗敎)'와 '왕도정치(王道政治)'를 널리 펴서 백성(百姓)을 편안하게 살려주었다는 '요·순 시대'의 신화(神話)로 남기고 있을 뿐이다.

이에 따라 '무릉도원(武陵桃園)'이니 '노자(老子)의 무위자연(無爲自然)'이란, 욕심(慾心)이나 술수(術數) 없는 무등(無等) 또는 무량(無量)세계를 말함이니 이런 세상을 빼놓고 더 이상 바랄 세상이 있겠는가. 혹여 너무나 편안하고 변화가 없어서 무료하고 답답할 것이란 상상도 있으나 너무 배부른 타령이 될지도 모른다.

'불로장수(不老長壽)' 및 '오복(五福)'이란 개념이 다같이 신선사상(神仙思想)을 갈구하고 있지만, 요즈음은 건강장수란 개념이 더욱 선호되고 있기도 하다. 오늘날 다른 사람에게 신세지지 않고 건강하고 오래 살수 있기를 바라는 세대가 이른바 '실버 파워'란 새로운 용어로 표현되면서 노인(老人) 부양의 중대한 사회문제로 등장하고 있는 셈이다. 노령세대는 갈수록 많아지고 사회복지 기금은 축소되는 반비례 계층사회에서 국가부도나 파멸의 공포가 크다.

그래서 고래로 불로장수 법에는 지선(地仙)과 천선(天仙)으로 나누어지고 있는바, 각각 5백년씩 천년을 산(山)에서 호랑이와 더불어 산다고 하면서, 이 같은 신선사상'은 현실에서 '극락세상'을 갈구하는 운동으로 번져, 근세에 와서는 조선의 '동학란'이나, 중국의 '태평천국(太平天國)의 난(亂)'까지 온통 백성들과 고달픈 사람들을 현혹시켜 왔었다.

또한 서양에서도 '그리스' 시대에 이미 '제논'이란 철학자를 위시로 즉, '유토피아(Utopia)'라든지 즉 16세기에 '토마스 모아'가 처음으로 사유재산제도가 인류 부조리의 원죄(原罪)라고 갈파한 이후, 사회주의적인 이상향(理想鄕)을 그리면서 수많은 사회혁명운동들이 전개되어 온바 있다.

그 이전에 구약성서(舊約聖書)에서 '에덴 동산'이나 '천국(天國)' 및 '낙원(樂園)' 등등, '패러다이스'란 수많은 개념들도 이른바 '아나키(Anarchy)'라 불렀는데, 절대자유(絕對自由) 즉 무조건 권력의 지배(權力支配)나 착취로 부터의 해방(解放)을 목표로 삼아 투쟁해 왔다. 이것이 잘못 번역되어 동양에서는 개념착오를 일으키는 무정부주의(無政府主義)라고 번역되어 불리어져 왔다.

그래서 한결같이 '최후의 심판과 구원'을 찾는 기대 속에 탐색은 계속되어 왔으나, 천년지복설'(千年至福說)에 따른 11세기의 기대는 '십자군 전쟁'으로 유럽을 분해시켰다. 오늘도 기원 후 2천년을 맞이하여 구세주(救世主)'를 기다리는 서양의 '한(恨)'은 끝없이 맺혀 있다.

우리 '고조선(古朝鮮)'은 조용한 아침의 나라'라는 이름이 말해 주듯이 역사시대 이전부터 중원(中原)의 동북쪽에 광대한 땅을 차지하고 편안한 삶을 누리면서, 비록 '중원'에서는 동이(東夷)라 부르면서 '이(夷)'를 마치 큰 활을 쓰는 무서운 종족인양 선전하고 있지만, '겨레 이(夷)'로서 이미 6천여 년 이전의 '요, 순, 나라'와도 형제로서 살아 왔던 민족이었다.

그 뒤 우리 민족은 해뜨는 동녘을 찾아서 그리고 '아리랑'을 넘어서 광활한 '남만주' 일대와 '한반도'에 걸친 대제국을 건설하였었다. 심지어는 동쪽으로 '일본(日本)열도'에 까지 진출해서 도래인(渡來人) 즉 이주민(移住民)이란 '지배계급'을 이루고 이곳을 개척해 놓았다. '하늘의 뜻'을 쫓아 이상향(理想鄕)'을 그리며 '해를 따라 동쪽'으로 이동하면서 얼마나 많은 애환이 서려 있었겠는가. 일본은 기원전부터 기원후 6-7세기 까지 한반도 특히 남쪼의 이주민(移住民)들이 이룩해 노은 나라이다.

실로 '아리랑'이란 노래를 깊이 음미해 보아도 구슬픈 노래가락은 힘찬 의욕과 민족의 정서와 인생의 풍류가 베어 있다. 처음 '아라리-우리나라'를 넘어 동쪽으로 올 때만 해도 구슬프고 처량하기 그지없었다. '3한(韓)' 나라들이 먼저 요동으로부터 이동해 왔고, 뒤이어 '조선(朝鮮)' 즉 고조선이란 민족의 본류가 반도로 이동해 왔다. 그 뒤 진(震)을 위시로 가야(伽耶)나 신라 백제가 서일본(西日本)으로 대거 진출해서 지배계급이 되었다.

예컨대, 수십 가지의 '아리랑'이 있지만 특히 '정선 아리랑'이 가장 처절하고, 반면 '경기 아리랑'이 건실한 곡조를 풍긴다면, '밀양 아리랑'이나, '진도 아리랑'은 빠르고 명랑한 요즈음의 '디스코'식 음률이며, 이때 한반도의 고요한 아침 햇살은 남쪽 바다 위에 찬란하게 와 닿고 있었다. 태평성대 이었다.

결국 우리의 6천년 전 기마(騎馬)민족의 기상이나, 그 뒤를 앞서간 철기문명과 농경문화는 '만주와 한반도'에 정착해서 새로운 독자문화의 창조를 계속해 왔으며, 한편 일본의 개국에도 기여하고 있었으나 그만 신라(新羅)가 당(唐)과 내통해서 통일을 이룬 뒤 겨우 '한반도'에 위축되는 비운을 겪었다.

2천년 전에, 지구상의 변동의 여파로 동해호수(東海湖水)에서 떨어져 나가 처음 바다가 열렸던, '일본 열도'에서 그네들이 말하는 '아마데라스 오오미가미'라는 천신(天神)이 강림할 때에 이미 우리 민족은 그 땅에 벌서 '가락국'이나, '고구려' 특히 '백제' 그리고 '신라'가 지배층으로 정착하여 왜소하고 미개한 남방 토착민들을 지배하면서 살아온 것이다. BC.23세기에 이주민(移住民)으로 시작해서 고도의 문명을 가지고 우선 일본의 북구주(北九州)를 비롯하여 본토의 오사카나 나라 교토에 진출하였다.

우리 민족만큼 일찍이 '공동체-두레'라든지 '동맹'이나 '영고' 등 풍류를 즐기면서 고조선과 부여나 고구려 등 아세아 동북부에 강대한 고대국가를 이루며 부지런히 일하고 씩씩하게 살아온 민족을 찾아보기가 쉽겠는가. 큰 활을 쏘는 북방 기마민족답게 조선족들은 우수한 문명과 문화를 가지고, 반도 남부에서 가야, 신라, 백제가 일본에 절대적인 영향을 준 것이다.

민주적인 공동체 마을 '소도(蘇塗)'에서 부지런히 일하고 살면서 몸과 마음 및 정신과 문화적인 인성발달은 특히 '신선(神仙)'에서 유래된, '선비사상'에다가 격조 높은 지식과 언로(言路)를 가진 주체성 있는 문화적 지도층(指導層)을 형성해 온 민족사회로 발전해 왔었다.

지금은 중국의 고전으로 소개되고 있는 '백이(伯夷)나 숙제(叔齊)'를 비롯한 노자(老子)의 도덕(道德)을 우리는 다같이 '고조선족'과 같은 형제로 인식한다. 다만 그 당시 한(漢)족들은 본격적으로 이동해 오지 않았고 '서주(西周)에서 동주(東周)'로 황하 따라 옮기면서 우리 '고(古) 아시아족'들은 밀려나기 시작했다.

노자(老子)를 도가(道家)의 신선(神仙)이나 동서 최초의 '아나키스트' 즉 무정부주의자(無政府主義者)로 보는 것은 비록 한국의 '선가(仙家)' 사상과는 많은 차이가 있지만, 크게 보아 대동소이한 '인간이 무위자연으로 돌아가는 도(道)'를 처음 제기한 성현으로 평가된다.

    미국에서 처음에 '노자'를 잘못 전달받아서 책제목에 "Old Boy"라고 썼다는 우스개 소리도 있지만, 사기(史記)에 기록된 그의 풍모는 이미 3천여 년 전에 동양사상의 정수를 이루어 도덕경(道德經)과 그 뒤 제자인 장자(莊子)를 통한 도가(道家)사상에서 성현(聖賢)의 말씀을 가르쳐 주고 있다.

    '공자(孔子)'가 주(周)나라에 가서 '노자'에게 예(禮)를 물었을 때, '허무의 도덕'을 강조하면서 공자를 꾸짖은 것으로 유명하다. 간단히 소개하면 "그대가 말하는 옛날의 성인도 육신과 뼈다귀는 이미 썩어져서 지금은 다만 그의 말씀만을 남겼을 뿐이다. 군자는 때를 얻으면 수레를 타는 귀한 몸이 되지만, 그렇지 못할 때는 떠돌이 신세가 되고 마는 것이다."

    "훌륭한 장사치는 물건을 깊이 간직하여 밖에서 보기에는 공허한 것처럼 보이지만 속이 실하고, 군자는 풍성한 덕을 몸에 깊이 갖추어 우선 보기에는 어리석은 것같이 보이지만 사람됨이 충실하다고 들었는데, 그대(孔子)는 몸에 지니고 있는 그 교만한 것과 욕심 많은 것과 젠체하는 것과 산만한 생각 따위를 다 버려라. 그런 것은 그대를 위해서 아무런 이익 됨도 없는 것. 네가 그대에게 말하고자 하는 것은 다만 이것뿐이노라"라고 질책했다.

    억울한 공자(孔子)는 이를 비난해서 한말을 요약하면, 새, 고기, 짐승은 실제 움직이는 것이 보이니, 다 잡을 수도 있다. 그러나 용(龍)은 바람과 구름을 타고 하늘에 오른다고 하나 나로서는 실체를 알 수가 없는바, 오늘 노자(老子)를 만났는데 용(龍) 같다고나 할까 전혀 감잡히는 것이 없더라고 이해하지 못했다고 한다.

'노자'는 160세 또는 200여세를 살았다고 전해지는데 어떻든 '신선' 또는 '무위자연(無爲自然)의 도(道)'를 남겨 도가(道家)사상을 동양에 남긴 것은 공자의 '치국평천하'의 현실정치의 도(道)와는 차원을 달리하지만, 우리들 지식인들이 세파에 시달리는 현대의 고뇌를 탈출시켜 줄 수 있는 유일한 '구원의 허무주의'가 아닌가 매력을 느끼게도 한다.

'덕망(德望)과 오복(五福)'의 개념은 사회학적으로나 개인적으로 가장 우리의 '몸과 마음'에서 울어나오는 자연(自然)으로의 회귀(回歸)이고, 태어난 곳 또는 민족의 출발점으로 되돌아가려는 '어머님의 품안'임에 틀림없다.

여기에서 필자는 '향(鄕)' 사상을 우리 민족 한반도의 인격적 주체로서 사회학적 공동체로서 그리고 도시나 '농촌, 어촌, 산촌'을 망라하여 '장풍득수'(掌風得水)의 생명력을 지닌 터전으로서 이제 조용히 안주할 곳이란 지론을 주창하는 바이다. 공자(公子)도 '조문도면, 석사'(朝聞道夕死)라고 하여 '아침에 도를 깨우치면 저녁에 죽어도 여한이 없다'라고 한탄한바 있다. 과연 뜻 있는 인간(人間)에게 무엇이 '사람 사는 도리일 것인가.' 여기서 비로소 '향(鄉)'의 안식처가 없이 어떻게 우리 민족의 요람과 우리 인생의 안식처를 찾아서 사람답게 살아 갈 수 있단 말인가.

이제 우리는 한국 전통사상에 입각해서, 몸과 마음'을 닦고, '덕(德)과 복(福)'을 찾아서 마치 '젖과 꿀이 흐르는 가나안 땅'을 찾는 것처럼 '금수강산' 이곳 '동북아시아'와 '한반도'라는 우리의 영역에서 가장 슬기롭게 살아가고 싶다. 우리 민족만이 포근하게 우리 식의 인간다운 삶을 꾸려갈수 있는 믿음으로서 '향(鄉)' 사상을 선언하는 바이다. 사랑이 넘치는 '어머님의 품안' 또는 '요람'으로서 여기에 '향사'들의 향민주의(鄉民主義)를 문제제기 하는 바이다.

이를 위해서 '향약(鄉約)'을 만들어 헌법처럼 지키면서, '기간요원'으로 구성된 '향사단(鄉士團)'을 전국적으로 조직하고, 우리의 '삶의 터전'을 가꾸는 '향원(鄉園)'을 농촌형, 어촌형, 산촌형 및 도시형 등으로 수없이 종횡으로 조직하여 서로 돕고 사는 '사회보장체'가 만들어 져야 할 것이며 이를 '향사'들이 살기 좋은 '낙원'으로 이끌어 갈 것을 주장하는 바이다.

실제로 오늘날 중국의 개방경제에서 우리나라의 군 및 면단위에 해당되는 '향진기업(鄉嗔企業)'들의 생산량은 전체 중국 국민소득의 3분의 2에 달할 정도로 강력한 토착성을 가지고 발전해 가고 있다. 그리고 공산국가의 계획경제도 개방, 개혁에 따라 고도성장의 비약한 발전이 가능 하다는 실 사례를 중국이 보여 주고 있다.

한편 20세기 초에 '서양의 몰락(1917)'이란 책에서 일찍이 서양 사람들은 커다란 위기를 느껴 왔고, 이를 계기로 1923년에는 독일에서 이상적인 '와이마르 공화국'이 탄생되었다. 이때에 최초로 나온 '사회보장제도'는 오늘날 전 세계에 '보수와 진보'를 가릴 것 없이 거의 모든 나라에서 '사회복지정책'으로 실현되고 있다. 최근 년에는 '세계 시스템 이론'(월러스틴,1979)이란 위대한 책이 나와서 21세기를 살아가는 지혜로서 '유럽 공동체'를 만들어 내고 있는 중이다.

'사회보장제도'는 이미 '요람에서 무덤까지' 인간의 모든 삶을 책임지고 있듯이, 그리고 한때 목가(牧歌)적인 자연을 찾아서 '헤르만 헷세'나, '토마스 만'이 일찍이 노벨문학상을 받을 정도로 '향수문학(鄕愁文學)'은 애절하게 그리고 요람과도 같이 인간과 '자연'을 노래하였다.

'루소'도 "인간 불평등 기원론"을 써서 인성(人性)을 먼저 회복하라고 외쳤고, 이로서 "자연으로 돌아가라"라고 설파하면서 지금도 산업사회 속에서 부분품처럼 지쳐 있는 사바(娑婆)세계의 인간들에게 희망을 주고 삶의 활력을 주고 있다. 21세기 '후천개벽'의 새 세상에는 "어머니의 품안=향(鄕)으로 신선(神仙)처럼 돌아가라! 그리고 건강장수의 행복과 지상천국(地上天國)을 누리자!" 요람(搖籃)으로 돌아가서 포근한 인생의 안식처를 찾아보자는 취지가 바로 필자의 뜻이다.

21세기, 대예언(大豫言)이 뜻하는 진솔한 인생살이의 '예지' =후천개벽을 맞는 '슬기'와 향(鄕)의 품에 안기자!

이 책의 '예언'적 성격은 "후천개벽"이 임박했음으로 닥쳐오는 지상천국(地上天國)을 우리부터 누리자는 취지이고, 한편 이 책의 '사상'적 근원은 우리 나름대로 "인간의 풍요로운 삶"을 누리면서 인간의 존엄성을 최대로 살리자는 뜻이다. 이를 위해서 어떠한 이기주의도 개입해서는 안되며, 결국은 각개인은 자기 성격과 여건에 맞추어 절대자유를 향유하는 이른바, '사회자유주의 체제'나 '노자(老子)의 무위자연'을 실현시켜 보고자 하는데 큰 뜻을 두고 있다.

그래서 논증이 되든 아니되든 어느 것에도 불구하고 '장르'를 달리하는 관점에 입각해서 동서사상을 절충해 보고, 앞으로 21세기의 한반도를 중심으로 한 3가지의 '대예언'을 인간 구원의 후천사상으로 입론해서 알기 쉽게 설명해 보려는데 주안점을 두고 있다.

우리에게 새로운 관심과 흥미를 불러 일으켜주고 있는 것은, 이 책이 지닌 본래의 취지에 맞추어 우리의 사상적 '사고회로(思考回路)'를 '코페르닉스'한 전환으로 바꿔서 상황설명을 시도해 보는 동시에, 우리의 주체적인 입장을 '동서사상'이 수렴되는 25시 방향 쪽의 '시좌(視座)'에 맞추어 현실인식을 문제제기 하고 해결방법을 구해 보고자 한다.

혹자는 이 책을 놓고 경솔하게 '미신'을 운위하거나, 필자를 가리켜 천박한 지식인의 가치 없는 '푸념' 따위로 차치할지 모르지만, 진리(眞理)는 가까이 있고 인생(人生)은 모질고 끈질기다는 현실 인식이 우리 인간들의 심금을 울려 주고 있으며, 더구나 풍요한 삶의 질과 노년층의 건강한 수명장수가 더욱 21세기에 실천의 과제로서 우리에게 더욱 적나라하게 와 닿는다.

필자는 적으나마 일찍이 '공자(孔子)'가 한말을 음미해 본다. 40세에 불혹(不惑)이요, 50세에 지천명(至天命)인데 어째서 60세에 이순(耳順)의 나이에 접어들었다고 말했을까, 오히려 거꾸로 해석 된 것은 아닌지, 그리고 과거에 '인생 70세 고래희(稀小)'라는 짧은 수명을 지닌 시대에 비해서 현대 선진국 사회는 갈수록 '실버 파워' 즉 노인 층의 영역이 길고 넓어져 있다는 사실이 더욱 실감난다.

우스갯소리만은 아닌 실제 현상파악이 다음과 같은 '실버 파워'를 두고 공공연히 일어나고 있다. 가장 정년퇴직이 긴 직업은 역시 교원(敎員)들인데 예컨대, 만 65세라면 우리나이로 보통 66세나 67세에 해당된다. 그런데 요즈음 '노인정'에 가면 '미성년자로 출입금지이고, 70세 넘어서 가면 겨우 문간에서 심부름이나 해야 되고, 겨우 75세가 넘어야 노인 방에 정좌할 수 있다'는 얘기들이다.

이제는 노년층들이 사회보장 정책에 의해서 '연금과 후생복리'의 배려를 받고, 길어지는 수명을 건강하게 장수하면서 자손들에게 신세지지 않고 값진 삶을 창조해 나아 가야한다. 그러기 위해서는 정신적인 의욕을 되살려야 하고 동시에 몸과 마음이 편안하게 늙은 삶을 즐길 수 있어야 한다.

그러나 현대 산업사회 속에서 사람답게 존재하고 생활해 가려면, '맹자(孟子)'가 2천년 전 농경사회에서 말한 "무항산(無恒産) 유항심(有恒心)"이란 '선비사상'만으로는 절대 불가능하고, 충분한 경제력이 수반되어야 '수신(修身), 제가(齊家), 치국(治國), 평천하(平天下)'란 말도 실천적 의미가 되살아 날것 같다. 이때에야 '노자(老子)'가 말하는 '무욕이 대욕(無慾大慾)'이란 깊은 뜻도 충분히 헤아릴 것 같이 보인다.

이에 앞서 누누이 지적한 3가지 원죄의식(原罪意識)으로부터 해탈해서 개인이나 사회나 거듭나기 위해서는 결정적으로 '예수가 말한 최후의 심판'이나, '노스트라다무스가 말한 문명사회의 멸망'이나, '정역 8괘가 예시하는 후천개벽의 새세상'들을 음미해 보면서 분명한 것은 "지구상의 일대변혁이 임박했다"라는 다같이 일치하는 결론을 겸허하게 받아들여서 현재 생존해 사는 인간세상을 "향(鄕)으로 돌아가라!"이다.

한편 인간은 예지본능(豫知本能)을 가지고, 더 나아가서 신기작용(神機作用)을 함으로 실은 '한 찰라'(1초의 75분의1초)에 900가지 생각이 미치련만, 오늘날 혼돈과 마비가 심해서 제 영혼(靈魂)도 생명(生命)도 모르고 주야로 뛰어야 겨우 밥먹고 사는 사회 속에서 무참하게 살고 있다.

그러니까 마치 쥐가 배에서 내리면 그 배는 불행이 닥쳐오듯이 짐승들은 '예지본능(豫知本能)' 때문에 큰 지진(地震)에도 먼저 피난하지만, 인간만은 '음력(陰曆) 모르는 개(犬)가 복(伏)날 잡혀가 죽는 것'처럼 홀로 영문도 모르게 '예지(叡智)'도 '신기(神機)'도 없이 때로는 짐승만도 못하게 살아진다는 탄식이 있을 뿐이다.

과연 사람답게 살면서 사람 노릇 제대로 해보고 인간의 고뇌를 삭이면서 이 세상을 '이상향'으로 만들 수는 없겠는가. 인간의 신기작용과 예지본능을 되찾아서, 만물의 영장인 인간이 짐승보다는 사람답게 살수는 없겠는가 라는 의문이 제기되고 있다. 요즈음의 인간만큼 형이하학(形而下學)적으로 타락한 때가 역사시대 6천년 이래 얼마큼 있었겠는가.

그렇다면 생태(生態)적으로 인간은 비정상적, 즉 '윤도수(閏度數)'를 타고나서 삐뚤어져 있다고도 말하겠지만, 본인의 깨달음과 사람다운 수행 여하에 따라서는 얼마든지 비록 어느 한계 내에서

만이라도 그나마 '만물의 영장'으로서의 위상을 되찾을 수는 있다. 어떻든 동양의 '역학'에 입각한 '사상과 예언'은 조리 주의에 입각해서 충분한 근거와 그 동안의 경험에 입각한 인간 삶의 예지(叡智)를 제시해 주고 있다.

현대 산업사회 속에 살기 위해 쫓기는 수많은 인걸들, 그리고 '코스모폴리탄'적인 국제인이 되어 전통이나 국가와 민족을 찾는다고 이를 '쇼비니스트'로 싫어하는 사람들에게도 특히 그들이 가지는 '크리스차니즘'을 한번 동양 '역학'에 비교해서 '대예언'적인 한때 사고회로(思考回路)를 정리해 보는 일도 필요 할 것 같다.

첫째로, '예수 그리스도(Jesas Christ)'의 대표적인 기독교 '사상이나 예언'을 찾아, 21세기를 바라보면서 이른바 '종말론(終末論)'을 풀이해 보면 먼저 "마태 복음 24장"에 나오는 현상들과 "요한 계시록 제3장 2절"의 성경구절을 '대예언'으로서 음미해 볼 수 있다.
'
둘째로, '노스트라다무스'가 500년 전에 말한 "대예언" 속에서 특히 임박한 '1999년 7월 29일에 문명사회의 멸망'을 무심히 넘길 수 없고 유념해볼 일이며, "2026(丙午)년에 온다는 동방의 빛 - 황금시대"를 우리는 기대해 보아야 할 것 같다.

셋째로, '정역 8괘'에 나오는 "2천 7지(二天七地)"의 원리에 따른 땅속의 불기운이 북빙양의 얼음을 녹인다는 조리론과 '묵자'의 "천경설(天鏡說)에 의한 지구가 23도 7분 경사 되어 천, 지, 인, 의 에너지가 굴절"되었으나, 이제 '후천개벽'으로 올바로 서고 '현세극락과 밝은 한반도'가 온다는 사실들이다.

21세기 '후천세계'는 짐승만도 못하다는 사회적 취약점을 인간의 지혜로서 하느님의 경지에까지 끌어올리고, 이로서 인간은 망상을 버리고 태극자리에 들어갈 때, 병없는 건강한 불로장수르 100살까지 연장하면서, 말년을 자기 취향에 맞게 또한 행복하게 모든 사회복지를 보장해 주는 이른바 '공자', '묵자', '노자'처럼 "향선(鄕仙)"이 되어 편히 살리라.

> 뒷마무리 변증론

10편》 지구경사(傾斜)=원죄에서 한국 중심

처음 시도하는 이 책 [대예언과 대사상]의 집필방법론
  -지구원죄로부터 후천개벽, 해방, 한국중심

　이 책은, 고금동서(古今東西)의 2가지 사상적 또는 예언적 측면과 서술하는 2가지 방법론적 접근을 통하여 펼쳐졌다.

　이 책에서 말하는 (1) 원죄(原罪)론은 곧 바로 지구(地球)가 "23도7분"이 원래 태초에 삐뚤어 졌던 것이, 정역(正易)의 "2

천(天)7지(地)"라는 근본원리에 따라서 땅속의 불(火)덩어리가 북극(北極)으로 치솟아서 녹아내리고, 그것이 지구의 자전(自轉) 때문에 뿔덕 서고, 동시에 밀물에 밀려 "일본열도"는 3분의2가 물에 잠기며, 반면 한반도는 서해(西海) 바다가 전부 육지가 되고 동시에 만주봉천과 계룡산이 우리나라 땅으로 넓혀진다는 대예언이다.

지구는 윤도수(閏度數)가 없어지기 때문에 정확히 360일로 정역시대 달력이 이미 나와 있고, 기후는 극한(極寒) 극서(極暑)가 없어져 온난화하며, 인간성은 다같이 성인군자(聖人君子)가 되어 그야말로 이상향(理想鄕)이 온다는 결론이다.

또한 위에서 지적한 원죄(原罪)사상 이외에 (2) "기독교에서 말하는 아담과 이브가 에덴동산에서 쫓겨나는 원죄"가 있다. 그리고 (3) 사회사상에서 "마르크스가 사회주의를 주장하는 원죄의 근거로서 이른바 사유재산(私有財産)제도"를 들수 있다. 인류는 이들 원죄로부터 해방되려 안간힘을 다하여 노력해 왔고, 한편 이로부터 부활(復活)과 완전한 구원(救援)을 받기 위해서 무진 애를 다 써왔다.

그래서 이를 풀이하기 위해서 동원된 서술 방법론 2가지 중에서, 하나는 서양의 인문·사회과학(人文社會科學), 즉 '데카르트'적인 합리론(合理論)과 연역법(演繹法)이 적용되었고, 여기에 첨가해서 영국식 '베이컨'의 경험론(經驗論)과 귀납법(歸納法)등의 방법론이 다같이 적용되었다.

두 번째 또 하나는 동양의 천명사상(天命思想), 즉 사마천(司馬遷)은 '사기열전(史記列傳)'에서 천도(天道)는 시(是)냐?, 비(非)냐? 라고 옳기만 하느냐 아니면 그르기도 하느냐라는 의문을 남겼다는 조리론(條理論)에 근거하고 있다.

　　이들을 한꺼번에 받아들여서, 우리 '한민족'이 21세기에 바로 '세계주역'이 되는 후천세계(後天世界)의 미래전망과 '한반도'가 지구의 동극(東極)에 위치함으로서 지리상학(地理象學)적으로 좌청룡(左青龍)에 입각한 '중심역할'을 수행하게 된다는 사명의식을 한꺼번에 설명해 보려는데 참뜻이 있다. 지구의 풍수학적인 중심으로 히말라야 천산을 치는 데, 그곳에 곤륜산(崑崙山)을 기점으로 중원(中原)이 바로 중국이고 우백호가 "이태리 반도(半島)"이니까 "한반도" 좌청룡이 되는 이치이다.

　　이 같은 '사상과 예언'의 수렴과정은, 앞으로 3가지 관점에서 새로운 '비전'을 발상 하는 사고회로(思考回路)를 통하여, 우리 민족의 동양적 법통(法統)과 정당성을 입론하려는 목적을 지닌 동시에, 서양의 모든 백과학문(百科學問)과도 맥락을 접목시킴으로서 뿌리와 가지와 열매를 만개 시켜 인류의 문명과 문화를 높여 '복된 삶'을 이룩할 줄로 믿는다.

　　이제 21세기의 동양적 천지개벽〈天地開闢〉이란, 즉 '그리스도'가 유일무이한 '구세주'로서 내리는 최후의 '심판'과도 동일한 2천년 지복설(二千年至福說) 및 '요한 계시록(啓示錄)'을 참조한 말세론(末世論)과 비슷한 인류의 신비(神秘)한 사상을 풀어내는 시좌(視座)에 입각하고 있다. 그것이 정역에서 2천7지론 으로 등장하고 이 책에서 지금까지 누누이 서술해 왔다.

　　이에 바람직한 커다란 범주(範疇)를 앞으로 3가지 큰 단원(單元)으로 집약해서 세 가지 인류에게 부과된 원죄론(原罪論)으로 압축한 뒤에, 필자 나름의 견해를 풀어 보고자 한다.

여기에서 지적하고 있는 '후천세계' 또는 '천지개벽'(天地開闢)이란 뜻은, 원래 동양 학문의 요체인 사서삼경(四書三經) 속에서도 철학책에 해당하는 '주역(周易)＝역경(易經)'에 근거하는 동양철학(東洋哲學)의 핵심 논리를 기초이론으로 전개하고 있다.

원래 인류사회나 삼라만상의 대자연(大自然)이 항상 움직이고 있다는 사실을 '변증법'적인 '역(易-바꿈)'으로 표현해 볼 때에, '1음1양(一陰一陽)'으로 작용한다고 말하며 동시에 '1개 1벽(一開一闢)'하는 운동(運動)이라고 지적한다. 이런 경우, 마치 사람의 '숨쉬기' 즉 호흡도 '개벽운동'인 것은 말할 나위도 없으려니와 만일 이것이 멈춰지는 날이면 죽음이 오는 것처럼, 하루의 '낮과 밤'이나 일 년의 '춘하추동'이나 모두 '개벽(開闢)'이란 '우주운동'의 '상(象)'을 풀이한다는 것이 정확한 개념이다.

따라서, 이처럼 거대한 '우주'는 한시도 쉬지 않고 인간이 의식하지 못하는 사이에 개벽운동을 끊임없이 계속하고 있으며, 이런 현상(現象)이 수천 년간 또는 수십만 년간 쌓여서 어느 때인가는 결정적인 시기에 도달되면, 그 순간 '천지개벽(天地開闢)'은 터져 나온다는 논리이다.

우주변화의 법칙에 정통한 유명한 '소강절(召康節)' 선생은 이같은 '개벽운동'을 '원회운세(元會運世)'의 법칙이라고 지적하면서 앞으로 맞이할 '후천개벽'의 진리를 '역학'의 상수학(象數學)으로 12만 9천 6백 4십년으로 풀어내어 놓고 있다. 예컨대 1세(一世)는 30년, 1운(一運)은 360년, 1회(一會)를 10,800년 그리고 1원(一元)을 129,640년이라고 결론지어 우주변화(宇宙變化)가 완전히 종결하는 크고 작은 '주기(週期)'를 설정하고 있다.

물론 뒤에서 보다 상세한 설명이 있겠지만, 이것이 '소자(召子

-소강절)'가 제시하고 있는 결정적인 '천지개벽'의 상수학(象數學) 즉 '수리학'으로 발전되어 오늘의 '천(天), 지(地), 인(人)' 중에 지리상학적인 추론으로 풀이해 주고 있다.

첫째로, 땅(地)의 역을 말하는 '정역'[正易-'주역'에는 천(하늘)과 인(사람)만 있음]에서는 운(運)과 기(氣)의 작용[五運 六氣論]에 따라서 자연수(自然數)의 수리(數理)를 1에서 10까지로 정리해 볼 때, '양(陽)의 수(數)'인 1, 3, 5, 7, 9와 '음(陰)의 수(數)'인 2, 4, 6, 8, 10을 서수(序數)의 수열(數列)로 보면 된다. 이들 '음양(陰陽)의 모든 서수'들을 합하면 '55' 즉, "토방(土方)의 55(五十五)의 순환주기(循環週期)"가 나오며, 음양(陰陽)의 순서로 1, 6은 물(水)이요, 2, 7은 불(火)요, 3, 8은 나무(木)요, 4, 9는 쇠(金)요, 5, 10은 흙(土)이라고 각각 '상징'이 주어져 표현된다.

둘째로, 이 같은 '상수학(象數學)'을 '주역 8괘'로 표현하면, 태극(太極)은 음과 양으로 나누어지고, 다시 태양과 소양 그리고 태음과 소음으로 이루어지는 '4괘(四卦)'가 나오며, 이를 펼쳐 보면, 8×8=64가 되는 것처럼 즉 "64괘(六十八卦)의 순환주기"가 성립된다. 오늘날 '주역'의 64괘(掛)는 맨 처음 건위천(乾爲天)에서 시작해서 맨 마지막에는 화수미제(火水未濟)로 끝나고 있는데, 끝이 없이 '미제(未濟)'에서 희망을 가지고 다시 시작하라는 뜻을 담고 있다. 이로서 지구의 주기나 특히 인류 역사시대의 한 주기(週期)가 아직도 지나간 6천년 말고, 다시 21세기부터 '후천세계 3천년'이 남았다는 상징으로 풀이된다.

셋째로, '십간(十干) 및 12지(十二支)'에 의한 결합에 의해서 예컨대 '갑자(甲子), 을축(乙丑)……'등과 같은 순서는 '음양 5행'에 따른 해법으로, '60 환갑(六十還甲) 주기설'로 되돌아온다. 지구의 자전과 공전이 정확하게 제자리로 돌아오는 날로 보는 바, 참된 생일날은 결국 '환갑 날'이 된다. 그래서 앞에서 열거한 이들 3대 순환주기(循環週期)에 대해서는 뒤에 상세한 해설을 부치기로 하겠지만, 여기에서 '55' 즉 토방 오십오(五十五)란 기본 수는 실은 중앙의 토(土)를 지칭하고 있다. 때문에, 이로서 얻어지는 음양(陰陽)의 기본합계수(基本合計數)는 복잡한 과정을 거쳐서 자연수(自然數)의 발전원리를 총합해 볼 때, 결국 총수는 11,540이란 만물(萬物)의 수(數)가 성립된다고 말한다.

이에 다시 '정역(正易)'의 후천수(後天數)가 예시(豫示) 됨으로서 지금 우리인류(人類)는 '지구'의 일대 변화에 따라, 지난 6천년 전의 '복희 8괘'나 또한 3천년 전의 '문왕 8괘'는 수명이 다하고 그 동안 '하늘과 땅의 에너지가 굴절' 되어 왔던 일체의 모든 부조리(不條理)는 '우주변화'에서 '후천개벽(後天開闢)'의 21세기 새시대를 맞아 '현세 극락세상'이 된다.

극복해야 될 3가지 원죄론(原罪論-Original Sin)

필자는 이 책을 집필하는 사고회로(思考回路)상의 가치기준에 관해서 '인간사회의 생성과 소멸'의 관계나, 인생의 생로병사(生老病死)에 대해서 아무것도 '모른다는 사실' 즉 '소크라테스'가 "너 자신을 알라! 나는 모른다는 사실을 알지만 너는 모른다는 사실 그 자체마저 모르지 않는가!"라고 한말을 진리라고 믿을 뿐이다.

인류의 물질문명이나 정신문화가 처음 열리고 역사시대가 인류의 기억 속에 더듬어 질 때부터 오늘날 고도의 첨단 기술과 장비가 온통 인간의 오만을 불러오고 있지만, 실은 단 한가지의 생명이나 생각조차 출처를 전혀 알 수 없다는 사실이 안타까울 뿐이다.

　　무엇보다도, 원래의 '기독교 사상에서 지적한 인간의 원죄론(原罪論)과 최후의 심판으로부터 구원(救援)의 사상'만이 지금껏 인류에게 고통으로부터의 해방을 갈구하는 유일한 서양사상 이었다. 그러나 '1천년 지복설'이 왔을 때의 심판이란 '십자군전쟁'만이 서양을 중세의 암흑시대로부터 근세로 분해시키는 촉매역할을 수행했을 뿐이었다.

　　천사와 악마가 동시에 존재하며 싸우는 마치 희랍신화에 나오는 '제우스' 신(神)과 '프로메듀우스' 신(神) 사이의 끝없는 싸움처럼, 인간에게는 '지구가 둥글다'는 충격 속에 근대의 '산업혁명'을 그리고 정치적으로 '프랑스 대혁명'을 가져 왔을 뿐 인간조건의 해방은 없었다.

　　물질적 풍요는 빈부격차를 초래하고 반면 급진적 자유는 굶주리는 속박을 가중시켰을 뿐, 그밖에 아무런 구원도 없이 과거 11세기에 '1천년 복지설'이 헛된 '십자군 전쟁'으로 분해과정을 밟으면서 몰락하게 되자, 오늘날 21세기에 접어들면서 또다시 '2천년 지복설'만이 무성하게 말세론(末世論)으로 튀어나오고 있을 뿐이다.

　　그래서 생각해 본 것이 인류에게는 이와는 다른 2개의 새로운 '원죄(原罪) 사상'을 간과해서는 안되겠다는 문제의식이 표출되기에 이른다. 가히 '기독교의 원죄론'도 받아들이면서 동시에 논리정연한 별개의 2가지 '원죄론'을 적용해 보려는 시도로 나타난다.

다만, 필자는 이 책에서 21세기의 '신천지(新天地)' 즉 '후천세계(後天世界)'를 풀어 보려는 시도를 "탄허 큰스님과의 대담/집필을 통해서 전통사상과 대예언"으로 재구성 해보는데 그치겠지만, 다른 기회를 통하여 필자는 "한반도 국운의 정치경제학"이란 별책을 집필해서 풀어 보기로 약속한다.

이들 세 가지 인류의 '원죄론'을 필자 나름으로 설명해 보면 다음과 같다. 첫째는 "지구가 23도 7분' 삐뚤어진 '정역 8괘'의 '2천 7지'에 입각한 지리상학적 변동"을 원죄로 보고 바로 '후천개벽'의 계기로 간주하는 이론이다. 둘째는 '마르크스'의 "역사적 유물론에서의 사유재산제도"에 의한 지배계급의 착취를 원죄로 간주하면서 노동자의 폭력혁명사상을 들 수 있다. 셋째는 맨 앞에서 원초적으로 지적한 "기독교적인 에덴동산의 파괴"를 들어 이를 인간이 저질은 원죄로 선고하고, 비록 '예수'가 십자가에 못 박혀 원죄로부터 사면의 길을 텄다고 해도, 21세기에 최후의 심판과 구원을 찾을 수밖에 없다.

이를 뒤집어서 말한다면 인류는 '원죄를 말끔히 씻어 버릴 때 바로 천국이 오고 구원을 받을 수 있다'는 결론이며, 그것은 우리 인류가 바라는 '에덴 동산'이요, '패러다이스'요, '유토피아' 즉 이상향(理想鄕)이요, '천국'이요, '낙원'이요, '요순시대'요, '극락정토'요, 무릉도원'이요, '미륵부처의 세상'이다.

첫째의 원죄론'은, 원래 주역(周易)에 의거한 논리에 덧붙여 새로이 출현한 정역(正易)의 이론이다. 원래 하늘에 관한 천(天)과 사람에 관한 인(人)의 역(易)'을 우리는 '복희 8괘'와 '문왕 8괘'로서 익히 잘 알고 있지만, 나머지 '땅에 관한 지(地)의 역(易)'으로서 '정역 8괘(正易八卦)'는 최근세(1881년)에 한국에서 출현하여 그나마 아는 자가 드물다.

이를 지리상학(地理象學)이라고 주장하는 학설이 한국에서 120 여 년 전부터 '한국사상'으로 조리(條理)있게 설명되고 있다. 그의 내용은 곧, '지구(地球)'가 237(23도7분)이나 삐뚤어(傾斜)져 있다는 묵자(墨子)의 학설과 '정역 8괘'에서 나타난 '2천7지'에 근거를 두고 '2,7(火)'란 땅속의 불(火)이 북빙양을 녹여서 '천지개벽'이 전개되는 이론에 근거한다.

지금부터 약 3천년 전의 춘추전국시대에 제자백가 중에서 과학자에 속하는 한 분인 '묵자(墨子)의 '하늘 렌즈설' 즉 '천경(天鏡)학설'에 의해서 '윤도수'(閏度數-閏年, 閏月, 閏時, 閏秒등)가 작용하고 있기 때문에 즉 쉽게 말해서 '하늘의 에너지가 굴절되는 것'이 원죄라는 논거이다.

인간이 하늘의 기운과 땅의 기운을 360도로 받지 못함으로 지금까지는 1년이 365일에다가 윤도수(閏度數)가 덧붙여 삐뚤어져 있으니, 특히 성현군자(聖賢君子)는 3천년 동안 나올 수 없었고, 인간이 형이하학적으로는 짐승만도 못한 성질을 타고나니, 이는 곧 '지구(地球)'가 바로 설 때, 즉 '후천개벽'이 오면 자연히 올바로 잡힌다는 입장에 근거하게 된다.

둘째의 '원죄론'은, '칼·마르크스'(Karl Marx)가 천재적으로 집대성해 놓은 '역사적 유물변증법'(歷史的 唯物辨證法)에 근거해서 시작되는 인류의 고통을 말한다. 이는 어데 까지나 모든 사물은 운동하는 가운데 존재양식을 발견하게 되고, 물질적 기초가 변한다는 전제 위에 근거한다.

인류가 최초로 역사시대에 들어오자 가장 철없이 아무런 지배자도 피지배자도 없었던 '원시공동체'(原始共同體)는 파괴되고 인간이 마치 희랍신화에서 '푸로메듀스'가 불(火)을 훔침으로서 파멸을 자초했다고 해석하는 것처럼, 이때부터 생긴 사유재산제도(私有財産制度)는 계급간의 착취(搾取)관계를 발생케 하고 '지배와 피지배'의 계급투쟁이 지금까지 계속 되고 있다는 논리이다.

'마르크스'는 인류의 고향(故鄕)으로서 '유토피아'의 시대를 '아시아적 생산양식'(生産樣式)이라고 불렀지만, 원초적인 무정부 사회는 권력지배계급과 노예계급으로 나뉘어 수많은 피지배계급이 압박받게 되고, 뒤를 이어 고대 노예사회, 중세 농노사회 및 오늘의 자본주의사회가 출현했음으로 다음에는 공산주의사회가 나온다고 규정한다.

오늘날 자본주의 사회에서는 모든 것을 자유방임에 맡김으로서, 소수의 자본가계급만 호의호식하고, 대부분은 두개의 손을 가지고 일해도 하나의 입을 먹여 살릴 수 없는 '굶어 죽는 자유'를 가진 사회를 만들기에 이르렀다고 지적된다.

이를 극복하는 새로운 사회는 사회주의로서 개인이기주의를 통제할 수 있을 뿐, 생산력과 생산관계를 계획적으로 조화시키고 인간을 과학에 의해서 노동으로부터 해방시켜서 '능력에 따라 일하고 욕망에 따라 먹을 수 있는 사회' 즉 공산주의(共産主義)사회가 도래할 것이라고 예언하고 있다.

고대 이집트의 '노모스 공동체'와 같은 종교와 정치의 '제정(祭政)'일치, 즉 미약한 생산력을 기초로 한 첫 번째의 역사적 단계에서 '사유재산제도'가 지배권력의 단초적 '원죄(原罪)'라고 규정한 '유물사관'이 나온 이후, "생산력(경제력-하부구조)과 생산관계(정치지배권력-상부구조)"라는 공식에 의거해서 착취는 가능하다.

 '고대의 노예(奴隷)사회'와 '중세의 봉건(封建)사회' 그리고 '근세의 자본주의(資本主義)사회' 및 장래의 '공산주의(共産主義)사회'라는 '착취지배와 피(被)착취'라는 계급관계(階級關係)를 만든 과학적 근거로 사유재산제도를 원죄로 간주한다.

 셋째는 가장 세상에 잘 알려져 있는 "기독교의 원죄론"이다. '원죄'란 바로 '구약성서(舊約聖書)'에서 나오는 '인류가 저질은 죄' 즉 영어로 말하면 "오리지널 신(Original Sin)"을 일컫는 바, '천지창조'에서 맨 마지막날 하느님의 전지전능한 작품으로 생긴 '아담과 이브'가 '에덴동산(樂園)'에서 잘 지내다가 그만 '이브(女子)'의 실수로 '사탄'의 꼬임에 빠져 '낙원을 잃어버리는 이야기'를 말한다.

 즉 '실낙원(失樂園 - Pradise Lost)'에 의하여 '카인은 친형제인 아벨을 죽이고' 일찍이 '모세의 십계'에서 경계하는 바와 같이, 인류는 살인과 간음 및 온갖 죄악(罪惡)과 고통에서 벗어나지 못하게 되었다.

 다만 전지전능하신 하느님의 섭리는 '예수 그리스도'라는 구세주(救世主)를 세상에 보내어 십자가(十字架)에 못 박히고 부활하는 속죄(贖罪)를 보여 준바 있다. 이제 2천년만의 '최후의 심판' (最後의 審判)을 받게 되었다는 인류해방의 '구원론(救援論)'만이 남았다.

 그리고 '예수 그리스도'는 "마태복음 28장에 나오는 언행록"에서 최후의 심판 장면을 말씀해 주셨고, 또한 '요한'은 그의 "계시록(啓示錄) 3장 8절"에서 인간의 원죄(原罪) 해탈에 대한 비유"를 허황할 정도로 잘 묘사해 가르쳐 주고 있다. 실은 이를 동양의 "역학"과 비교해 보면 '후천개벽'과 거의 일치할 정도로 심오한 내용 풀이들이 같다. 그러나 역학(易學)에서 지적하는 지구(地球)의 일대 변혁(變革)을 근거로 사방에서 일어나는 지진(地震), 해일(海溢), 화산(火山)폭발 등 과학적 현상들을 "대사상·대예언"으로 표출시킨 사례는 어느 종교나 참설에서도 찾아 보기 힘든다.   -끝-

11편》 후기 ⇨
후천개벽(後天開闢)은 한국의 이상향

"역사는 자유냐 필연이냐"를 놓고 일찍이 '희랍'의 "헤로도토스"는 당시 지중해를 넘나드는 여행기(旅行記) 즉 '히스토리(History)'를 써 놓은 것이 오늘날 서양의 다원론(多元論)적인 "역사(歷史-동양에서는 사마천의 史記)"라고 정의되고 있다고 알려져 있습니다. 여기에 서양에서는 '히브리즘(유다야)'과 '헬레니즘(그리스)'이 결합되어, 역사에 비춰 본 고대사회 6천년 이래 인류(人類)가 살아온 발자취를 준엄하게 증언하고 심판해 주는 가늠자로서,

끊임없는 목격자로서 지켜봐 주고 있다는 사실을 유념할 일이다.

중국에서 사기열전(史記列傳)을 쓴 "사마천(司馬遷)"은 남자로서 거세당하는 형벌을 받고, 앉은뱅이에 장님이 되면서도, 일원론(一元論)적인 중국의 방대한 역사(歷史)를 추상같은 '춘추필법'으로 기록해 놓았지만 역사가 무엇인지 스스로도 판단 못하고 정의를 내리지 못 한채 남겨 놓았다. 그는 죽으면서도 과연「천도(天道)는 시(是)냐 비(非)냐」를 의문시 하면서, 그것이 천운(天運)이든 또는 운명(運命)이든 알 수 없이 오늘날까지 영문도 모르고 인간이 사는 도리를 그런대로 일깨워주고 있다. 서양의 다원론과 동양의 일원론의 사상적 차이는 하늘과 땅 사이이다.

인간(人間) 한평생 살아가는데 진정 운명(運命)이나 숙명(宿命)은 존재하고 있는 것인가. 인류 역사가 수래 바퀴처럼 돌아가는데, 천명(天命)이나 혁명(革命)은 자유인가 아니면 필연인가. 생명(生命)이나 영혼(靈魂)을 사람답게 부지하는데, 인간이 실존(實存)을 느끼면서 사명감(使命感)이나 소명의식(召命意識)을 제대로 깨닫고 나 살고 있는지, 그리고 어떤 절대자 신(神)의 섭리가 과연 인간사회의 '생로병사'나 '희로애락'을 팔자 속으로 관장해주는 섭리가 있는지.

필자는 일찍이 이 같은 문제의식에 사로 잡혀, 인생의 노년기에 이르도록, 인간의 생로병사나 인류역사의 생성, 발전, 소멸의 존재와 당위성을 어떻게 인식하고 받아들여야 인간세상이 고귀한 가치 추구를 지니며 살아 갈 수 있을까 끝없는 고민 속에 살아 왔다. 이 때문에 "역사는 자유냐 필연이냐", 또는 "천도는 시냐 비냐"를 끊임없이 탐구해 왔다. 또한 인간이 살아가는 도리는 도(道), 덕(德), 인(仁), 의(義) 예(禮), 지(智), 신(信),에 다가, 인간 속성으로 "희(喜), 노(老), 애(愛), 락(樂), 애(哀), 오(惡) 욕(慾)"등을 극복 하면서 우선 "수(修), 신(身), 제가(濟家)"도 기본이겠지만, 현실은 맹목적인 삶에 쫓겨서 세계에 대한 인식도 또한 인생에 대한 삶의 위대성조차 의식 못한 채로 그저 눈앞의 현실에 급급해서 실정법(實定法)에 매달려 살아가고 있지 않는가.

인생과 우주에 관한 참된 진리는 무었으로 설명 되는가. 그러나 동양에서 특히 유교(儒敎)에서 기본으로 여기는 사서삼경(四書三經) 중에서 철학으로 확립된 즉 주역(周易)으로 대변되는 "인생관 및 세계관"은 절대적이어서 천문, 지리, 역학(易學)과 더불어 우주변화의 근본원리를 해명해 왔으며, 이와 더불어 풍수(掌風得水)와 도참설(圖讖說) 및 지리상학에 관한 "정역8괘(正易八卦)의 위력은 후천개벽의 신비한 사상과 예언들로 전개되어 왔다.

필자의 생각은, 서양 기독교의 원죄론(原罪論-Original Sin)이 최후의 심판과 구원에 의한 천국을 제시하고 있다면, "마르크스"의 유물사관은 사유재산에 의한 착취와 계급투쟁에서 혁명과 해방을 설파하고 있다. 또한 역학(易學)에서는 지구가 23도7분 기울은 근본적인 지구의 원죄(原罪)에서 파생된 윤도수(閏度數)가 문제의 관건이지만, 이제 북극이 녹아 지구가 「똑바로 일어섬」으로서 일어나는 천지개벽(天地開闢) 다음에 지상천국의 이상향이 온다는 논리이다.

이상과 같은 3가지 원죄이론 중에서 이 책이 목표로 하는 논리는 주역 중에서 땅에 관한 정역(正易)의 이론을 중심과제로, 후천세상을 풀어 보려고 시도하고 있다. 첫째, '에덴동산'에서 '이브'가 사탄과 간통하고 쫓겨 났다는 원죄(原罪)가 있다. 둘째, '마르크스'의 유물사관(唯物史觀)은 사유재산제도 때문에 권력과 부귀를 향한 계급투쟁(階級鬪爭)의 원죄(原罪)가 있다. 그러나 셋째로, 정역(正易)에서구명된 2천7지(二天七地)라는 불(火) 덩어리가 북극을 녹여서 지구에 후천개벽이 온다는 구체적인 원죄(原罪=지축의 성숙)론의 학설이 주된 내용이다. 그 뒷 사정은 앞서 본론에서 서술한 새로운 세상이 전개되는 동시에, 한국=동극(東極)이라는 추론에 의해서 세계의 중심적인 위상이 설정된다는 이른바『대예언·대사상』에 초점을 맞추었다.

"청천 하늘엔 별도나 많고, 우리네 살림살이 수심도 많다"라는 「아리랑」의 한가락처럼, 그것이 슬픈 '정선아리랑'이든 아니면 즐거운 '진도아리랑'이든, 우리인류가 고난의 오랜 세월을 살아오면서 불완전한 한 많은 현실을 떠나서 완전한 낙원(樂園)을 기대하는 바램은 뼈에 사무쳐 있다. '요순의 시대'라던가 '무릉도원', '에덴동산'이나 '천국', '극락정토' 등 인간을 고뇌로 부터 해방해 주는, 이들 모든 "유토피아"만이 동서고금의 어떤 시대나 어떤 사람을 막론하고, 인류가 끊임없이 갈구하고 염원해 온 불멸의 이상(理想)이요 희망이었다.

여기에 미륵(彌勒) 현세부처의 출현과 에덴동산의 페러다이스', 즉 하느님의 나라, 신국(神國)이 영적인 '권능의 지도자 즉 메시아'에 의해서, '왕도정치'로 아니면 천지개벽으로 뒤 바꿔 질 것이라고 믿고 있었다. 반면 인간의 공작적인 힘의 조작에 의한 '무력혁명'으로, "능력에 따라 일하고, 욕망에 따라 먹는다"라는 공산주의가 실현된다는 허상(虛像) 속에서 수세기에 걸쳐 헤메이며, 노도광란의 채찍에 시달려 오기도 했다. 이제 21세기 동방의 황금시대와 참된 '유토피아'와 이 땅에 영원한 평화가 펼칠 날을 손꼽아 기다릴 뿐이다.

▶◎ 이 엉뚱한 책자 속에 배회하는『대예언·대사상』을 통하여 곧바로「탄허큰스님과 장화수교수」의 충격 사상과 3차원의 예언으로 표현된 인간의 고뇌와 이상향의 근거와 모양을 현대감각에

맞추어 조명해 보았다. 물론 이 세상에 변함없는 완전한 진리는 없다. 천국을 향하여 가는 것이다.

그래서 경제학의 아버지 아담·스미스(Adam-Smith, 1723~90)도 결국 경제의 운행을 알 수 없는 『보이지 않는 손(Invisible Hand)』이 이 세상을 "자연적 조화(調和)"로 순화시켜 준다는 "신의 섭리"에 맡겨 놓았다. 또한 철학의 아버지 임마뉴엘·칸트(Kant, Immanuel, 1724~1804)도 자기가 알 수 없는 『물(物)자체의 세계』가 따로 있으니 자연의 신비에 따르라고 설파하였다. 21세기에 들어와 물경 100년 만에 아인슈타인(Einschtain, Albert, 1879~1955)의 『상대성 원리』가 증명 되었는데, 빛과 시간이 상대적(相對的)이란 원리를 발견해서 세계를 뒤집어 놓았다. 불교에서 이미 3000년 전에 지적된 "반야심경"에서 『색즉시공·공즉시색』과도 같은 원리가 아니겠는가.

이 책에서는 인간이 태초에 타고난 원죄(原罪)가 있어, 여기에서 해탈(解脫)하고자 안간힘을 다했지만, 지금도 "So What?" 〈어떻게 할것이냐〉를 아무도 모른다. 경사진 지구가 지금까지의 365일에서 360일로 뿔덕 서면서 원죄도 해탈되고 인간 속세가 천국이 된다는 『대예언·대사상』을 현대감각에 맞추어 풀어 보았다. 탄허큰스님의 말씀은 사상(思想)이면서, 예언(豫言)이면서, 참언(讖言)일 수도 있는 사실적 표상(表象) 그대로를 발굴해 보면서, 평소에 필자가 탐구해 온 "천명과 운명"에 관한 "원죄와 국운," 그리고 인간혁명과 후천개벽에 관한 총 11편》에 달하는 장르를 달리하는 차원의 글을 엮어 보았다. 여기에는 각개 인간의 생사관(生死觀)이나 사물을 일깨우는 시좌(視座)나 사고회로(思考回路)에 관한 코패르닉스한 대전환을 다짐해 보면서, 과감히 신사고(新思考)를 여는 뜻으로 개정·증보판을 펴내 보았다.

2천년 전 '팔레스타인' 평원에서 약대가죽을 둘러쓰고 메뚜기와 석청을 먹으면서 "나는 빈 뜰에 외치는 소리다"라고 「메시아」가 올 것을 예언하고, 새천년의 『그리스도(구세주)』가 온다고 미친듯이 왜치던 "세례 요한"처럼, 신천지(新天地)는 '2천년 지복설(millennium)' 속에 부활과 최후의 심판과 구원을 약속하였지만, 드디어 혼돈 속의 말세만 지금도 들어내어 놓고 있다. 이제 서서히 눈앞에 임박해 다가와 있는 공포심에 가득한 인류멸망과 인생의 예언이 "요한 계시록"을 통해서도 만천하에 널리 알려져 있는 셈이다. 그러나 최후심판 다음에는 무엇이 어떻게 된다는 청사진(靑寫眞)은 하나도 없다. 이제 탄허큰스님의 말씀이야 말로 유일한 새로운 청사진이 아니겠는가?

지금부터 480여 년 전 '프랑스 루이16세'가 살던 시대에 유명한 예언가 「노스트라다무스」는 그가 계시를 받았던 소름끼치는 『전-대예언(全-大豫言)』.을 통하여, "인류는 1999년7월19일에 '문명사회'가 멸망한다"라고 몰래 암호(暗號)문으로 기록해 놓았다. 물론 그 예언 날자는 허황되게 빗나갔지만, 능지처형을 받아도 모자랄 예언(豫言)들을 거침없이 쏟아 놓았는데 나머지는 모조리 적중한바 있다. 예컨대 '동방의 황금시대'와 "대지도자와 지축이 흔들리는 지구변동" 등 몇 가지는 그런데로 기원후2000년 동안 현실로 나타날 것을 예언하고 있다. 거의 대부분의 '예언' 적중하였다. 예컨대 '프랑스혁명' 공산주의 '히틀러의 등장'과 '제2차세계대전' 그리고 미국의 '케네디 대통령'의 암살까지 알아 맞추었으니 기가 막힐 일이지 않는가. 그래서 '공포의 예언'은 인간의 슬기와 지혜를 초월해서 3차원의 세계에 다다를 수 있다.

조선에서도 1000년전에 도참설(圖讖說)로 유명한 '도선대사'가 왕건(王建)이 고려(高麗)를 개국할 것을 예언해서 지금까지도 후세사람들을 놀라게 하고 있지만 '무학대사' 역시 이성계(李成桂)가 조선(朝鮮)을 개국 할 것이라고 예언해서 적중하였다. 물론 500여 년 전 유명한 남사고(南師古)나 이토정(李土停) 및 이율곡(李栗谷) 선생 등 '임진외란' 7년 전쟁을 예견한 선각자들은 많았으나, 닥쳐올 재앙을 지혜롭게 막지는 못하였다. 숙명(宿命)은 어쩔 수 없었다 치더라도, 운명(運命)만은 노력해서 바꿀 수 있지 않았겠는가.

공자(孔子)는 '아침에 도를 깨치면 저녁에 죽어도 좋다'(朝聞道夕死)라고 진리를 갈구하였다. '노자(老子)'는 "무욕(無慾)이 대욕(大慾)"이라고 마음 비우기를 일깨우면서, 일찍이 '무위자연(無爲自然)'의 도를 갈파하여, 서양 희랍의 '제논'과 더불어 아나키즘(무정부주의)의 절대자유를 역설한 바 있다. 이 같은 언행들은 오늘날 불로장수의 신선(神仙) 사상으로 재평가를 받고 있으며. 현대 공해문명에 싫증난 지성인들이 도시를 박차고 자연 속으로 묻히기를 갈구하는 반면. 늘어나는 실버 파워, 즉 노인세대 들에게 건강장수의 꿈과 신화(神話)를 한층 북돋아 준다.

결론적으로 집약해 볼 때, 이 책이 지닌 경륜(經綸)이랄까 동양적인 우주관(宇宙觀)은, 첫째 한 미 양국의 운명적인 우호 및 결합관계를 들 수 있고, 둘째 공산주의 좌익 모험사상이나 천민자본주의 반동 수구사상 중의 그 어느 것도 이를 배척하면서 제3의 '한국적 전통사상'을 마음속에 숙명적인 원죄(原罪)의식으로 자리 잡게 했으며, 셋째 동양철학과 조리 정연한 '역학'에 입각해서 한반도가 세계중심이 된다는 밝은 미래세계와 희망을 현실적으로 예견해 주는 '극락정토'이면서, '메시아' 사상이고 '이상향'이 된다는 논리이다.

『대예언 대사상』이 주는 '충격 예언'에 따르면, 첫째, '한반도'의 국운이 융성하게 되어 '후천세계'에 세계의 중심이 될 뿐만 아니라 '영(靈)적인 권능의 지도자가 동방의 황금시기'에 나온다는 현세사상이다. 둘째 '일본열도'는 바다 밑에 침몰됨으로 '독도'는 문제 밖의 일이며, 황해 대륙붕이 '모세의 기적'처럼 현국토의 2배 이상이 융기하고, 반면 만주와 러시아의 연해주 및 요동반도 일부가 또다시 우리 땅의 일부로 편입된다는 매우 희망적인 관찰이다. 셋째 미국이 우리를 도와서 서방 "금풍(金風)"을 불어옴으로, 남북한은 점차 한국위주의 통일이 임박하고 있다는 점이다.

또한 남방 "화운(火運)"이 북방으로 한국이 진출해서 장차는 중국, 러시아의 연해주, 몽고 등의 북동아시아의 문화영토와 경제영토를 확보하면서, 일본이나 러시아의 자발적인 협조가 동북아시아 공동체로 점차 가세된다는 결론이다. 오랜 굴종과 한 맺힌 민족의 가슴속에 열정의 마음을 솟구치게 하는 '하늘의 소리'가 들려오고 있다. 얼핏 보면 허황하기 짝이 없는 이 같은 허튼 소리가 어떻게 무슨 근거로 나올 수 있겠는가, 어리둥절하지만 실은 근거가 뚜렷하다.

그 근거는 첫째 '묵자'의 '천경설'에 나오는 지구가 23도7분이 삐뚤어져 있었으나, 이제 똑바로, 서면 360도로 윤도수(閏度數) 없이 바로 선다는 근거와, 둘째 '정역 8괘'에서 조리 있게 제시된 "2천7지(二天七地)"에 의해서 지구 속의 불덩이가 북극(北極)으로 치솟는바, 소위 물이 극에 달하면 불을 생한다는 법칙 후천개벽을 일으켜서 지축이 흔들리는 지구의 대변혁 뒤에는 21세기 초반에 동극(東極)인 한반도가 필연적으로 세계의 중심의 된다는 결론이다.

과연 오늘날 급속한 고도 산업화와 날로 메말라 가는 생활과 인간성이 소외(疎外) 당하는 각박한 현실 속에서, 인간은 한낱 거대한 '사회 메커니즘'의 부속품으로 전락한 차제이다. 이 책이 제시하는 시선한 "21세기에 벌어질 대사상과 충격예언"은 '자연과 인간'을 되찾고, 몸과 마음의 건재함을 재확인 해주면서 새로운 '영혼과 생명'을 부활시켜 주는 동시에 삶의 활력을 북돋아 주는 데에 있다. 더구나 한치 앞을 내다 볼 수 없는, 천기(天機)와 국운(國運)과 이에 따른 각자의 운세(運勢)를 동양의 전통 '역학(易學)'에 의해서 되찾아 보는 일은 무엇보다도 답답한 산업화 사회 현실 속에서 사람다운 삶의 보람을 재생시켜 주고 활력을 불어 넣어 주고 있을 뿐이다.

특히 '한반도'의 경우, "후천개벽"이 왔을 때에, 예컨대 480년전 서양의 '노스트라다무스'는 '예언'하기를 1999(己卯)년 7(壬申)월 29(癸亥)일에 문명세계가 멸망하고, 2026(丙午)년에 "동방에서 영(靈)적 지도자가 나타난다"고 말한바 있다. 그런가 하면 다른 한편 동양에서 '후천개벽'은 대게 2004(甲申)년부터 2064(甲申)년까지 적어도 약 '60갑자(甲子)년간'에 일어난다고 예견해 왔다. 물론 한반도의 통일문제나 긴장해소문제는 무술(戊戌)년에도 토(土)기가 충천함으로 북한을 누르니까, 크게 기대해 볼만하다. 대략 "문왕8괘"이래 3천년만의 대변혁을 맞이하는바, 이 역시 동양의 무서운 예언(豫言)이 일치하고 있다.

▶◎ 그래서 이들 변혁의 근거는 역학(易學)의 조리(條理)에 의거한 2가지 이치인데, 그의 원리(原理)는 아래와 같다.

㈠ 묵자(墨子)의 천경설(天鏡說)에 의한 지구축(地軸)의 공전(空轉)이 23도7분의 경사(傾斜)를 바로 잡고, 해(太陽)를 1년에 한 바퀴씩 도는 것이니까, 이로서 윤도수(閏度數)가 없어짐으로, 태양 '에너지'의 굴절(屈折)이 살아지고, 동시에 1년은 달력이 정확하게 360일이 된다. 원래 3000년전 설날은 동지(冬至)이어다. 지금 또한번의 3000년이 왔음으로 지구개벽이 새로운 달력을 만들고 있다.

지금까지 입춘(立春)으로 시작되는 1월 달은 현재의 2월 달인 묘월(卯月)로 바뀌지고, 인간은 태어날 적부터 하늘과, 땅의 기운을 굴절 없이 받아서 조화(調和)를 이룬「천(天), 지(地), 인(人)」은 완전하게 합일되어, 성인군자(聖人君子)로 탄생된다. 한편기후는 극한(極寒)이나 극서(極暑)가 없어져 '봄과 가을'처럼 살기 좋고 쓸모 있는 땅은 많아지는데, 인구는 사방 10리(里)에 사람 하나 꼴로 인구밀도가 극히 적어 부족함이 없이, "극락세상"에서 아무 걱정 없이 살게 된다. 이것이 가히 천국(天國)이 아니고 무엇이겠는가.

㈡ "정역8괘"에 나오는 지리상학적 변화는 "2천7지"(二天七地 – 하늘의 불이 땅속으로 들어가 북극으로 치솟아 빙하를 녹인다는 이치)라는 원리에 의해서 지구가 '사춘기(思春期)'에 들어와 성숙하니까, 그 힘이 땅속 깊은 곳의 불기운을 북극(北極)으로 치솟게 해서 북빙하(北氷河)를 녹이기 마련이고, 동시에 남극은 지렛목이 되어 지축을 들어올리기 마련이다. 어느 날 일시에 녹은 거대한 물결은 지구가 동쪽에서 서쪽으로 도는 자전 때문에 엄청난 해일로 뒤바뀌고, 알류산 열도'를 따라 북동아시아를 덮치게 된다. 물론 일본도 침몰하게 된다.

이때에 가장 큰 피해를 보는 곳은 바다 위에 육지가 떠있는 '일본열도'로서 그의 3분2가 바다 속에 침몰 되며, 주역(周易)에서도 "함(咸)야라고 31번 괘사(卦辭)"에 기록되어 있어서 한국의 부상과는 정반대로 함몰되기 마련이다. 이와는 또 다른 면에서, 미국은 지구 서(西)쪽 방향에서 "주역8괘(周易八卦)"에서는 태방(兌方)이 되는데, 지축의 변화와 더불어 "정역8괘(正易八卦)"에서는 "태방 소녀(小女)"가 그의 상대 '파트너'인 한국이 정동(正東)쪽으로 이동하니까, 결국 간방(艮方) 소남(小男)인 동극(東極)의 한반도와 결혼을 하게 되어 미국은 한국 즉 남편을 도와서 세계의 중심으로 거듭나게 만든다.

전통사상의 입장에서 '역학'의 논리에 의거하여 3개국의 이른바 국운(國運)론을 분석해 본 것이 이 책의 제9편》에 나오는 "한반도-미국-일본"에 관한 근대사 100년을 찾아, 오묘한 운명(運命)의 발자취를 더듬어 보았다. 이것은 서양식의 어떠한 사회과학이나 또는 역사 및 철학 등 인문과학으로도 분석되지 않는 부문들이다. 그리고 서양의 "노스트라다무스"가 말한 2000년 동안의 후천개벽이나, "요한 계시록" 및 한국의 "정역8괘"이론에서 활력을 찾을 일이다.

예컨대 중세가 망하면서 「팍스-로마나(Pax - Romana)」의 시대는 서구의 봉건시대 장원경제시대에 '모든 길은 로마로 통한다'라고 하면서 중세 세계를 지배하였다. 근세로 역사가 이동하면서, 지구가 둥글다는 자본주의(資本主義)의 본원적 자본축적이 이루어지는 시대, 즉 중상주의(重商主義) 시대에 지구는 '하나의 세계'로서 영국중심의 「팍스- 브리타니카(Pax-Britanika)」로서 영국이 전세계 자본축적을 약탈해 가지고, 해가 지지 않는 나라로 번영을 주도하였다. 이때 약탈의 최대무기는 약 5000만 명의 노예(奴隸)무역을 통한 해적(海賊)질로 전 세계에 해가 지지 않는 식민지 해양국가로서 패권을 잡았었다.

오늘날 제2차 세계대전을 치룬 뒤에 서구는 다 같이 몰락하고, 오직 미국만이 지구 전체를 휘어잡는 경찰국가로 패권을 장악하였다. 이를 가리켜 미국 중심의「팍스-아메리카나(Pax-Amerikana)」라고 부른다. 완전한 공룡국가가 되어 있지만, 다시 동방으로 세계의 중심은 이동해서 이번에는 13억 인구를 가진 중국 중심의 「팍스-시니카(Pax-Sinika)」의 시대가 온다고 요란을 떨었다. 하지만 진짜는 동극=극동이라 불리우는 "한반도"만이 새로운 후천개벽시대에 「팍스-코리아나(Pax-Koreana)」가 된다는 사실을 기대하게 되어 있다. 이를 허황된 가설이라고 비난할 자도 많겠으나, 때로는 국수주의(國粹主義)도 지나칠 것은 없다.

우리가 유념 할 것이 또 하나 있다. 1780년대에, 인류는 두 가가지 획기적인 인간의 힘을 과시하면서 5천년을 한데 묶은 것의 4000배에 해당되는 엄청난 생산력과 인간의 자유와 인권을 해방시키는 근대사회를 탄생시켰다. 첫째는 "프랑스 대혁명(1789)"인바, 왕을 몰아낸 정치적 공화국의 탄생이요, 둘째는 "산업혁명(1780-1880)"으로, 고도의 정신문화와 물질문명을 급속히 확대 재생산 해내었다. 이 기간에 인류는 역사시대 이래로 약 4000배에 달하는 생상력을 축적했다.

드디어 물신(物神-자본귀신)으로 표현되는 '제국(帝國)주의'가 두 차례의 세계대전쟁을 유발시킨 뒤에 깡그리 초토화 된 "서양의 몰락" 속에서 대서양을 건너간 미국중심의 팍스-아메리카나의 초현대화는 전 세계를 지배하게 되었다. 곧이어 지금은 다국적 자본주의가 소리 없이 "글로발이즘(Globalism)"으로 전세계를 휩쓸면서 소리 없이 지구를 다국적으로 배회하는 가운데, 1%밖에 안되는 거대한 자본(資本=물신(物神)이 99%의 인간을 노예로 전락 시키고 있다.

이미 1980년대에 "하나의 세계이론"이 등장하면서 바로 미국이 주인이고, 나머지 인민들은 종놈 취급을 받는 상황이 되었다. 그러나 세계의 중심은 미국이 아니라 이미 태평양을 건너서 북동아시아로 이동해 와 있고, 동극(東極)의 중심으로 또한 4대 강국의 중심축이 되는 한반도에 집중되어 있는 형편이 되었다. 다시 말하면 미, 중, 러, 일 등 4대 강국은 "한국"을 껴않지 않고는 존립이 어려운 상황이다. 한반도는 세계의 중심이란 논리이다.

결국 현대 세계에서 앞으로 "한반도"의 기여(寄與)는 정치 경제, 사회, 문화, 종교, 등 모든 분야에서 불멸의 사명감(使命感)으로 심화되고 있을 뿐이다. 이제 이와 같은 초현대적 새 시대가 임박한 대 변혁기를 맞이하여, 특히 '서구의 몰락'과 '동방에서 황금의 빛'이 나온다는 사상으로 해명되고 있는 오직 '한반도'에서 공통의 관심과 흥미를 아끼지 않는 강호제현들의 열렬한 참여와 협조를 청원합니다. 한반도 중심시대는 결코 오래지 않아 다가오고 있다.

　　또한 '왕도정치(王道政治)'와 '권능의 종교(權能宗敎)'를 바라는 '하나의 세계' 속의 21세기에 깊숙이 금방 진입하면서, 또한 '동방에서 영(靈)적 지도자가 나온다'는 대 예언(大豫言)을 기다리면서, 온 나라에 외롭게 고통 받고 사는 뜻있는 동업중생(同業衆生)들의 아낌없는 큰 호응을 하소연하는 바이다. 감히 3천 년 전의 성현(聖賢)들처럼, 우리 시대의 온갖 혼란한 정서를 안고 흩어져 외롭게 사는, 지식인, 과학자, 종교인 예술인 및 향사(鄕士)들과 특 한류풍의 세계진출의 깨우침을 바라며, 건강장수를 갈구하는 사부대중들 모두에게도 현대 감각에 맞추어 '후천개벽'을 알리기 위한 사발통문을 널리 띄워 보내드리는 바이올시다. 여기에 새로운 세상 『이상향 ·천국·극락정토·유토피아』가 오면, 인간은 오로지 『옳 . 밝 . 넋 .앎 . 삶』이라는 5대 덕목 을 지니고 살아 가야하는 사명의식 속에서, 여기 『옳 . 밝 선언문-매니훼스토』를 첨부해두는 바이다.　-끝-

<천살 된 거북과 8백살 된 노인과의 끝없는 대화>

〖옳 밝 선 언 문〗

　자유와 보수, 진보와 반동이 교차되는 역사적 전환기에 처하여, 오늘의 한반도 현실은 혼돈과 무질서가 난무하는 일 '대 변혁기에 직면해 있다. 나라와 겨레와 사회와 인성이 새롭게 거듭 태어나지 않을수 없는 ' 제2건국 ' ' 후천개벽 ' 의 절박한 흥망기로에 서서, 문명세계의 어두운 종말을 단호히 배격하고, 심판과 부활과 구원을 향한 힘찬 새 "옳밝삶"의 개혁운동을 가일층 실천해 나아가야 할 때이다.

　이에 뜻있는 사람들이 결연히 힘과 슬기를 한데모아, 사회운동단체로서『옳은정치 밝은나라 한겨레 협의회』를 창립하고, 천부의 우리사상 즉「옳, 밝, 넓, 앎, 삶」을 천명하는바, 곧《한반도 중심사상》과《한겨레 민족문화》'이념'이다. 행동강령으로는「통일운동, 시민운동, 환경운동, 사회복지운동 및 도덕정치운동」에 심혈을 바쳐 그각한 '패권침략주의' 악폐를 척결하고, 이 땅에 젖과 꿀이 흐르는 '권능의 지도자'와 지상낙원의 "이상향=옳밝향"을 건설 하고자 한다.

　"타고르의 시"에 이 나라를 가리켜 '일찍이 아세아 황금시기에 빛나는 등불' 이라 말했듯이, 이제 21세기에 접어든 "하나의 세계체제" 속에 '한반도는 지구의 중심'으로 발돋음 하면서 오욕의 굴절된 식민·사대사관을 청산하고 '북동아시아 경제공동체 및 민족자치국가 연방제'의 수립을 향한 '경제영토'와 '문화영토'를 석권해야 될 사명감이 앞서 있다. 여기 민족 천년의 염원을 한데 묶어 북벌합종과 남정연횡의 솟구치는 열기속에 각계각층의 '노 장 청'과 좌우 모두를 망라한 참신한 지성인들은 "옳 밝 협 회 (正明會-Sociaty for Justice & Reform)"에 주저 없이 동참하여 "옳 밝 향"의 새 천지를 힘껏 맞이하기 바라나이다. (1997.4.18. 프레스센타).

*장 화 수(張 和 洙, Chang, Wha-Soo) 「아호 ; 오양(五洋), 법명 ; 장허(掌虛)」 <1940.(陰)庚辰3月4日生>

학력 : 전주고등학교, 고려대학교 및 대학원 석사·박사학위. 일본국명치대학 및 미국버클리대학 객원교수.
경력 : 고려대학교 강사.-아세아문제연구소, 무역연구소 연구원. (재)한국경제문제연구회 연구원.
　　　(사) 한국청소년연맹 이사. (사)대한상사중재인. (사)한국무역협회 조사역. 한국경제학사학회회장.
　　　한국국방대학원 교수. 중앙대학교 교수 및 사회과학대학 학장. (현) 중앙대학교 명예교수.
공훈 : ⑴ 대한민국건국포장(4·19민주혁명 국가유공자). ⑵ 대한민국대통령포장. ⑶ 한국청소년대훈장.
저서 : 「21세기 대사상」-장화수교수와 탄허큰스님의 대담(1996,혜화출판).보수와 혁신의 사회경제사상(1995,혜화출판).
　　　分斷國의 經濟交流論(일어판,-1980,東京泉文堂. 한국어판-1989).韓國國際貿易의 國際化發展論(중국어판-1993,吉林
　　　大學出版社.한국어판-1992).차이나러쉬의정치경제학(혜화출판,2004).모택동·장개석풍수명당이야기(혜화출판,2006).

탄허큰스님·장화수교수 : [대예언·대사상]
============================
초판 발행 : 2018년 6월 12일
개정판발행 : 2018년 6월 22일

저 자 : 張和洙(장화수)

발행인 : 안 혜 영
편집인 : 장혜정, 이우원(범용)

발행처 : 혜 화 출 판 사
주　소 : 서울시 강동구 성안로158(삼양Bd.4층)

등록번호:제1993-000005호(첫번호:가제17-99)
등록일자:1993.02.16.(첫등록:1988.8.24)
전화 : (02)473-7896, (02)483-6426, 팩스(02)483-0220.

* 필자의 허가 동의 없는 무단복제,복사,표절행위는 법에 위반됨.
값 : 15,000원
* ISBN 978-89-86908-08-4